Ludger Volmer

DIE GRÜNEN

Ludger Volmer

DIE GRÜNEN

Von der Protestbewegung
zur etablierten Partei – Eine Bilanz

C.Bertelsmann

FSC
Mix
Produktgruppe aus vorbildlich
bewirtschafteten Wäldern und
anderen kontrollierten Herkünften
Zert.-Nr. SGS-COC-1940
www.fsc.org
© 1996 Forest Stewardship Council

Verlagsgruppe Random House FSC-DEU-0100
Das für dieses Buch verwendete FSC-zertifizierte
Papier *EOS* liefert Salzer, St. Pölten.

1. Auflage
© by C. Bertelsmann Verlag, München,
in der Verlagsgruppe Random House GmbH
Satz: Uhl + Massopust, Aalen
Druck und Bindung: GGP Media GmbH, Pößneck
Printed in Germany
ISBN: 978-3-570-10040-0

www.cbertelsmann.de

Für alle, die daran arbeiten,
Lebenschancen und Lebensqualität
aller Menschen unter Achtung
des globalen ökologischen Gleichgewichts
auf möglichst hohem Niveau
anzugleichen

Inhalt

Vorwort 11
Einleitung: Die Prozession 13

TEIL I
Die Vorläufer (1964–1979)

Kapitel 1
Die APO und die 68er 19
Kapitel 2
K-Gruppen und Linksalternative 29
Kapitel 3
Öko-Pax – Das Prinzip Leben 40

TEIL II
Die Gründung (1979–1980)

Kapitel 4
Grün, rot, lila, bunt – Die Wahlbewegung 57
Kapitel 5
Das Ende des Leninismus – Was tun? 76
Kapitel 6
Grüner Standortfaktor BRD 83
Kapitel 7
Die Gründung der Anti-Parteien-Partei 90

TEIL III
Der Einzug in den Bundestag (1980–1983)

Kapitel 8
Auf dem Weg in den Bundestag 109

Kapitel 9
Die Fraktion 120

Kapitel 10
Basisdemokratie – Eine Partei neuen Typs 134

Kapitel 11
Einheit in der Vielfalt – Die Landesverbände 153

TEIL IV
Vom Protest zum Konzept (1983–1990)

Kapitel 12
Der Raketenherbst 181

Kapitel 13
Einseitige Abrüstung und Blocküberwindung 195

Kapitel 14
Innenpolitik – Gewaltmonopol und Bürgerrechte 204

Kapitel 15
Feminismus und Mütterlichkeit 218

Kapitel 16
Ökologischer Umbau der Industriegesellschaft 232

Kapitel 17
Weltwirtschaft, Klima, internationale Solidarität 250

Kapitel 18
Tolerierung, Koalition, Fundamentalopposition? 265

Kapitel 19
Flügelkämpfe bis zum Absturz 281

TEIL V
Neubeginn, Fusion, Comeback (1991–1998)

Kapitel 20
Neubeginn 303

Kapitel 21
Fusion und Comeback 323

Kapitel 22
Regierungspartei im Wartestand 339

TEIL VI
Rot-Grün (1998–2005)

Kapitel 23
Die rot-grüne Koalition I: Aufstieg 363

Kapitel 24
Zerreißprobe Kosovokrieg 386

Kapitel 25
Terror – Afghanistan und Irak 403

Kapitel 26
Die rot-grüne Koalition II: Niedergang 421

TEIL VII
Das Fünfparteiensystem (2005 bis heute)

Kapitel 27
Verloren im Fünfparteiensystem 439

Kapitel 28
Funktionspartei oder Avantgarde? 452

Verzeichnis der im Text verwendeten Abkürzungen 463

Personenregister 468

Orts- und Sachregister 473

Vorwort

Dreißig Jahre »Die Grünen«. Als ich gefragt wurde, ob ich zum Jubiläum eine Geschichte der Partei schreiben könne, brauchte ich Bedenkzeit. Gewiss, es gab nicht viele, die von der Gründung bis zum Ende der rot-grünen Koalition im Bund ohne Unterbrechung dabei waren. Zudem die längste Zeit in verantwortlichen Positionen, als Mitglied des Bundestags, Fraktionsvorsitzender, Parteivorsitzender, Staatsminister. Kein wissenschaftliches Buch sollte es werden, aber Fakten, Daten und Tatsachenbehauptungen sollten einer Überprüfung standhalten. Als »subjektive Chronik« sollte es die wichtigen Parteientwicklungen nachzeichnen. Keine Autobiografie, aber natürlich durchwirkt von eigenen Erlebnissen und Bewertungen, gleichzeitig auch sozialwissenschaftlich reflektiert. Nicht objektivierte »Geschichte«, sondern lebendige Erzählung, die anderen »Geschichten« über die Grünen eine neue und vertiefte Sicht hinzufügt.

War das zu schaffen – in nur sieben Monaten? Zumal ich dabei war, die Grünen innerlich hinter mir zu lassen. So sehr ich an dem grünen Projekt gehangen hatte, die letzten Monate meiner aktiven Zeit waren unschön. Freunde hatten immer wieder auf mich eingeredet, der Partei nicht völlig den Rücken zu kehren und die Tatsache, dass viele Zeitgenossen mich mit den Grünen identifizieren, als Schicksal zu akzeptieren und meine politischen Erfahrungen weiterzugeben. Ihrem Zureden ist letztlich zu verdanken, dass ich immer wieder in die Materie eintauchte. Anna Ballarin-Denti und Simin Lotfi danke ich für diese Motivationsarbeit, Rebekka Göpfert von der Agentur Graf & Graf für das Angebot, Johannes Jacob für die Entschlossenheit des Verlags, das Buch zu machen. Also tauschte ich den Lehrauftrag an der Freien Universität Berlin gegen den Blick in den Rückspiegel.

Zeit für lange Recherchen blieb nicht. Das meiste musste aus der Erinnerung rekonstruiert werden. Zurückgreifen konnte ich auf die Untersuchung von Joachim Raschke, »Die Grünen. Wie sie wurden, was sie sind« (1993), über die 80er-Jahre. Auch meine eigenen Studien »Politik zwischen Kopf und Bauch« (1979) über die Bewegungen der 60er- und 70er-Jahre und »Die Grünen und die Außenpolitik« (1998) über die 80er und 90er enthielten Brauchbares. Seitenblicke warf ich in Memoiren aus neuerer Zeit wie die von Roman Herzog, Gerhard Schröder und Joschka Fischer. Tissy Bruns eröffnete interessante Einblicke in die »Republik der Wichtigtuer« (2007) und Richard Meng in Schröders Küchenkabinett mit dem »Medienkanzler« (2002). Das »Archiv Grünes Gedächtnis« erwies sich als kompetent und kooperativ. Auf Zitierungen und Literaturangaben wurde in Anbetracht des kurzen Entstehungszeitraums und im Interesse der Lesbarkeit des Buchs verzichtet. Doch was geschrieben steht, ist belegbar.

Gerade bei der Erinnerungsarbeit sind Korrektive hilfreich. So danke ich zunächst Bärbel Keiderling nicht nur für Schreib- und Recherchearbeiten, sondern auch für die motivierenden deftigen Kommentare einer grünen Kommunalpolitikerin. Dank auch an Ricarda D'Ham. Sie gab sich nicht nur als Versuchsperson im Hinblick auf Informationsgehalt und Unterhaltsamkeit der Texte her. Sie war schlicht da, wie schon vor fünf Jahren, ohne falsche Fragen zu stellen, als Rechte und Medien mir an den Kragen wollten und alte Freunde mich hängen ließen. Mein besonderer Dank gilt Marie-Theres Knäpper, die, seit der Parteigründung dabei, ihre Erinnerungen mit meinen kontrastierte, kritisch Texte durchsah und meine manchmal überschäumende Fabulierlust dämpfte. Nicht zuletzt danke ich Eckard Schuster für das präzise Lektorat.

Berlin, im Oktober 2009

Einleitung

Die Prozession

Einer zog eine spindeldürre, nadellose Fichte hinter sich her. Zwei andere rollten eine überdimensionale Weltkugel. Viele trugen Blumen. Die meisten Männer sahen wild aus, die Gesichter halb verdeckt durch eine lange Mähne und kaum gestutzte Vollbärte, waren gekleidet in Parka und Jeans. Die Frauen kamen ungeschminkt daher, viele in langen, wallenden Kleidern, mit Gesundheitsschuhen. Es war ein trüber Vormittag am 29. März 1983, als die merkwürdige Prozession vom Bonner Hofgarten die Kaiserstraße hinunter Richtung Regierungsviertel zog. Wer waren diese paar Dutzend Leute, was wollten sie? Eine Demonstration? Es war wenig Polizei zu sehen. Straßentheater? Überall lauerten Kameras. Dort – war das nicht ein bekanntes Gesicht?

Jahre später würde man sagen: Dieser bunte Haufen war das erfolgreichste Parteigründungsprojekt der deutschen Nachkriegsgeschichte. Die Grünen.

Sie demonstrierten und inszenierten ihren Einzug in den Deutschen Bundestag. In der Tat, es waren bekannte Gesichter darunter. Seit einigen Jahren hatte man sie immer wieder im Fernsehen gesehen. Sie hatten Demonstrationen angeführt und auf Kundgebungen geredet. In Interviews hatten sie provozierende Dinge von sich gegeben und sich als äußerst unangepasst erwiesen. Kaum einer trug Krawatte. Petra Kelly war dabei und Otto Schily. Und einige andere, die bald ebenso bekannt sein würden. Vor dem Gebäude des Bundestags angekommen, dem alten weißen Flachbau aus den 50er-Jahren, versammelten sie sich mit ihren Anhängern. Die Basis hatte ihre Vertreter zur konstituierenden Sitzung des 10. Deutschen Bundestags geleitet. Auf dem Vorplatz nun gelobte Petra Kelly feierlich, die neuen grünen Abgeordneten würden die sozialen Bewegungen, denen sie entstammten, nie verraten. Im Plenarsaal dann stellten sie – argwöhnisch beäugt von den etablierten Parteien – Sonnenblumen, das Symbol der neuen Partei, vor sich auf die Pulte. Höchst unbotmäßig.

Noch verstörender aber wirkte auf die Männergesellschaft des Parlaments: Ein Drittel der Neuen waren Frauen! Seit wann verstanden die etwas von Politik? Schließlich wurden im »Kürschner«, dem weiß-rot schräg gestreiften »Volkshandbuch Deutscher Bundestag«, das die MdBs porträtierte, Abgeordnete allein mit Nachnamen samt Ehrentitel vorgestellt, während die wenigen Frauen aufgrund ihres Exotendaseins extra als »Frau« kenntlich gemacht wurden. Und jetzt so viele! Erschwerend kam hinzu: Sechs der zehn jüngsten MdBs waren Grüne, darunter vier Frauen. Und überhaupt – wie hatten diese Langhaarigen das geschafft? »Lange Haare, kurzer Verstand«, hatten Pfarrer und Gewerkschaftssekretäre stets gepredigt, aber diese hier schienen ziemlich gebildet zu sein.

Am 6. März 1983 hatte die Bundestagswahl stattgefunden. Die Grünen waren von über zwei Millionen Menschen gewählt worden. Das machte 5,6 Prozent der abgegebenen Stimmen aus. Dafür bekam die Partei 27 Sitze im Parlament. Die neuen Abgeordneten vertraten keine Wahlkreise, sondern wurden über die Landeslisten entsandt. Bis auf das Land Bremen und das Saarland waren alle Bundesländer vertreten.

Bereits Wochen zuvor hatte das Abgeordnetenhaus von West-Berlin seine Vertreter, die aufgrund des Viermächteabkommens auf Bundesebene nicht offiziell abstimmen durften, in den Bundestag entsandt. Der Gruppe gehörte auch ein Repräsentant der »Alternativen Liste für Demokratie und Umweltschutz« an. Auf ihrer letzten Bundeskonferenz hatten die Grünen seinen Einzug ausgelassen gefeiert. Keiner ahnte, dass er später als Stasi-IM enttarnt werden würde. Damals signalisierte seine Nominierung: Unsere Zeit ist gekommen, ab jetzt mischen wir mit.

Doch er war nicht wirklich der erste aller Grünen im Parlament. Aus der CDU/CSU-Fraktion hatte sich bereits 1979 der umweltpolitische Sprecher Herbert Gruhl abgespalten. Der Dissident saß nun als fraktionsloser Abgeordneter im Bundestag und betrieb von dort aus die Gründung der grünen Partei mit.

Siebenundzwanzig plus eins Abgeordnete, eine gleiche Anzahl von Nachrückern, die nach der Hälfte der Wahlperiode an die Stelle der ersten Crew im »Raumschiff Bonn« treten sollten, und zwei hinzugebetene Vertreter aus Bremen und dem Saarland bildeten nun die Fraktion »Die Grünen im Bundestag«. Ich selbst gehörte zur Nachrückergruppe, trug einen wilden Vollbart und lange Haare und war in der Prozession mitgetrottet. In der Mitte des Hauses, zwischen SPD und CDU, nahm die neue Fraktion ihre Plätze ein. Die CDU/CSU hatte mit 48,8 Prozent nur knapp die absolute Mehrheit verfehlt, konnte aber mit den 7 Prozent der FDP, die zum Teil aus CDU-Leihstimmen bestanden, eine stabile Regierung unter Bundeskanzler Helmut Kohl bilden. Die SPD war auf 38,2 Prozent abgesackt.

Wir Grünen waren am Ziel. Am Nahziel, genauer gesagt. Denn die Wahl in den Bundestag, für die wir uns im Januar 1980 als Partei gegründet hatten, war nur ein methodischer Zwischenschritt. Eigentlich wollten wir etwas anderes. Wir wollten nicht weniger als die gesamte Welt verändern.

Teil I
Die Vorläufer (1964–1979)

Kapitel 1

Die APO und die 68er

Als am 12./13. Januar 1980 in Karlsruhe tausend Delegierte zusammenströmten, um die Bundespartei »Die Grünen« zu gründen, war unklar, ob daraus ein links-emanzipatorisches, ein eher konservatives oder gar ein Blut-und-Boden-Projekt resultieren würde. Zu unterschiedlich waren die Strömungen und Personen, die auf die Gründung dieser Partei hingearbeitet hatten. In Karlsruhe selbst war ich nicht dabei, hatte aber im Vorfeld kräftig mitgemischt. Die Auseinandersetzungen waren schwierig.

Rückblende: Die Grünen waren, anders, als es weithin heißt, nicht die Partei der 68er. Sie waren mindestens genauso die Partei der 78er – einige Jahre jünger, von der APO vielleicht anpolitisiert, aber mit reflexiver Halbdistanz zu deren Worten und Taten. 1968 war ich 16 Jahre alt, antifaschistisch-katholisch, Messdiener mit dem Zeug zum Priesteramt, erschrocken über die Krawallmacher, bis ich – von genau diesen Gesellen zu genauerem Nachdenken animiert – den konservativen Kokon abzusprengen begann und bald ins gesellschaftskritische Lager überwechselte. 1978 gehörte ich einem linken AStA der Ruhr-Universität Bochum an. Zwei verschiedene Epochen der deutschen Nachkriegsgeschichte waren mit ihren Protagonisten am Gründungsprozess der Grünen beteiligt: die Außerparlamentarische Opposition (APO) der 60er-Jahre und ihre Zerfallsprodukte einerseits, die neuen sozialen Bewegungen der 70er-Jahre andererseits. Bei denen allerdings auch manch ein APO-Veteran mitmachte.

Die APO bestand im Kern aus der Studentenbewegung, erfasste aber weit darüber hinaus breite Kreise der Gesellschaft, insbesondere im Kultur- und Bildungsbereich. Der aktivste und prägende Teil war im Sozialistischen Deutschen Studentenbund (SDS) organisiert. Was damals als chaotisch erschien, stellt sich rückblickend als Kulturrevolution dar, als Umwälzung, derer die Gesellschaft dringend bedurfte. Ohne die APO hätte es die Grünen nicht geben können.

In der APO gingen Traditionen politischer und sozialer Bewegungen auf, die bereits in den 50er-Jahren entstanden waren. Die »Paulskirchen-Bewegung«, der Gustav Heinemann oder wichtige Mentoren der späteren 68er angehörten, wie der Theologe Helmut Gollwitzer, demonstrierte gegen die Pariser Verträge von 1955, den NATO-Beitritt der Bundesrepublik Deutschland und ihre Wiederbewaffnung durch eine Bundeswehr (»Ohne mich!«). Nicht nur aus pazifistischen Motiven, sondern auch weil sie meinte, dadurch werde die Chance auf die Wiedervereinigung auf unabsehbare Zeit vereitelt. Demonstriert wurde 1957 auch gegen die atomare Aufrüstung der Bundesrepublik (»Kampf dem Atomtod!«). In jährlichen Ostermärschen versuchten die Aktivisten seit Beginn der 60er-Jahre, die Bevölkerung aufzurütteln und gegen Regierungspläne in Stellung zu bringen. Seit Ende der 60er-Jahre nahmen Kriegsdienstverweigerungen rapide zu.

Der Protest der Studenten in den 60er-Jahren begann mit einem Dritte-Welt-Thema. Im Kongo war der gewählte antiwestliche Premier Lumumba mit vereinten Kräften der Kolonialmacht Belgien und des CIA weggeputscht und ermordet worden. Sein prowestlicher Nachfolger Tschombé sollte in Westberlin 1964 in Ehren empfangen werden. Dagegen gingen Studenten des SDS, viele vom Otto-Suhr-Institut der Freien Universität, auf die Straße. Wortführer der öffentlichen Kritik wurde Rudi Dutschke. Er war Mitglied der Berliner »Subversiven Aktion«, einer Gruppe der »Situationistischen Internationalen«, Künstler und Intellektuelle, die »Provokation« als Mittel der Aufklärung einsetzten.

Danach stieß der Protest, der sich auch an den unbefriedigenden Zuständen an den deutschen Universitäten entzündet hatte, auf immer neue Themen und Anlässe. Die rebellierenden Studenten spürten, dass nicht nur ihre persönliche Entwicklungschance, sondern die gesamte Gesellschaft durch die miefige und spießige Atmosphäre der Adenauer-Ära blockiert war. Sie suchten Befreiung aus der kulturellen Enge und den Bedrückungen des Alltags. »Unter den Talaren – Muff von tausend Jahren« – der sollte hinweggepustet, die Ordinarienuniversität durchgelüftet und demokratisiert, kritischen Dozenten nicht länger das Wort verboten werden. Und: Man wollte nicht mehr zulassen, dass die Zimmerwirtin der Studentenbude den Insassen verbieten durfte, Damenbesuch zu empfangen. Der Protest umfasste nicht mehr nur den Bereich des Politischen; früh wurde deutlich, dass er in seiner Radikalität die privaten Lebenswelten einschloss. Ziel wurde auch die persönliche Emanzipation.

Am 2. Juni 1967 wurde der Schah von Persien, der westlich orientierte, absolutistische Herrscher eines Folterregimes, mit allem Pomp offiziell in Westberlin empfangen. Vor der Deutschen Oper entlud sich die aufgestaute Empörung der Studenten in einer heftigen Demonstration. Mit Knüppeln bewaffnete Claqueure des Schahs und die Berliner Polizei droschen die Demonstration nieder, der Student Benno Ohnesorg kam durch einen Polizeischuss ums Leben. Der Todesschütze, der Westberliner Polizist Karl-Heinz Kurras, wurde freigesprochen. Ein Fanal für die Studenten.

Als im Mai 2009 bekannt wird, dass Kurras IM der Stasi war, wird in Medien und Öffentlichkeit tagelang über die Bedeutung dieser neuen Erkenntnis für die 68er-Bewegung diskutiert. Wäre ohne den Schuss die APO ausgefallen? Ich denke nicht. Allein die Prügelorgien der Polizei reichten, die rebellische Jugend weiter zu provozieren. Sie hatte viele Themen und Anlässe. Aber ohne Kurras' Schuss und seinen für einen Rechtsstaat blamablen Freispruch hätte dem Terrorismus eine wichtige Begründungsfigur gefehlt. Wäre Kurras' SED-Verbindung bekannt gewesen, hätte die DKP weniger Einfluss bekommen; die Friedensbewegung hätte andere Akzente gesetzt. Und den Aktivisten von damals wäre heute das schale Gefühl erspart geblieben, dass der Protest stärker von Ostberlin aus gesteuert gewesen sein könnte, als ihnen bewusst und lieb war.

Die Proteste eskalierten, weiteten sich aus gegen den Vietnamkrieg, in dem angeblich auch Westberlin verteidigt wurde. Die »Vietnam-Bewegung« revidierte das bis dahin positive Amerikabild der kritischen Intellektuellen, das an die Modernität und Liberalität von Präsident John F. Kennedy geknüpft war. Amerika wurde aus enttäuschter Liebe für viele zum Hassobjekt. Immer wieder flogen Steine gegen das Amerikahaus hinter dem Berliner Bahnhof Zoo. Die Verwicklung der USA in den »schmutzigen« Krieg in Indochina verdunkelte nicht nur das Amerikabild der deutschen Intellektuellen. Sie provozierte, verstärkte und verfestigte auch einen Habitus, der alle politischen und gesellschaftlichen Verhältnisse in den USA und der Bundesrepublik einer Fundamentalkritik unterzog.

Als Nächstes ging es gegen die Notstandsgesetze, die von der seit 1966 amtierenden Großen Koalition von CDU/CSU und SPD auf den Weg gebracht werden sollten. Der Staat müsse sich die Möglichkeit verschaffen, im Krisenfall per Notverordnung am Volkswillen vorbei zu dekretieren, so die offizielle Begründung. Als Szenario galten Destabilisierungsversuche durch die Sowjetunion und Naturkatastrophen. Die Kritiker aber sahen die Notstandsgesetze als Angriff auf sich, die Demonstrationsfreiheit und die Demokratie. Mitten in der Kampagne, am 11. April 1968, streckte ein Attentat am Kurfürstendamm 141 Rudi Dutschke, der aus der SDS-Zentrale kam, nieder. Für den Mordanschlag auf den APO-Wortführer machten die Studenten den Springer-Konzern verantwortlich, der durch Hasstiraden gegen die Rebellen in »BILD«-Zeitung und »BZ« den arbeitslosen Attentäter – nach dessen eigener Aussage – angestiftet hatte. »Enteignet Springer!« – mit diesem Schlachtruf wurden die Druckereien des Konzerns blockiert und die Auslieferung der »BILD«-Zeitung verhindert. Durch die Schüsse auf Benno Ohnesorg und Rudi Dutschke verlor die Studentenbewegung ihre anfängliche anarchische Unbefangenheit. Es wurde ernst. Und mehr und mehr Leute sympathisierten mit dem Protest.

Der Protest richtete sich auch gegen die Generation der Eltern, die ihre Rolle im Nationalsozialismus verdrängt hatten und gern retuschierten. Zwanzig Jahre lang waren die Gräuel der Nazis tabuisiert und überspielt worden, waren alte Nazis wieder in hohe Ämter gelangt. Die 68er wollten und konnten sich mit der Lebenslüge der BRD-Gesellschaft nicht arrangieren. Die Frankfurter Auschwitz-Prozesse bewiesen täglich, dass eine intensive Aufarbeitung der Verbrechen des Nationalsozialismus noch ausstand.

Ende 1969 hatte sich eine bunte Szenerie von Protest und Gegenkultur entwickelt, die auch den Alltag der Menschen durchdrang. Der Aufstand der Studenten war in eine allgemeine Kulturrevolution gemündet, die weite Lebensbereiche erfasste. Auch die Schulen. Der erste Schulstreik der deutschen Geschichte ergriff das »Schalker Gymnasium«, meine Schule. Eine Woche streikten wir Oberstufenschüler, trafen uns zu Vollversammlungen in der Aula. Der Rektor war uns zu rechts. Von der Uni Bochum kamen Studenten des SDS, um uns anzufeuern. Letztlich verlief alles im Sande. Aber immerhin, ein Signal war gesetzt. Die Streikwoche wurde von der Schulleitung umdefiniert: »Praktische Übung in Demokratie« stand im Klassenbuch. Nächster Konflikt: Die Abiturklasse des altsprachlichen Zweigs war seit Jahrzehnten nach Griechenland gefahren. Ein guter Brauch, jeder freute sich darauf. Wir hatten Homer, Platon, Aristoteles und wie sie alle hießen im Original lesen müssen. Aber jetzt war Griechenland nicht mehr Schauplatz von Odysseus und Konsorten, jetzt waren die Obristen an der Macht, Faschisten. Der Direktor wollte trotzdem hin, in die Militärdiktatur. Wir nicht. Wir weigerten uns und fuhren nicht. Stattdessen ging die Reise 1970 ins Swinging London. Das Rock-Duo Hardin & York spielte in der vom Duft der Räucherkerzen und Joints geschwängerten Royal Albert Hall.

Aus einem konservativen Elternhaus und der »Katholischen Jungmänner Gemeinschaft« (KJG) im »Bund Deutscher Katholischer Jugend« (BDKJ) – meiner »K-Gruppe« – stammend, wurde auch ich vom rebellischen Zeitgeist infiziert. Seit dem

Zweiten Vatikanischen Konzil breitete sich der »kritische Katholizismus« in der Kirche aus und forderte das Ende des Kirchturmdenkens. Wir katholischen Jugendlichen wurden »motzig«. Statt frömmelnd vorn am Altar zu stehen, lümmelten wir uns nun mit verschränkten Armen an der Rückwand. Der Trotz bekam Substanz, wandelte sich vom habituellen zum inhaltlichen Protest. Was war aus der sozialen Botschaft der Bergpredigt geworden?

Im Wirtschaftswunderland gab es Elend. Nicht weit von der Kirche, am Stadtrand, an den Abhängen einer Abraumhalde der nächsten Zeche, lag eine Obdachlosensiedlung. Drei Barackenreihen, zwei Häuser, auf unbefestigter Erde. Schlichtbauten hieß das, nur vereinzelte Wasseranschlüsse, keine Telefone, keine Geschäfte in der Nähe. Ein Slum, versteckt und abgeschieden. Vor allem kinderreiche Familien wohnten hier auf engstem Raum: acht Kinder, zehn Kinder, zwölf Kinder. Vielleicht war der Vater ein Säufer. Ursache oder Wirkung des Elends? »Ursache« sagte die Kirche. Ihnen gehört die Gnade Gottes. »Wirkung« meinten wir Jüngeren. Ihnen gehört die Gerechtigkeit der Gesellschaft.

Mai 1970. Wir katholischen »Jungmänner« beschlossen, mit den Reformforderungen des Konzils Ernst zu machen, und gründeten mit gleichgesinnten Evangelen – Jahre zuvor noch hatten wir uns über den Zaun der konfessionell getrennten Schulhöfe hinweg mit Steinen beworfen – den »Ökumenischen Arbeitskreis Gelsenkirchen-Ückendorf«. Mit meinem evangelischen Freund Uli Kaminski schrieb ich mein erstes Flugblatt – »Die soziale Botschaft der Bergpredigt ernst nehmen« – und schlug es an die Kirchentüren. Wir wollten Hilfe für die Menschen im Slum. Schnell hatten wir unter den argwöhnischen Augen der Amtskirche einen Club von Jugendlichen versammelt, benannten uns in »Team 71« um, gingen in die Obdachlosensiedlung, »spielten mit den Schmuddelkindern, sangen ihre Lieder«, richteten dort einen Raum für Nachhilfeunterricht ein, versuchten die Erwachsenen gegen die Stadtverwaltung zu mobilisieren, legten uns selbst mit dieser an, forderten die Auflösung der Siedlung und die Unterbringung der Familien in menschenwürdigen Unterkünften – und hatten es vier Jahre später geschafft. Der Slum wurde geschliffen, die Menschen wurden reintegriert.

Kurz bevor ich für den »Bund« gemustert wurde, organisierte die Pfarrei einen Abend mit einem Jugendoffizier der Bundeswehr. Zum Zwecke der Rekrutierung. Mit einem Freund verabredete ich, die Versammlung »umzufunktionieren«. Das Wort hatte ich in der Zeitung gelesen. Die APO machte das manchmal. Jetzt funktionierte ich auch um: Als Christ – so beschied ich den Offizier – plädiere ich für Kriegsdienstverweigerung. Der anwesende Vikar wurde bleich, die Versammlung lebendig. Bisher galt ich als frommes Talent mit Berufung zu Höherem. Jetzt gab man mir zu verstehen, dass ich mich nicht als Leiter einer Jugendgruppe eigne. Dem Staat den Dienst verweigern! Das sei nicht der Auftrag der Kirche! Aber der erste Schritt war getan. Unterstützt von meinen antimilitaristischen Eltern, wurde ich nach amtlicher Gewissensprüfung als Kriegsdienstverweigerer anerkannt. Viele aus der kirchlichen Jugend folgten. Die Kirche ließ ich rechts liegen, schlug eine Karriere in der Jungen Union aus und fühlte mich bald links.

Später las ich Herbert Marcuse, einen der Hauptphilosophen der APO, und lernte seine »Randgruppenstrategie« kennen. Die Outdrops, Slumbewohner, Minderheiten, Stigmatisierten – sie alle, die unter der Normalgesellschaft litten, seien sensibilisiert und prädestiniert zur richtigen Erkenntnis und Aktion. Nichts anderes hatten wir gemacht mit unserem Team 71. Ohne es zu wissen, waren wir ein Ausläufer der APO. Kein Wunder also, dass daraus bald ein Kern der linken politischen Szene meiner Heimatstadt entstand. Viele Team-71-Freunde orientierten sich zehn Jahre später zu den Grünen hin.

Zahlreiche neue Lebensformen und kulturelle Ausdrucksmöglichkeiten wurden in dieser Zeit erprobt und unter Irrungen und Wirrungen durchgesetzt. Sind die heute üblichen Wohngemeinschaften mit ihren unkomplizierten Umgangsformen nicht zurückzuführen auf die radikal-experimentelle Kommunebewegung der APO? Hat nicht die APO das heute selbstverständliche

Zusammenleben von Mann und Frau ohne Trauschein gesell-schaftsfähig gemacht? Stellt die repressionsfreie Erziehung in heutigen Kindergärten nicht eine Antwort auf die antiautoritäre Kinderladen-Bewegung der APO dar? Hat nicht die APO die Herabsetzung der Volljährigkeit und des Wahlalters von 21 auf 18 Jahre bewirkt? Ist der selbstverständliche Anspruch der Gesellschaft, in öffentlicher Diskussion die politischen Grundlinien zu beeinflussen, nicht Resultat der Sit-ins, Teach-ins, Demonstrationen und Kongresse der APO? Ist die Enttabuisierung der Sexualität nicht Ergebnis der APO-Diskussionen über die »sexuelle Revolution«? »Wer zweimal mit derselben pennt, gehört schon zum Establishment«, hatten die Männer postuliert. Antwort der Frauen: »Befreit die sozialistischen Eminenzen von ihren bürgerlichen Schwänzen.« Marcel Reich-Ranickis spätere Conclusio: »Man kann nicht mit jeder schönen Frau schlafen, aber man muss es wenigstens versuchen.« Diese Illusionen! Ich war viel zu oft ohne Freundin.

Oft hatte die APO übertrieben, hatte dem Establishment eine harte, radikale Antithese entgegengesetzt. »Macht kaputt, was euch kaputt macht!« Radikale Phrasen kennzeichneten den Pendelschlag nach dem Aufbrechen der Verkrustungen. Manches war nicht haltbar, anderes ging in die falsche Richtung. Sogar nach rechts außen. Doch letztlich wurden so die Räume geschaffen, in denen Neues entstehen konnte, das bis heute Bestand hat. Die APO setzte Bedürfnisse frei, die gefangen waren in konservativen Konventionen, steifen Ritualen, antiseptischer Tanzmusik und steriler Anständigkeit. Jetzt brachen sie sich Bahn – in Mode, Musik, Männerfantasien und Ansprüchen von Frauen.

Doch die Rebellen waren selbst nicht immer glücklich mit dem Ergebnis ihrer Aktionen. Vieles war widersprüchlich, und Übertreibungen strapazierten die Individuen. Am meisten aber nervte, dass all die neuen kulturellen Ausdrucksformen sofort kommerzialisiert wurden. Politisches Kabarett wich dümmlichem Klamauk, der Erotikthriller dem Nacktfilm. Selbst die Rockmusik mit E-Gitarre und Rhythmusgruppe, einst Sinnbild von Underground und Gegenkultur, wurde seichter und schielte nur noch auf Umsatz. Gammellook der Provos und Flower Power der Hippies wurden ins Disco-Outfit verwandelt, angereichert mit Plateausohlen und künstlicher Afro-Perücke. »Power to the people« – als auch der Herr Generaldirektor diese Melodie von John Lennon summte, während er massenhaft Arbeiter der Montanindustrie »freisetzte«, bekam die APO ein Strategieproblem. Die Kulturrevolution verebbte, als Vollbärte à la Karl Marx oder Jesus von Nazareth im Straßenbild durch Schnauzbartträger mit Dauerwelle vom Typ Burt Reynolds verdrängt wurden.

Das System war in der Lage, die Protestimpulse zu absorbieren, um sich selbst zu modernisieren. Jedes System braucht ein Maß an abweichendem Verhalten. Wenn auch der Protest in seiner ganzen Radikalität die Gesellschaft nicht völlig umkrempeln konnte – das Bedürfnis nach weniger Autorität und mehr Offenheit und Liberalität war vergesellschaftet, nicht mehr auf eine kleine, radikale Minderheit begrenzt. Wer nicht mehr im Sinn gehabt hatte, konnte zufrieden sein und ab 1969 »Willy wählen«. Die FDP des Walter Scheel bot sich als linksliberale Bürgerrechtspartei an. Selbst die CDU ließ sich die Haare um die Ohren und mindestens einen gepflegten Bart und Koteletten wachsen. Bald waren Protest, Normalgesellschaft und Reaktionäre äußerlich kaum noch unterscheidbar. Provokation und subversive Aktion liefen ins Leere. Als der antiautoritäre Protest an seine Grenzen stieß und keine strategischen Erfolge mehr versprach, löste sich der SDS 1970 auf.

Wo sollte es jetzt langgehen? War es das? Oder mussten andere Ziele gesetzt, neue Strategien entwickelt werden? Wenn Spontaneität nichts mehr brachte, sollte man es vielleicht mit Organisation versuchen? Wenn die Studenten es – was eigentlich? – nicht geschafft hatten, brauchte man jetzt nicht ein wahrhaft revolutionäres Subjekt? Vielleicht die Arbeiterklasse? Die APO entmischte sich. Ihre Zerfallsprodukte suchten ihr politisches Glück nun auf getrennten Wegen. Rudi Dutschke rief den Marsch durch die Institutionen aus. Viele APO-Genossen wollten genau das vermeiden, suchten Halt in einer Rückbesinnung auf die heroische Phase der Arbeiterbewegung und Orientierung an Sozialismusmodellen anderer Staaten. Es begann die organisierte Phase der Neuen Linken. Eine kleine Gruppe ging den Weg der Gewalt. Quo vadis?

Kapitel 2

K-Gruppen und Linksalternative

Zum vierzigjährigen Jubiläum der APO musste man fast annehmen, der Protest sei mit innerer Folgerichtigkeit auf die Gründung der RAF hinausgelaufen. Da Rote Armee Fraktion, Revolutionäre Zellen und Bewegung 2. Juni filmisch spektakulär in Szene zu setzen sind, konnten Jüngere den Eindruck gewinnen, die Bombenleger und Killer seien authentische Vertreter der 68er gewesen, gar die logische Folge von Demonstrationen und staatlicher Repression. In Wirklichkeit waren sie nur marginale Zerfallsprodukte der APO. Fast alle anderen Gruppen, die Masse der Aktiven, grenzten sich entschieden vom Terrorismus ab: weil man nicht tötet. Ethik reichte als Begründung. Manche bemühten zusätzlich politisch-sozialphilosophische Erkenntnisse: Der individuelle Terror von Bürgersöhnchen und -töchterchen führte, wie man aus der theoretischen Kritik des gewaltförmigen Anarchismus wusste, ins moralische und strategische Desaster. Der philosophische Mentor der 68er, Ernst Bloch, hatte gefordert: »Im Weg muss das Ziel durchscheinen.« Wenn das, was im Weg der RAF durchschien, das Ziel, die neue Gesellschaft, sein sollte... gruselig!

Ein recht kleines Umfeld militanter »Spontis« kokettierte mit der Gewalt. Es ließ sich durch »Knastgruppen« ansprechen, die nicht ohne Resonanz die Kritik an den Haftbedingungen – erst »Isolationshaft«, dann »Isolationsfolter« – umzulenken suchten in Sympathie für die Terroristen und ihre Taten. Oft gelang es ihm unter Ausnutzung eines Konformität erzwingenden Milieudrucks, für Inhaftierte den Begriff »politische Gefangene« durchzusetzen, der deren Taten verharmloste, fast verklärte. Der Staat sollte als Dämon dastehen.

Dessen repressive Maßnahmen, die über Schleppnetz- und Rasterfahndung fast alle linken Aktivisten ins Visier geraten ließen, und das Gerede konservativer Politik über die nötige »Austrocknung des Sympathisantensumpfes« provozierten bei vielen Linken eine Vertiefung des oppositionellen Habitus. Darin drückte sich jedoch weniger eine RAF-Sympathie als vielmehr eine Antipathie gegen die Staatsorgane aus. Dutschkes Marsch durch die Institutionen wurde abgelehnt. In und mit diesem Staat nicht! »Legal, illegal, scheißegal.« Bald entwickelten sich anarchistische Strömungen wie die Autonomen, die das ganze »Schweinesystem zerschlagen« wollten und schon mal mit dem eigenen Kiez begannen. Weniger martialisch und jedwedem Machtbegriff abhold, verlangte der sanfte Strom der Anarchie »Keine Macht für Niemand«. Hier kam es zu interessanten Phänomenen des Übergangs zur FDP und den Jungdemokraten, da Anarchismus bekanntlich den Extremtyp, den politischen Grenzwert des Liberalismus, bildet.

Ein Großteil der APO war nicht systemkritisch und ließ sich reintegrieren, in die SPD Willy Brandts, die Jusos, sogar in die FDP mit dem Vordenker Ralf Dahrendorf. Die Chancen, einen Teil der Staatsmacht samt eigener Aufstiegsmöglichkeiten und Versorgungsansprüche zu erobern, standen nicht schlecht. Andere kifften sich zu. Waren in den Bewegungen der 60er Kopf und Bauch, Bewusstsein und Bedürfnisse, die beiden Sphären politischer Subjektivität, noch vermengt – wenn auch unstrukturiert –, waren politisches Engagement und subkulturelle Attitüde noch eng verschmolzen, so begannen sich diese Sphären nun zu getrennten Lebenswelten zu separieren. Neben einer breiten Strömung, die nach wie vor die Integration von politischer Arbeit und persönlicher Emanzipation verfolgte, bildeten sich Extremtypen heraus. Hier die strenge kadermäßige Organisation von K-Gruppen, dort »Tu nix« – wie ein Kongress der gesellschaftspolitischen Totalverweigerer sich später nannte. Überspitzt: Man war entweder streng politisch organisiert oder suchte die Bewusstseinserweiterung im Delirium.

Kader werden hieß die Selbstverpflichtung derer, die meinten, den Protest nun radikalisieren und organisieren zu müssen. Es entstand eine kaum übersehbare – nicht bunte, sondern rote – Fülle von Klein- und Kleinstparteien, meist von Studenten gegründet, die sich für die Revolutionsideen von Lenin, Stalin, Mao, Pol Pot oder Enver Hodscha begeisterten. Trotz der eindeutigen Distanzierung vom Terrorismus war die Gewaltfrage bei den K-Gruppen, wie man diese Parteien wegen ihres kommunistischen Anspruchs bald zusammenfassend benannte, längst nicht zweifelsfrei beantwortet worden. Diffus wurde auf einen revolutionären Umsturz spekuliert. Durch wen eigentlich und mit welchen Mitteln?

Man darf sich die K-Gruppen, obwohl kadermäßig organisiert, nicht als bis an die Zähne bewaffnete, zum Letzten entschlossene Revolutionsgarden vorstellen. Eher als Spießer. Der Hedonismus der 68er wurde als kleinbürgerliche Verirrung abgetan. Bei den K-Gruppen einer württembergischen Kleinstadt ging es erheblich betulicher zu als beim RCDS einer Metropole. Ihr Einkommen – so sie welches hatten – mussten manche K-Gruppen-Mitglieder fast komplett an die Partei abführen. Dafür kauften sie sich in die kollektive Identität der Sekte ein. Damit der Proletarier sie akzeptierte, wenn sie zur Frühschicht um vier Uhr morgens vor den Werkstoren ihre revolutionäre Erbauungsliteratur verteilten, mussten sie sich die Haare kurz schneiden und ordentlich frisieren, sollten heiraten, statt wild zusammenzuleben. Auch die Kleidung musste proletarischen Kriterien standhalten. Statt wilde Partys zu feiern, musste man regelmäßig zu Schulungen, wo der Schulungskader nach dem Grundkurs »Kapital« die neueste politische Linie verabreichte. Zudem mussten die Mitglieder die erbärmlich langweiligen Parteizeitungen mit den neuesten Direktiven und immer gleichen Parolen lesen und dem Volk über Agitation und Propaganda nahebringen. So standen sie an den Unis an jeder Ecke und boten ihre Postille feil wie die Zeugen Jehovas den »Wachturm«. Manche mussten sogar Trommlerzüge bilden und durch die Einkaufsmeilen ziehen. Die politische Disziplin forderte auch den gebührenden persönlichen Abstand zu allen unzuverlässigen Elementen. Da das fast alle anderen waren, hatte man sich bald in einer kleinen Clique eingemauert. Schnell hatten alle verhärmte Gesichter. Nie hat man zwei sich öffentlich küssen sehen.

Die Weltanschauungen und Strategien der K-Gruppen könnten in den Geschichtsbüchern zur Parteienforschung endgelagert werden, wenn sie nicht einen so markanten Einfluss auf die Grünen gehabt hätten. Wer also waren die K-Gruppen? Wer waren die ML-Parteien, die Marxisten-Leninisten, wie man sie auch nannte? Die DKP konnte man eigentlich nicht dazurechnen, auch wenn sie das K im Namen trug. Die eigentlichen K-Gruppen waren Anhänger Maos. Ein entscheidendes Abgrenzungskriterium untereinander und zu anderen Gruppen der Neuen Linken war die Stellungnahme zur Sowjetunion. Die konkurrierenden Auffassungen dazu wirkten später als außen- und gesellschaftspolitische Kontroversen bei den Grünen weiter.

Die »Deutsche Kommunistische Partei« (DKP) bot sich als Ersatz für die 1956 verbotene »Kommunistische Partei Deutschlands« (KPD) an und folgte stramm dem Kurs Moskaus und der »Sozialistischen Einheitspartei Deutschlands« (SED) in der DDR. Ihr »Marxistischer Studentenbund Spartakus« (MSB), im Verein mit dem »Sozialistischen Hochschulbund« (SHB), der dem linken SPD-Flügel nahestand, konnte in den 70er-Jahren lange Zeit den Verband Deutscher Studentenschaften (VDS) dominieren. Die DKP stritt gemeinsam mit den »Stamokaps« der Jusos, den Jungsozialisten in der SPD, die den staatsmonopolistischen Kapitalismus bekämpften, für die antimonopolistische Demokratie (»Holt Euch die Kohlen von den Monopolen!«), war aber wie die »Sozialistische Einheitspartei Westberlins« (SEW) gebrandmarkt als Filiale West der SED. Dieses Spektrum tat sich besonders in der späteren Friedensbewegung hervor, weil der Kampf gegen amerikanische Mittelstreckenraketen auf deutschem Boden objektiv auch im Interesse Moskaus lag. Die DDR-Hörigkeit erschwerte es der DKP, in der Bundesrepublik und Westberlin wirklich Fuß zu fassen. Spätestens die Ausbürgerung Wolf Biermanns aus der DDR bewies, dass dieses System mit den Freiheits- und Demokratievorstellungen des linksdemokratischen

Spektrums der BRD nichts gemein hatte. Den humanistischen Gehalt der Ideen von Marx und Engels hatten die Moskowiter ohnehin verraten. Über den Reformen Gorbatschows und dem Zusammenbruch von UdSSR und Warschauer Pakt drohte das DKP-Spektrum unterzugehen. Manch Kader machte trotzig weiter. Andere wechselten zur SED/PDS.

Auf der anderen Seite agitierten die Epigonen Pekings, die maoistischen Parteien. Der KBW (»Kommunistischer Bund Westdeutschland«) folgte in der Regel mit missionarischem Eifer allen Verästelungen der offiziellen chinesischen Politik von Mao Tsetung bis Hua Guofeng, aber biss sich theoretisch die Zähne aus an Deng Hsiao-Ping. Der KBW verteidigte den kambodschanischen Schlächter Pol Pot als fortschrittlichen Sozialrevolutionär, propagierte den »Sieg im Volkskrieg«, stellte »Soldaten- und Reservistenkomitees« auf und wollte die Bundeswehroffiziere durch das Volk wählen lassen. Der KBW war die größte der ML-Parteien, besonders im mittelständischen Baden-Württemberg verbreitet. Er wurde von seinen metropolitanen Konkurrenten als kleinbürgerlich hingestellt und in Karikaturen gern mit Filzpantoffeln verulkt, weil er zwar gegen den bürgerlichen Staat, NATO und Warschauer Pakt zu Felde zog, die persönliche Emanzipation aber über dem Schwenken der Mao-Bibel vergaß.

Die KPD/AO (»Kommunistische Partei Deutschlands/Aufbau-Organisation«) – später ohne AO – und ihre Subunternehmen wie die »Liga gegen den Imperialismus« und »Rote Hilfe« waren vor allem in Westberlin und Nordrhein-Westfalen stark. Sie traten als fanatische Vertreter von Maos Drei-Welten-Theorie auf. Demnach hätten sich Dritte Welt und Zweite Welt (die OECD außer den USA) gegen die Erste Welt, die imperialistischen Supermächte USA und Sowjetunion, verbünden müssen, in erster Linie aber gegen den Sozialimperialismus sowjetischer Prägung, wozu auch ein Bündnis mit den imperialistischen Kräften des Westens erlaubt gewesen wäre. NATO und Bundeswehr wurden folglich als Bollwerk gegen die Sowjetunion akzeptiert. Konsequenterweise wurde auch die Entspannungspolitik der SPD abgelehnt. Die Charakterisierung des Sowjetsystems als sozialfaschistisch traf sich mit den Anwürfen der Weimarer KPD gegen die Sozialdemokratie. Man kann sich fragen, ob die KPD/AO nicht eine dem Zeitgeist angepasste, das heißt im linken Gewande daherkommende nationale bis rechte Organisation war. Bei den undogmatischen Linken galt sie als rechtsmaoistisch.

Der Begriff »rechts« war bewusst gewählt, auch wenn er nicht auf die Gesinnung jedes einzelnen Mitglieds zutraf, sondern auf die Verortung im gesamten Parteienspektrum. Wenn man den rotchinesischen Jargon dekodierte, dann gab es zwischen KPD/AO und der deutschen Rechten bemerkenswerte Grauzonen der Übereinstimmung. Der antisowjetische Affekt überschnitt sich mit deutschnational-revanchistischen Positionen. Im Milieu der 68er-Bewegung konnte sich nationale Gesinnung statt in einer offen rechten Partei besser im antisowjetischen Gewande des Maoismus ausdrücken. Die Ideologie der KPD/AO war besonders zwiespältig in ihrer Gesellschaftsanalyse. Die Linke bemühte dazu den marxistischen Klassenbegriff. Die bürgerliche Wissenschaft und Politik nutzte ein soziales Schichtungsmodell. Die KPD/AO tat nichts von beidem, sondern identifizierte sich mit dem maoistischen Volksbegriff, der Differenzierungen zwischen Klassen und sozialen Schichten vermied. Dieser Begriff war nicht weit vom deutsch-reaktionären Begriff der Volksgemeinschaft entfernt. Es nimmt also nicht wunder, dass KPD/AO-ler Kontakte zur rechtsextremen »Deutschen Jugend des Ostens« (DJO) pflegten.

Die konsequenteste Position vertrat die KPD/ML (»Kommunistische Partei Deutschlands/Marxisten-Leninisten«), die unentwegt die anstehende Revolution durch die Arbeitermassen organisierte. Sie legte sich das Image universeller Verbreitung zu und arbeitete so konspirativ, dass kaum einer sie bemerkte. Maos Nachfolger hielt sie für Verräter, weshalb sie sich an den albanischen Führer Enver Hodscha schmiegte. Sie war deutsche Meisterin in Spaltung, Wieder- und Neuvereinigung, im Zuge dessen ein Strang zum »Kommunistischen Arbeiterbund Deutschlands« (KABD) mutierte. Auch der Münchener »Arbeiterbund für den Wiederaufbau der KPD« bemühte sich redlich, an die revolutionären Visionen und die heroischen Zeiten der Arbeiterbewegung der 20er-Jahre anzuknüpfen, konnte aber aus der Landeshauptstadt kaum ins CSU-Stammland vordringen.

Zwischen den Moskowitern und den Pekinesen stand der KB (»Kommunistischer Bund«), der, weil vorwiegend in Hamburg und anderen Städten mit hanseatischem Geist beheimatet, von den Konkurrenten als KB-Nord verhöhnt wurde. Der KB hatte sich von der moskauhörigen »revisionistischen« DKP abgegrenzt und geißelte den sowjetischen »Staatskapitalismus« ebenso wie den westlichen. Doch er trug keine antisowjetischen Kampagnen mit, sah das Scheitern der Sowjetunion eher als tragisches Moment der Arbeiterbewegung und der marxistischen Denktradition. Die Sowjetunion wurde vom KB nicht als Sozialismusmodell akzeptiert, jedoch als Opfer vermeintlicher westlicher Aggression in Schutz genommen. Die inhaltlich für berechtigt gehaltene Kritik am real existierenden Sozialismus lehnte man als Ablenkung vom Widerstand gegen den »Imperialismus« der westlich-kapitalistischen Staaten und als De-facto-Kollaboration mit der deutschen Rechten ab.

Anders als die Mitbewerber sah der KB die Verelendung der Massen nicht als Grundlage für revolutionäres Aufbegehren, sondern angesichts der deutschen Geschichte als Ausgangspunkt eines neuen Faschismus. Zielobjekte seines revolutionären Elans wurden deshalb der »Westen«, dessen »repressive Staatsapparate« und der unablässig diagnostizierte gesellschaftliche »Rechtsruck«. Der KB spekulierte auf den antifaschistischen Widerstand von ihm aufgeklärter Arbeiter und Studenten. Seine Zeitschrift »Arbeiterkampf« hatte unter all den Postillen der Neuen Linken das größte Ansehen und den höchsten Informationswert, weil sie weniger missionarisch daherkam als die anderen.

Im linksalternativen Milieu fand ich selbst meine politische Heimat. Nach Kriegsdienstverweigerung und Ersatzdienst im Krankenhaus, der mich aus dem Studium gerissen hatte, nahm ich im Frühjahr 1974 an der Ruhr-Universität Bochum das Studium der Sozialwissenschaften wieder auf. Das Bild der Uni hatte sich verändert. Die anarchisch-bunten Reste der APO, die Republikanischen Clubs und Syndikalisten, die noch zwei Jahre zuvor dem grauen Beton Leben eingehaucht hatten, waren verschwunden. Es dominierten nun die K-Gruppen. Besonders an meiner Fakultät hatten sie ihre Hochburg. Ich fühlte mich links, hatte während der Slum-Arbeit viel über Macht und Reichtum in der Bundesrepublik gelernt, fand Karl Marx' Frühschriften mindestens so plausibel wie die kritischen Jesuiten, die wir in der Schule im Philosophieunterricht durchgenommen hatten. Aber was sich hier an der Uni »links« nannte, gefiel mir ganz und gar nicht. Die Maoisten, Spartakisten und Trotzkisten nervten.

So westen neben Reintegrierten und Radikalisierten verlorene Individuen als »heimatlose Linke«, weil sie alle im Angebot befindlichen Organisationen wegen deren ideologischer Verbohrtheit und kadermäßiger Struktur ablehnten, belächelten, verachteten. Dann traf ich Karl-Heinz Lehnardt, dem es wie mir ging. Gemeinsam mischten wir uns in die Hochschulpolitik ein. Gegen RCDS und die K-Gruppen gründeten wir 1975 die erste undogmatisch-linke Basisgruppe, die »Gruppe SoWi«, die, weil sie keine roten Fahnen schwang, sondern hedonistisch »politische Arbeit mit persönlicher Emanzipation verbinden« wollte, von der maoistischen Konkurrenz aufs Schärfste verurteilt und von den Studenten geliebt wurde. Wir hatten regen Zulauf. Ausgerechnet bei den Sozialwissenschaften, der Hochburg der Studentenorganisationen von KBW, KPD/AO und DKP, übernahmen wir, von den anderen als Konterrevolutionäre entlarvt, die Fachschaft. Davon inspiriert und von uns tatkräftig unterstützt, bildeten sich verwandte Gruppen an anderen Fakultäten. Bei den folgenden AStA-Wahlen konnten wir – mit Jusos, Linksliberalen und MSB/SHB – eine Koalitionsmehrheit gegen die Rechten im Studentenparlament bilden und den AStA stellen. 1978 wurde ich dort Chefredakteur der einflussreichen Bochumer Studentenzeitung »BSZ«. Bei den nächsten Wahlen bekamen die Basisgruppen absolute Mehrheiten. Viele K-Grüppler liefen über. Es war die Zeit der Gründungsmonate der Grünen.

Wir undogmatischen Linken verdichteten unsere Basisgruppen

zu einem lockeren Netzwerk, ohne feste Organisationsstrukturen, ohne Hierarchie, ohne Vorstand, ohne Führungskader, ohne Rädelsführer. Auch wenn jemand informelle Leitfigur war, Ideengeber, Stratege, Koordinator, warf er sich nicht in Pose. Politik wurde nicht personalisiert. Wer etwas zum Gelingen beitrug, durfte sich der Sympathien sicher sein. Aber keiner leitete daraus einen formellen Führungs- oder Machtanspruch ab. Starkult war fremd. Weshalb unser Anteil an der Gründung der Grünen angesichts der Profilierungsbestrebungen mancher späteren Funktionsträger gern übersehen wird. Zahlreiche Bochumer Basisgrüppler übernahmen später wichtige Positionen in der neuen Partei. Wir sahen uns als politisch-kulturelle Avantgarde, nicht als Vorhut der Arbeiterklasse, wollten als Ferment im Volkskörper wirken, um Gärungsprozesse auszulösen, an deren Ende eine bessere Gesellschaft stünde. Basisgruppen wollten »die Verhältnisse zum Tanzen bringen«.

Die Strategie war nicht präzise definiert, bezog sich aber keineswegs auf Verlautbarungen aus Peking, Moskau oder Tirana. Undogmatische Linke lehnten die Orientierung an Sozialismusmodellen anderer Länder grundsätzlich ab, suchten nach einem eigenen westdeutschen Weg. Das war keineswegs national gemeint. Im Gegenteil, wir fühlten uns internationalistisch und organisierten einen regen grenzüberschreitenden Basisaustausch. Viele pflegten einen solidarischen bis semierotischen Umgang mit den Befreiungs- und Revolutionsbewegungen der Dritten Welt. Che Guevara wurde manchem zur Heiligenfigur, bevor man ihn Jahrzehnte später posthum zur Popikone degradierte.

Auf einer meiner zahlreichen Tramptouren durch Europa, Afrika und Asien blieb ich 1976 in Portugal hängen und geriet in die Nachrevolutionswirren. Hier lernte ich, dass Politik ziemlich ernst sein kann. Meine neuen Freunde, meist Mitglieder der KP, hatten im Untergrund gegen den Faschismus die Demokratie erkämpft. Sie hatten unter Einsatz ihres Lebens geholfen, die portugiesischen Kolonien zu befreien. Sie hatten im Kerker gesessen, waren gefoltert worden, hatten Freund und Freundin verloren. Jetzt arbeiteten sie in verantwortungsvollen hohen Positionen. Mit Mitte zwanzig. Nicht das geringste Verständnis konnte ich danach für all die Militanten und Verbalradikalen aufbringen, die in Deutschland unter – trotz der Rechtsstaatsverstöße – demokratischen Bedingungen meinten, den revolutionären Helden spielen zu können, indem sie Steine auf Polizisten warfen. Zur Demokratie gehörte Gewaltfreiheit, bewaffneter Widerstand zum Faschismus.

Wir undogmatischen Linken setzten uns, als die Studenten des aggressiven Agitprops der Maoisten überdrüssig waren, an vielen Universitäten durch und gewannen einen bestimmenden Einfluss auf den VDS. Manche vernetzten sich locker mit dem »Sozialistischen Büro« (SB) und stellten so den Kontakt zum betrieblichen Milieu her. Hedonistisch und libertär orientiert, wiesen wir den Maoismus wegen der Gräuel der chinesischen Kulturrevolution ebenso zurück wie die Kommunistische Internationale unter Führung der KPdSU, der wir außer Demokratiemangel und Langeweile ankreideten, die sozialistische Idee diskreditiert zu haben. Angesagt war ein libertäres, spielerisch-anarchisches, humanistisch geprägtes Verständnis linker Politik: »Wir sind die Leute, vor denen uns unsere Eltern immer gewarnt haben«, karikierte Gerhard Seyfried unser Lebensgefühl. Unser Credo, das Karl-Heinz Lehnardt und ich weit über die Uni Bochum hinaus verbreiteten, lautete: »Politische Arbeit mit persönlicher Emanzipation verbinden«. Gegen den Proletkult der K-Gruppen, der sich in strengen Gesichtern mit geradem Scheitel und in geordneten, »proletarischen« Lebensverhältnissen äußerte, brachten wir die hedonistischen Seiten linker Politik, Lust und Laune, wieder zur Geltung. An den Unis durften Partys gefeiert werden. Wer lachte, war nicht mehr verdächtig, sich mit dem Kapitalismus arrangiert zu haben.

Als immer mehr Menschen unhaltbare Zustände nicht länger als von Gott oder der Obrigkeit gegeben hinnahmen, sondern sich in oppositionellen Bürgerinitiativen zusammentaten, begannen wir Undogmatischen, unser universitäres Engagement mit dem aufkeimenden Protest zu verknüpfen. Wir lernten, uns als Bürgerinitiativen an der Universität zu begreifen. In der »BSZ«

warb ich für die Mitarbeit in Bürgerinitiativen, Friedens- und Anti-AKW-Bewegung: »Die Hochschule als Ort der Vernunft ist tot.« Raus aus der Uni, rein ins Vergnügen. Wenn man einen Strang der Linken der 70er-Jahre als originären Vorläufer der Grünen bezeichnen kann, dann sind dies die undogmatischen Basisgruppen.

Kapitel 3

Öko-Pax – Das Prinzip Leben

Während K-Gruppen Feindschaft pflegten, war mitten im Leben eine breite Protestbewegung herangewachsen. Sie bezog ihre Motive und Ziele nicht aus der Exegese der Klassiker von Marx, Engels, Lenin und Mao, sondern aus der bewussten und kritischen Wahrnehmung der eigenen Lebenslage in Beruf und Alltag. Der Protest hatte einen Auslöser zum Sehen und Anfassen: Atomkraftwerke, sterbende Wälder, Müllverbrennungsanlagen, Autobahnen. Der Aufklärungsimpuls der 68er hatte seine Wirkung in die Breite der Gesellschaft entfaltet. Auch waren viele 68er nun in berufliche Positionen gelangt. Mit den Uniexamen legten sie ihre Kritikfähigkeit nicht ab, sondern infizierten ihr Umfeld mit antiautoritärem Geist. »Wer sich nicht wehrt, lebt verkehrt.«

Nun machten Durchschnittsbürger, die nichts anderes taten, als ihre Rechte wahrzunehmen, ihre Meinung kundzutun und sich gegen Veränderungen zu wehren, eine ähnliche Erfahrung wie Marcuses Randgruppen. Sie wurden nun wie Außenseiter behandelt und übernahmen deren Perspektive. Aus der Sicht von Marginalisierten war der gesellschaftliche Normalvollzug empörend. Konnte man ihn einfach hinnehmen? Bürger wurden sensibel dafür, inwieweit sie von politischen Entscheidungen selbst betroffen waren. Selbstbetroffenheit wurde zum Erkenntnismoment und zum Ausgangspunkt für die Einschätzung der eigenen Lebensperspektive. Diese Menschen waren keine Umstürzler, zumindest nicht zu Beginn, oft wertkonservativ, lebens- und naturnah, weder Querulanten noch Besserwisser. Sie wollten friedlich und im Einklang mit ihrer Umwelt den Geschäften und Dingen des Alltags nachgehen. Anders als die APO übten sie keine ideologische Grundsatzkritik an Staat und Gesellschaft. Sie wollten nur ihre Rechte wahrnehmen, Entscheidungen auf demokratischem Wege beeinflussen. Die Heimat war bedroht. Am liebsten hätten sie ihr Problem mit einer Eingabe beim zuständigen Kommunaldezernenten gelöst. Doch bei etablierten Politikern und Behörden stießen sie auf Unverständnis und Abwehr. Verärgerung und Frust machten sie nun auch offen für Deutungsmuster der 68er. Deren Begriffe und Symbole zirkulierten in der Gesellschaft, waren von denen, die sie kommerzialisieren oder politisch absorbieren wollten, in jeden Winkel der Republik getragen worden. Mancher Bürger erinnerte sich an ihre eigentliche Bedeutung. »Wenn Recht zu Unrecht wird, wird Widerstand zur Pflicht«, hieß es jetzt, noch in staatsbürgerlichem Urvertrauen. Bald aber radikalisierte sich der Habitus: »Wenn Unrecht zu Recht wird, wird Widerstand zur Pflicht.« Ein Rechtsstaat, der Unrecht legitimiert (»das Recht folgt der Macht«), forderte die Pflicht zum Widerstand geradezu heraus. Bürger wurden ungehorsam. Zu lange waren sie Objekte behördlicher Entscheidungen gewesen. Sie fühlten sich schlecht behandelt. Doch sie wollten nicht besser behandelt werden. Sie wollten selber handeln. Emanzipation. Emanzipation vom Obrigkeitsstaat, der mit der Wirtschaft im Bunde war. Aus der Selbstbetroffenheit erwuchs die Politik in der ersten Person: »Ich kümmere mich um meine Angelegenheiten.«

Bürgerlicher Protest und linke Kritik begannen sich zu vermischen. Anfangs fixierte sich die individuelle Empörung auf einen einzigen Punkt. Die Ein-Punkt-Politik beherzigte noch das Sankt-Florians-Prinzip: »Lieber heiliger Florian, verschon' mein Haus, zünd' andre an.« Doch rapide wuchs die Erkenntnis, dass man mit Engstirnigkeit und alternativem Kirchturmdenken nicht weit kam. Der Blick weitete sich. »Alles hängt mit allem zusammen.« Selbstbetroffenheit und die Politik in der ersten Person mündeten in den Anspruch ganzheitlichen Denkens und universeller Moral. Die Bürgerinitiativen begannen, sich als »Aktivbürger«, als engagierter Kern einer emanzipierten Zivilgesellschaft, zu verstehen. Wir studentischen Basisgruppen hatten uns mit dem Protest längst gemein gemacht, waren Teil davon, manchmal treibende Kraft.

So entwickelte sich in den 70ern ein buntes Bild von Bürgerinitiativen und sozialen Bewegungen, deren Weltbilder, Ideen und Irrtümer später in die Grünen einflossen. Viele knüpften an jahre- und jahrzehntealten Problemen an. So forderte die neue Frauenbewegung über die formale Gleichberechtigung der Geschlechter hinaus die umfassende Emanzipation der Frauen von patriarchaler Herrschaft, den Kampf gegen sexuelle Gewalt und für autonome Lebensentwürfe. Die Alternativbewegung propagierte und praktizierte die Abkehr von tradierten und den Aufbau von selbstbestimmten und naturverträglichen Produktions- und Konsummodellen, die Einheit von Leben und Arbeiten abseits von Konkurrenzzwang und Wettbewerbsideologie. Die Hausbesetzer nahmen leer stehenden Wohnraum in Beschlag, um ihn in Selbstverwaltung und nicht spekulativer Form sinnvoll zu nutzen, und experimentierten mit neuen Formen des Zusammenlebens. Die Bürgerrechtsbewegung kritisierte den Radikalenerlass der Ministerpräsidenten, der Mitgliedern kommunistischer Parteien den Beamtenstatus verweigerte, setzte sich für die Verbreitung unterdrückter Nachrichten ein, dokumentierte Polizeiübergriffe und kämpfte gegen Filz und Kungelei in den Verwaltungen. Die Dritte-Welt-Bewegung klagte die Ausbeutung des Südens durch den Norden an, engagierte sich gegen korrupte und diktatorische Regimes, unterstützte Befreiungsbewegungen, prangerte die USA – allgemeiner: den Imperialismus – wegen der Unterstützung von Militärdiktaturen an, forderte die Einhaltung von Menschenrechten ein und eine auf die Grundbedürfnisse gerichtete Entwicklungspolitik.

Neu war die Ökologiebewegung. Seit Anfang der 70er-Jahre drang ins Bewusstsein, dass politische Entscheidungen und die Art des Wirtschaftens die natürliche Lebenswelt nicht nur beeinträchtigten, sondern zu zerstören begannen. Der Club of Rome hatte die »Grenzen des Wachstums« erkundet und eine grundlegende Umkehr der Wirtschaftsweise angemahnt. Die

Ökologiebewegung protestierte deshalb nicht länger nur gegen einzelne Missstände, sondern stellte die Wachstumsstrategien einer Industriegesellschaft prinzipiell infrage, die ihre eigene stoffliche Basis, den Globus, vernutzte, statt sie nachhaltig zu bewirtschaften. Sie verstand es, die einzelnen Erkenntnisse in Deutungssystemen zu vernetzen. Wichtige wissenschaftliche und politische Schriften entstanden, Ökoinstitute gründeten sich. Die politische Ökologie trat neben die politische Ökonomie.

Das Waldsterben, ausgelöst durch sauren Regen, Resultat industrieller und privater Verbrennung, empörte die Menschen Der deutsche Wald, Mythos und Motiv der Romantik, drohte verloren zu gehen. Ein Fanal für alle Naturliebhaber! Die Luft wurde dicker, Dunstglocken lagen über den Städten, Smog waberte durch die Straßen, Kinder drohten an Pseudo-Krupp zu ersticken. Man forderte Filter für Kraftwerke, Rauchgasentschwefelung, die Stilllegung alter »Dreckschleudern« zugunsten dezentraler Blockheizkraftwerke mit Wirbelschichtbefeuerung. Textilien waren durchseucht von giftigen Stoffen, giftige Schwermetalle fanden sich im Kinderspielzeug, die giftige Chlorchemie entstellte Gesichter durch Akne conglobata, Lebensmittel mutierten zu Todesmitteln. Weg mit dem Zeug, Grenzwerte und Verbote fordern. Einkaufen im Bioladen, beim kleinbäuerlichen Direktvermarkter. Keinen Industriezucker, kein Weizenauszugsmehl – besser Grünkernbratlinge, Vollkornnudeln, selbstgeschrotetes Müsli. (Ich gestehe, an diesem Punkt war ich eisern dissident: Kuchen und Nudeln müssen aus Weißmehl sein!) Und zwecks Rotfärbung die spinatbreiförmige, nach Kuhmist riechende Henna-Packung ins Haar. Kämpfen gegen den neuen Flughafen, gegen die Startbahn, gegen Fluglärm. Widerstand leisten gegen die Autoteststrecke, die neue Umgehungsstraße, die neue Autobahn, die Versiegelung der Landschaft, den Flächenverbrauch, die Kanalisierung der Flüsse, die Zerstörung des Lebensraums der letzten Großtrappen. Fahrradwege und Krötentunnel bauen, den Herrschenden den ganzen Mist vor die Tür kippen.

Atomreaktoren und Atomraketen – Symbole einer tödlichen Maschinerie. Dagegen musste das Prinzip Leben gesetzt werden. Ausgangspunkt war das in Wyhl, am oberrheinischen Kaiserstuhl, geplante erste deutsche Atomkraftwerk. Ab 1972 machte die lokale Bevölkerung mit enormer öffentlicher Resonanz Front gegen den Bau. Der Bauplatz wurde besetzt, ein Hüttendorf entstand. Liedermacher und Bänkelsänger gaben sich ein Stelldichein. Der Protest vermischte sich mit Motiven der Alternativszene.

Dabei waren die Anwohner zunächst von der Angst vor einer Industrialisierung getrieben, die die eigenen bäuerlichen Lebensgrundlagen bedrohte. Atomkraftwerke – würden sie nicht die Ernte verstrahlen? Schnell aber erkannten sie, dass die Kampfparole »Kein AKW in Wyhl« zu kurz griff. Auch im angrenzenden elsässischen Fessenheim drohte ein AKW. So skandierte man »Kein AKW in Wyhl – und anderswo« – von der Standortgegnerschaft zum grundsätzlichen Widerstand gegen Atomkraftwerke. Bundesweit. International.

Für uns Linksalternative war nicht jede technische Neuerung ein Fortschritt. Atomkraftwerke – modern, angeblich sicher, zukunftsträchtig. Wir gewannen, über eine vage Ahnung hinausgehend, präzises Wissen über die Gefahren dieser Technologie. Schlagartig sollte sie alle Energieprobleme, die uns angeblich die Ölscheichs durch die Verteuerung des Erdöls eingebrockt hatten, lösen. Doch was würde bei einem Unfall geschehen? Das »Atombüro« an der Uni Bochum – betrieben von Ingenieurstudenten – trug zur Aufklärung bei. Anders als in der Zeche – schlimm genug! – würden nicht nur einige Arbeiter und ihre Familien leiden. In den Alltag der Menschen drangen Begriffe wie GAU (größter anzunehmender Unfall) und Super-GAU (ein GAU, der nicht mehr beherrschbar ist). Wie einen GAU beherrschen? Wie mit einem Super-GAU umgehen, der Kernschmelze? Ganze Landstriche könnten unbewohnbar werden. Und wohin mit den ausgebrannten Brennstäben? Wo kann der Jahrmillionen lebensgefährlich strahlende Müll denn endgültig gelagert werden? »AKW – Nee!«

Die Menschen bekamen es mit der Angst zu tun. Diese

Technik war prinzipiell nicht beherrschbar. Reine Hybris zu glauben, das Endlagerproblem sei lösbar – Hybris von Agenten einer technologischen Rationalität, die sich anmaßte, über der Schöpfung zu stehen. Für unorthodoxe Linke der Beweis: Nicht nur die Produktionsverhältnisse waren abzulehnen – weil ungerecht –, sondern auch die Produktivkraftentwicklung, die strofflich-energetisch-technische Seite der Produktion. Sie drohte, lebensgefährlich aus dem Ruder zu laufen. Der gelbe Aufkleber mit der Anti-Atom-Sonne zierte bald unsere Autos, Kinderwagen, Uni-Institute. Die militanteren Kreise ließen eine gereckte Faust aus der Sonne wachsen. Jetzt war es nicht nur die Sowjetunion, die mit Atomraketen auf Deutschland zielte; die Gefahr von Kernschmelzen und großflächiger radioaktiver Verstrahlung kam von innen. »Atomkraft – Nein Danke!« Sind wir nicht verpflichtet, den nachfolgenden Generationen eine bewohnbare Erde zu hinterlassen? »Wir haben die Erde von unseren Kindern nur geborgt«, hatte einst ein weiser Indianerhäuptling gesagt. Für die Grünen das Gründungsmotto.

Wir Alternative und Aktivisten hatten uns anders im Alltag eingerichtet als der Durchschnittsbürger. Wir lebten in Wohngemeinschaften, versuchten dort Geschlechtsrollenklischees aufzubrechen, führten psychoterroristische Diskussionen über Einkauf, Abwasch, WC-Reinigung und die Nutzung des angerosteten Gebrauchtwagens. An den Wänden hingen nicht Kunstdrucke des Expressionismus, sondern neben dem stilisierten Marx-Porträt und Picassos Mädchen mit Taube die Poster von Janis Joplin und Che Guevara, umgeben von allerlei Goldschnittrahmen mit Mutterverdienstkreuzbildern, die wir vom Sperrmüll aufgelesen hatten. Einen prominenten Platz nahm das androgyne Zeichen des Feminismus ein. Auf blauem Grund ein weißer Kreis, nach unten ergänzt um das kopfstehende weibliche Kreuz, nach oben rechts um den männlichen Pfeil, der schlaff abgeknickt war. Das galt als Kritik nicht an mangelnder Potenz, sondern an deren inkompetentem Einsatz. Neben Strickzeug und eingetrockneter Spaghettisauce das Setzkästchen für die Devotionalien der Bewegung: Anstecker mit Anti-Atom-Sonne, Friedenstaube, Frauenzeichen, Maria Trebens Kräuterfläschchen und die Muschel vom letzten Hippie-Urlaub auf Kreta. Es roch nach Räucherstäbchen und schlechtem Tabak für die Selbstgedrehten. Auf der Fensterbank gediehen Alfalfa- und Sojasprossen neben dem Joghurt-Brüter, dahinter auf manch verwunschenem Balkon auch die gemeine Hanfpflanze. Immer noch lag ein leichter Hauch von Woodstock und Flower Power in der Luft.

Guten alten Rock hörten wir noch, aber der seichte unpolitische Pop kam uns nicht aus den Boxen. Er wurde noch nicht als globalisierter Code begriffen. Auch die politischen Liedermacher aus Ost und West trugen zur Gemütlichkeit bei. Ton Steine Scherben, Wolf Biermann, Walter Mossmann und all die Bänkelsänger, die jährlich auf ihrem Festival in Ingelheim neue aufrührerische Vormärzballaden und linkskompatible Volkslieder rüberbrachten. Dazwischen die erste helle Glöckchenstimme des Feminismus: »Schneewittchen, zerschlag deinen goldenen Sarg«. Ina Deter ließ an jede Wand schreiben: »Neue Männer braucht das Land.« Russische, spanische, italienische Partisanenlieder wurden mitgesungen. Internationale Politfolklore. »Grandola, Vila Morena«, die Hymne der portugiesischen Nelkenrevolution. Musik von Mikis Theodorakis, dem Filmkomponisten von »Alexis Sorbas«, und von Victor Jara, der gerade durch die Schergen Pinochets im Stadion von Santiago ermordet worden war. »Bei schönem Wetter ist es dort gut auszuhalten,« hatte CDU-Generalsekretär Bruno Heck kommentiert. Inti Illimani und Aquila Payun hielten dagegen: »El pueblo unido jamás sera vencido« (»Das einige Volk wird niemals besiegt werden«). Wir werden siegen! »Venceremos!«

Zahlreiche Gruppen und Initiativen der anwachsenden Ökologie- und Anti-AKW-Bewegung schlossen sich 1972 im Bundesverband Bürgerinitiativen Umweltschutz (BBU) zusammen. Zwangsläufig drängte sich die Frage auf: Kann man wegen der megakatastrophalen, aber dennoch eingrenzbaren Folgen eines Super-GAU Widerstand gegen Atomkraftwerke leisten, ohne auch gegen Atombomben zu kämpfen und gegen Nuklearstrategien, die mit der Ausrottung der gesamten Menschheit kalkulierten?

Geht es nicht um viel mehr als die eigene Heimat und Deutschland? Geht es nicht um die Gattung Mensch an sich? Um seine Existenzmöglichkeiten auf der Erde? Die einzige Erde, die wir haben? Ein universelles Bedrohungsszenario, eine völlig neue Frage der Sozialphilosophie und der Theorie zur Gesellschaftsveränderung. Die Gattungsfrage war aufgeworfen. Die Menschheit als Ganzes stand auf dem Spiel. Die angebliche Krone der Schöpfung, die es sich in ihrer Hybris leistete, die eigene Vernichtung möglich zu machen. Die Gattungsfrage wurde zum Hauptmotiv der ökologischen Bewegung. Mit der Hauptfrage der alten sozialen Bewegungen, der Arbeiter- und Gewerkschaftsbewegung, die sich um die ungerechten Folgen der Klassengesellschaft drehte, trat die neue Kernthese in scharfen Kontrast. Worum sollte es gehen: Klassenfrage oder Gattungsfrage? Wer sollte gerettet werden: die Arbeiterklasse oder die gesamte Menschheit?

Die Anti-AKW-Bewegung sah von Beginn an einen inneren Zusammenhang von ziviler und militärischer Nutzung der Atomkraft. Die »friedliche« Nutzung als Etappe zur Gewinnung waffenfähigen Nuklearmaterials. Deshalb wollten Petra Kelly und Roland Vogt, zwei Leitgestalten des BBU, nach einem Besuch in Japan 1976 den »Kampf gegen Atomkraftwerke aus der Sicht von Hiroshima« betreiben. Bereits in Wyhl hatten sie 1975 den badisch-elsässischen Bürgerinitiativen geraten, militärisch-atomare Einrichtungen in ihre Demonstrationen einzubeziehen. Bei der ersten Demo gegen den »Schnellen Brüter« in Kalkar kurz darauf prangerte Petra Kelly in einer fulminanten Rede die technische Möglichkeit an, atomwaffenfähiges Plutonium zu erbrüten.

Stichwort Nuklearstrategien. Die Befürchtungen der Anti-AKW-Bewegung fanden neue Nahrung. SPD-Kanzler Helmut Schmidt, der ohnehin als der Hohepriester einer Wachstumsreligion galt, die Heil versprach, indem sie alles ohne Rücksicht auf Verluste und Gefahren in den Verwertungsprozess hineinsaugte und industriell umformte, setzte den NATO-Doppelbeschluss durch. Atomare Mittelstreckenraketen der USA sollten in Deutschland stationiert werden, um eine angebliche westliche Rüstungslücke im Verhältnis zum Atompotenzial der Sowjetunion zu schließen. Es sei denn, der Russe gäbe nach. Ein Wahnsinn! – dachten immer mehr. In wenigen Jahren wuchsen die Demos auf Teilnehmerzahlen von bis zu einer halben Million Menschen an. Gegen die Stationierung der amerikanischen Mittelstreckenwaffen Pershing II und Cruise Missile – darin bestand Einigkeit. Aber auch gegen die SS 20 auf der anderen Seite? Das war die große Streitfrage. Viele aus der Friedensbewegung, die später in die Grünen drängten, jedenfalls verurteilten die nukleare Abschreckungsstrategie als Ganzes, die die Welt in einem atomaren Holocaust zu vernichten drohte, forderten die Auflösung der Militärblöcke und umfassende Abrüstung. Am besten sofort, wenn nötig einseitig bei uns.

Die Initiativen und Bewegungen der 70er-Jahre verdichteten sich zu einem eigenen Milieu, einer Kultur von Protest und Verweigerung, von alternativem Leben und Gesellschaftsreform. Über Straßenaktionen, zivilen Ungehorsam, ja gezielte Verletzung geschriebener und ungeschriebener Regeln wurde der eigene Geltungsanspruch zum Ausdruck gebracht. Die »Neuen Sozialen Bewegungen« – sozial im Sinne von gesellschaftlich, nicht von Caritas und Arbeiterwohlfahrt – unterschieden sich markant von den alten, der Arbeiter- und Gewerkschaftsbewegung. Letztere kämpfte für die materiellen Interessen der lohnabhängig arbeitenden Bevölkerung, für mehr Lohn, mehr Mitbestimmung, bessere Sozialsysteme. Die neuen Bewegungen hingegen betonten postmaterielle Werte: Partizipation, Humanverträglichkeit, Solidarität, Lebensqualität, Selbstbestimmung, Kreativität, Menschlichkeit und Persönlichkeitserweiterung. Sie vertagten die gesellschaftliche Veränderung nicht wie die K-Gruppen auf ominöse nachrevolutionäre Zeiten. »Wir wollen alles, und das sofort!«

»Öko-Pax« wurde zum Markenzeichen der Bewegung. Dabei war das Label höhnisch gemeint. Die Vertreter der herrschenden Energie- und Sicherheitspolitik unterließen keinen Versuch, den Protest lächerlich zu machen. »Bei denen kommt der Strom aus der Steckdose.« Aber auch der orthodoxe Marxismus kam mit dem Weltbild der Öko-Paxe nicht klar. War ein AKW nicht Ausdruck des technologischen Fortschritts, der Protest nicht Zeichen kleinbürgerlicher Ängste? Wollte man die Arbeiterklasse nicht von ihren Ketten befreien, damit die Produktivkräfte sich frei entfalten konnten? Die Energieerzeugung, stoffliche Seite des Produktionsprozesses – nutzte sie nicht der Arbeiterschaft? AKWs in Arbeiterhand, das wäre die Lösung. Am prägnantesten argumentierte die DKP: AKWs in der Sowjetunion sind gut, im kapitalistischen Westen schlecht. In den USA sind sie am gefährlichsten, weil Kapitalinteressen aus Kostengründen auf Sicherheit verzichteten. Der Fast-GAU im amerikanischen Harrisburg 1979 schien diese These zu stützen. Bei manchen Genossen wurde dieses Weltbild erst durch Tschernobyl erschüttert. Bei manchen gar nicht.

Der Kampf gegen die Atomkraft führte zu den spektakulärsten Aktionen, erforderte die strategische Auseinandersetzung mit der Staatsmacht, bot ein Katz-und-Maus-Spiel mit der Polizei. Robert Jungk hatte in seinem Klassiker »Der Atomstaat« vor einer despotisch-repressiven Politik als Resultat der Produktion von Atomenergie gewarnt. Waren die fast täglichen Scharmützel nicht der Vorbote? Hatte man den Atomwissenschaftler Klaus Traube, den prominentesten Kritiker der Atomkraft, nicht durch Hausdurchsuchungen und andere Repressalien fertiggemacht?

Wer nicht aus präziser Kenntnis der technischen, energiewirtschaftlichen und sicherheitspolitischen Zusammenhänge dagegen war, den führten Zeitgeist und Lebensgefühl in die Opposition. Wenn man in der Wohngemeinschaft beim Müsli saß, wollte man sichergehen, unverstrahlte Körner zu futtern. Eine Frau, die sich für Frauenpower einsetzte, wollte nicht abseits stehen, wenn es um die gesamte Menschheit ging. Wer als braver Öko Froschteiche auf Industriebrachen anlegte, dem kam die kalte Wut hoch bei dem Gedanken, dass ein Knall nicht nur die liebevolle Kleinarbeit zunichtemachen könnte. Fast alle, die man kannte, waren dagegen. Jedenfalls alle, mit denen man etwas zu tun haben wollte. Also stieg die gesamte WG am Wochenende in den VW-Bus, das Palästinensertuch als Zeichen revolutionären Elans oder die lila gefärbte Windel als Symbol des Feminismus um den Hals drapiert, und fuhr zur Demo.

Klimaschutz war noch kein Thema. Aber saurer Regen und Waldsterben. Die ungefilterten Kohlekraftwerke im Westen bliesen ihren Rauch nach Osten, wo er in den Mittelgebirgen niederging und die Wälder zerstörte. Jeder Förster konnte einem die entnadelten Fichten zeigen und die Bäume, die Zapfen im Übermaß trugen, als letzte verzweifelte Scheinblüte vor dem Untergang. Keiner war der Meinung, dass AKWs das Waldsterben verhindern könnten. Im Gegenteil, AKWs und Kohlekraftwerke galten als Ausdruck desselben industriellen Wachstumswahns. Dagegen half nur eines: aussteigen. Aussteigen aus dem Teufelskreis von Produktivismus und Konsumterror, von Ressourcenverschwendung und Abfallproduktion, von SPD/CDU/FDP/DKP. Anders leben, anders arbeiten, bewusster verbrauchen. Mehr oder weniger konsequent. Jedenfalls: Alternatives Leben brauchte keine AKWs.

Also auf zur Demo: Erst nach Gorleben im Februar 1977. Dort soll eine Wiederaufbereitungsanlage für abgebrannte Brennstäbe entstehen, später auch ein Endlager. Das muss verhindert werden. »Gorleben soll leben!« Im März zum Bauplatz des AKW Grohnde. Der prügelnden Polizei ausweichen, sich nicht gemein machen mit gewalttätigen Demo-Teilnehmern. In der WG Grundsatzdiskussionen über die richtige Aktionsform. Passiver Widerstand oder Militanz? Solidarität mit Gewaltbereiten gegen Polizeiübergriffe oder klare Distanzierung von denen, die mit Spaten auf Polizeiköpfe einschlugen? Telefonnummern mitnehmen oder besser nicht – »falls man von den Bullen geschnappt wird«? Hilft Zitronensaft wirklich gegen Tränengas? Wie lange hält man einem Wasserwerfer stand? O Gott, und wann schreiben wir die Hausarbeiten für die Uni?

Im März 1979 wegen Gorleben zur Großdemo nach Hannover. Hunderte von Bauern aus dem Wendland waren mit ihren Traktoren gekommen, evangelische Pfarrer in Kutte, Musikgruppen mit Motivwagen wie beim Karneval, Zehntausende trommelnd, tanzend, singend, die Feministin neben dem Priester, der Bauer neben dem Langhaarigen (»Albrecht an der Leine, von der Leine, in die Leine – Schmidt muss mit«). Im Oktober 1979 mit mehr als hunderttausend Leuten im Bonner Hofgarten gegen die Atompolitik ganz allgemein. Im Mai 1980 wieder Gorleben. Bauplatz besetzen, Hüttendorf bauen, die Freie Republik Wendland ausrufen, die Anarchie erproben, das Zusammenleben freiwillig assoziierter Individuen, gegen die Räumung wochenlang gewaltfrei Widerstand leisten. Im Februar 1981 auf nach Brokdorf, mit hunderttausend anderen. Auch hier wird ein AKW gebaut. Weiträumige Polizeisperren. Hubschrauber, Wasserwerfer, inzwischen normal. Kein Durchkommen. Der Schlamm der Wilstermarsch ist der beste Verbündete der Atomkonzerne. Die Grünen sind auch da – eine neue Partei.

Im Juni 1981 auf dem Evangelischen Kirchentag in Hamburg, mit hunderttausend anderen: »Fürchtet euch, der Atomtod bedroht uns alle – Wehrt euch«. Oktober 1981 Bonn: gegen den NATO-Nachrüstungsbeschluss, mit dreihunderttausend Teilnehmern die bisher größte Kundgebung in Deutschland. Und jetzt auch noch die Startbahn West: mit Zigtausenden in Wiesbaden dagegen protestieren, später auch am Bauzaun, wo es sehr heftig zugeht, zu heftig. Es fallen Schüsse. April 1982: erst zu den Ostermärschen, Massenaufläufe in zahlreichen Städten, dann mit vierzigtausend Leuten gegen ein positives Gerichtsurteil zu Wyhl demonstrieren.

Juni 1982: Ronald Reagan ist in Bonn. Mit einer halben Million Menschen auf dem anderen Rheinufer gegen die Nachrüstung protestieren. Deutscher Rekord. Im Oktober 1982 zur Großdemo gegen den Schnellen Brüter in Kalkar (»Der Bauplatz muss wieder zur Wiese werden!«). Ab Herbst 1983 Widerstand gegen die Wiederaufbereitungsanlage von Wackersdorf. Im Oktober eine über hundert Kilometer lange Menschenkette über die Schwäbische Alb von Neu-Ulm nach Stuttgart. Im Februar 1985 gegen Wackersdorf demonstrieren, im Sommer gewaltfrei den Bauplatz besetzen, von der Polizei wegtragen lassen, im Oktober

Großdemo in München, im Dezember wieder Bauplatz besetzen, Hüttendorf bauen, abgeräumt werden, wieder aufbauen, wieder abgeräumt werden. Im Mai 1986 Großdemos wegen Tschernobyl. Super-GAU – der Beweis: AKWs sind nicht beherrschbare Monster. Im Juni wieder gegen Brokdorf und Wackersdorf. Schwere Auseinandersetzungen mit der Polizei. In Hamburg werden Menschen von der Polizei eingekesselt, fünfzigtausend demonstrieren dagegen...

Fast fünfzehn Jahre Widerstand gegen die Atompolitik und ein Ende nicht in Sicht. Wer das volle Programm mitgemacht hatte, war bereits bei Halbzeit erschöpft. Das Leben als Demonstrant war abenteuerlich, unterhaltsam, politisch korrekt und ethisch einwandfrei – aber ziemlich anstrengend. Deshalb parallel immer wieder Diskussionen: Wie geht es weiter? Sollte der Protest nicht eskalieren, mussten andere Wege gesucht werden. Doch welche? Konnte eine neue, ökologische Partei, gegründet nach Prinzipien der Bewegung, ein Weg sein? Gab es vielleicht einen parlamentarischen Weg zum Ausstieg aus der Atomkraft?

Ob man wirklich eine neue Partei brauchte, ob man sie wollte, ob man sie wollen durfte, war höchst umstritten. Waren Parteien nicht per se korrumpierbar? Lieferte man sich nicht dem Staat aus, mit dem man sich herumschlug? Brach eine Partei dem Protest nicht die Spitze, beförderte sie nicht die Demobilisierung der Bewegung? Andererseits: Musste der Protest nicht verstetigt werden, unabhängig von der Kraft, der Motivation, dem Terminkalender der Aktivisten? War es jetzt, auf dem Höhepunkt der Bewegung, nicht zwingend, sie zu institutionalisieren? War man denn nicht so erschöpft, dass sonst alles einschlafen würde? Man brauchte den Sonntag schließlich nicht nur zum Demonstrieren – ich war auch Torwart in der Kreisklasse. Brauchte man nicht wenigstens einen parlamentarischen Arm als Ergänzung zur Aktion auf der Straße?

Der Streit endete nicht einvernehmlich. Nicht jeder machte mit bei der neuen Partei, manch einer fühlte sich verraten. Jetzt schon? Doch viele sahen die Zeit gekommen, auch im politischen System Geltungsansprüche zu erheben: Es entstand eine breite Wahlbewegung. Auf der Straße kämpfen und in Institutionen, das war auch meine Meinung. Bunte Aktionen, ja – aber auch oft öde Arbeit in Gremien, so hatte ich es selbst an der Uni gehalten. Die Diskussionszirkel verdichteten sich. Es blieb nicht nur Gerede.

Teil II
Die Gründung (1979–1980)

Kapitel 4

Grün, rot, lila, bunt –
Die Wahlbewegung

Die Bewegungen der 6oer- und 7oer-Jahre bildeten das Gründungsspektrum der Grünen. In den bürgerlichen Protest hatten sich auch Konservative lautstark eingemischt, die sich in der Ökologiefrage mit ihren bisherigen Parteien überworfen hatten, jenseits dieses Themas aber ihren Konservatismus nicht unbedingt zur Disposition stellten. Darunter befanden sich auch Kleinparteien, die jetzt die Gunst der Stunde nutzen wollten, um machtpolitisch zu punkten. In der Mitte des Gründungsspektrums waren Kräfte angesiedelt, die sich weder als konservativ ansahen noch einer der bekannten Linkstendenzen angehörten. Auf der anderen Seite der Wahlbewegung fand sich das bunte Milieu der Basisgruppen, die linksalternative Szene, meine neue politische Heimat. Und die K-Gruppen? Ihnen schlug die Stunde.

Als wichtigste Formation im rechten Spektrum kristallisierte sich die »Grüne Aktion Zukunft« (GAZ) heraus. Sie hatte sich am 13. Juni 1978 als Partei gegründet, eine Kopfgeburt des CDU-Dissidenten Herbert Gruhl und acht Getreuer. Der Umweltexperte, der nun als parteiloser Abgeordneter im Bundestag saß, war Bundesvorsitzender des Bundes für Umwelt und Naturschutz Deutschland (BUND). 1975 hatte er sich einen Namen durch sein Buch »Ein Planet wird geplündert« gemacht. Einerseits hatte er dort als einer der Ersten den ökologischen Raubbau geschildert. Doch seine politische Konsequenz, die Rettung bringen sollte, war mehr als fragwürdig. Der gelernte Historiker und Philosoph malte in seinem Buch die Vision einer autoritären ökologischen Überlebensdiktatur auf der Basis hochgerüsteter Nationalstaaten aus, die Gesundheit und Naturschutz nach innen und außen durchzusetzen hätten. Gruhl verstand Ökologie ausschließlich als Gattungsfrage, lehnte Debatten über gesellschaftspolitische Richtungsentscheidungen, die er implizit selbst heftig betrieb, ab. Letztlich diente ihm die Gattungsfrage als Vehikel, um unter Umgehung der sozialen Frage einen reaktionären Gesellschaftsentwurf zu propagieren. Gruhl nahm dabei den Begriff »Wertkonservatismus« für sich und die GAZ in Anspruch. Wertkonservative wollten im Gegensatz zu Strukturkonservativen die Strukturen radikal verändern, um Werte retten zu können. Gruhls Strukturbrüche richteten sich aber nicht nur gegen das von ihm nicht zu Unrecht beschuldigte Industriesystem, die herrschende Ökonomie, sondern gegen die Moderne überhaupt. Die Werte, die zu retten er versprach, waren nicht nur eine intakte Natur, sondern auch eine Vorstellung vom Menschen als Gattungswesen, die sich gegen jede moderne und humanistische Ausprägung spreizte. Hinter seinem Begriff des Wertkonservatismus verbargen sich ein Antimodernismus, ein Antihumanismus, ein kulturpessimistisches Welt- und Menschenbild. Seine Aufklärung in Angelegenheiten der Natur verband sich mit Gegenaufklärung in der Angelegenheit Mensch. Damit war Gruhl zwar tatsächlich einer der ersten umweltpolitischen Mahner, zugleich aber ein Vertreter eines repressiven Neokonservatismus.

Weil selbst andere Konservative diese Position harsch kritisierten, musste man das »Grüne Manifest«, das die GAZ vorlegte, nun etwas weicher zeichnen. Statt Ökodiktatur und nationalen Imponiergehabes forderte es jetzt »eine Politik der Partnerschaft und des friedlichen Zusammenlebens mit allen Völkern, auch mit denen des Ostblocks«. Gruhl sah sich als eigentlichen Gründungsvater der Grünen und forderte für sich ultimativ eine persönliche Führungsrolle. Das klassische Links-rechts-Schema, das gängige Muster der ideologischen Einordnung, sollte fallen gelassen werden. Quer zu den bisherigen Parteien wollte man liegen. Diese Denkfigur, die den angestrebten Rechtskurs kaschieren sollte, wurde von Grünen später teils dankbar und kreativ, teils mit Stirnrunzeln aufgenommen.

So ganz traute Gruhl seinem Einfluss auf die sich bildenden Grünen nicht. Er weigerte sich, seine GAZ aufzulösen. Stattdessen gründete er eine »Arbeitsgemeinschaft ökologische Politik«, die personell und inhaltlich fast identisch war mit der GAZ, um mit ihr organisiert in der neuen Partei zu wirken. Gleichzeitig setzte die GAZ die Gründungsbewegung von außen mit harten Erklärungen unter Druck. Kampferprobte Linke erinnerte das an die Kaderpraktiken der ML-Gruppen. Als Gruhl mit seinem autoritären Gehabe nicht durchdrang und die neue Partei sich ausdrücklich nach links entwickelte, trat er samt Gefolgschaft wieder aus. Er betrieb im Oktober 1981 eine ökokonservative Gegengründung. Doch seine »Ökologisch Demokratische Partei« (ÖDP), in der auch einige liberale Geister unterkamen, konnte den Aufstieg der Grünen nicht mehr verhindern.

Neben der GAZ war mit der »Aktionsgemeinschaft Unabhängiger Deutscher« (AUD) eine zweite bundesweit agierende Kleinpartei am Gründungsprozess beteiligt. Die AUD war von noch weiter rechts gekommen, hatte sich aber bemerkenswert lern- und wandlungsfähig gezeigt. Zur AUD hatten sich 1965 drei national-neutralistische Gruppierungen zusammengeschlossen: Die 1950 gegründete, weit rechts stehende »Deutsche Gemeinschaft« (DG) knüpfte ideologisch an die »Konservative Revolution« der Weimarer Zeit an. Die »Deutsche Freiheitspartei« (DFP) hatte sich 1962 von der NATO-freundlichen »Deutschen Reichspartei« des späteren NPD-Vorsitzenden Adolf von Thadden abgespalten. Die »Vereinigung Deutsche Nationalversammlung« (VDNV) hatte sich mit nationalistischen Motiven die Wiedervereinigung auf die Fahnen geschrieben.

In der Weimarer Republik war die Suche nach einem deutschen Sonderweg, einem »Dritten Weg« zwischen westlichem Liberalismus und sowjetischem Bolschewismus, zwischen universellem Demokratisierungsanspruch des amerikanischen Präsidenten Woodrow Wilson und der Kommunistischen Internationalen von Lenin und Stalin, noch eine verbreitete Haltung. Sie wollte den Machtverlust Mitteleuropas gegenüber den beiden neuen heraufsteigenden Mächten kompensieren, wurde aber letztlich zu einer ideologischen Wegbereiterin des großdeutschen Wahns der Nazis. In der Nachkriegs-BRD kam die Suche nach einem Dritten Weg zwar wieder auf, stieß aber wegen der historischen Belastung stets auf Misstrauen. Vor allem in der westlichen Welt wurde befürchtet, dass daraus erneut ein fataler Irrweg entstehen könne. Der Kampf der Neutralisten gegen Atomwaffen wurde argwöhnisch beobachtet. Sind sie nicht allein deshalb gegen Atomwaffen, weil sie keine haben? Steht dahinter nicht sogar der Versuch, eine westdeutsche Überlegenheit im Bereich der konventionellen Bewaffnung herzustellen? Gar eine gesamtdeutsche – denn die Wiedervereinigung fordern sie ja auch?

Als die AUD 1968 unter den Einfluss der APO geriet, welche die USA und die UdSSR als imperialistische Mächte anprangerte, entdeckte sie für sich eine neue Verortung des Neutralismus. Sie entfernte sich vom rechten Spektrum, ergänzte die verdächtige Neutralitätsidee um den ausdrücklichen Verzicht auf deutsche Bewaffnung und Großmachtrolle, ersetzte ihre autoritären Denkfiguren durch die Forderung nach plebiszitärer Demokratie und nahm die soziale Frage in der Formulierung eines »Sozialismus der Zukunft« auf, einer nicht marxistischen, kleinbürgerlichen Form des Antikapitalismus. Die strammen Rechten der Partei, die fast zwei Drittel der 2500 Mitglieder ausmachten, quittierten den Linksschwenk mit Austritt.

In den 70er-Jahren wendete sich die AUD dem Umweltthema zu. Wie der erzkonservative »Weltbund für den Schutz des Lebens« (WSL), dem viele AUDler nahestanden, interpretierte sie es zunächst biologistisch. Der Mensch war für sie nicht primär bestimmt durch kritische Vernunft und freien Willen in Verantwortung, sondern biologisch determiniertes Lebewesen, eines neben anderen Tieren, mit denen es im Ökotop in Wechselwirkung stand. Es hatte seinen Lebensraum, seinen festen Platz im natürlichen Gefüge. Der deutsche Mensch hatte die deutsche Scholle, die er naturverträglich beackern sollte. Von der Erd- und Heimatverbundenheit war es nicht weit zur Blut-und-Boden-Ideologie der Rechten.

Im Diskurs der Ökologie- und Friedensbewegung lösten sich

auch diese Einstellungen langsam auf. Zuletzt war die AUD auf der Links-rechts-Achse kaum noch einzuordnen. Auch SPD-Dissidenten, gewerkschaftsoppositionelle Betriebsräte und evangelische Pfarrer traten ihr bei. Sie versuchte in der Gründungsphase, sich als Mitte der Bewegung darzustellen und den Grünen ihren Stempel aufzudrücken. Doch ein nachhaltiger Führungsanspruch blieb ihr versagt. Nur in Bayern und Baden-Württemberg gelangte sie – im Bündnis mit der GAZ – zu nennenswertem Einfluss.

Zwei der schillerndsten Ur-Grünen stammten aus der AUD: August Haußleiter und Baldur Springmann. Der betagte Ökobauer Springmann, AUD-Vorsitzender in Schleswig-Holstein, geriet mit seinem schlohweißen Haar und grünen Hippie-Hemd zum beliebten Motiv klischeebesessener Fernsehmacher. Gern lichteten sie ihn ab, um die Grünen als schratig, schrullig, spinnert abzutun. 1982 trat er aus. Eine rechtsradikale Vergangenheit, die manche ihm anhängen wollten, konnte ihm nie nachgewiesen werden.

Anders bei dem charismatischen Redner August Haußleiter. Als Achtzehnjähriger nahm er 1923 am Hitler-Putsch teil. Dann wurde er Mitglied der rechten »Deutschen Volkspartei« (DVP). 1939 verlor er seine Stellung als Journalist in Franken wegen heftiger Streitigkeiten mit den Nazis und kam in den Umkreis von Widerstandskreisen. Nach dem Krieg wurde er Mitbegründer und Landtagsabgeordneter der CSU. Aus Protest gegen Adenauers Politik der Westintegration trat er aus, geriet in die Nähe der NPD, gründete aber die AUD und wurde deren unumstrittene Führungsfigur. Seine Partei löste sich in die Grünen auf, zu deren erstem Sprechertrio er gehörte. Als bald darauf Einzelheiten seiner Vita bekannt und immer kontroverser diskutiert wurden, trat er mit einer großen Lebensbeichte und fulminant-theatralischen Rede zurück, um der Partei nicht zu schaden. Er gab noch jahrelang die Wochenzeitung »Die Grünen« heraus, die er mit radikalpazifistischen und antiamerikanischen Leitkommentaren spickte. Die deutsche Vereinigung, das Hauptziel seiner Nachkriegspolitik, hat er nicht mehr erlebt; er starb kurz vor dem

Mauerfall. Die Idee des pazifistischen Neutralismus wirkte in den grünen Debatten als Unterströmung fort, bis sich die geopolitische Blockstruktur auflöste.

AUD und GAZ war es gelungen, im ökologischen Protestmilieu nationalkonservative Kräfte zu binden und in den Parteigründungsprozess zu führen. Hier stießen sie nicht nur auf den Hauptstrom der undogmatischen Linken und die Zerfallsprodukte der K-Gruppen, sondern auch auf einige Gruppierungen, die sich diffus als Mitte der Bewegung begriffen.

In der Mitte des Spektrums bewegte sich neben der links gewendeten AUD die »Grüne Liste Umweltschutz« (GLU). Hier tauchte zum ersten Mal die Farbe Grün als Namensgeber auf. Die GLU hatte sich im Frühjahr 1977 in Niedersachsen formell als erste Ökopartei der Bundesrepublik gegründet. Ihr Vorsitzender Carl Beddermann galt als Vorkämpfer einer parlamentarischen Beteiligung. Er sammelte konservative, liberal- und sozialdemokratische Kräfte, die – angesichts der brutalen Gewalt einiger Aktivisten bei der Demonstration gegen das AKW Grohnde – eine klare Abgrenzung zur Militanz im Protestmilieu und zugleich eine institutionelle Handlungsmöglichkeit suchten. Hier fanden sich auch moderat linke Kräfte wie Anhänger der einst von Gustav Heinemann mitbegründeten »Gesamtdeutschen Volkspartei« (GVP), die in der SPD aufgegangen war. Nicht alle waren in der SPD glücklich geworden und suchten eine neue politische Heimat. Die GLU versuchte, im Gründungsprozess eine vermittelnde Funktion einzunehmen, und löste sich in die Grünen auf. Wilhelm Knabe von der GLU Nordrhein-Westfalen wurde zur Legende, als er, um einen ideologischen Streit zu schlichten, auf die Bühne trat, einen Zollstock zum Dreieck entfaltete und erläuterte: »Wir sind nicht links, nicht rechts, sondern vorn.«

Im Sog der GLU kam es vermehrt zu Gründungen regionaler Wahlparteien. Ähnlich wie diese Liste, die Ableger in mehreren Bundesländern bildete, waren die »Grüne Liste Schleswig-Holstein« (GLSH) aus dem Jahre 1978 und die kurz darauf ins Leben gerufene »Bremer Grüne Liste« (BGL) einzuschätzen. Die norddeutschen Gruppierungen fielen durch die blau-weiß gestreiften

Fischerhemden auf, die die Verbundenheit mit dem ländlichen Küstenraum demonstrierten. Ihr Kernanliegen war der Umweltschutz, ihr Auftritt eher bürgerlich-gemäßigt. Im Vorfeld ihrer Wahlbeteiligungen auf lokaler und regionaler Ebene erweiterten sie indes ihre Programmatik und nahmen pazifistische Motive der erstarkenden Friedensbewegung auf, auch um Konkurrenzgründungen aus dem bunten Spektrum zu vermeiden.

Nicht parteiförmig organisiert war der »Achberger Kreis«, der ausdrücklich für einen Dritten Weg eintrat. Hier sammelten sich anthroposophische Geister und solche, deren Vordenker in den sozialphilosophischen Debatten der letzten hundert Jahre zu kurz gekommen waren. Die Anthroposophen fühlten sich mit ihrer monistischen Lehre von gemeinsamer Natur- und Gesellschaftserkenntnis bei den Grünen gut aufgehoben. Es dürfte nicht falsch sein, Otto Schily in dieser Umgebung einzuordnen. Während die Anthroposophen mit ihren Ideen der biodynamischen Landwirtschaft oder der Walldorf-Bildung auf fruchtbaren Boden trafen, stießen ihre spirituellen und esoterischen Neigungen auf Skepsis; ihr elitärer Anspruch, auf einer höheren Bewusstseinsebene angekommen zu sein, erntete krasse Ablehnung.

Neben Rudolf Steiner kam vor allem ein Held der Münchener Räterepublik, Silvio Gesell, der die anarchistisch angehauchte Freiwirtschaftslehre entwickelt hatte, zu Ehren. Diese machte den Zins als Grundübel der Ökonomie aus und trachtete die Gesellschaft über eine veränderte Geldwirtschaft zu revolutionieren. Er fand in Helmut Creutz einen umtriebigen Epigonen, der die Ur-Grünen regelmäßig mit Traktaten versorgte.

Auch Joseph Beuys stieß zu den Achbergern. Seine Kunst hatte ihn oft genug in Widerstreit mit dem offiziellen Kulturbetrieb gebracht. Schüler und Anhänger gründeten die Freie Internationale Universität (FIU) und die Künstlergruppe »Fluxus Zone West« und brachten Beuys' Idee von der Gesellschaft als sozialer Plastik (»Jeder Mensch ist ein Künstler«) – von vielen regelmäßig missverstanden – in den Gründungsprozess ein. Ihr »Omnibus für direkte Demokratie«, der durch die Republik tourte, jedoch traf den grünen Nerv.

In der Mitte des Spektrums sind auch die Individualisten einzuordnen, die ohne Umweg über eine Kleinpartei oder einen politischen Debattenzirkel direkt von den Umweltgruppen oder ihrem Bundesverband BBU zur Wahlbewegung stießen. Oft waren sie kurz zuvor aus der SPD ausgetreten. Oder sie stammten aus den kritischen Strängen der katholischen und evangelischen Jugend, aus ihren städtischen Milieus ebenso wie aus der Landjugend. Petra Kelly, Roland Vogt und Lukas Beckmann, einflussreiche Akteure der ersten Jahre, haben stets ihre Unabhängigkeit von den vorgefundenen politischen Gruppen betont.

Hinzu kam eine Fülle kleiner und kleinster Grüppchen. Sie verfolgten die unterschiedlichsten Anliegen, für die sie nun einen Resonanzraum fanden. Don-Bosco-Brüder warben für eine katholische Verzichts- und Armutsethik. Ökobauern aus der Bundschuh-Bewegung sahen sich endlich im Kampf gegen die industrialisierte EU-Landwirtschaft ernst genommen. Elbfischer fanden Bündnispartner gegen die weitere Verschmutzung des Flusses durch Industrialisierung. Hier begann der Übergang in die Welt der Linksalternativen. Vertreter der ersten Bio- und von kollektiv organisierten Fahrradläden, von feministischen Buchhandlungen und selbstausbeuterischen Druckereien, von Graswurzelmedien und Wurzelmedizin, von ländlichen Selbstvermarktern und Betrieben zur Rettung traditioneller Handwerkskunst arbeiteten am politischen Rahmen für ihre Alternativökonomie. Soziokulturelle Projekte aller Art, die seit Jahren wie Pilze aus dem Boden geschossen waren, entsandten ihre Fürsprecher. Manches war heikel: Die Nürnberger »Stadtindianer« suchten Anerkennung als selbst verwaltete Jugendhilfeeinrichtung. Das grüne Helfersyndrom wurde aktiviert. Doch die angebliche Kinderkommune roch stark nach Pädophilie. Besser Distanz halten.

Wir Linksalternativen waren nicht strikt organisiert. Unser kritischer Individualismus wendete sich nicht nur gegen die Strukturen des herrschenden Systems, sondern gegen jede Idee und Praxis von übermäßiger Strukturierung überhaupt. Wir fanden uns locker zusammen und gingen ebenso locker wieder auseinander. Das Lebensgefühl war libertär, ein bisschen anarchistisch, hedonistisch; wir standen aufseiten der Unterdrückten und Entrechteten. Trotz der Diffusität des Bildes lassen sich einige Unterströme präziser beschreiben.

Die »Basisgruppen« der undogmatischen Linken an den Universitäten, bei denen ich nicht nur auf lokaler Ebene eine Art Leitfigur geworden war, hatten sich längst in die Bürgerinitiativen integriert. Bundesweit pflegten wir individuelle Formen der Vernetzung, um uns über strategische Fragen auszutauschen. Eng verflochten waren wir mit autonomen Feministinnen. Wir waren eindeutig auf soziale Bewegungen hin orientiert, Parteien lehnten wir zunächst prinzipiell ab. Wir hatten eine lockere Verbindung zum »Sozialistischen Büro« (SB) in Offenbach und bezeichneten uns manchmal als Linkssozialisten. Das SB, bei dem sich inzwischen auch Rudi Dutschke politisch angesiedelt hatte, gab Linken, die mit den K-Gruppen nichts zu tun haben wollten, ein Forum, wo man sich betrieblich oder gewerkschaftlich, jedoch in kritischer Distanz zu SPD oder DGB, engagierte. Im Zentrum standen oft die Aktivitäten der gewerkschaftsoppositionellen »Plakatgruppe« bei Daimler-Benz mit dem Vormann Willi Hoss, der von 1945 bis zum Einmarsch der Sowjets in Prag der illegalen KPD angehört hatte.

Trotz ihrer »Bewegungsorientierung« ließen Basisgruppen und SB sich auf den grünen Gründungsprozess ein, ja, wir beförderten ihn nach Kräften. Denn in den Bürgerinitiativen und breiten sozialen Bewegungen schien ein Milieu entstanden zu sein, das unserem Begriff einer basisdemokratischen »Politik von unten« entsprach. Zudem tauchten hier plötzlich neue, charismatische Gestalten auf, die unbelastet von den Sektenkriegen der Neuen Linken kritische Positionen und interessante Visionen verbreiten konnten. Petra Kelly war für viele undogmatische Linke der Beweis, dass in der Mitte der Gesellschaft ein Potenzial herangewachsen war, mit dem zu verbünden sich lohnte. Mehr noch, es wuchs die Überzeugung, dass wir unsere eigene historische Stunde verpassen würden, wenn wir jetzt nicht mitmachten. Um den Einfluss der K-Gruppen von linker Seite aus zu neutralisieren, riefen wir Anfang 1980 die Vereinigung »Basisdemokratische Undogmatische Sozialisten« (BUS) ins Leben. Als Unterhändler entsandten wir unsere Vertreter im VDS, Ali Schmeißner und Uli Tost, die an Baden-Württembergs Universitäten halbprofessionell die Basislinke aufgebaut hatten, in die Gründungsverhandlungen der Grünen. Eher umtriebig als beauftragt wuselte auch unser Bochumer Basisgruppen-Freund Michael Merkel durch die Szene. Oft kam Schmeißner nach Bochum, um sich mit Karl-Heinz Lehnardt, Thilo Stoffregen vom Anti-Atom-Büro und mir abzustimmen.

Ein wichtiger Ideengeber für uns wurde der DDR-Dissident Rudolf Bahro. Dieser hatte in seinem Werk »Die Alternative« den Sozialismus sowjetischer Prägung einer Grundsatzkritik unterzogen und war dafür ins Gefängnis geworfen worden. Basisgruppen verteidigten seine Theoreme nicht nur gegen den moskauorientierten Teil der westdeutschen Linken. Wir organisierten gemeinsam mit Evangelischen Studentengemeinden (ESG), mit denen wir oft eng verflochten waren, die Kampagne, ihn aus dem Stasi-Gefängnis zu befreien. Mit Erfolg. Dass wir später von seinen Auftritten bei den Grünen immer weniger begeistert waren, ist eine andere Geschichte.

Basisgruppen vertraten in der aufkeimenden Friedensbewegung einen blockübergreifenden Ansatz. Wir wendeten uns nicht nur gegen die amerikanischen Mittelstreckenraketen, wir kritisierten auch die Aufstellung von Atomwaffen auf der anderen Seite der Blockgrenze. Allerdings tobten heftige Diskussionen darüber, ob man Pershing II und SS 20 einfach gleichsetzen konnte. Vordergründig konnte man sagen, Rakete ist gleich Rakete, und alle müssen weg. Wenn man sich präziser mit strategischen Fragen auseinandersetzte, konnte man zu einem anderen Ergebnis kommen. Dann waren die amerikanischen Raketen das neueste und gefährlichste Element einer Rüstungsspirale. Ihnen galt primär und aktuell der Widerstand. Das war auch meine Position. Allerdings wollten wir – anders als das DKP-kontrollierte »KOFAZ-Spektrum« (»Komitee für Frieden, Abrüstung und Zusammenarbeit«) der Friedensbewegung – die sowjetischen Pläne keinesfalls verteidigen. Wir wollten den Ausstieg aus der gesamten Rüstungsspirale, egal, wer sie begonnen hatte. Und die BRD sollte beginnen, notfalls einseitig.

Da wir nicht auf einem Auge blind sein wollten, verurteilten wir anders als die Moskowiter den sowjetischen Einmarsch in Afghanistan ebenso wie die amerikanische Unterstützung für Militärdiktaturen in Lateinamerika. Anders als die Maoisten stellten wir uns aber nicht prinzipiell gegen alles, was auch den Segen Moskaus hatte: So verurteilten wir die Gräueltaten der von Maoisten wie von der CSU unterstützten rechten Guerillaorganisation UNITA von Jonas Savimbi im entkolonialisierten Angola gegen die siegreiche, auch von Moskau geförderte und über Wahlen bestätigte Revolutionsregierung der MPLA. Wir halfen, den Slogan der staatsunabhängigen Friedensbewegung der DDR, »Schwerter zu Pflugscharen«, in die westdeutsche Szene zu tragen, indem wir ihn uns zu eigen machten. All diese Positionen und Kontroversen flossen später fast eins zu eins in die Grünen ein.

Bei den Basisgruppen und verwandten Bewegungen gab es harmlosere und radikalere Fraktionen. Zumindest verbalradikal gebärdeten sich die »Radikalökologen«, die in Abgrenzung von konservativen Umweltschützern die Ökologiefrage ganz grundsätzlich mit der Systemfrage verbanden. Der Vater einer Wortführerin, Hoimar von Ditfurth, hatte als einer der ersten und bekanntesten Fernsehmoderatoren der BRD-Gesellschaft Sonne, Mond und Sterne erklärt. Tochter Jutta Ditfurth – ohne »von«, denn der Kleinadel war von der bürgerlichen Revolution hinweggefegt worden – hat das Faible für die großen Zusammenhänge geerbt und ließ die Bewegung daran partizipieren. Dem Institutionellen nicht zugetan, spezialisierte sie sich auf die Kunst der verbalen Attacke, in der sie fast unschlagbar wurde. Ökoradikale Fundamentalopposition war angesagt – gegen alles, kompromisslos und sofort.

Letzteres war durchaus auch die Mission der »Spontis«, nur nicht rein verbal. Und nicht öko. Auch wenn alle Alternativen oft mit dem Begriff »Sponti« belegt wurden, gegen den sie sich nicht immer wehrten – die eigentlichen Spontaneisten waren eher auf der Straße und in Betrieben als an den Universitäten zu finden. Oft folgten sie dem Anarcho-Motto »Erst handeln, dann denken«. »Just do it« hatte der amerikanische Vordenker Jerry Rubin geraten. Schau dir die Wirkung an und knüpfe daran neue Diskussionen und Aktionen. »Lotta continua«, eine linksradikale Gruppe in Italien, hatte so agiert. Die Spontis in Frankfurt waren der halb resozialisierte Teil des »Revolutionären Kampfes«. Dieser war als eines der Zerfallsprodukte der APO geboren worden, abgegrenzt gegen die Salon- und Seminarmarxisten der K-Gruppen. Die Praxisorientierung trieb ihn in die Betriebe, um die Arbeiter zu revolutionieren. Er war anfangs von einer koketten Haltung gegenüber dem »bewaffneten Kampf« und einer sehr pragmatischen Einstellung zur Frage der Gewalt gegen Sachen durchdrungen. Spontis richteten sich militant nicht nur gegen die diversen Imperialismen, sondern heimatbezogen gegen die Zerstörung urbaner Lebenswelten und Naherholungsgebiete durch Immobilienspekulanten, Plattsanierer und die Erbauer der Startbahn-West. Wenn sie nicht gerade versuchten, Arbeiter am Fließband bei Opel zu agitieren.

Auch wenn sie unter dem Einfluss der Alternativbewegung »verweichlichten«, konnten die Spontis mit den Grünen nichts anfangen. Deren Latschdemos waren langweilig und nicht militant genug, kein Bezug zum Proletariat. Der bürgerliche Protest war reaktionär. »Unter dem Pflaster liegt der Strand!« Da musste man wohl mal einige Steine aufheben und … Im Szeneblatt »Pflasterstrand« jedenfalls wurden die Grünen süffisant verhöhnt. Es wurde noch zwei Jahre lang gelästert, bis man merkte, dass die Grünen ein Erfolgsprojekt würden und die Karawane der neuen Opposition an den Spontis vorbeizog. So sang- und klanglos wollte man dann doch nicht von der großen Bühne der Aufmerksamkeit verschwinden. Nun hieß es: Nicht länger gezögert und aufgesprungen, mitmachen und die Führung übernehmen, zumindest das große Wort führen. Die Leitfiguren hießen Joschka Fischer und Daniel Cohn-Bendit.

Viele Aktivisten der neuen sozialen Bewegungen hatten nie einer Partei oder einem organisierten Netzwerk angehört. Die Grundsatzdebatte darüber, ob man nicht auch zu Wahlen antreten sollte, erfasste sie alle. Nicht alle gingen diesen Weg. Viele aber schlossen sich in lokalen Wahlbündnissen zusammen. In zahlreichen Städten und Gemeinden der Republik entstanden »Bunte« oder »Alternative Listen«. Die Bunten nahmen die gesamte Farbenlehre der Protestbewegung auf. Das Grün der Umweltschützer, das Rot der Sozialisten, das Lila der Feministinnen, das Rosa der Schwulen. Braun gehörte nicht dazu. Schwarz in Maßen, das Schwarz der Wertkonservativen und das der Anarchos. Bei den Bunt-Alternativen fanden sich auch linientreue Kader der K-Gruppen ein, die den Massenprotest zu funktionalisieren versuchten. Die ML-Bewegung war aber bereits erodiert. Zahlreiche Mitglieder waren vom Glauben an die einzig richtige Linie abgefallen und sammelten sich nun mit runderneuerter Perspektive in den neuen Listen. Auf zwei bundesweiten Treffen in Göttingen und in Frankfurt trafen sich Vertreter der Bunt-Alternativen, um ihre Haltung zum grünen Parteiprojekt abzuklären.

Parallel zu den Bunt-Alternativen hatten sich in den linken Milieus Grüne oder Grün-Alternative Listen gebildet, die die Gründung einer Bundespartei im Sinn hatten. Eine der bedeutenderen, mit landespolitischem Anspruch, war die »Grüne Liste Hessen« (GLH). Über ein, zwei Jahre entwickelte sich eine Diskussion, sogar ein praktischer Wettbewerb, ob denn nun die Grünen oder die Bunten Listen es schafften, einen schlagkräftigen Bundesverband zu bilden. Die Grünen hatten bekanntlich die Nase vorn. Noch kurz nach deren Gründung loteten die Bunten auf einem Bundeskongress in Münster die Möglichkeiten eines alternativen Dachverbandes aus. Die Undogmatischen Linken von Basisgruppen und SB plädierten dort für den grünen Weg. Der Zug war Richtung Grün abgefahren. Die meisten Bunten und Alternativen nahmen es gelassen, traten den Grünen bei und gewannen dort erheblichen Einfluss.

Das Gründungsspektrum war breit und heterogen. Zu breit? Es nahm fast alle auf, die aus irgendeinem Grund zu den herrschenden Verhältnissen in Widerspruch standen, weit über die alle bewegende Frage der Ökologie hinaus. Aus diesem Spektrum eine handlungsfähige Formation zu bilden, dürfte eine Kunst sein. Vielleicht unmöglich. Organisatorisch und inhaltlich. Konnte man einen Rahmen schaffen, der alle ein-, aber Beliebigkeit ausschloss? Konnte man zu präzisen programmatischen Aussagen gelangen, ohne einen Teil der Gründungswilligen zu verprellen? Und wenn diese Breite nicht haltbar war – wo sollte der Schnitt gesetzt werden? Wer würde ihn setzen? Würden am Schluss zentrifugale Kräfte wieder alles auseinanderreißen? Oder könnte eine Gravitationskraft wirksam werden, stark genug, so viele Kreise zu binden, dass sie die Fünf-Prozent-Hürde bei der Wahl überspringen würden? Und die K-Gruppen? Lösten sich einige auf, um bei den Grünen mitzumachen? Wie sollte man mit ihnen umgehen?

Die grünen Gründer waren Individualisten. Das vor allem anderen. Sie hatten sich quergelegt, wundgescheuert. Hatten auf individuellen Aufstieg verzichtet, um sich der Rettung der Welt zu verschreiben. Waren ausgestiegen, hatten die Nase voll. Oder waren erst gar nicht eingestiegen in den Dschungel der bürgerlichen Konkurrenzgesellschaft mit ihren Brutalitäten, Peinlichkeiten, kinderfeindlichen Karrieren, faden Statussymbolen und affigen Ritualen.

Sie wollten ihre Talente anders nutzen. Das Bildungsniveau lag weit über dem Durchschnitt. Es waren Teile des Bildungsbürgertums und über Bildung aufgestiegene Arbeiterkinder, die Verantwortung anders definierten als der gesellschaftliche Mainstream – alternativ eben. Anpassung, affirmatives Verhalten lagen ihnen fern. Fremd war ihnen auch die Ellbogenmentalität der liberalen Aufsteigertypen, die gern geschniegelt, mit gelbem Sakko, schwarzem Hemd und grüner Krawatte auftraten. Die meisten Grünen waren nicht liberal, sondern libertär. Libertär – das hatte etwas Verruchtes, Bohemienhaftes, Freizügiges, Grenzgängerisches. Ein Teil aber war viel zu spießig, um der Libertinage zu frönen. Hier stand Verzichtsethik hoch im Kurs. Vom politischen Liberalismus hatten die Grünen den Einsatz für Bürger- und Menschenrechte übernommen, den Wirtschaftsliberalismus lehnten sie ab. Libertäre mit sozialem Gewissen und eindeutiger Solidarisierungsrichtung: mit denen da unten gegen die da oben. Verbündet mit denen, die aus ethischen Motiven für soziale Gerechtigkeit und die Bewahrung der Schöpfung eintraten, auch wenn man diese als persönlich langweilig und kulturkonformistisch empfand. Frei schwebende Geister waren dabei, viele, die sich beruflich mit grünen Themen befassten. Ausdrücklich mahnten sie, die Politik nicht den »bisherigen Hauptakteuren, den Juristen und Betriebswirten«, zu überlassen. Deren beschränkte Sicht der Dinge könne die ökologischen Zusammenhänge nicht durchschauen und die rettende Wende nicht herbeiführen. Gegen Fachidioten, Bürokraten und Formalisten musste man eine ganzheitlich denkende Intelligenz aufbringen. So sammelten sich bei den Grünen: Betriebsräte von Bayer und Daimler, von Raffinerien und Maschinenbauern, Förster und Tierpfleger, Ärzte und Krankenschwestern, Stadtplaner und Landwirte, Tüftler und Bastler, Geografieprofessoren und Ökotrophologinnen, Humandienstleister und Geisteswissenschaftler. Und immer wieder Lehrer, Lehrer, Lehrerinnen. (»Gehst du zu den Grünen?« »Bist du verrückt? Da treffe ich meinen Lehrer.«) Kaum anzutreffen: Polizisten, Staatsanwälte, Atomingenieure, katholische Geistliche.

Die Grünen entsprachen dem soziologischen Muster einer postindustriellen Individualistenpartei. Klasseninteressen schienen historisch passé. Berufsgruppeninteressen wurden so gut wie gar nicht vertreten. Eher politisierten grüne Lehrer die Gewerkschaft Erziehung und Wissenschaft (GEW), als dass sie deren Forderungen in die Partei trugen. Manchmal machte sich die Lobby der Kleinbauernschaft bemerkbar. Und Naturheilkundler und Heilpraktiker hofften auf Anerkennung. Gemeinsames berufsständisches Merkmal vieler war höchstens, dass sie aus wirtschaftsfernen Bereichen stammten. Ein Umstand, der den Grünen immer wieder als Wirtschaftsfremdheit, ja Wirtschaftsfeindlichkeit angekreidet wurde. Nicht ganz zu Unrecht. Wenn man sich der gängigen Vorstellung anschließt, Wirtschaftspolitik bestehe aus Renditemaximierung.

Die postmaterielle Werteorientierung unterschied sich signifikant von der Aufstiegserwartung des Mainstreams. Dort gültige

Ausweise von Integration und Erfolg – Karriere, dickes Konto und Statussymbole – waren den meisten Grünen im besten Falle gleichgültig. Sicherlich, viele hatten Haus und Auto – aber man protzte nicht damit. Man brachte dort die Anti-Atom-Sonne-Aufkleber an und stellte die Wohnung durchreisenden Demonstranten zur Verfügung. Eine protzig vorgezeigte goldene Rolex ging gar nicht. Wer Grünen gegenüber mit den Pferdestärken seines Autos angab, wurde höchstens gefragt, ob mit der Potenz noch alles stimme. Wer mit seiner Luxusvilla hausieren gehen wollte, bekam statt Bewunderung Ratschläge zur Wärmedämmung. Wirtschaftsbosse, die sich zutraulich gaben, liefen Gefahr, in Gespräche über seelische Verkrüppelung verwickelt zu werden. Die smarte Welt von Imageberatern, Investmentbankern, Werbestrategen war für die Grünen ein Gruselkabinett. Als hätten sie geahnt, dass diese Kaste die Weltwirtschaft dreißig Jahre später an den Rand des Abgrunds manipulieren würde.

Natürlich, postmateriell kann man nur leben und denken, wenn die materielle Basis vorhanden ist. Was nicht alle Grünen begriffen. Doch die meisten engagierten sich für soziale Gerechtigkeit, für den Abbau struktureller Armut. In einer reichen Gesellschaft musste jeder sein Auskommen finden können. Postmaterielle Werte zielten auf den Erhalt der natürlichen Umwelt, schonenden Ressourcenverbrauch, nachhaltiges Wirtschaften, soziale und Generationengerechtigkeit, Weltoffenheit, Toleranz, selbstbestimmte Lebensstile, individuelle Selbstverwirklichung, Emanzipation. Solidarität gegen die Wasserwerfer am Bauzaun wie in der WG-Küche wurde höher geschätzt als Egotrips und albernes Superstar-Getue.

Mode als Ausdruck von Konsumismus und absatzorientierter Warenästhetik wurde ideologisch abgelehnt. High Heels und Nylons waren aus gesundheitlichen Gründen und wegen der angeblichen Degradierung von Frauen zu Püppchen geächtet – jedenfalls bis alle unter der selbst verordneten Wollsockigkeit litten. Studenten hatten kein Geld für teure Klamotten. Weshalb eine faktische Kultur der Mittellosigkeit zu oft hochstilisiert wurde zum Ausdruck neuen alternativen Lebens. Männer trugen gern

lila Latzhosen – Arbeiterklamotten, wie sie meinten. »Strampel-
anzüge« höhnten diejenigen, die nicht in den Genuss eines Studiums – was oft ein psychosoziales Moratorium bedeutete – gelangt
waren. Frauen trugen die Dinger auch, möglichst weit und Figur
verhunzend (später lieber knatschenge bunte Leggins). Das war
alles wenig erotisch, entsprach aber einem Zeitgeist, der gegen
Geschlechtsrollenklischees aufbegehrte und gegen den schönen
Schein eines gesellschaftlichen Normalvollzugs, der anscheinend
mit fataler Konsequenz auf die finale Katastrophe zusteuerte.

Die Kulturindustrie entdeckte bald die Symbole der Ökos für
sich und verleibte sie dem kommerziellen Sektor ein. Der Proletarier trug die Haare nicht mehr streichholzkurz, sondern
»vokuhila«, vorne kurz, hinten lang. Alles wurde aus Holz ge-
schnitzt, Jeans auf alt getrimmt, die Hippiekette zum Anhäng-
sel der Chefsekretärin, der alternative Lebensstil zur Mode, Öko
zum Markenzeichen, grün sein »in«. (»Cool«, »angesagt«, »hip«
und »megageil« waren noch nicht in.) Bis die Schickeria, die fra-
ternisiert hatte, die Grünen nicht mehr schick fand.

Als die Ökomodewelle gegen Ende der 80er abebbte, verschob sich auch die Ästhetik der Grünen. Es kam zum Wandel
der Garderobe. Grüne nahmen sich selbst als verschroben und
zottelig wahr und änderten ihr Outfit. Bärte ab (bei mir Weih-
nachten 1984, nach zwölf Jahren), Haare gestutzt, Sakko statt
Pullover. Die Abgrenzung zu SPD – grauer Anzug, weißes Hemd,
dunkelrote Krawatte – und Gewerkschaften – Jeans, kariertes
Hemd, abgewetzter Sakko – gelang durch vorsichtige Anleihen
bei der Schickimicki-Kultur: zur Jeans schwarzes T-Shirt, an-
thrazitfarbenes Sakko oder edle Lederjacke. Der alternative Ma-
nierismus der WGs wich mit geldbeutelinduziertem Geschmack
und der Wiederentdeckung der Dekadenz als Lebensgefühl hier
dem chromgestählt-unterkühlten Bauhausstil und da der toska-
nischen Weichholz-Terrakotta-Kultur.

Dabei hatten lange Haare durchaus einen Zweck erfüllt.
Außer Geld für den Frisör zu sparen. Ende der 60er-Jahre begannen Hippies und Heroen der Rockmusik die Haare wachsen zu lassen, inspiriert von asiatischen Gurus, denen sie eine

friedvolle, buddhistisch angehauchte Lebensform abgeschaut hatten. Lange Haare standen im harten Kontrast zum Bürstenschnitt der zwangsrekrutierten GI's in Vietnam. Und hatten die Nazis und alle Militaristen der Weltgeschichte nicht immer kurze Haare? Lange Haare als pazifistisches Protestsymbol gegen den Militarismus der Nazi-Generation, Skinheads und imperialistischen Armeen in der Dritten Welt. Künstlerisch verarbeitet im Musical »Hair«.

Nachdem ich mit 18 Jahren – inmitten einer kritisch-katholischen Jugendgruppe, die sich ins Abenteuer stürzte – in der Essener Grugahalle eine Aufführung gesehen hatte, ließ ich, wie viele andere, meine Haare wachsen – Symbol für den Ausbruch aus dem konservativen Kokon. Was die alte Umgebung über uns dachte, war uns egal. Es war nicht als Provokation gemeint. Obwohl es so wirkte. Provokationen haben ein Ziel, wollen Reaktionen hervorkitzeln, mit denen die andere Seite sich outet. »Geh doch nach drüben! Geh doch in die DDR!«, waren noch die harmlosesten Anfeindungen, denen ich als Langhaariger begegnete. Als ob es einem bei den Spießern drüben besser gefallen hätte. Leute aus der Nachbarschaft, die mich nicht mehr auf den ersten Blick identifizierten, zeigten plötzlich selbst ein anderes Gesicht. Äußerungen wie »Dich sollte man vergasen« bewiesen den alltäglichen Faschismus in der Mitte der Gesellschaft. Und die Beförderung zum Obermessdiener fiel aus.

Für uns Alternative waren jedoch auch Selbstzweifel ob des eigenen Habitus angebracht, denen die einen sich selbstquälerisch stellten, während andere – zu Freaks mutiert – die Sau rausließen. Das Private ist politisch, hieß es bald. Auch die Themen der Mikroebene, das Zusammenleben in der WG, die Beziehungen der Geschlechter zueinander, der Auftritt in der Kneipe. Spiegelte sich darin der neue Gesellschaftsbegriff? Oder führte man große Worte im Mund, die man in der Alltagspraxis Lügen strafte? War man verbal der große Revolutionär und in der Lebenspraxis reaktionär? Öffentlich Tribun, privat Tyrann?

Die Frage stellte sich auch für den Umgang auf der politischen Ebene. Ganz anders wollte man sein, sanft und verständnisvoll, man wollte zuhören können und nicht den eigenen Ego-trip durchziehen. Aber die Grünen waren noch nicht »jenes« – von Heinrich Böll zitierte – »höhere Wesen, das wir verehren«. Es blieb der von Ernst Bloch prognostizierte utopische Abstand. Ausgedrückt in einer grün-spezifischen Ausprägung von Doppel-moral, wie man sie in vergleichbarem Kaliber nur aus den damals gängigen Italo-Western kannte. Der schmuddelige Held will, in schlechten Zeiten, eindeutig das Gute, aber um die Schurken zu besiegen, muss er seine ganze Niedertracht aufbieten. Kommu-nikative und kooperative Problemlösung galt Grünen mehr als Durchsetzungsfähigkeit auf Biegen und Brechen. Jedenfalls auf der Bekenntnisebene. In der Praxis aber wurden viele Grüne intern zu Meistern in der Kunst der Intrige, im Wettmobben, Fallenstellen und Hutnadeln-in-den-Rücken-Stechen. Legitimiert durch Max Webers Wort vom Kampf als Grundelement der Poli-tik, das aber eigentlich dem politischen Gegner galt. Oder stand der im eigenen Lager?

Kapitel 5

Das Ende des Leninismus – Was tun?

Für die K-Gruppen stellte sich nach dem Auftauchen einer ernst zu nehmenden grünen Wahlbewegung nichts weniger als die Existenzfrage. Revolutionäre proletarische Massenbewegungen waren in der BRD nicht in Sicht, obwohl wilde Streiks und Betriebsbesetzungen durch Arbeiter hin und wieder diese Illusion genährt hatten. Zudem konnte die Neue Linke nie auch nur halbwegs die Frage beantworten, wie denn – nach gelungener Revolution – eine humanistische Gesellschaft auf der Basis einer funktionierenden sozialistischen Ökonomie aussehen sollte. Karl Marx hatte schließlich eine Kritik der politischen Ökonomie verfasst und nicht das Konzept einer ökonomischen Politik. Sein Sozialismus sollte Produkt einer Revolution und zugleich Ausdruck einer gesellschaftlichen Mehrheit sein. Die Arbeiterschaft der BRD aber war weder revolutionär noch in der Mehrheit. Da blieben nur die Flucht in die leninistische Idee einer bolschewistischen Revolution durch eine Minderheit oder der Maoismus, dessen Volksmythos wenigstens eine Mehrheit suggerierte. Zehn Jahre lang hatten Parteiblätter wie die »Rote Fahne« oder die »Kommunistische Volkszeitung« versucht, die Massen zu mobilisieren. Nichts tat sich. Und nun musste die Vorhut der Arbeiterklasse auch noch erleben, wie bürgerliche, ja kleinbürgerliche Kräfte eine Rebellion organisierten. Was tun?

Der »Kommunistische Arbeiterbund Deutschlands« (KABD) und Spaltprodukte der ehemaligen »Kommunistischen Partei/ Marxisten-Leninisten« (KPD/ML) ignorierten den bürgerlichen Protest, fusionierten bald zur »Marxistisch-Leninistischen Partei Deutschlands« (MLPD) und konnten tatsächlich in einigen Industriestädten des Ruhrgebiets kommunale Mandate erringen. Fragt sich nur, was eine revolutionäre Partei im Stadtrat will.

Und die anderen? Anfangs standen die K-Gruppen der ökologischen Frage desinteressiert gegenüber. Später übten sie sich in Ideologiekritik: Die Umweltbewegung habe keinen Begriff von Klassengesellschaft. Sie warfen den Ökologen – nicht immer völlig zu Unrecht – reaktionäre Gesinnung vor. In der Anti-AKW-Bewegung jedoch entdeckten sie deren widerständiges und antikapitalistisches Potenzial – es ging immerhin um die Kapitalinteressen großer Energiekonzerne – und versuchten es zu funktionalisieren. Besonders der KB sah hier ein neues Rekrutierungsfeld. Die kulturpessimistische Vision vom Atomstaat entsprach seiner deprimierenden Diagnose der Faschisierung der Gesellschaft.

Während die ML-Gruppen die Ökobewegung unterwandern wollten, wurden sie faktisch deren Opfer. Einmal auf Tuchfühlung mit dem bürgerlichen Ökoprotest, musste die Linke ihre Haltung zur »Gattungsfrage« ändern. In die marxistische Theorie konnte man sie durchaus integrieren. Ökologie, Ressourcenverbrauch und Naturkreisläufe konnten als Aspekte der stofflichen Seite der Produktion begriffen werden. Das bedeutete sogar eine Erweiterung des linken Diskurses, nachdem man sich in der Vergangenheit auf die formelle Seite der Produktion, die Eigentumsverhältnisse und die Verfügungsmacht über Produktionsmittel, beschränkt hatte. So konnte man versuchen, die marxistische Orthodoxie zu retten. Das machten übrigens die linksalternativen Basisgruppen nicht viel anders. Wir lehnten ja Marx nicht generell ab. Gestört haben Lenins irreale Revolutionstheorie und die verblüffend komisch wirkende Hoffnung, ausgerechnet die Arbeiterklasse und die Masse von Kleinbauern könnten die Menschheit befreien. Der Leninismus war also das Problem, eher als Marx und Engels. Durch die intensive Kooperation mit dem bürgerlichen Protest und seinem gesellschaftspolitischen Gestaltungsanspruch verschoben sich die politischen Koordina-

ten der K-Gruppen so stark, dass die leninistische Ursprungs-
ideologie verblasste und die Gruppen zerfielen.

Nicht ganz unschuldig daran war auch Mao, der im September 1976 seine Anhänger durch sein Ableben im Stich ließ. So
wurde der revolutionären Avantgarde in Westdeutschland die ge-
borgte Identität geraubt. Heillos zerstritten in der Frage, welche
Linie in China denn nun die wegweisende sei, und konfrontiert
mit der Beobachtung, dass der bürgerliche Protest mehr in Bewegung setzte als alle Vorhuten der Arbeiterklasse in der Nachkriegs-BRD zusammen, ließen die K-Grüppler die roten Mao-Bi-
beln aus den Regalen der revolutionären Wohngemeinschaften
verschwinden. Lenins Klassiker folgten bald. Marx' und Engels'
blaue Bände der »Politischen Ökonomie« wurden hinter Holger
Strohms »Politische Ökologie« geschoben. Clara Zetkins frauenpolitische Manifeste mussten sich nun die Nachbarschaft von
Anja Meulenbelts feministischer Bekenntnisschrift »Die Scham
ist vorbei« gefallen lassen. ML-Gruppen, die sich nicht auflösten,
igelten sich autistisch in ihrem Milieu ein.

Der norddeutsche KB blieb bei Gründung der Grünen zunächst bestehen, spaltete sich aber über der Frage einer Mitarbeit in der neuen Formation. Die Mehrheit unterstützte Alternative Listen gegen die Grünen. Eine Minderheit, die sich »Z« wie
»Zentristen« nannte, favorisierte die Grünen. Deren Wortführer
wurden Thomas Ebermann, Rainer Trampert, Michael Stamm
und der Herausgeber des »Arbeiterkampfs«, Jürgen Reents. Sie
verlangten – wie die GAZ auf der rechten Seite – eine Doppelmitgliedschaft in der neuen Partei und in der alten Kaderorgani-
sation, um neue Chancen zu eröffnen, ohne die alten Gewissheiten aufgeben zu müssen. Reents wurde in die Kommission zur
Erarbeitung eines grünen Programms entsandt. Bei den Grünen
errangen sie bald erheblichen Einfluss und führende Positionen.
Sie waren die Hauptträger der »Initiative Sozialistische Politik«
(ISP), die einige Jahre das linke Monatsblatt »Moderne Zeiten«
(MoZ) herausgab. Doch die Aufrechterhaltung einer formellen
»Z«-Gruppe in der grünen Partei trug – auch wenn sie später
aufgegeben wurde – dazu bei, dass die Akteure sich letztlich bis

auf wenige Ausnahmen nicht nachhaltig in das neue Projekt integrierten. Grüppchenweise kam es bis Anfang der 90er-Jahre zu Absplitterungen.

Der eher im Süddeutschen beheimatete KBW beschloss bei Gründung der Grünen nach einer heftigen finalen Grundsatzdebatte konsequent seine Auflösung, die aber erst umgesetzt werden konnte, nachdem sein nicht unerheblicher Nachlass geregelt war. Sein Hauptquartier wurde gegen ein Ökohaus getauscht, das der Frankfurter Bewegung fürderhin als Heimstatt diente. Dort traf man sich mit den Exgenossen vom »Revolutionären Kampf«, die – ermüdet von all den Straßenschlachten – ihre Zukunft auch bei den Grünen suchten. Mit dem Kassenbestand wurde die Monatszeitschrift »Kommune« ins Leben gerufen. Sie machte als Selbstverständigungsorgan des späteren Realo-Flügels der »MoZ« Konkurrenz. Joscha Schmierer, bisher Führungsfigur des KBW, wurde Chefredakteur. Ein großer Teil des KBW und des verwandten KABD trat zu den Grünen über – darunter spätere Bundespolitiker wie Ralf Fücks, Willfried Maier, Krista Sager, Reinhard Bütikofer und Heide Rühle –, wo er überwiegend den rechten Flügel bevölkerte. Ein Teil machte als Partei »Bund Westdeutscher Kommunisten« (BWK) weiter.

Die KPD/AO – Parteispott: »A-Null« –, die sich hauptsächlich in Westberlin und Nordrhein-Westfalen tummelte, hatte sich wegen ihrer strengen Mao-Gefolgschaft und deutschnationalen Untertöne in der »ML-Bewegung« selbst isoliert. Nach einer gründlichen Strategiediskussion löste sie sich auf. Massenhaft traten ehemalige Mitglieder zu den Grünen über. Sie bildeten dort keinen formellen Zusammenhang wie die »Z«-Gruppe, sicherten sich aber durch informelle Vernetzung einen erheblichen Einfluss in der Partei. Ihre primär antisowjetische Stoßrichtung suchten sie als grundlegendes Element grüner Politik zu implementieren. Christian Semler hatte als Vorsitzender der KPD/AO erklärt, auch nach deren Auflösung trete er für ein »unabhängiges, vereintes und sozialistisches Deutschland« ein. Diese Ansage konnte man auch so lesen: großdeutscher Sonderweg, national, sozialistisch. Ex-KPD/AOler gehörten meist zu den Verfechtern des »blockübergreifenden« Ansatzes der Friedensbewegung. In ihrer Kritik an der Sowjetunion ließen sie sich von den deutschen Konservativen nicht übertreffen. Sie bildeten einen Kern des rechten Flügels bei den Grünen. Da manche die KPD/AO auch als verkappte rechte Partei interpretierten, entschied sich für sie die Frage, ob die Grünen eher eine linke oder eher eine rechte Formation würden, nicht nur am Einfluss von GAZ und »Weltbund für den Schutz des Lebens«, sondern auch am internen Gewicht und dem ideologischen Beharrungsvermögen der »A-Nuller«.

Das Erbe, das die Grünen sich mit den Ex-Maoisten aufhalsten, war problematisch. Entgegen der Behauptung der CDU/CSU waren die Grünen nicht rot unterwandert. Im Gegenteil: Der Bruch mit der alten linksradikalen Sektenhaftigkeit führte oft zum typischen Renegatensyndrom: zu Seitenwechsel, Überanpassung und heftiger Abwehr alles »Linken«. Zwar verstanden die alten Kader ihr Handwerk, viele wurden zu Leistungsträgern. Manches schliff sich ab, Debatten verliefen konvergent. Doch einige maoistische Ideologeme wirkten in der neuen Partei fort – in die konservative Richtung. Oft kaschiert oder sprachlich angepasst. Besonders die Einflüsse der ehemaligen KPD/AOler und KBWler in der grünen Parteigeschichte sind enorm, aber nicht leicht zu fassen. Da sie sich anders als die »Z«-Gruppe nicht outeten, wurden ihre maoistischen und deutschnationalen Wurzeln immer weniger wahrgenommen und ihre ideologischen Einflüsse kaum kritisch diskutiert. Sie verstanden es, ihre spezifische Ausrichtung als originär »grüne« Politik gegen eine »linke« Politik zu vermarkten. Die »Z«-Leute hingegen präsentierten sich als standfeste Linke, agierten offen und gleichzeitig unehrlich und waren so für ihre Gegner leicht zu treffende Ziele. Der Einfluss der alten Seilschaften von KPD/AO und KBW aber war letztlich größer als der des KB.

Während die KB-Fraktion noch jahrelang ihre Hauptaufgabe darin sah, den bürgerlichen Staat in seiner ganzen Repressivität zu entlarven, fiel es »A-Nullern« hingegen leicht, von der Kritik des »Westens« Abstand zu nehmen. Sie strickten ihre originäre antisowjetische Haltung schlicht zu einer prowestlichen um. Aus ihren Reihen kamen die ersten Bekenntnisse der Grünen zu Adenauer und seiner Politik der Westintegration. Wortführer wurden die Exführungskader Jürgen Schnappertz, Elisabeth Weber und Udo Knapp, als außen- und deutschlandpolitische Referenten der Bundestagsfraktion. Sie knüpften die engsten Kontakte zu den Bürgerbewegungen in der DDR und zur Ostblock-Opposition. Das verband sie innerparteilich mit vielen ehemaligen Anarchos, die wegen der Verfolgung der Anarchisten durch Stalin mit der Sowjetunion ebenfalls eine Rechnung offen hatten. Exmitglieder des KBW erkannte man leicht daran, dass sie bereit waren, den grünen Pazifismus sofort aufzugeben, wenn ein Sieg im Volkskrieg angebracht war. Sie sollten später die vehementesten Verfechter militärischer Interventionen werden – nicht nur derer auf dem Balkan, sondern halblaut auch derjenigen im Irak.

Bei den Grünen zeichnete sich ein Paradox ab: Die verbalradikalsten Akteure der 70er wurden zu den reputierlichsten der 80er. Während der bürgerliche Protest sich gleichzeitig radikalisierte. Ralf Fücks etwa hatte als KBW-Häuptling dem Frankfurter Sponti Daniel Cohn-Bendit einst angedroht, ihn wegen konterrevolutionärer Gesinnung wahlweise an den nächsten Baum oder in eine Cuxhavener Fischmehlfabrik zu befördern. Zehn Jahre später sanken sich die einstigen Rivalen im Klassenkampf bei grünen Realo-Treffen in die Arme. Die einst unpolitisch-konservative Gutsbesitzerin und Damenreiterin Undine von Blottnitz aus dem Wendland hingegen hatte sich an die Spitze der Bewegung gegen das atomare Endlager Gorleben und dort auf die Gleise gesetzt und bekam nun unablässig Scherereien mit der Polizei.

Die grüne Wahlbewegung fragte nicht nach der Herkunft ihrer Leute, sondern nach den Zielen und Methoden. In welche Splittergruppe ehemalige APO-Aktivisten Anfang der 70er-Jahre geraten waren, hing ohnehin mehr vom lokalen Angebot und entsprechenden Milieudruck ab als von Glauben und Überzeugung. Ein großer Teil der Grünen verstand sich diffus als links, kannte all die ideologischen Altlasten kaum, durchschaute nicht das *Who is Who* und Konvertitentum der alten Kader, war an all dem auch nicht interessiert und reagierte verstört, wenn die Politprotagonisten der 70er-Jahre ihre alten Schlachten schlugen.

Kapitel 6

Grüner Standortfaktor BRD

Warum konnte sich ausgerechnet in Deutschland eine starke, links orientierte grüne Partei bilden? Viele oberflächliche Beobachter hielten die deutsche Ökopartei für ein singuläres Phänomen. Der Eindruck täuscht. Die deutschen Grünen waren weder die Einzigen noch die Ersten. Allerdings wurden sie die Bedeutsamsten. Die Gründe dafür liegen in Besonderheiten der deutschen Nachkriegsgeschichte.

Bereits Mitte der 70er-Jahre versuchten Ökologisten in Großbritannien zu kandidieren, konnten sich aber im Mehrheitswahlrecht, das die Ausprägung eines Zweiparteiensystems begünstigt, nicht durchsetzen und erreichten keine parlamentarische Repräsentanz. In Frankreich verzeichneten eher konservative ökologische Listen bereits Ende der 70er-Jahre kleinere Wahlerfolge. Antoine Waechter führte sie im Elsass zu gewisser Stärke, durchaus mit Ausstrahlung auf die benachbarten badischen Bürgerinitiativen. Die erste Partei, die sich »Grüne« nannte, entstand indes nicht in Europa, sondern in der australischen Inselprovinz Tasmanien. Von dort aus nahm der Name seinen Weg durch das Commonwealth. Petra Kelly griff ihn auf und brachte ihn nach Deutschland.

In der undogmatischen Linken der BRD war bereits seit Mitte der 70er-Jahre über die Gründung einer Partei links von der SPD nachgedacht worden. Die SPD hatte ihren Charakter gründlich verändert, seitdem Willy Brandt als Bundeskanzler durch Helmut Schmidt abgelöst worden war. 1969, in der Ära Brandt, galt die SPD noch als Motor der Gesellschaftsreform, als Partei, die in der sozialliberalen Koalition zumindest einen Teil der Protestansprüche einzulösen bereit und in der Lage war. Bei Brandts erneuter Kandidatur 1972 waren auch hartgesottene Linke dazu zu bewegen, der Aufforderung »Willy wählen« Folge zu leisten. Nach Brandts Sturz aufgrund maßloser Einkommensforderungen der ÖTV, Ränkespielen in der Chefetage der SPD und Ausspionierung durch den DDR-Agenten Günter Guillaume war 1974 der Macher und Krisenmanager Helmut Schmidt Bundeskanzler geworden. Einerseits war er hoch geachtet wegen seines beherzten Eingreifens bei der Hamburger Flutkatastrophe im Februar 1962. Auch als Verteidigungsminister der Regierung Brandt hatte er eine respektable Figur abgegeben. Er schaffte es, den USA eine stärkere atomare Aufrüstung auf deutschem Gebiet auszureden, eine Leistung, die von der Neuen Linken nicht recht begriffen und gewürdigt wurde.

Aber in einem wesentlichen Punkt war Helmut Schmidt unverständig. Er hatte nicht das geringste Gespür für die Bedeutung der aufkommenden ökologischen Frage. Der gelernte Volkswirt hatte sich einem Produktivitäts- und Wachstumsdenken verschrieben, das er selbst mit Hochdruck in Gang hielt. Wachstum, quantitatives Wirtschaftswachstum, wurde zum Mythos der Ära Schmidt, zum negativen. Die Natur als Kostenfaktor oder als knappes Gut, das Schaden nehmen könnte, kam in seiner Kalkulation nicht vor. Trotz der Ölkrise von 1973/74, die eigentlich anderes lehrte. In der neoklassischen Produktionsfaktorentheorie hatte die Natur neben Kapital und Arbeit keinen angemessenen Preis, weil keinen eigenständigen Wert, war lediglich beliebig ausbeutbare Lieferantin von Rohstoffen. Den erwirtschafteten Reichtum nicht nur zwischen den Tarifparteien aufzuteilen, was schwierig genug war, sondern eine dritte Partei, die Natur, zu berücksichtigen überstieg das Vorstellungsvermögen traditioneller Sozialdemokraten.

Willy Brandt hatte zumindest zaghaft einen blauen Himmel über der Ruhr gefördert, die Grundreinigung des rußstarrenden Ruhrpotts. Für Helmut Schmidt bedeutete die Diskussion um Umweltfolgen nur ein Hemmnis auf seinem produktivistischen Kurs und einen weiteren Kostenfaktor. Er galt der sozialphilosophisch diskutierenden Linken als Hohepriester einer kalten technologischen Rationalität. Dem »Kältestrom« des Neostalinismus in Moskau und Ostberlin, der in Westdeutschland auch Linke schaudern machte, hätte die Sozialdemokratie eine wärmende Vision entgegensetzen müssen. Brandt versuchte es wenigstens. Er galt seit der Niederschlagung des »Prager Frühlings« 1968 durch Truppen des Warschauer Paktes als einer der wenigen Hoffnungsträger für einen Sozialismus mit menschlichem Antlitz. Schmidt verwarf diesen Auftrag.

Hinzu kamen bald seine Entdeckung der angeblichen atomaren Rüstungslücke im Bereich der Mittelstreckenraketen und sein vehementes Eintreten gegenüber NATO und USA, diese durch eine Nachrüstung zu schließen. Die ohnehin schon kritischen Teile der Öffentlichkeit reagierten entsetzt. Mit solchen Kalkülen der atomaren Strategie war man noch nie konfrontiert worden. War das überhaupt zu kalkulieren? Was, wenn die Dinge außer Kontrolle gerieten? Die BRD und die DDR würden das Schlachtfeld der Supermächte werden. Kein Stein würde auf dem anderen bleiben. Drohte noch mehr? Die Vernichtung der Erde? Das war ja alles noch bedrohlicher, beängstigender, monströser, albtraumhafter als die AKWs.

Der Protest wuchs zur Massenbewegung an. Die regierende SPD konnte ihn nicht mehr absorbieren. Die SPD rutschte von links in die Mitte des Parteienspektrums. Schmidt galt als Mitte-rechts-Mann. Mancher sagte später süffisant, Helmut Schmidt sei der eigentliche Gründer der Grünen gewesen. In der Tat, die Grünen gründeten sich nicht gegen CDU oder FDP, sondern als Protestpartei gegen die regierende Sozialdemokratie. Ab Mitte der 70er-Jahre existierte in der deutschen Parteienlandschaft auf der linken Seite eine Leerstelle. Gefühlterweise gab es keine Linkspartei mehr.

Die DKP konnte wegen ihrer Moskautreue das Vakuum links von der SPD nicht füllen. Die meisten Kritiker des Westens waren deshalb noch keine Parteigänger des Ostens. Dies unterschied Deutschland von anderen westeuropäischen Industriestaaten. Dort existierten kommunistische Parteien, die sich im antifaschistischen Kampf gegen Hitler-Deutschland historisch verdient gemacht hatten. Sie waren selbstverständlicher Bestandteil der politischen Kultur, und niemand kam auf die Idee, ihre Existenz grundsätzlich infrage zu stellen. Im Gegensatz zur deutschen KPD, die 1956 verboten worden war, weil die BRD im Kalten Krieg Frontstaat gegen die Sowjetunion sein sollte, nahmen die anderen westeuropäischen KPs seit Jahrzehnten an demokratischen Wahlen teil.

Anders als die deutsche Nachfolgeorganisation DKP, die am Tropf von Moskau und Ostberlin hing, begannen sie sich spätestens ab Mitte der 60er-Jahre sukzessive zu reformieren und von der Kommunistischen Internationalen unter der Führung der KPdSU zu emanzipieren. Die Parteien des sogenannten Eurokommunismus nahmen mehr und mehr linkssozialistische bis sozialdemokratische Züge an und zeigten sich offen für Ideen der Neuen Linken. In Italien wurde sogar über einen historischen Kompromiss, die Große Koalition von Eurokommunisten und den damals noch angesehenen Christdemokraten, spekuliert, bis jemand – wer eigentlich? – den christdemokratischen Führer Aldo Moro ermordete. In Frankreich wurden die Kommunisten koalitionsfähig mit den Sozialisten. Angesehene KPs hatten auch Spanien, Portugal, die Niederlande. Allen Ländern war gemeinsam: Links neben einer funktionierenden Sozialdemokratie gab es eine weitere renommierte, sich selbst erneuernde linke Partei. Dort hatten es Ökos schwer. Dort begriffen sie sich deshalb eher als Kräfte der politischen Mitte, blieben aber schwach, solange die linke Schwungmasse fehlte. Einfach bei den Eurokommunisten mitmachen ging auch nicht: Sie waren in ihrer unreflektierten Wissenschafts- und Technikgläubigkeit für Atomkraftwerke.

Erst als auch der Eurokommunismus wegen des erstarkenden Ökologismus in die Krise geriet, bekamen grüne Parteien eine Chance. In den Niederlanden löste sich die KP in eine gemeinsame Formation mit den Grünen – »grün-links« – auf. In Spanien und Portugal suchte sie Listenverbindungen mit den Grün-Alternativen. In Frankreich stießen zahlreiche Eurokommunisten, die dissident zur orthodoxen Mehrheitsströmung der KP standen, zu den Grünen. In den skandinavischen Ländern existierten kleine, aber feine linkssozialistische Parteien, die die Ökologiefrage aufnahmen und sanft ergrünten. Nur in Österreich war die Lage ähnlich wie in der BRD. Weshalb sich auch dort schnell eine stabile, recht erfolgreiche grüne Partei links von der SPÖ gründete. Grüne in nennenswerter Stärke bildeten sich – eine Ausnahme in Italien – auch in Südtirol um den charismatischen Visionär Alexander Langer heraus.

In der Bundesrepublik gab es die Dualität von sozialdemokratischen und kommunistischen Parteien nicht. Neben der DKP existierten nur die K-Gruppen, die außer von ihren Mitgliedern und dem Verfassungsschutz von niemandem ernst genommen wurden. In den sozialen Bewegungen der BRD gab es durchaus Sympathien für einen – ökologisch »nachsozialisierten« – Eurokommunismus. Es war also Platz für eine neue Linkspartei – mehr noch, es bestand der gesellschaftliche Bedarf. Jedoch durfte diese Partei nicht erinnern an die sozialistischen und kommunistischen Organisationen der traditionellen Arbeiterbewegung. Und sie durfte keine Affinität zu den KPs des Sowjetbereichs aufweisen. Die undogmatische Linke war immer der Meinung gewesen, eine neue Partei käme nur in Betracht, wenn außer einigen radikalisierten Studenten eine wirkliche Basis in der Bevölkerung vorhanden wäre. Mit dem nun aufkeimenden Protest gegen die Zerstörung der Umwelt, gegen Atomkraftwerke und gegen die Stationierung von Atomraketen entstand diese Basis. So begann, inspiriert auch von Rudi Dutschke, eine ernsthafte Diskussion über die Gründung einer unorthodoxen linken Partei.

Die Vertreter der traditionellen Linken, die bis dahin immer noch an einer Arbeiterklasse als revolutionärem Subjekt festgehalten hatten, mussten erstaunt zur Kenntnis nehmen, dass sich ein neues politisches Subjekt herausbildete. Die Bürgerinitiativbewegung, so wenig proletarisch, so bunt und schillernd sie auch immer war, stellte unzweifelhaft eine Massenbewegung dar. An diesem Phänomen kam man nicht vorbei. Der klügere Teil der Linken begriff: Dies waren die Menschen, auf die sie so lange gewartet hatten – kritische, selbstbewusste Geister, voller Motivation und offen für linke Ideen. Sie begannen, sich mit der Neugründung einer unorthodoxen Linkspartei anzufreunden.

Es waren also deutsche Spezifika, gewissermaßen Standortfaktoren, die die Entstehung einer grünen Partei beförderten. Die fehlende selbstkritische Aufarbeitung der Nazi-Zeit durch das Establishment begünstigte die Entfaltung einer außerparlamentarischen Opposition, die Instrumentarien der Kritik entwickelte und verfügbar machte. Die symbolische Integration, die Vereinnahmung der Begriffe und Bilder der Gesellschaftskritik durch Kommerz und SPD, entschärfte zwar zunächst deren Gehalt, popularisierte sie aber auch. Die technologische Modernisierung der BRD setzte auf Strategien, die nun mit den auf breiter Ebene verfügbaren theoretischen Deutungsmustern grundsätzlich infrage gestellt wurden. Sie hielt dem neuen kritischen Blick und dem ganzheitlichen Denken nicht mehr stand. Der Massenprotest, formiert zu neuen sozialen Bewegungen, erforderte eine grundsätzlich andere Entwicklungsrichtung, die »große Alternative«. Die SPD nach Willy Brandt konnte und wollte diese Impulse nicht mehr systemkonform integrieren. Helmut Schmidt galt als Agent der Gegenseite. Die SPD hatte ihre Rolle als Linkspartei ausgespielt. Links entstand ein Vakuum, in das mangels einer angesehenen eurokommunistischen Partei nun die neuen sozialen Bewegungen hineinstießen. Auf dem Höhepunkt ihrer Entwicklung war Institutionalisierung der richtige strategische Schritt. Die Akteure hatten Raum für die Gründung einer nicht traditionalistischen, unorthodoxen Linkspartei neuen Typs. Die Fünf-Prozent-Hürde zwang zur Einigung. Der Sog des Parteigründungsprozesses war so stark, dass er die Intentionen der verschiedenen Bewegungen zu bündeln und in eine »langfristig existierende gesellschaftspolitische Grundströmung« zu transformieren vermochte. Spätestens durch die parlamentarischen Erfolge wurde die Prognose der etablierten Politik, die Grünen seien nur eine vorübergehende Erscheinung, falsifiziert.

Trotz aller Spezifika kann die Entwicklung in Deutschland nicht isoliert gesehen werden. Weltweit kämpften in diesen Jahren Menschen gegen Unrechtregimes – Zeichen eines grundsätzlichen Wandels. Bereits 1974 hatte die Nelkenrevolution in Portugal bewiesen, dass Faschisten zu Fall gebracht werden konnten. Gleichzeitig stürzte das Obristenregime in Griechenland, ein Jahr später die Franco-Diktatur in Spanien. Überall in Osteuropa bildeten sich Bürgerrechtsgruppen, etwa die Charta 77 in der Tschechoslowakei und »Memorial« in Russland. In Polen erhob sich mit der unabhängigen Gewerkschaft Solidarność, die nicht von allen Linken, aber den meisten Alternativen und Undogmatischen unterstützt wurde, eine wachsende Volksbewegung gegen den real existierenden Sozialismus. In Nicaragua besiegten die auch von der deutschen Solidaritätsbewegung unterstützten Sandinisten in einem Volksaufstand die Militärdiktatur. Die Hegemonie der Blocksupermächte USA und UdSSR, die auf militärische Stärke bauten und menschenrechtsverletzende Despotien stützten, war nicht unverwundbar. Emanzipation und Demokratisierung schienen auf dem Vormarsch.

Andere geopolitische Verwerfungen waren mehr als zwiespältig. Von Paris aus hatte der Schiitenführer Ayatollah Khomeini, von Linken und Alternativen zunächst bejubelt, im Iran den Schah gestürzt – ein weiterer Schlag gegen die US-Hegemonie, der die Welt aber, wie man bald merkte, teuer zu stehen kommen sollte. Wenige Monate später waren die Sowjets in Afghanistan einmarschiert, wo sie sich hoffnungslos verrannten. Eine Schwächung der UdSSR – mit ungewissem Ausgang. Die traditionelle Linke verteidigte oder ignorierte den Akt, die meisten Undogmatischen und Alternativen verurteilten ihn. Dass dieses Abenteuer zum Aufstieg von Reformkräften in der Sowjetunion beitrug, die die Welt verändern würden, ahnte damals noch keiner. Ebenso wenig, dass der Preis für die Befreiung Afghanistans im Machtgewinn der Taliban bestand und im Entstehen von Al-Qaida.

Kapitel 7

Die Gründung der Anti-Parteien-Partei

Erste Erfolge bei Landtagswahlen gaben der Wahlbewegung Auftrieb. Am 4. Juni 1978 erreichte die GLU in Niedersachsen 3,9 Prozent der Stimmen. Am selben Tag bekam die »Bunte Liste – Wehrt euch« in Hamburg 3,5 Prozent. Das war nicht schlecht für den Anfang.

Die Fünf-Prozent-Hürde schien in Reichweite zu liegen. Offensichtlich handelte es sich bei den ökologischen Wahllisten nicht um die aus der Geschichte der Bundesrepublik hinlänglich bekannten Splittergruppen ohne Machtperspektive. Doch es kam auch zu ersten massiven Widersprüchen und Rückschlägen. Bereits bei der Wahl in Hamburg war es nicht gelungen, die Konkurrenzkandidatur von GLU und Bunter Liste zu verhindern. Die GLU bekam zwar nur 1 Prozent der Stimmen. Beide Ergebnisse zusammengenommen hätten aber die Fünf-Prozent-Hürde fast überwunden.

Noch unbefriedigender verlief die Entwicklung in Hessen. Hier kandidierten 1978 die eher linksalternative »Grüne Liste Hessen« (GLH) und die konservative GAZ gegeneinander. Die GLH erhielt 1,1 Prozent der Stimmen, die GAZ 0,9 Prozent. Konkurrenz belebte nicht das Geschäft. Der Eindruck von Zerstrittenheit der Wahlbewegung hielt viele potenzielle Wähler ab. Zu diffus noch war das Bild, das die Ökos boten. Bei den Konkurrenzkandidaturen ging es bereits um die Bundesperspektive. Denn längst stand die Frage im Raum: Ist die Zeit nicht reif für eine neue Bundespartei? Und alle Gruppierungen begaben sich in die Startlöcher, um möglichst schnell maximalen Einfluss zu gewinnen, wenn es denn ernsthaft losginge.

In Bayern dagegen fand die Bündnisbildung von AUD, GAZ und Bürgerinitiativen mit eher konservativem Hintergrund Anklang. Gemeinsam mit der GLU, der GLSH und dem Achberger Kreis/FIU loteten diese Gruppen nun eine Kooperation auf Bundesebene aus. Argwöhnisch reagierten die Bunten und Linksalternativen auf die Blockbildung. Heftig wurde diskutiert: Soll man den konservativen Teil der Ökologiebewegung alleine davonziehen lassen und eine linksalternative Gegengründung betreiben? Oder ist es nicht klüger, sich in den abzeichnenden Prozess einer Parteigründung einzumischen, Teil davon zu werden und ihn nachhaltig mitzubestimmen?

Frankfurter Kongress: Gründung der »SPV Die Grünen«

Die Grundsatzdebatte wurde von den Wahlterminen überrollt. Gegen Ende des Jahres 1979 stand die Europawahl an. Jetzt musste gesprungen werden. War man wirklich stark und organisiert genug, den etablierten Parteien Paroli zu bieten? Oder hatte man aufbegehrt, rebelliert, scheiterte aber in der Stunde der historischen Entscheidung an kleinlichen Gruppeninteressen und ideologischen Gräben? Das Wahlrecht bot sogar die Chance, manch grundsätzliche Klärung, etwa die über den Parteityp, aufzuschieben und andere Organisationsformen auszuprobieren. Anders als bei der Bundestagswahl war hier keine formelle Partei, die dem Parteiengesetz entsprach, erforderlich. Kandidieren konnten auch »Sonstige Politische Vereinigungen«. Dies war die Lösung! Wer zur Wahlteilnahme entschlossen war, arbeitete nun mit Nachdruck auf dieses Ziel hin.

Treibende Kraft war der beschriebene Mitte-rechts-Block, ergänzt aber durch Linksalternative, die eine historische Stunde witterten und beherzt mitmachten. In Bochum jedenfalls bildete sich, bald nachdem man in der Szene herumgehorcht hatte, eine Initiativgruppe aus SBlern um Eckhard Stratmann, Gewerkschaftsoppositionellen von Opel, Aktivisten aus Bürgerinitiativen und Uni-Basisgruppen. Seitdem war ich dabei. Karl-Heinz Lehnardt und ich hatten 1978 begonnen, die Geschichte der APO und der K-Gruppen kritisch aufzuarbeiten: »Politik zwischen Kopf und Bauch«, unser gemeinsames Buch, mündete in die Perspektive einer undogmatischen linksökologischen Partei. Es verfehlte seine Wirkung nicht und galt später als eine der grünen Gründungsschriften. Auf bundesweiten Basisgruppen-Treffen plädierten wir für die grüne Option. Jetzt in Bochum war klar: Die Zeit ist reif, da mussten wir mitmachen.

Am 17./18. März 1979 trafen sich die Vorreiter der Bewegung in Frankfurt im »Haus Sindlingen« zum entscheidenden Kongress. Formell eingeladen hatten die »Lieben Freunde« Herbert Gruhl (GAZ), August Haußleiter (AUD) und Georg Otto (Achberger Kreis). Einvernehmlich gründeten sie die »Sonstige Politische Vereinigung (SPV) Die Grünen« für die Teilnahme an der Europawahl. Dieses Datum war, eher noch als die Gründung der Bundespartei ein knappes Jahr später, die eigentliche Geburtsstunde der Grünen. Anders als die etablierten Parteien, die einen machtvollen Vorsitzenden hatten, sollten bei der SPV die Hauptströmungen durch gleichberechtigte Sprecher repräsentiert sein. Gewählt wurden Herbert Gruhl (GAZ), August Haußleiter (AUD) und Helmut Neddermeyer (GLU). Norbert Mann (GLU) und Karl Kerschgens (AUD) komplettierten den Vortand. Die Versammlung verabschiedete ebenso einvernehmlich eine erste grüne Wahlplattform. Wir Bochumer, obwohl ideologisch deutlich links vom Gründungsvorstand, reihten uns ein und konstituierten uns als lokale SPV-Gliederung. Wir würden für eine undogmatisch linke Konturierung eintreten. Es galt nur noch, bundesweit unsere Freunde zu überzeugen, auch mitzumachen und die Mehrheiten zu verschieben.

Die erste Europa-Wahlliste wurde angeführt von Petra Kelly und Roland Vogt. Beide Spitzenkandidaten hatten sich im BBU als Wortführer der Ökologie- und Friedensbewegung einen Namen gemacht. Sie grenzten sich entschieden von linkssektiererischen Einflüssen, insbesondere den K-Gruppen, ab, betonten aber zugleich das natürliche Bündnis von Umweltschützern und linksalternativen Kräften. Hier zeichnete sich die neue Formation als Mitte-links-Tendenz bereits ab.

Petra Kelly wurde mehr und mehr zur Leitfigur der neuen Bewegung, der sie ein sympathisches Antlitz gab. Sie war eine undogmatische, eher links orientierte, kenntnisreiche, stark moralisierende Unabhängige. Angesichts des Krebstodes ihrer Schwester hatte sie eine Kinderkrebs-Stiftung gegründet, für die sie sich mit aller Kraft einsetzte. Ihre Stellung als Referentin bei der EU-Kommission in Brüssel hatte sie nicht nur genutzt, um Einblick in die politischen Prozesse und Entscheidungen zu gewinnen, sondern auch, um sich in den Protestbewegungen Europas zu vernetzen. Zu Beginn der 70er-Jahre wurde sie international in der Frauen-, Friedens- und Anti-Atom-Bewegung aktiv. Während ihres Studiums in den USA hatte sie die Präsidentschaftskampagnen der Demokraten Robert F. Kennedy und Hubert H. Humphrey unterstützt. Nun brachte sie die Erfahrungen der amerikanischen Kampagnenpolitik in die Öko-Pax-Bewegung Europas ein. Sie war jüngst aus der SPD ausgetreten, um sich ganz dem Neuaufbau einer grünen Wahlpartei zu widmen.

Der Politologe und Jurist Roland Vogt, ein ebenso engagierter, aber eher sperriger Typ, war nach soziokultureller Stadtteilarbeit in Berlin Mitte der 70er-Jahre über ein Friedensforschungsprojekt zu den badisch-elsässischen Bürgerinitiativen gestoßen. Nachdem er in zahlreichen ökologischen und friedenspolitischen Zeitschriften seine kritischen Einschätzungen verbreitet hatte, zog er die parteipolitische Konsequenz und trat aus der SPD aus. Als Vorstandsmitglied des BBU beteiligte er sich an der Gründung der Berliner »Alternativen Liste«.

Die »SPV Die Grünen« erreichte bei der Europawahl am 10. Juni 1979 schließlich 3,2 Prozent der Stimmen. Das reichte zwar nicht für den Einzug ins Europaparlament. Doch es reichte, um mehr zu wollen und weiterzumachen. Wir wähnten uns auf dem richtigen Weg. Zudem erhielt die SPV, die bisher auf freiwillige Mitarbeit und private Kleinspenden angewiesen war, fast fünf Millionen D-Mark Wahlkampfkostenerstattung, das politische und finanzielle Startkapital für weitere Pläne.

Der 7. Oktober 1979 brachte den ersten richtigen Durchbruch. Bei der Landtagswahl in Bremen kam die »Bremer Grüne Liste« (BGL), angeführt von dem Architekten und Experten für Stadtökologie Olaf Dinné und dem Uni-Angestellten Peter Willers, auf 5,1 Prozent der Stimmen. Zum ersten Mal zogen vier grüne Abgeordnete in ein Landesparlament ein. Die BGL war erfolgreich gewesen, weil sich in dem »Bremer Modell« Konservative und undogmatische linksalternative Kräfte verbunden und sich zugleich auf integrative Repräsentanten der Strömungen geeinigt hatten. Rudi Dutschke hatte sich für die Gründung stark gemacht. Zugleich hatten sie sich klar gegen kommunistisch beeinflusste alternative Kreise abgegrenzt. Die vom KB dominierte »Alternative Liste Bremen« (ALB) kam auf lediglich 1,4 Prozent und landete im Aus, ein ALB-Traum. Die KB-Führung schäumte. Der Zug fuhr in die andere Richtung.

Bundestreffen der »SPV Die Grünen« in Offenbach

Im März 1980 stand ein weiteres entscheidendes Datum an: die Bundestagswahl. Die SPD hatte rapide an Zustimmung verloren. Zuhauf liebäugelten aktive Parteimitglieder mit dem Übertritt zu den grünen Listen. Die Chancen des grünen Projekts wuchsen. Ein Bundestreffen der SPV am 3./4. November 1979 in Offenbach sollte die Weichen für die Teilnahme an der Bundestagswahl stellen. Dann nämlich konnte nur eine ordentliche Partei antreten. Etwa 700 Delegierte der SPV entschieden über den Weg, wie die Gründung angesteuert werden sollte. Kreis- und Landesverbände der SPV sollten Delegierte wählen, die dann auf einer Bundesversammlung den Gründungsakt vollziehen sollten. Zudem fiel eine Strukturentscheidung von großer Tragweite. Es lag ein Antrag vor, die Unvereinbarkeit der gleichzeitigen Mitgliedschaft in der SPV und in bunt-alternativen Listen und K-Gruppen zu beschließen. Das ging nicht gegen Doppelmitgliedschaften als solche. Denn das hätte auch solche in GAZ,

94

AUD oder GLU betroffen. Es ging eindeutig gegen linke Kräfte. Der Antrag bekam keine Mehrheit.

Der recht knappen Mehrheit, die den Antrag ablehnte, ist es zu verdanken, dass der Zusammenhang zwischen den konservativen und den linksalternativen Strängen der Bewegung nicht riss. Andernfalls hätte es wahrscheinlich zwei Parteien gegeben, die sich gegenseitig neutralisierten. Einen nicht unbeträchtlichen Anteil daran, dass sich auch bei vielen wertkonservativen Umweltschützern diese nach links hin offene Haltung durchsetzte, hatte der Philosoph und Schriftsteller Carl Amery. Er hatte als Ur-Grüner bereits 1978 in Bayern den Brückenschlag von Grün und Rot zur wichtigsten Aufgabe der Grünen erklärt. Diese Weitsicht setzte sich nun durch.

Mitverantwortlich für die Verständigungsbereitschaft war zudem ein Umstand des Wahlrechts, den die Grünen zwar beklagten und abschaffen wollten, dem sie aber letztlich ihre Existenz als einheitliche Partei verdanken: die Fünf-Prozent-Hürde. Allein hätte wohl keine Gruppe den Sprung über die Barriere geschafft, und bei Aufspaltung der Bewegung in zwei Parteien hätte es auch nicht gereicht. Wollten man tatsächlich ins Parlament, so mussten sich alle zusammenraufen. Nach der gemeinsam durchlittenen Vorgeschichte, den gemeinsamen Aktionen auf der Straße, dem Ausharren unter Wasserwerferbeschuss, dem Abtransport durch Polizei wäre ein solches Scheitern, wenn auch an gravierenden Fragen, aberwitzig gewesen. Deshalb hieß es jetzt, auch den zweiten Schritt zu tun, also nach der SPV die ordentliche Partei zu gründen. Dann konnte man ja immer noch sehen, wie man mit den internen Differenzen klarkam.

Nach dem Bundestreffen der SPV in Offenbach standen nun alle Kräfte der Ökologie- und Alternativbewegung vor der Entscheidung: mitmachen oder aussteigen? Wie Pilze schossen fast überall in der Republik Initiativen zur Vorbereitung der Parteigründung aus dem Boden. Nun strömten auch Basisgrüppler und Linksalternative, die zunächst gezögert hatten, massenhaft herbei. So begann der Dialog zwischen den bürgerlich-gemäßigten und den linksalternativen Kräften über eine gemeinsame Perspektive ökologischer Politik. So manche kulturelle Schranke musste überwunden werden, wenn der Alternative im bunten Gammellook neben dem Förster in Dunkelgrün saß. Doch die Grundidee, die Ökologie endlich zur Grundkategorie und tragenden Säule jeder Politik zu machen, war stärker als das kulturell Trennende. Mehr und mehr Kreisverbände gründeten sich offiziell, am 12. Dezember 1979 mit meiner Stimme auch der Kreisverband Bochum. Zwei Jahre später wechselte ich in den Kreisverband meiner Heimatstadt Gelsenkirchen.

Der Zwang zur konvergenten Diskussion nahm zu. Konservative und Linksalternative mussten sich auf Delegierte einigen und sich eine Meinung zur bald vorliegenden inhaltlichen Gründungserklärung bilden. Und zur Satzung. Erneut stellte sich die strittige Frage der Doppelmitgliedschaft: Jetzt ging es um die gleichzeitige Mitgliedschaft bei den Grünen und in einer K-Gruppe. Die Antwort hatte strategischen Einfluss auf die Richtung der neuen Partei. Besonders KBler wollten ihre alte Organisation nicht aufgeben, ehe eine neue in ihrem Sinne funktionierte. Als Doppelmitglieder würden sie dazu beitragen, die Konservativen in die Defensive, die reaktionären Blut-und-Boden-Kräfte hinauszudrängen und die Grünen auf der linken Seite des Parteienspektrums zu verorten. Der Preis aber wäre hoch: Die neue Partei würde als Erbe ideologische Altlasten und geschulte Kader übernehmen, die vielleicht eine *Hidden Agenda*, einen verdeckten Plan, verfolgten.

Die Entscheidung fiel insbesondere uns undogmatischen Linken nicht leicht. Wir waren an den Universitäten gegen die K-Gruppen angetreten, waren geschmäht und angegeifert worden, hatten uns jedoch durchgesetzt. Warum sollten die Leute, die durch die Ökologiebewegung historisch überrollt und ideologisch blamiert worden waren, nun einen bestimmenden Einfluss auf die Grünen erhalten? Die meisten Linksalternativen, die sich im BUS koordinierten, waren eindeutig gegen eine Doppelmitgliedschaft. Sie verlangten von den K-Grüpplern eine klare Entscheidung. Die »Alternativen« aus Hamburg und Berlin allerdings, die viele Delegierte stellten, sahen diese Frage aufgrund ihrer jeweiligen Binnensicht völlig anders. Ich selber war offen für die K-Gruppen-Leute, mit denen ich mich heftig herumgeschlagen hatte, und spekulierte auf allmähliche Integration.

1. Ordentliche Bundesversammlung in Karlsruhe: Gründung der Bundespartei »Die Grünen«

Am 12./13. Januar 1980 trafen sich tausend Delegierte beim 3. Kongress der SPV in Karlsruhe, um den offiziellen Gründungsakt der neuen ökologischen Partei »Die Grünen« zu vollziehen. »Mut zum politischen Frühling« lautete das Motto der »Bundesversammlung«, wie die Neuen ihre Meetings in bewusster Abgrenzung zum etablierten und historisch belasteten »Parteitag« nannten. Da die Satzung nur mit Zweidrittelmehrheit verabschiedet werden konnte, war in der strittigen Frage der Doppelmitgliedschaft ein Kompromiss notwendig. Man einigte sich darauf, den einzelnen Landesverbänden Übergangsfristen zu erlauben. Betroffen waren KB und GAZ. Die Frage sollte noch für viel Aufregung sorgen. Hier und jetzt hatte sie keine Sprengkraft mehr. Dafür traten interessante Leute spontan bei. Der Prominenteste: Rudolf Bahro. Es kam zur entscheidenden Schlussabstimmung. Neunzig Prozent der Delegierten stimmten für die Gründung. Deutschland hatte eine neue Partei! Welche Karriere sie machen würde, war noch nicht absehbar.

Wer seit Jahren dabei war, spürte, dass hier ein historisches Ereignis stattfand. Dies war jetzt der entscheidende Akt, der Umschlag all der Mühen in eine neue Qualität. Das historische Datum. Fast fünfzehn Jahre hatte mancher gekämpft, in der APO, in den Bürgerinitiativen, um Deutschland auf einen anderen Entwicklungsweg zu bringen. Aber einer fehlte. Ein Mensch, der wie kein anderer für den Weg der außerparlamentarischen in die parlamentarische Opposition stand, für Rebellion und den Marsch durch die Institutionen: Rudi Dutschke. Er war von den Bremer Grünen als Delegierter für die Gründungsversammlung nominiert worden. Dieses Ziel seines politischen Kampfes hat er nicht

mehr erlebt. Knapp drei Wochen vor dem Ereignis, an Heilig-
abend 1979, starb er zu Hause in Århus bei einem epileptischen
Anfall in der Badewanne, eine Spätfolge des Attentats. Dreißig
Jahre später setzten die Berliner Grünen durch, dass nahe dem
Springer-Haus eine Straße nach ihm benannt wurde. Sein Sohn
Marek macht in seinem Sinne bei den Grünen weiter.

Der Name »Die Grünen« beflügelte das Feuilleton. Warum
hatten sie sich nicht, wie es sich für eine Partei gehörte, »Partei«
genannt? Vielleicht mit dem patriotischen Zusatz »deutsch«, etwa
»Grüne Partei Deutschlands« (GPD), jedenfalls in drei VERSA-
LIEN setzbar? Dass »grün« ein ganzes Lebensgefühl ausdrückte,
das mächtiger sein sollte als die ordentliche deutsche Behörden-
sprache, passte immer noch nicht ins Weltbild. Petra Kelly hatte
den Namen importiert. Roland Vogt hatte die Sonnenblume als
Parteiemblem ins Spiel gebracht. Man kam ja um eine Parteigründung nicht herum. Wenn es denn sein musste, dann bitte
keine typisch deutsche. Wenn, dann eine Anti-Parteien-Partei.

Die Parteigründung gab den Grünen enormen Aufschwung.
Am 17. März 1980 erzielten sie bei der Landtagswahl von Baden-Württemberg 5,3 Prozent. Um den gesetzlichen Vorgaben
des Parteiengesetzes zu entsprechen, mussten die Grünen ein
Grundsatzprogramm verabschieden, das beim Bundeswahlleiter
als Ausweis der Parteiförmigkeit neben der Satzung zu hinter-
legen war, und ein Führungsgremium bestellen.

2. Ordentliche Bundesversammlung in Saarbrücken:
Das Saarbrücker Programm

So trafen sich die Grünen vom 21. bis zum 23. März 1980 zu
ihrer 2. Ordentlichen Bundesversammlung in Saarbrücken. Hier
nun kam es zu erheblichen inhaltlichen Kontroversen. Seit Oktober 1979 arbeitete eine Programmkommission, zu der die »Europa-Grünen«, wie die Mitglieder der SPV wegen ihres Grün-
dungszwecks, der Europawahl, bald genannt wurden, auch vier
Linksalternative, darunter ein KB-Mitglied, eingeladen hatten.

Diese hatten einen Text mit deutlicher Mitte-links-Kontur vorgelegt. Die Konservativen wollten diese Tendenz nicht mittragen. Heftig wurde hinter den Kulissen um die Wertigkeit von Politikfeldern und ihre Ausgestaltung gefeilscht. Die Ökologie war als Grundwert unstrittig. Sie bildete den Hauptgründungszweck, die alle verbindende Idee und das Alleinstellungsmerkmal in der Parteienlandschaft. Aber die Grünen konnten und wollten keine Ein-Punkt-Partei sein. Ganzheitliches Denken verlangte die gesellschaftspolitische Einbindung. Wie sollte Ökologie mit Staat und Wirtschaft verknüpft werden? Sollte sie einfach zu den bekannten Politikfeldern hinzuaddiert werden? Oder sollte sie mit allen Bereichen in Interaktion stehen, sie durchdringen, verändern und so zugleich ihre eigene Formbestimmung erlangen? Auf welchem Weg, mit welchen Methoden sollte sie umgesetzt werden? Welchen Charakter sollte die eigene Partei haben?

Die Linken wollten Ökologie in ihre sozialistische Ideenwelt integrieren, die Mitte in die linksliberale, die Rechten in die naturalistisch-konservative. Linke und Mitte verständigten sich darauf, »sozial« ausdrücklich als zweite Grundsäule neben »ökologisch« zu setzen. Die Linken konnten mit der Aufweichung des eigenen Anspruchs leben, weil zumindest die Richtung stimmte. Die Rechten nicht, es passte absolut nicht in ihr Weltbild. Im Bündnis von undogmatischen Linken und Achbergern wurde »basisdemokratisch« als nächster Grundwert verankert. Kaderansprüche der eingemeindeten K-Gruppen-Leute wurden damit ebenso ausgebremst wie der autoritäre Herrschaftsanspruch der Rechten. Zudem wurde die Verbindung der Partei zu den Bewegungen, aus denen sie hervorgegangen war, festgeschrieben. Die Rechten meinten, den Linken mit der Forderung nach einem Bekenntnis zur Gewaltfreiheit eine Niederlage beibringen zu können, rannten aber offene Türen ein. »Gewaltfrei« als vierte Säule war kurz nach der Eskalation des RAF-Terrors angesichts der im »Deutschen Herbst« selbst erlittenen staatlichen Repression und der anstehenden Raketenstationierung ein Muss. Die Norm umschrieb nämlich nicht nur das eigene Verhalten, sondern war auch an staatliches Handeln in der Innenpolitik sowie in der Außen- und Sicherheitspolitik anzulegen. Damit war die Präambel, die die grobe Richtung vorgibt, umrissen. Das Ökologiekapitel des Programms war unstrittig, der Ausstieg aus der Atomkraft das prominenteste Ziel. Zum ersten Mal in der Parteiengeschichte wurde der Individual- bzw. Pkw-Verkehr massiv infrage gestellt. Kontrovers verlief die Debatte zur Wirtschaftspolitik. Die vorgelegten linksgewerkschaftlichen Forderungen konnten dennoch durchgesetzt werden. Eine weitere bittere Niederlage für die GAZ.

Zum Sprengsatz wurde die Debatte über den Paragrafen 218. Zum ersten Mal meldeten sich die Feministinnen machtvoll zu Wort. Sie forderten kompromisslos die Abschaffung des Abtreibungsparagrafen und das Selbstbestimmungsrecht der Frauen. Eine Provokation für die konservativen »Lebensschützer«, die mit aller Macht dagegenhielten und sich manches Mal im Ton vergriffen. Ein Kompromiss verband eine erweiterte Fristenlösung mit der Ablehnung einer juristischen Verfolgung von Schwangerschaftsabbrüchen. Die Versammlung war gerettet. Erste Forderungen zum Schutz sozialer Randgruppen kamen auf. Und nach Abschaffung des Paragrafen 175, der die Homosexualität diskriminierte.

In der Satzung hatten die Grünen bestimmt, dass ihr Vorstand anders als in den abgelehnten etablierten Parteien keine direktive Macht über die Partei besitzen sollte. Allein aus Gründen des Parteienrechts wollte man eine Spitze mit eingeschränkten Befugnissen haben. Deshalb wurden auch keine »Vorsitzenden« installiert, sondern »Sprecher«. Sie sollten dem Willen der Versammlung im Sinne der angestrebten Basisdemokratie lediglich Ausdruck verleihen.

Obwohl die Vorstände machtlos bleiben sollten, lag es nahe, die öffentlich bekannten Gesichter und treibenden Kräfte an die Spitze zu wählen. Doch Herbert Gruhl und Baldur Springmann kandidierten nicht wie angekündigt. Das Programm gefiel ihnen nicht. Ohnehin tendierte die Versammlung nicht zur Polarisierung. Sie wählte drei Vertreter der Mitte: August Haußleiter,

Petra Kelly und Norbert Mann stellten das erste Sprechertrio der Partei »Die Grünen«. Die Wahl konnte nicht darüber hinwegtäuschen, dass die Grünen eine eher linksgerichtete Kontur bekamen. Wolf-Dieter Hasenclever, ein ökoliberaler Mitgründer, der bald *das* Gesicht der Grünen im Fernsehen wurde, hatte noch in Karlsruhe verlangt: »Wir wollen keine Melonenpartei: außen grün, innen rot.« Das Grundsatzprogramm signalisierte indes deutlich, dass das Protestmilieu der 70er-Jahre sich mehrheitlich links fühlte. Ihm reichte es nicht, zwischen die etablierten Parteien eine weitere Formation der politischen Mitte zu setzen.

Bis 1993 galt das »Saarbrücker Programm« offiziell als das Grundsatzpapier der Grünen. Dann wurde es durch den »Grundkonsens« abgelöst, der die Fusion mit Bündnis 90 besiegelte. Die Einleitung des Saarbrücker Programms gibt das Selbstverständnis der neuen Partei folgendermaßen wieder:

»Wir sind die Alternative zu den herkömmlichen Parteien, hervorgegangen aus einem Zusammenschluss von Grünen, Bunten und Alternativen Listen und Parteien. Wir fühlen uns verbunden mit der neuen demokratischen Bewegung und verstehen uns als Teil der Grünen Bewegung in aller Welt.

Die ökologische Weltkrise wird immer bedrohlicher. Dadurch bürden wir kommenden Generationen ein unheimliches Erbe auf. Die Zerstörung der Lebens- und Arbeitsgrundlagen und der Abbau demokratischer Rechte haben ein so bedrohliches Ausmaß erreicht, dass wir eine grundlegende Alternative für Wirtschaft, Politik und Gesellschaft brauchen. Glück und Selbstverwirklichung liegen nicht im Lebensstandard und in der Verschwendungswirtschaft, sondern in der Befreiung der schöpferischen Kräfte und in einer Neugestaltung des Lebens auf ökologischer Basis.

Die außerparlamentarischen Aktivitäten müssen durch die Arbeit in den Parlamenten ergänzt werden. Unsere Politik hat ein Gesamtkonzept und orientiert sich an den vier Grundsätzen: ökologisch, sozial, basisdemokratisch und gewaltfrei.«

Über die Grundsäule »ökologisch« heißt es hier:

»Ökologische Politik bezieht den Menschen, die Natur und die Regelkreise der Ökosysteme ein. Sie tritt einer Wirtschaft der Ausbeutung, des Raubbaus und der Zerstörung der Natur entgegen, um der Bedrohung des Lebens zu begegnen. Überschaubare, selbstbestimmte und selbstversorgende Wirtschafts-, Verwaltungs- und Gesellschaftssysteme ohne lebensfeindliche Konkurrenz sollen demokratisch und mit Unterstützung der Mehrheit der Bevölkerung erreicht werden.«

Zum Grundwert »sozial« ist zu lesen:

»Ein stabiles Sozialsystem schließt Preissteigerungen, Verstärkung der ungleichen Einkommens- und Vermögensverhältnisse, Arbeitslosigkeit auf der einen und unmenschliche Arbeitsbedingungen auf der anderen Seite aus. Trotz steigender Einkommen führen die Vernichtung der Wohnumwelt, die längeren Wege zur Arbeit und die Kommerzialisierung der Natur zu einer realen Verarmung. Wettbewerb und Konzentration wirtschaftlicher Macht erzeugen die Wachstumszwänge, die zur Vernichtung der Lebensbasis führen. Hier verbinden sich Ökologie- und Arbeiterbewegung. Wir treten radikal für die Menschenrechte und für umfassende demokratische Rechte ein. Das soziale System erzeugt psychisches und soziales Elend und diskriminiert ethnische, soziale, religiöse und sexuelle Minderheiten. Auch die Frauen werden unterdrückt.«

Zum Grundsatz »basisdemokratisch« wurde festgehalten:

»Basisdemokratische Politik bedeutet verstärkte Verwirklichung dezentraler, direkter Demokratie. Gemeinden und

Kreise erhalten Selbstverwaltungsrechte und weitgehende Autonomie. Eine zusammenfassende Organisation muss jedoch ökologische Politik angesichts großer Widerstände durchsetzen und in landes- und bundesweiten Volksbefragungen direkte Demokratie verwirklichen. Kerngedanke ist die Kontrolle aller Amts- und Mandatsträger und Institutionen durch die Basis sowie die jederzeitige Ablösbarkeit, um Organisation und Politik für alle durchschaubar zu machen und der Loslösung Einzelner von ihrer Basis entgegenzuwirken.«

Und zum Grundsatz »gewaltfrei« schließlich:

»Wir streben eine gewaltfreie Gesellschaft an. Humane Ziele können nicht mit inhumanen Mitteln erreicht werden. Das Prinzip der Gewaltfreiheit gilt uneingeschränkt, berührt aber nicht das Recht der Notwehr und das Recht des sozialen Widerstands. Wir treten für eine aktive Friedenspolitik ein, wenden uns gegen Fremdherrschaft, Unterdrückung von Völkern und Volksgruppen und den Abbau demokratischer Rechte. Gewaltfreiheit schließt das Recht zur Verteidigung lebenserhaltender Interessen durch Widerstand gegen staatliche Maßnahmen nicht aus.«

Mit der Verabschiedung des Programms war die konservativ-autoritäre Vision einer ökologischen Erziehungsdespotie an Linken und Mitte gescheitert. Damit standen die Rechten am Rande. Entscheidend für das breite Spektrum der Partei war die Einmischung der Linksalternativen mit ihrem Beharren auf einer sozialen Kontur. Die beschlossenen Texte waren der gelungene Ausdruck einer perspektivischen Verschränkung von Gattungsfrage und sozialer Frage, die konstitutiv wurde für die grüne Ideenwelt. Spätere Versuche, den Konnex wieder aufzulösen, brachten der Partei jedes Mal ruinöse Debatten mit ernsthafter Spaltungsgefahr.

Der Text formuliert als Leitziel die Bewahrung der Erde und ihrer natürlichen Lebenszusammenhänge. Es geht um die Möglichkeit menschlicher Existenz überhaupt, um die Gattungsfrage. Zugleich aber postuliert er, dass die Menschheit nicht zu retten sei ohne die Beseitigung von Unrecht, von wirtschaftlicher Ungerechtigkeit, von Diskriminierung von Minderheiten. Daraus leiteten sich die wirtschaftspolitischen und sozialen Forderungen nach Wirtschaftsdemokratie im Inneren und nach einem friedlichen und fairen Interessenausgleich in den internationalen Beziehungen ab. Die soziale Dimension wurde so als immanenter Bestandteil der Gattungsfrage interpretiert. Der Mensch als Gattungswesen war zugleich ein soziales Wesen. Mit dieser Definition, die sich vom naturalistischen, autoritären Menschenbild der Neokonservativen entschieden absetzte, definierten sich die Grünen als Partei eines ökologischen Humanismus.

Die Bewegungen der 70er-Jahre hatten auch praktisch gezeigt, dass ohne Mitthematisierung der sozialen Verhältnisse eine Massenbewegung für eine ökologische Erneuerung nicht entstehen konnte. Die Forderung nach Erhalt der Schöpfung wurde an die Instanzen adressiert, die auch zuständig waren für eine Verbesserung der sozialen Lebenssituation: Wirtschaft und Staat. Die Grünen verorteten sich mit diesen programmatischen Richtungsentscheidungen im herkömmlichen Links-rechts-Schema auf der linken Seite. Sie nahmen damit faktisch die vakant gewordene linke Position im Parteienspektrum ein.

3. Ordentliche Bundesversammlung in Dortmund: Abspaltung der Rechten

Der Gründungsprozess der Grünen wurde beendet mit der 3. Ordentlichen Bundesversammlung in Dortmund am 21./22. Juni 1980. Zum ersten Mal war ich selbst dabei. Angesichts rechter Kritik am Saarbrücker Programm kam es zu einer massiven Kontroverse um die Frage, ob die Grünen sich ausdrücklich als antifaschistische Partei definieren sollten. Ein entsprechender Antrag von linker Seite wurde massiv von Otto Schily unterstützt, der hier zum ersten Mal auf Bundesebene das Wort ergriff. Die

Parteirechte wollte einer Abgrenzung zum Nationalsozialismus nicht zustimmen, ohne gleichzeitig den real existierenden Sozialismus der DDR zu verurteilen. Unter dieser Spaltungsdrohung ersetzte die Versammlung den bereits mehrheitlich akzeptierten antifaschistischen Antrag durch eine Verurteilung aller totalitären Regimes. Diese Kontroverse – Faschismuskritik versus Totalitarismuskritik – war für die Grünen durch die Abstimmung nicht ausgestanden; sie kehrte in heftigen Formen immer wieder zurück.

Auf Druck der Rechten hin erklärte die Versammlung zudem, das Saarbrücker Programm bedürfe einer kontinuierlichen Weiterentwicklung. Anlass der Relativierung war insbesondere die Formulierung zum Schwangerschaftsabbruch. Sie war inkompatibel mit dem moraltheologischen und naturalistischen Frauenbild der Rechten. All die Zugeständnisse an die rechte Seite nutzten nichts. Die Neokonservativen waren nicht bei der Stange zu halten. Nachdem August Haußleiter wegen seiner kontrovers diskutierten Vita als Sprecher zurückgetreten war, stand eine Neuwahl an. Herbert Gruhl kandidierte mit der klaren Ansage, dass er zwar die kurz zuvor in breitem Konsens verabschiedete Wahlaussage für die kommende Bundestagswahl unterstütze, nicht aber das Saarbrücker Programm. Er unterlag deutlich gegen den ehemaligen bayerischen AUD-Vorsitzenden und Nürnberger Betriebsrat Dieter Burgmann. Otto Schily war im ersten Wahlgang ausgeschieden.

Die unterlegene Parteirechte schloss sich nun mit anderen bürgerlich-konservativen Parteigruppierungen zur »Grünen Föderation« zusammen. Bei den Grünen selbst hatte sie kein Gewicht mehr. Am 19. Januar 1981 traten Herbert Gruhl und Gefolgschaft aus und gründeten bald die »Ökologisch-Demokratische Partei« (ÖDP). Damit war die Frage, ob die Grünen ein linksemanzipatorisches oder ein Blut-und-Boden-Projekt würden, endgültig beantwortet. Die Abgrenzung nach rechts war abgeschlossen. Offen blieb die Abgrenzung nach links. Es würde – das war absehbar – noch heftige Auseinandersetzungen geben.

Teil III

Der Einzug in den Bundestag
(1980–1983)

Kapitel 8

Auf dem Weg in den Bundestag

Nach der Parteigründung ging es mit Hochdruck in die Vorbereitung der Bundestagswahl im Oktober 1980. Der Bundesvorstand gab das Hauptquartier der SPV in der Bonner Friedrich-Ebert-Allee auf und zog in die neue Bundesgeschäftsstelle in der Colmantstraße 36. Von dort aus managte der vom BBU her kampagnenerfahrene Lukas Beckmann Geschäfte und Wahlkampf. Ihm ist es gewiss nicht anzukreiden, dass der erste Versuch, in den Bundestag einzuziehen, misslang. Die absehbare grüne Niederlage hatte ihre Ursache in der Kandidatenkonstellation der beiden großen Parteien. Gegen den immer noch starken Helmut Schmidt, der auch CDU-Leute binden konnte, hatte die CDU/CSU Franz Josef Strauß aufgestellt.

Mit pikanten Konsequenzen übrigens für meine Familie. Mein Vater Günter Volmer war nicht nur christlich-konservativ. Er vertrat die CDU seit 1950 im Rat der Stadt Gelsenkirchen, seit 1952 als am längsten amtierender Fraktionsvorsitzender einer deutschen Kommune, seit 1966 im Landtag von Nordrhein-Westfalen und seit 1969 im Deutschen Bundestag. Immer in einer Dreifachopposition: mit der CDU gegen die SPD-Regierung, mit dem Arbeitnehmerflügel gegen die Bürgerlichen in der CDU, als Mitgründer der christlichen Gewerkschaften gegen die DGB-Vertreter in den Sozialausschüssen. Im Bundestag wurde er Vorsitzender der Arbeitsgruppe Umweltpolitik im Innenausschuss. Einen Umweltausschuss gab es erst später auf Betreiben der Grünen. Herbert Gruhl war sein Stellvertreter. Mein Vater schaffte es als Berichterstatter, die ersten Umweltgesetze, ein Immissionsschutz- und ein Abfallentsorgungsgesetz, durch den Bundestag zu bringen.

Auch 1980 trat er wieder an. Als Direktkandidat in Gelsenkirchen mit sicherem Platz auf der Landesliste. Anlässlich eines Wahlkampfauftritts besuchte Franz Josef Strauß meine Familie zu Hause. Der »Spiegel« witterte eine Sensation. Wochenlang belagerte er das Haus. War der Strauß-Besuch bei dem semidissidenten CDU-Mann ein Zeichen für die Gründung einer vierten Partei? Die CSU flächendeckend? Die »vierte Partei« – ein Schreckgespenst für alle, die sich an das Dreiparteiensystem gewöhnt hatten. Die Grünen hatten sie noch nicht auf der Rechnung. Doch Vater war sozialer Arbeitnehmer, nicht zu vereinnahmen für eine nationalkonservative Politik. Rechts keine Experimente.

Ich warb für die grüne Konkurrenz, eigentlich naheliegend, wenn man an der Kreuzung Rosenhag/Grünweg aufgewachsen ist. Als Abiturient 1971 hatte ich »Ozeanograph« als offiziellen Berufswunsch angegeben. Jacques Cousteau hatte mich immer begeistert, die maritime Entdeckungsgeschichte, aber auch die Landratte Bernhard Grzimek, Natur, Landschaften, Tierwelt, deren Interdependenzen – das, was später »ökologischer Zusammenhang« hieß. Ich war nicht nur undogmatisch links, sondern frühzeitig durch und durch grün – auch wenn ich Currywurst besser vertrug als Müsli.

Ich wohnte nicht weit von meinen Eltern entfernt und hatte bei allen politischen Unterschieden ein gutes Verhältnis zu ihnen. Gerade hatten sie mir bei der Überwindung einer Malaria, Mitbringsel von einer Reise im Vorjahr durch Tansania, beigestanden. Aber an dem Nachmittag, als Strauß zum Kaffee kam, war mir der Weg zu weit. Denn Strauß war seit Jahrzehnten ein rotes Tuch für die Linken. Seine Nähe zum militärisch-industriellen Komplex war berüchtigt. Nur zwei Jahre vorher habe ich eine eigene bizarre Erfahrung dazu gemacht: »Wir begrüßen den Präsidenten von Deutschland«, hatte auf einem Transparent gestanden, quer über die Straße, in Lomé, der Hauptstadt des diktatorisch regierten Togo, als mich 1978 eine Reise durch Westafrika dorthin führte. Gemeint war Strauß, den die Rechten der Welt, Dunkelmänner der »Schwarzen Internationalen«, gern hofierten. Sein Besuch stand bevor. Auf der großen Tierfarm, die Wurst für Europa statt Nahrung für Afrika produzierte. Sie gehöre seinen engsten Amigos, hieß es in Lomé.

Strauß als Kanzler wäre der politische GAU gewesen. Also quälten sich viele Ökos und Atomgegner zur Stimmabgabe für den ungeliebten Helmut Schmidt, um Schlimmeres zu verhindern. In den Szenekneipen konnten wir Grünen noch so eindringlich predigen, Schmidt könne gegen Strauß überhaupt nicht verlieren, und deshalb gebe es die einmalige Gelegenheit, nun eine alternative Partei zu wählen. Es verfing nicht. Die meisten wollten nicht Vabanque spielen. Schmidt gewann deutlich. Überdeutlich. Es wäre wirklich Platz gewesen für Neues. Aber die Grünen kamen auf gerade einmal 1,5 Prozent. Auch links keine Experimente.

Die grüne Niederlage hatte auch etwas Gutes, sie brachte Zeitgewinn. Nun konnten die Landesverbände an die Aufbauarbeit gehen, Kontroversen aus der Gründerphase klären. Vieles musste sich zurechtschütteln. Auf dem Weg Richtung Bundestag schien das Ziel bereits mancherorts durch: Die Berliner Alternative Liste erkämpfte am 10. Mai 1981 mit 7,2 Prozent den Weg ins Abgeordnetenhaus. In Niedersachsen, das vom Kampf gegen das Atomendlager in Gorleben geprägt war, erreichte die Partei am 21. März 1982 6,5 Prozent und zog in den Landtag ein. In Hessen, wo der Kampf um die Startbahn West tobte, kam sie am 26. September 1982 sogar auf 8 Prozent. In Hamburg errang die Grün-Alternative Liste am 6. Juni 1982 7,7 Prozent, fiel aber bei der Neuwahl am 19. Dezember 1982 auf 6,8 Prozent zurück. Die nächsten Jahre zeigten jedoch auch die noch geringe Verankerung der Grünen in manchen Regionen der Republik auf. Im Saarland im April 1980, in Nordrhein-Westfalen im Oktober 1980, in Bayern im Oktober 1982, in Rheinland-Pfalz zeitgleich mit der nächsten Bundestagswahl im März 1983 verpassten die Grünen den Einzug in die Landesparlamente zum Teil deutlich.

In der Zwischenzeit hatte auf Bundesebene die inhaltliche Arbeit begonnen. Der Bundeshauptausschuss, das höchste beschlussfassende Organ zwischen den Bundesversammlungen, entschied im November 1980, alle Kräfte auf Ökologie und Frieden zu konzentrieren, auf Öko-Pax, das Gründungsmotiv, das auch die öffentliche Debatte zu dominieren begann. Die Bundesversammlung in Offenbach vom 2. bis zum 4. Oktober 1981 verabschiedete ein »Friedensmanifest«. Die zentrale Forderung nach Ablehnung der Nachrüstung wurde erweitert um diejenige nach schrittweiser Abrüstung der BRD und parallelem Aufbau einer sozialen Verteidigung. Die Forderung nach sofortiger Auflösung der Bundeswehr erhielt keine Mehrheit. Die dieser Abstimmung zugrunde liegende Kontroverse sollte die Grünen immer begleiten und in manche Krise stürzen. Sie drehte sich um die Frage, welche Sicherheits- und Verteidigungspolitik an die Stelle der abgelehnten Nuklearstrategie treten sollte. Vom Radikalpazifismus, der die Ächtung jeglicher Waffen verlangte, zu welchem Zweck auch immer sie dienen mochten, bis hin zu eher sozialdemokratischen Ideen der Herstellung einer strukturellen Nichtangriffsfähigkeit auf der Basis konventioneller Armeen fanden alle Optionen kompetente Befürworter.

Mit den Führungsleuten Petra Kelly, Roland Vogt und Lukas Beckmann gewannen die Grünen einen immer größeren Einfluss in der Friedensbewegung. Bald konnten sie dem DKP-Spektrum Paroli bieten. Die DKP-lastige »Konferenz für Frieden, Abrüstung und Zusammenarbeit« (KOFAZ) hatte begonnen, die Proteststimmen um den »Krefelder Appell« zu sammeln, der sich als »Minimalkonsens« auf die amerikanischen Mittelstreckenraketen beschränkte. Petra Kelly hatte ihn unterschrieben. Heftig diskutierten die Grünen: Darf man mit den »Revis« gemeinsame Sache machen? Muss man? Die Mehrheit entschied klar: Man durfte nicht den Anhängern Moskaus das Feld überlassen – sie hätten den breiten bürgerlichen Protest gegen den Doppelbeschluss sonst ideologisch vereinnahmt und im Kreml einen falschen Eindruck erweckt. Die grünen Unterschriften boten den Mitunterzeichnern einen alternativen politischen Bezugspunkt. Als militärisch-fachlicher Kritiker der Nachrüstung hatte sich der Bundeswehrgeneral a.D. Gert Bastian hervorgetan. Petra Kelly zog ihn zu den Grünen herüber.

Die einseitige Stoßrichtung des Appells gegen die amerikanischen Raketen, die Verpflichtung auf den »Minimalkonsens«, behagte den meisten Grünen nicht. Auch für diese war die Kritik der NATO-Pläne vorrangig. Unbedingt aber wollten sie vermeiden, in das Fahrwasser der DKP zu geraten und als Moskau-Freunde abgestempelt zu werden. »Nein« zur Nachrüstung durfte nicht als »Ja« zur sowjetischen Politik verstanden werden. Das entsprach ganz der Meinung »meiner« alten Basisgruppen, die ich aus beruflichen Gründen verlassen hatte. »Schwerter zu Pflugscharen«, die Parole der staatsunabhängigen Friedensbewegung der DDR, drückte auch unsere Haltung aus. Parallel zum »Krefelder Appell« war in Großbritannien der trotzkistisch inspirierte »Appell der Bertrand Russell Peace Foundation« in Umlauf gebracht worden. Er forderte neben dem Verzicht auf die Nachrüstung auch die Abrüstung des Warschauer Pakts, mithin die Auflösung der beiden Militärblöcke. Die Grünen unterstützten ihn gleichermaßen und gewannen ihr eigenes Profil auch in der Friedenspolitik. In Abgrenzung zu SPD-Linken um Oskar Lafontaine, die in innere Opposition zu Helmut Schmidt traten, forderten die Grünen eine kontinuierliche »Abrüstung gegen null bis zur vollständigen Auflösung der Bundeswehr und aller Militärapparate«.

Die Bundesversammlung hatte auch einen neuen Vorstand zu wählen. Bestätigt wurden Dieter Burgmann und Petra Kelly. Hinzu kam Manon Maren-Griesebach, eine Philosophin, die bei Ernst Bloch gelernt hatte, den großen Philosophen romantisch und naturalistisch (um)interpretierte und den Grünen eine Identität in der Tradition der Wandervogelbewegung der 20er-Jahre anzudichten suchte.

Angesichts der Umbrüche im linken Spektrum und des Erstarkens der Grünen loteten auch Traditionssozialisten die Chance einer Parteigründung aus – DKP-Dissidenten, die ihre Partei für unreformierbar hielten, Linksabweichler der SPD, kritische Gewerkschafter, K-Gruppen-Häuptlinge in Abwicklung, bekannte APO-Veteranen. Inspiriert war der Prozess durch Rudolf Bahro. Der DDR-Systemkritiker verstand sich im Westen als Katalysator einer Parteigründung, die seine Visionen eines humanistischen Sozialismus aufnehmen sollte. Undogmatische Linke wie Frieder O. Wolf und ich beteiligten uns an den drei »Sozialistischen Konferenzen« mit der Absicht, interessante Leute zur grünen Wahlbewegung herüberzuziehen. Eher aus Verlegenheit als mit einer plausiblen politischen Strategie rief die Sozialistische Konferenz die »Demokratischen Sozialisten« (DS) ins Leben. Diese Protopartei existierte einige Zeit ohne rechte Wirkung neben den Grünen. Die Mitarbeit linker Ökos darin aber rentierte sich. Nach dem Scheitern der DS fanden zahlreiche Akteure den Weg zu den Grünen, etwa Manfred Coppick, der es gewagt hatte, als SPD-MdB gegen Helmut Schmidt zu stimmen.

Im offiziellen Bonn eskalierten derweil die Konflikte zwischen den Koalitionspartnern SPD und FDP zur finalen Krise. Der 4. Oktober 1982 zerschlug die politische Architektur der zurückliegenden 13 Jahre. Durch ein konstruktives Misstrauensvotum von CDU/CSU und FDP wurde der grüne Lieblingsgegner Helmut Schmidt gestürzt. Die Opposition gegen ihn bekam tragische Züge. Sie mochte ihn nicht, schwächte ihn, wollte ihn ablösen. Aber durch eine linke Alternative! Noch nie hatte es eine stärkere Protestbewegung in der BRD gegeben, noch nie hatte sich auf der Straße der Wille nach grundsätzlicher Änderung der Entwicklungsrichtung lauter und eindringlicher geäußert. Doch was war nun das Ergebnis? Es wurde alles schlimmer.

Schmidts Nachfolge trat Helmut Kohl an, gestützt auf eine liberalkonservative Koalition. Ein entschiedener Befürworter von AKWs und Nachrüstung, ökologisch so unbedarft wie sein Vorgänger, weniger liberal, die mittelrheinisch-weinselige Variante des deutschen Michels, der sich auf die »Gnade der späten Geburt« berief, wenn er die Beschäftigung mit der deutschen Vergangenheit aus dem Kontext der Aufklärung löste und in eine neue deutsche Gefühligkeit umgoss. Er hatte eine »geistig-moralische Wende« angekündigt. Im Klartext: Er wollte die Errungenschaften von APO und 68ern rückgängig machen und den aktuellen bürgerlichen Protest eindämmen. Noch ahnten die Grünen nicht, dass sie 16 Jahre lang mit ihm zu kämpfen hätten, um ihn dann gemeinsam mit der Partei des Helmut Schmidt aus dem Kanzleramt zu drängen. Durch den Kanzlersturz war den Grünen in der Opposition ein Konkurrent erwachsen. Denn kaum hatte Schmidt die Macht verloren, da machten sich lange erledigt geglaubte parteiinterne Widersacher lautstark bemerkbar. Willy Brandt und seine Freunde stellten den von Schmidt betriebenen Doppelbeschluss infrage und versuchten, sich an die Spitze der Friedensbewegung zu setzen. Sollte Willy Brandt auf der großen Friedensdemo reden? Der Koordinierungskreis der Friedensbewegung war gespalten. Die Breite der Bewegung war nicht mehr zu übertreffen. Aber brach die SPD dem Protest nicht die Spitze? Ab sofort steckten die Grünen in einem strategische Dilemma: Wie hältst du es mit der SPD? Waren Willy Brandt, Erhard Eppler und Oskar Lafontaine, gegen deren Partei man sich gegründet hatte, nun Partner in der Opposition, oder waren sie Konkurrenten und Gegner? Die Frage von Differenz und Kooperation sollte die Grünen zum Ende des Jahrzehnts zerreißen.

Der Machtwechsel in Bonn war nur provisorischer Natur. Im März 1983 sollte das Volk bei einer vorgezogenen Bundestagswahl entscheiden. Auf der Bundesversammlung in Hagen vom 12. bis zum 14. November 1982 beschlossen 600 Delegierte einhellig die erneute Wahlbeteiligung. Auch über den Fall einer gemeinsamen Mehrheit mit der SPD wurde nachgedacht. Eine Kooperation wurde vage abhängig gemacht von der Verhinderung der Nachrüstung und der sofortigen Stilllegung aller Atomanlagen.

Immer deutlicher meldete sich Rudolf Bahro zu Wort. Bald versuchte er, sich zum Chefideologen aufzuschwingen. Sein Thema: die Kritik der Industriegesellschaft. Die »Tonnenideologie« der östlichen Planwirtschaft und der Wachstumswahn der westlichen Marktwirtschaft waren für ihn nur verschiedene Ausprägungen des Natur und Menschheit zerstörenden Industrialismus. Seine Konsequenz: Die Grünen sollten sich um nichts anderes als um die Gattungsfrage kümmern. Antiindustriell und antistaatlich. Wenn es um das Überleben der Menschheit als Gattung ging, konnte auf einzelne Gruppen keine Rücksicht genommen werden. Die Bekämpfung von Armut und Arbeitslosigkeit führe zurück in das Industriesystem, die Ursache allen Übels. Das war Herbert Gruhl, links herum. Die Schärfe seiner Kritik an den herrschenden Verhältnissen, die Präzision seiner Analysen, seine charismatischen Auftritte, seine kraftvolle Sprache, die Radikalität des Gedankens aber fesselten die Zuhörer und verliehen ihm Gewicht. Bahro wurde zum Papst der Fundamentalopposition.

Wer die soziale Frage als konstituierendes Moment der Partei, als Grundwert, eng mit der Ökologie verknüpft, ernst nahm, konnte Bahro bald nicht mehr folgen. Viele undogmatische Linke wie ich, die ihn bisher unterstützt und verteidigt hatten, fielen jetzt von ihm ab. Links sein hieß für mich nicht Fundamentalopposition und rückwärtsgewandte Utopie. Ethisch motivierte Linke mussten sozial und vorwärtsdenken, die Überlebensinteressen der Gattung mit den sozialen Interessen der Benachteiligten verbinden. Linke konnten keine Fundis sein. Bahros Fundamentalopposition abzulehnen wurde zum Markenzeichen linker Politik. Als diese Position zwei Jahre später einer taktischen Wende zum Opfer fiel, begann das grüne Verhängnis.

Erneut musste ein Bundesvorstand gewählt werden, denn Petra Kelly und Dieter Burgmann wollten in den Bundestag. Der Hamburger Ökosozialist Rainer Trampert, der sich mit der Gruppe »Z« vom KB abgesetzt hatte, und der wertkonservative Forstwirt Wilhelm Knabe, Gründungsmitglied aus Nordrhein-Westfalen, konnten sich gegen Bundesgeschäftsführer Lukas Beckmann durchsetzen. Rudolf Bahro errang einen Beisitzerplatz.

Bis zur Bundestagswahl blieben nur wenige Monate. Das Programm musste dringend komplettiert werden. Es fehlte ein wirtschaftspolitischer Teil. So trafen sich die Grünen am 15./16. Januar 1983 in Sindelfingen zu einer außerordentlichen Bundesversammlung. Zum ersten Mal war ich offiziell als Delegierter dabei. Die Textentwürfe waren hauptsächlich in der grünen »Landesarbeitsgemeinschaft Wirtschaft NRW« entstanden, der ich angehörte. Führende Köpfe waren der Ökosozialist Eckhard

Stratmann und der Bielefelder Soziologe Helmut Wiesenthal, der eher links-sozialdemokratische Positionen vertrat. Die Versammlung verabschiedete die Texte mit großer Mehrheit. »Sinnvoll arbeiten, solidarisch leben« – so hieß nun das grüne Wirtschaftsprogramm. Von der traditionellen Wirtschaftswelt nicht als solches wahrgenommen und anerkannt. Zu sehr unterschied sich seine ökologische und soziale Perspektive von den Ertragsperspektiven der herrschenden Betriebswirtschaftslehre. Ganzheitliches Denken forderte renditeorientierte Eindimensionalität heraus. Das Programm verband die sozialen Intentionen der Linken mit der Industrialismuskritik der Fundamentalopposition zur Idee einer radikalen Umgestaltung der Industriegesellschaft zugunsten einer umfassenden sozialen und ökologischen Wirtschaftsdemokratie.

In der Debatte kam es zu einer harten Kontroverse um das Verhältnis zu den Gewerkschaften. Waren Gewerkschaften Gegner, weil systemkonforme Elemente des unökologischen Industriekapitalismus? Oder zwar ökologiefeindliche, aber legitime Interessenvertreter ebenso legitimer Forderungen der Arbeiterschaft? Fundis standen gegen Linke. Die Debatte entzündete sich an der Kampagne der Gewerkschaften für vollen Lohnausgleich bei Arbeitszeitverkürzungen. Für die linke Sicht machte sich der Ökosozialist Thomas Ebermann stark. Die antigewerkschaftliche Haltung verkörperte Wolf-Dieter Hasenclever, Ökoliberaler aus Baden-Württemberg, dem Stammland der FDP. Die Versammlung entschied: Unterstützung der 35-Stunden-Woche mit vollem Lohnausgleich – auch für mittlere Einkommen. Das war die linke Position. Die Liberalen, Konservativen und Fundis wollten die mittleren Einkommen ausklammern. Ebermann bestand auf eindeutiger Solidarisierung mit den Arbeitnehmern. Es ging um mehr als eine tarifpolitische Differenz. Es ging um die Richtung der Grünen. Die Entscheidung signalisierte deutlich: Neue soziale Bewegungen wollten den Interessenausgleich mit den alten, die Grünen wollten nach links.

Inzwischen kam die Kampagne zur Bundestagswahl ins Rollen. Die exzellenten Beziehungen, die Lukas Beckmann in der

Öko- und Friedensbewegung zum Kulturbetrieb aufgebaut hatte, zahlten sich aus. Wichtige und bekannte Künstler beteiligten sich an der grünen Wahlkampagne »Die grüne Raupe«, zusammen mit uns Kandidaten. Gesponsert von Konzert- und Tournee-veranstalter Fritz Rau, erregte unsere Tournee mit Straßen-theater und Musik in vielen Städten Aufmerksamkeit. Grüne zo-gen Künstler magisch an. Hier schien eine neue Verbindung von Politik und Kultur zu entstehen. Udo Lindenberg, Gianna Nan-nini, Schroeder Roadshow machten mit, Ton Steine Scherben, Ina Deter, Klaus der Geiger, Joan Baez ließen sich sehen. Herbert Grönemeyer und Inga Rumpf machten mit uns Pressekonferen-zen. Die Beuys-Schule brachte ihr kreatives Potenzial ein. Zahl-reiche Kulturschaffende warben in Anzeigen für die neue Partei. Der grüne Straßenwahlkampf bot ein anderes Bild als der eta-blierte. Keine Plakate mit den Gesichtern der Kandidaten. Grüne Plakate stellten die inhaltlichen Alternativen vor.

Kurz vor der Wahl hielt die Friedensbewegung das »Nürn-berger Tribunal« gegen Atomwaffen in Ost und West ab, maß-geblich mitorganisiert von Petra Kelly und Roland Vogt. Ort und Name bezogen sich gezielt auf die Prozesse gegen die deut-schen Naziverbrecher. Antimilitarismus und Antifaschismus ver-schmolzen symbolträchtig zum Nuklearpazifismus. In den USA hatten Bischöfe vom »atomaren Holocaust« gesprochen. Man spürte, dass jetzt die Zeit für den großen Durchbruch gekom-men war. Die Öko- und Friedensbewegung hatte ihren Kulmina-tionspunkt erreicht. Die Taktik von 1980, Helmut Schmidt ge-gen Franz Josef Strauß zu verteidigen, hatte nur zwei, drei Jahre Aufschub gebracht und in der Sache nichts verbessert. Es wurde Zeit für eine wirkliche Alternative. Eine Alternative zur abge-wirtschafteten SPD und zur »geistig-moralischen Wende« der Konservativen. »Alternative – Die Grünen.«

Der Wahltag kam. Als am Abend des 6. März 1983 die Stim-men ausgezählt waren, stand fest: Die Grünen hatten es ge-schafft! Sie erreichten 5,6 Prozent und damit 27 Mandate. Zum ersten Mal in der Geschichte der Bundesrepublik war es sozialen Bewegungen gelungen, eine Partei zu gründen, in den Bundestag einzuziehen und das etablierte Parteienkartell aufzubrechen. Ab sofort wurde das Jahrzehnte vorherrschende Dreiparteien- durch ein Vierparteiensystem abgelöst. Die Wahl- und Koalitions- arithmetik hatte sich grundlegend verschoben. Über allem Jubel der Grünen aber lag ein tiefer Schatten. Mit unaufhaltsamer Logik hatte sich eine der größten Para- doxien des linken Reformismus in Deutschland vollzogen. Die Macht der konservativen Sozialdemokratie konnte nur um den Preis gebrochen werden, noch weiter rechts stehende politische Kräfte an die Macht zu bringen. Viele Linke glaubten an die Ge- schichtsteleologie des Historischen Materialismus. Diese hatte ein fast gesetzmäßiges Fortschreiten in der Humanisierung der Menschheit prognostiziert, von rechts nach links, vom Feudalis- mus über die bürgerliche Gesellschaft zum Sozialismus. Und jetzt die geistig-moralische Wende nach rechts! Helmut Kohl konnte seine Position stabilisieren und ausbauen. CDU/CSU und FDP, die Atomlobby, würden nun die Geschicke Deutschlands be- stimmen. Über viele Wahlperioden, wie Herbert Wehner es beim Sturz Schmidts vorausgesagt hatte. Die Grünen – so der Trost und die Verheißung –, gegründet als Anti-Parteien-Partei, wür- den sich dort wiederfinden, wo sie sich hingewünscht hatten, ne- ben der SPD des Hans-Jochen Vogel: in der parlamentarischen Opposition.

Kapitel 9

Die Fraktion

Am 8. März 1983 konstituierte sich in öffentlicher Sitzung die erste grüne Bundestagsfraktion. Ja, öffentlich. Auch das war neu. Wie so manch andere grüne Gepflogenheit, die noch zu besprechen sein wird. Bekannte Gesichter waren anwesend, viele unbekannte. Einige Namhafte fehlten. Besonders betrüblich: Der Landesverband Bremen, der als erster in einen Landtag – die Bremische Bürgerschaft – eingezogen war, errang – wie auch das Saarland – aufgrund seiner geringen Größe kein Mandat.

Petra Kelly und Roland Vogt wurden Bundestagsabgeordnete, das war zu erwarten und selbstverständlich. Sie hatten die Anfangsjahre geprägt. Der Betriebsrat Dieter Burgmann und der Richter Norbert Mann, zwei AUD-Kämpen, wurden ebenso gewählt wie die treibenden Kräfte der NRW-Grünen, der katholische Theologe und Soziologe Hans Verheyen und der evangelische Religions- und Politiklehrer Eckhard Stratmann, der Mann mit der vom sauren Regen zerfressenen Fichte aus der Eingangsszene der Einleitung. Stratmann durfte bald als erster Grüner im Bundestag ans Rednerpult, zu einem Geschäftsordnungsantrag. Der Journalist Jürgen Reents von der Gruppe »Z« kam hinzu. Die Friedensbewegung wurde zudem vertreten durch Gert Bastian von »Generäle für den Frieden« und die wertkonservative Krankenschwester Christa Nickels. Die Dritte-Welt-Bewegung entsandte den evangelischen Religions- und Sportlehrer Walter Schwenninger und die Erwachsenenbildnerin Gaby Gottwald, die kleinbäuerliche Landwirtschaft die evangelische Theologin Antje Vollmer, die autonome Frauenbewegung die Pädagogin Heidemarie Dann. Die letzten drei gehörten nicht der Partei an. Die Grünen ließen auf ihren »offenen Listen« auch unabhängige Kandidaten zu. Der Betriebsrat Willi Hoss zog in den Bundestag ein, sein Kollege Udo Tischer, der eine spektakuläre Betriebsbesetzung in Ulm angeführt hatte und von der CDU zu den Grünen gewechselt war, in die Nachrücker-Crew. Die AL hatte bereits den orthodox-linken Journalisten und AL-Gründer Dirk Schneider nominiert. Nach zwei Jahren sollte ihn der bekannte Kanonier der Reserve, RAF-Anwalt und Mitgründer des Sozialistischen Anwaltkollektivs Berlin sowie der alternativen Tageszeitung »taz«, Hans-Christian Ströbele, ablösen. Dazu kamen viele Aktivisten und Experten, die sich regional einen Namen als Vertreter der Bewegungen gemacht hatten. Die Aufstellung der Landeslisten hatte ihre Tücken. Schon damals waren die Gemetzel späterer Jahre zu erahnen. Für viele überraschend fand sich Otto Schily unter den MdBs. Die Mehrheit der von ihm mitgegründeten AL Berlin mochte ihn nicht. So hatte er es in Nordrhein-Westfalen versucht. Dort wurde heftig diskutiert, ob man den als elitär geltenden Anthroposophen unterstützen sollte. Ein Kreis von fünf informell führenden Leuten entschied hinter den Kulissen über sein politisches Schicksal: drei zu zwei für Schily ergab ihr Meinungsbild. Eine Delegiertenmehrheit wurde organisiert, Schily gewählt. Er hat nie erfahren, wem er seinen politischen Aufstieg zu verdanken hat.

Auf derselben Versammlung aber scheiterte Joseph Beuys. Zunächst an Schilys Gegenkandidatur. Dann eben der nächste Platz? Der berühmte Künstler hielt eine Rede, die ebenso interessant wie unverständlich war. Die meisten Grünen spürten, dass ein solch ausgeprägter Individualismus mit kaum kalkulierbaren politischen Positionen in der Bundespolitik bereichernd, aber nicht strukturierend wirken würde. So wählte man den völlig unbekannten Bottroper Maurer Dieter Drabiniok. Vielleicht wäre Beuys im nächsten Wahlgang nominiert worden, aber die Niederlage gegen einen Handwerker war dem Guru eines Kunstverständnisses, das behauptete, jeder Mensch sei ein Künstler, zu viel. Mit seiner Anhängerschaft verließ er den Saal und ward nicht mehr gesehen.

Fast alle hatten damit gerechnet, dass die Riege der hessischen Radikalökologen, die den Frankfurter Römer beherrschten, gewählt würde, darunter Jutta Ditfurth. Fehlanzeige. Es kam überhaupt keine Frau. Die Hessen setzten die Quotierung nicht um, sondern entsandten sieben Männer. Darunter ein Name, den die wenigsten kannten: Joschka Fischer. Ein Intimus der Szene jedoch wusste um seinen Spott gegen die Grünen. Der Schulabbrecher hatte jahrelang gehöhnt, was der revolutionäre Kampf an Schmähungen nur hergab. Doch nach der erfolgreichen Hessenwahl im September 1982 war er aufgesprungen, um in dem unorganisierten Haufen die Führung zu übernehmen, wie er es von seinen Straßengangs gewöhnt war. Hier traf er auf den Politologen Hubert Kleinert, der sich im DKP-dominierten Marburg eine Basis aufgebaut hatte und die Grünen nun auch als Erfolgsprojekt identifizierte. Mit der Parteigründung, ihrem Geist und ihren Diskursen, hatten sie nichts zu tun gehabt. Gegen die ungestümen Radikalökologen, Gründungsmitglieder aus der Umgebung des SB, entwickelten sie eine Polarisierungsstrategie, die sie als Vertreter cooler Vernunft nach Bonn befördern sollte – mit Erfolg.

Kurz nach der Wahl gab es zwei spektakuläre Ausfälle. Ein hessischer Abgeordneter wurde wegen eines Übergriffs gegen eine Mitarbeiterin zum Rücktritt gedrängt. Schlüssig wurde die Affäre um den »Busengrapscher« nie geklärt. Aber der Vorfall eignete sich dazu, einen unliebsamen Konkurrenten aus dem Weg zu räumen, ein für alle Mal die Fraktionssitten zu definieren, die überfällige Diskussion über sexuelle Belästigung am Arbeitsplatz anzuzetteln und den Verdacht zu zerstreuen, die Grünen seien lieb. Für ihn rückte der Radikalökologe Milan Horáček nach, der als Protestteilnehmer des Prager Frühlings inhaftiert worden und nach Deutschland gekommen war.

Bereits eine Woche nach dem Wahltag legte der Spitzenkandidat aus Nordrhein-Westfalen, Werner Vogel, sein Mandat nieder. Als designierter Alterspräsident des Bundestags, geboren 1907, hätte er Willy Brandt bei der Eröffnungssitzung die Show gestohlen. Er war 1953 nach acht Jahren aus sowjetischer Kriegsgefangenschaft zurückgekehrt und Landesbeamter geworden. Nach seiner Pensionierung hatte er die Grünen mitgegründet, die ihn bereits für die ersten Wahlen in Land und Bund aufgestellt hatten. In der Partei hatte er sich wegen seines Einsatzes für Minderheiten einen guten Ruf erworben. Nun aber wurden eine frühzeitige Mitgliedschaft in der SA und später in der NSDAP sowie seine Funktion im Reichsinnenministerium bekannt. Seine Erklärungen und Reuegedanken reichten der Fraktion nicht. Für ihn rückte Dieter Drabiniok in den Bundestag nach, für diesen ein Nach-Nachrücker in die Fraktion. Der Platz 17 der NRW-Liste. Das war mein Platz.

Jahre nach der letzten Uni-Vollversammlung stand ich plötzlich wieder mitten im Geschehen. Eigentlich hatte ich nicht den geringsten Gedanken an eine Kandidatur verschwendet. Ich arbeitete intensiv an einer Dissertation zur Theorie sozialer Bewegungen, hatte bereits einige Kapitel fertig und war der praktischen Politik etwas entrückt. Offiziell war ich nach einem Rauswurf arbeitslos, bezog Arbeitslosengeld, »Stingl-Stipendium«, wie wir Doktoranden diese Art der Finanzierung nach dem damaligen Chef der Bundesanstalt für Arbeit nannten. Doch eines Abends rief Landesvorstand Hans Verheyen an. Ob ich für den Bundestag kandidieren wolle. Er war auf »Talentsuche«. Wieso ich? Leitfigur der Undogmatischen Linken, kräftig am Sindelfinger Programm mitgeschrieben. Das reichte schon fast. Aber dann war da noch die Geschichte mit dem Rauswurf – meine Widerständigkeit hatte sich herumgesprochen, auch wenn sie nichts Besonderes war; viele Alternative und Ökos riskierten damals ihren Job.

Nach dem Abschluss meines Studiums hatte ich als diplomierter Sozialwissenschaftler in einem Planungsinstitut des Kommunalverbands Ruhrgebiet angefangen. Mit zwei Kollegen sollte ich dort für eine Ruhr-Kommune per Gutachten nachweisen, dass Türken grundsätzlich andere Wohnwünsche hätten als Deutsche: eine eigene Siedlung mit Moschee, Schlachthäusern für Hammel, offenen Wasch- und Schwatzplätzen für die Frauen etc. Unser Opus sollte faktisch Beihilfe zur Umsiedlung türkischer Familien in ein eigens zu erstellendes Ausländerghetto leisten, damit ihre bisherigen Wohnstätten, ein Arbeiterviertel nahe der City, zugunsten hochwertiger Bebauung plattsaniert werden konnten. Ausgerechnet ich sollte eine Obdachlosensiedlung für Planungsverdrängte begründen.

Wir wiesen die Aufgabe als rassistisch zurück, wurden aber mit dem sofortigen Rauswurf wegen Arbeitsverweigerung bedroht. Zum Schein nahmen wir die Arbeit auf und schrieben an einem Gutachten; unter der Hand organisierten wir im Sanierungsgebiet eine Bürgerinitiative gegen uns selber. Es war die Zeit, als im Ruhrgebiet zahlreiche Initiativen für den Erhalt von Arbeitersiedlungen kämpften. Brutstätten grünen Gedankenguts. Als wir auf den letzten Drücker unsere umfangreiche Expertise ablieferten – unsere Vorgesetzten konnten kaum noch einen Blick darauf werfen –, kam es zum Eklat: Die feierliche Übergabe an den Auftraggeber war schon vorbereitet, die Presse mobilisiert. Da schaute sich der oberste Verbandschef unser Werk persönlich an und blies alles ab. Statt der bestellten Obdachlosensiedlung forderten wir den Erhalt und die mieterfreundliche Sanierung der bestehenden Siedlung. Die Studie wanderte in den Giftschrank, unsere Verträge ließ man auslaufen, die Siedlung blieb bestehen. Einen Arbeitsgerichtsprozess gewann ich zwar, ohne ÖTV-Hilfe, denn mein beklagter Chef war auch ÖTV-Vertrauensmann. Doch es nutzte nichts, die Abteilung des Instituts wurde nach der Blamage aufgelöst. Wir waren arbeitslos.

So kam Hans Verheyen auf die Idee, mich anzurufen. Vier Abende hintereinander. Dann hatte er mich rumgekriegt. »Gut, ich kandidiere, aber nur für einen Nachrückerplatz.« Die Direktkandidatur in Gelsenkirchen schlug ich aus. Direkt gegen meinen Vater? Das wollte ich uns nicht antun. Vater wusste nichts von meinen Bundestagsplänen. Ich ahnte noch nicht, dass er von sich aus entschied, nicht mehr anzutreten. Noch mal vier Jahre Bonn, ohne Familie? Nach fast 14 Jahren hatte der 60-Jährige keine Lust mehr.

Mein Kreisverband unterstützte mich nur halbherzig. Die grüne Satzung verlangte ein »Basisvotum« für jeden Kandidaten.

Nur mit Ach und Krach bekam ich das Gütesiegel. Gelsenkirchen war Hochburg der Strömung FIU (Freie Internationale Universität), und diese tolerierte niemanden, der Marx und Dutschke plausibler fand als Steiner und Beuys. Erst als es mir gelang, den Kreisverband über dieser Frage zu polarisieren und alte Szene-Bekannte, die sich gegen diese eigentümlichen Grünen als Alternative Liste gegründet hatten, zum Mitmachen bei uns zu bewegen, wurde es leichter. Die FIU-Anhänger traten bald aus, die ehemals Alternativen wurden für Jahrzehnte kommunalpolitische Leistungsträger.

Auf dem Listenparteitag hatten Hans Verheyen, der selbst weit nach vorn gewählt worden war, und Michael Barg, der die Grünen in Ostwestfalen-Lippe koordinierte, viel Unterstützung für mich organisiert. Bei zwei Wahlgängen ließ ich als Favorit aus Proporzgründen Mitbewerbern den Vortritt. Bei Platz 17 aber hieß es, endlich durchzuziehen. Michael Merkel, ein umstrittener Kandidat, vertraut aus Bochumer Basisgruppen-Zeiten, stand gegen mich. Dritter Wahlgang. Dreimal musste ausgezählt werden. Dann stand fest: Ich hatte mit einer einzigen Stimme Mehrheit gewonnen. Manch Grüblerisches über die Rolle des Zufalls im Weltgeschehen ließe sich damit assoziieren. Was wäre geworden, wenn Merkel statt mir gewonnen hätte? Und wenn ich nicht bei der Fünferrunde zu Otto Schily dabei gewesen wäre? Bei zwei zu zwei kam die entscheidende Prostimme von mir.

Nun also gehörte ich als »Nachrücker mit internem Stimmrecht« zur Grünen-Fraktion. Zum Warmlaufen für Bonn trafen wir uns in Wiesbaden. Kneipe, Sechsertische. Direkt mir gegenüber einer, der das große Wort führte. Zum ersten Mal traf ich Joschka Fischer. Nicht uninteressant, aber laut. Offensichtlich Platzhirsch. Ich war eher ein Stiller. Peter Ziller würde uns später in der »Frankfurter Rundschau« porträtieren: Fischer ist eher der mündliche, Volmer eher der schriftliche Typ.

Konstituierende Fraktionssitzung in Bonn, Vorstandswahl. Von den drei gleichberechtigten Sprechern sollten mindestens zwei Frauen sein. Gewählt wurden Petra Kelly und die württembergische Lehrerin Marieluise Beck-Oberdorf, die aus dem SHB kam. Auf der Männerseite hatte sich ein Machoquartett gebildet, das sich gern als Kern des gesamten Geschäfts inszenierte: Schily, Fischer, Kleinert, Reents. Bei der Wahl unterlagen Jürgen Reents und Joschka Fischer gegen Otto Schily. Fischer wurde Parlamentarischer Geschäftsführer, eine Rolle, die er wie ein vierter Sprecher ausfüllte. Als Fraktionsgeschäftsführer wurde Martin Schata von den Bochumer Basisgruppen bestellt, der diesen Job bald an einen Freund aus katholischen Jugendtagen, den Mitgründer und Soziologen Michael Vesper, übergab. Zahlreiche Aktivisten, die auch MdBs hätten sein können, oft hochkarätige Fachleute, wurden als Mitarbeiter eingestellt. Von der geschrumpften SPD-Fraktion wurden bundestagserfahrene Sympathisanten übernommen. Bei der Arbeitsfeldverteilung wollte ich selbst in den Sozialbereich, mein altes Themengebiet. Aber in der Fraktion wimmelte es von berühmten Betriebsräten. So wich ich in den Dritte-Welt-Bereich aus, dem nach abenteuerlichen Reisen – kurz zuvor war ich wochenlang von Kathmandu zum Mount-Everest-Base-Camp durch den Himalaja gezogen – meine neue Liebe gehörte. Zudem übernahm ich den Aufbau und die politische Koordination des Fraktionsarbeitskreises »Abrüstung, Frieden, Internationales« (AFI). Als ich nach der Rotation im April 1985 selbst Abgeordneter wurde und meine ersten Oppositionsreden hielt, holte mich meine konservative Vergangenheit ein. Nestbeschmutzer, Abtrünniger, die armen Eltern, Sie sollten sich was schämen – giftete es mir aus der CDU/CSU entgegen. Alle Karrierewege hatten sie mir eröffnet, einige hatten mich als Kind auf dem Arm geschaukelt – und nun das. Klassenverrat. Schwarzes Schaf.

Auch mein Vater bekam einiges zu hören. Theoretiker katholischer Familienpolitik, Ehrenbürger des Vatikans – und solch einen entarteten Sohn! Er hielt sich tapfer und loyal. Wir diskutierten nicht viel über Politik. Wenn, dann galt die Spielregel: nicht gegeneinander. Er schimpfte auf seine, ich auf meine Partei, gemeinsam beschimpften wir die Genossen, die Liberalen ignorierten wir nicht einmal. Und der »Elder Statesman« gab dem Neuling Überlebenstipps für Bonn. Wie das Bußgeld von

50 D-Mark vermeiden, wenn man mal eine namentliche Abstimmung verpasst hat ...

Geschäftsführung bei den Grünen war gar nicht so leicht. Offiziell residierte die neue Fraktion im »Hochhaus im Tulpenfeld« (HT), ein paar Minuten Fußweg vom Bundestagsplenum entfernt im Regierungsviertel. Die Bundestagsverwaltung war aber wohl nicht auf Zuwachs eingestellt. Die anderen Fraktionen mauerten. Außer dem Sitzungsraum HT 12 im Erdgeschoss hatten sie der neuen Fraktion nichts an Räumlichkeiten zu bieten. Hier wurde diese zusammengepfercht. Nach einigen Wochen riss der grüne Geduldsfaden. Tische und Stühle wurden durchs Fenster auf den Vorplatz getragen. Im kalten Märzwind, zwischen blühenden Forsythien, japanischer Kirsche und knospenden Tulpen, umzingelt von Kameras, saßen wir nun dort in Wintermänteln und zelebrierten die Fraktionssitzung. Der Stich saß. Plötzlich räumte die Verwaltung drei Etagen frei. Bald prangten an den Fenstern die rot-gelben Anti-AKW-Sonnen und lila Frauenzeichen, dem Demonstrationsverbot in der Bannmeile zum Trotz, deklariert als Büroausstattung. Der Architekt Walter Sauermilch, MdB aus unseren Reihen, baute den HT 12 ökologisch-dynamisch um. Die Grünen brachten Leben in das sklerotisch wirkende Regierungsviertel.

Die Konstituierung war mit der Vorstandswahl nicht abgeschlossen. Tausend Dinge mussten geregelt werden. Vierzehn Tage lang tagte die Fraktion ununterbrochen öffentlich in dem viel zu engen Raum. Jeder, der Lust hatte, an der grünen Realitätsgestaltung teilzunehmen, war zugelassen. Umringt waren die Mandatsträger von zukünftigen Mitarbeitern und angereisten Parteimitgliedern, von Fans und Voyeuren, die kontrollieren, gute Ratschläge geben oder sich schlicht an der historischen Stunde ergötzen wollten. Jeder hatte Rederecht, jeder nahm es wahr, jeder war Teil der ökologisch-sozialen, basisdemokratisch-gewaltfreien Revolution im politischen System der Bundesrepublik Deutschland.

Unendlich lange dauerten die Diskussionen um scheinbar geringfügige Fragen, denen aber ganz entscheidende, ja epochalrichtungweisende, transzendental-symbolische, gattungsbiologisch-ontologische Bedeutung beigemessen wurde. Aus heutiger Sicht eine Groteske. Aber damals: Die Etablierten hatten die Politik zu einer opaken Veranstaltung gemacht, zu einer Geheimlehre heruntergewirtschaftet, abgehoben und undurchschaubar für das Volk, das endlich Transparenz und Einfluss wollte. Die grünen Debatten im HT 12 waren so etwas wie ein kollektives Purgatorium, der selbstquälerische Verständigungsprozess des Citoyen über seinen Platz im gesellschaftlichen Gesamtkunstwerk. Die Quälerei war überlebensnotwendig, Wiederaneignung der Politik durch die Gesellschaft.

Dürfen Grüne die Fahrbereitschaft (Autos!) des Bundestags (Staat!) benutzen (Privileg!), die Freifahrkarte 1. Klasse (Klassenverrat!) für die Bundesbahn (korrekte Subvention!)? Dürfen wir wie die anderen kostenlos (Privileg!) innerdeutsche Flüge (Kerosin! Fluglärm!) in Anspruch nehmen und auf Delegationsreisen Bundeswehrmaschinen (NATO! Militärisch-industrieller Komplex!) benutzen? Wie kann man das miese Kantinenessen, das einem Hirn und Gedärm zerfrisst, mit vollwertiger Bionahrung anreichern? Ist der Papierverbrauch durch die Kopierer ökologisch verantwortbar? Aufzug oder Treppe nehmen? Kompromiss – in den 4. Stock Treppe, in den 14. Aufzug? Wie viele Dienstfahrräder müssen angeschafft werden für den Personen- und Aktennahverkehr? Sollen alle Fraktionsmitarbeiter den gleichen Lohn bekommen, oder müssen Tarifgruppen eingeführt werden? Wie bei der ÖTV, oder Haustarif?

Manchmal wurde es grundsätzlich: Kann jeder alles, oder brauchen wir Arbeitsteilung? Müssen Bundestagsreden vorher in der Fraktion abgestimmt werden, oder kann jeder sagen, was er persönlich denkt? Wie viel Redezeit haben wir eigentlich? Wie verbessern wir die Handlungsmöglichkeiten einer kleinen Oppositionsfraktion? Wie schaffen wir es, die Diskriminierung durch die Etablierten zu durchkreuzen, die die Verteilungsschlüssel für wichtige Positionen immer so zuschneiden, dass die FDP gerade noch dabei ist, die Grünen aber draußen sind? Zum Beispiel im Bundestagspräsidium oder bei der Geheimdienstkontrolle?

Alles spielte sich ab vor den Augen der mal belustigten, mal schockierten, immer aber erstaunten Presse. Denn auch diese war zugelassen, saß in Dreierreihen an der Wand. Während andere Fraktionen geheim tagten und anschließend ein Statement abgaben, bot sich hier das Getümmel der Öffentlichkeit live dar. Die Korrespondenten kamen gern. Hier war etwas los, hier gab es Brötchen und Abgeordnete zum Anfassen, Duzen, Schulterklopfen, und immer war eine Story herauszuholen, die das eigene Blatt lesbarer, die eigene Sendung bunter und abgründiger machte. Nicht alle Artikel waren wohlmeinend. Aber auch boshafte Berichterstattung streute die Mär von der grünen Fraktion bald in der ganzen Republik. Viele Leute wieherten, wenn sie die Artikel lasen; wer unten ist, tritt gern auf jemanden, den er noch tiefer wähnt. Viele aber projizierten ihr eigenes Ringen in das Drama im HT 12. Dort kämpfte die Kreatur um Wahrheit und Wahrhaftigkeit. Gegen Unverstand und die Hoffart der Mächtigen. Die Grünen lebten nicht schlecht von ihrem schlechten Ruf. Wenn alle, die in der zugespitzten Polarisierung mit Grün sympathisierten, auch grün wählen würden – das Ergebnis läge bei 20 Prozent.

In der Presselandschaft war eine neue Sumpfblüte gewachsen, aus demselben Urschleim wie die Grünen: die alternative Tageszeitung »taz«. Endlich ein Organ, das unsere Ideen- und Lebenswelt abbildete, unterdrückte Nachrichten veröffentlichte, den Mainstream gegen den Strich bürstete. Ein Segen! Dachten wir alle. Ein Fluch! Dachten später viele Grüne. Denn die »taz« galt, was »Grün« anging, immer als »gut informiert«. Sie galt als die verlässlichste Informationsquelle über Grüne, manchen sogar als grünes Zentralorgan. Wenn die Leser gewusst hätten! Wenn die Leser wenigstens zu wissen gewollt hätten! Nähe und Distanz zu den Grünen – die ulkigsten Verrenkungen stellte die »taz« an, um uns nicht zu nahe zu kommen. Sie schaffte es nicht. Kaum ein Redakteur, der die Grünen nicht nach eigenem Geschmack umkrempeln wollte. Fast jeder Artikel zielte auf innere Kräfteverschiebung in der Partei. Meist nach rechts. Denn Ex-KPDler waren in der »taz« einflussreich wie in der AL. Wer sich nicht traute, sich als Person auf einer grünen Versammlung hinzustellen und mit offener Hemdbrust zu kandidieren, wurde »taz«-Redakteur und versuchte es von außen. Getarnt als Berichterstattung. Manche nutzten das Blatt als Karrieresprungbrett. Wer zur »Zeit« wollte, musste später – als Initiationsritus, Mutprobe, Flexibilitätsnachweis – erst einmal die Grünen in den Senkel stellen oder Schwarz-Grün fordern. Die »taz« war so wenig grün wie der »Spiegel« rot oder der »Playboy« schwarz. Jedes Thema gehörte in die Fraktionssitzung. Ein urgrüner Mitarbeiter trug seine Lieblingsidee in die Debatte, wieder und wieder: Die Fraktion sollte am Rande Bonns ein Anwesen kaufen und dort in Sitzungswochen als Kommune zusammenleben. Wie auf den Vorschlag reagieren? Kommunen, WGs, neue Lebensformen waren Bestandteil der grünen Gründungsgeschichte. Zuerst wurde wirklich vorgetäuscht, dafür Geld aus dem Etat abzuzwacken, auch wenn der Beifall eher höflich als begeistert war. Was den guten Kerl motivierte, genaue Pläne auszuarbeiten und sie auf die Tagesordnung zu setzen. Zusammenwohnen! Nach drei Wochen des ununterbrochenen Tagens, Leib an Leib – eine Horrorvision. Einer nahm sich ein Herz, sagte offen, »nicht mit mir«, alle atmeten erleichtert auf. Die ersten alternativen Träume platzten. MdBs waren Kampf- und keine Lebensabschnittsgefährten.

Hin und wieder wurden die Grünen besetzt. Sie waren nun selber Ziel von Attacken, wie sie sie vorher gegen andere Institutionen gerichtet hatten. Mal wurde eine Fraktionssitzung von radikalen Tierschützerinnen gestürmt, die mit heiligem Eifer – das Tier sei ein dem Menschen gleiches Gottesgeschöpf, und hier scheide sich Barbarei von Kultur – das Totalverbot von Tierversuchen, -transporten, -schlachtungen und -verzehr forderten. Dann kamen politisch Verfolgte, um das Unrecht im Heimatland anzuprangern. Als die Polizei sie wegen Bannmeilenverletzung festnehmen wollte, bildeten die Grünen einen Kreis um die Eindringlinge und geleiteten sie unter den verdutzten Blicken der Staatsmacht, die sich nicht an MdBs vergreifen durfte, aus der Bannmeile hinaus. Manchmal huschte jemand über die Flure und drückte den Abgeordneten Flugblätter in die Hand, in denen er sich als der geeignete nächste Bundespräsident vorstellte und um Unterstützung warb. Auch die Anrufe in den Büros hatten es in sich. Jeder Bürger, der sich bedrängt oder beleidigt fühlte, fand nun in der grünen Bundestagsfraktion seinen Kummerkasten. »Bei uns im Dorf fahren Panzer! Was soll ich tun?« Die Grünen warfen sich allem entgegen. Nach Wochen wilden Experimentierens wurden die Fraktionssitzungen gestrafft. Einfache Parteimitglieder hatten nur noch nach besonderer Erlaubnis der Fraktion Rederecht. Die Mitarbeiter aber durften sich egalitärerweise weiterhin äußern; oft dominierten sie die Debatte. Die Presse blieb zugelassen, geheim zu halten war ohnehin nichts. Aus den nicht öffentlichen Arbeitskreissitzungen gelangten immer wieder Berichte in die Medien. Wer sich interessant machen wollte, fand hier einen dankbaren Mitspieler. Auch die interne Satire blühte: Ein gewisser »H. Tulpenfeld« ließ regelmäßig Sottisen zum Fraktionsalltag zirkulieren, ein »Limerix« legte boshafte Gedichte zu Mandatsträgern in die Postfächer, und ein Mitarbeiter, der den Geschäftsführer – seit 1990 – nicht mochte, schrieb die Kurzkrimis »Beckmann, übernehmen Sie!«

Die Fraktion richtete fünf Arbeitskreise (AKs) ein: für Wirtschaft und Finanzen, für Arbeit und Soziales, für Recht und Gesellschaft, für Abrüstung, Frieden, Internationales und für Ökologie. Hinzu kam später ein eigenständiger Frauenarbeitskreis. In den AKs wurden Entscheidungsstrukturen und Stellenpläne entwickelt. Die Fraktion beschloss einen Haushalt, Regularien wurden festgelegt. Nach und nach bekam die Fraktion Form und Struktur. Der Betrieb funktionierte.

Rund um das Tulpenfeld bildete sich bald ein üppiges grünes Biotop. Mit ihren Müttern zogen grüne Babys ins Regierungsviertel, sogen schon mit der Muttermilch die Atmosphäre einer Fraktionssitzung auf. Kids von Abgeordneten wurden im Bundestagskindergarten nicht zugelassen. Abgeordnete, die Kleinkinder haben – das hatten wir noch nie! Das fangen wir erst gar nicht an! Bei den Grünen waren aber nicht nur Mitarbeiter, sondern auch MdBs so jung, dass sie Nachwuchs zu betreuen hatten. Also wurde das grüne Kinderhaus »Sonnenblume« ins Leben gerufen, das später als Elterninitiative übernommen wurde und noch heute besteht.

Kabarettisten aus dem grünen Umfeld gründeten vis-à-vis vom Kanzleramt die Kleinkunstbühne »Pantheon«. Rainer Pause und Norbert Alich durften als Fritz Litzmann und Hermann Schwaderlappen – halbsenile Vorsitzende eines Bonner Karnevalsvereins – sogar eine grüne Bundesversammlung eröffnen. Der Schlagzeuger ihrer Kapelle, Richard Herten, einst Drummer von Schroeder Roadshow und Ton Steine Scherben, wurde Bühnenbildner und Organisator grüner Parteitage, die Managerin der »Scherben«, Claudia Roth, neben dem Journalisten Franz Stänner Pressesprecherin der Fraktion und die Germanistin Anne Nilges, Teilhaberin einer Politkneipe, Pressefrau der Partei.

Grüne und Sozis saßen im Bundestag, durch einen Gang getrennt, nebeneinander. Wie sich begegnen? Wegschauen? Höflich grüßen? Anpflaumen? Während vorne die SPD-Granden um Willy Brandt, Helmut Schmidt und Herbert Wehner würdevoll die alte Sozialdemokratie repräsentierten, grinsten aus der Hinterbank Ex-Juso-Häuptlinge wie Gerhard Schröder und Karsten Voigt herüber. Man kannte sich aus der APO. Schnell hatte man sich auf ein Bier in der »Provinz« verabredet, einer Eckkneipe neben dem »Pantheon«, traditionell »Tankstelle« der Genossen. Nach langen Sitzungstagen wurden hier die ersten rot-grünen Kontakte vertieft. Die grüne Kultur durchdrang bald die Bonner Szene und reichte bis in die Kneipenviertel von Köln hinein, einer Hochburg grüner Wählerschaft. Oft traf man sich an den Theken von Friedel Drautzburg und Harald Grunert, die später in Berlin die »Ständige Vertretung« eröffneten. In Bornheim, auf halbem Weg zwischen Bonn und Köln, erwarb die Partei das von Wald umgebene Anwesen »Haus Wittgenstein« als Tagungsstätte für Parteigremien – umstritten, weil teuer und zu weit abgelegen. Unter dem nie nachgewiesenen Vorwurf von undurchsichtiger Finanzierung und Misswirtschaft wurde später ein ganzer Bundesvorstand abgesägt. Der Schatzmeister, Hermann Schulz, ging an der Intrige persönlich zugrunde.

Und dann war da noch das segensreiche Wirken der »Grünen Tulpe«, der Fraktionsfußballmannschaft, auf deren halbrechter Seite Joschka Fischer stürmte und in der ich als Torwart versuchte, das Schlimmste zu verhindern. Leidenschaftlich organisiert von Postmeister Willi Ruhl. Es war der grüne Pioniergeist, der den Einsatz bei der »Grünen Tulpe« – gegen Autobahnmeisterei, Sicherheitsdienst des Bundestags, Bundespressekonferenz – attraktiver machte als im offiziösen Bundestagsteam. Die politische Dimension der grünen Mannschaft blieb unerreicht. Sie nahm es mitten im Kalten Krieg sogar mit dem KGB, der sowjetischen Botschaft, auf. Von hohem diplomatischen Stellenwert war stets die dritte Halbzeit im HT 12. Während im Kreml Gorbatschow die Prohibition ausrief, wurde hier mit reichlich Wodka auf den »Mineralsekretär« angestoßen. Mit einem Spiel gegen die britische Botschaft wurde 1994 das Vereinigte Königreich in der EU willkommen geheißen. Sir Ambassador, gewandet in Zylinder, Gummistiefel und Ascot-Tuch, wurde für den Anstoß gewonnen. Das »Tor zur Welt«, das der Fußballphilosoph Klaus Theweleit besungen hatte, war die »Grüne Tulpe«.

Kapitel 10

Basisdemokratie – Eine Partei neuen Typs

Wegen der schlechten Erfahrungen mit den etablierten Parteien, wie die Grünen die anderen abfällig nannten, suchten sie eine Organisationsform, die den Erfordernissen des Parteiengesetzes und Wahlrechts entsprach, ansonsten aber möglichst wenig Ähnlichkeiten damit aufweisen sollte. Ihre Fraktion sollte sich als Instrument und verlängerter Arm, als parlamentarischer Ausdruck der vielfältigen Bewegungen verstehen. Gesucht wurde eine Partei neuen Typs oder – wie Petra Kelly sie nannte – eine Anti-Parteien-Partei.

Das Berufspolitikertum, das die Grünen für die Entartung der Etablierten zu Honoratiorenvereinen mit Führerprinzip verantwortlich machten, sollte abgeschafft werden. Hatte Helmut Schmidt als Parteivorsitzender der SPD die oft heftig widerstrebenden Genossen nicht immer wieder zur antiökologischen Loyalität gezwungen? Hatte er nicht umweltpolitische Anträge mit herrischer Geste vom Tisch gewischt? Hatte er nicht durch Order von oben einen Nachrüstungsbeschluss durchgesetzt, den die halbe Partei für falsch hielt? Hatte nicht die FDP-Führung unter Otto Graf Lambsdorff plötzlich gegen den Willen der Linksliberalen die Richtung gewechselt und sich auf die Seite der Konservativen geschlagen? Die Macht der Vorstände, so die grüne Konsequenz, müsse beschnitten werden. Vorstände hätten den Willen der Basis auszuführen, von der sie gewählt waren, und nicht umgekehrt. Die »Basis«, die Bewegungen und die einfache grüne Mitgliedschaft mussten die entscheidenden Instanzen werden. Von ihnen sollten sich die Mandatsträger im Lebensstil nicht unterscheiden.

»Meine« Basisgruppen setzten sich – wie der Name nahelegt – vehement für die Neuerungen ein, gehörten aber auch zu den kritischen Juroren. Basisdemokratie war für uns kein Glaubensbekenntnis; sie war entwickelt worden gegen die »Verkirchlichung« der Politik in den K-Gruppen, gegen deren »demokratischen Zentralismus«. Sie war eine These – einen Versuch wert, aber bedurfte der ständigen Überprüfung. So fixierten die Grünen in ihren Satzungen Mechanismen, die in der deutschen Parteienlandschaft einzigartig waren. Manche Idee bewährte sich, manche wird radikalisiert oder abgeschliffen bis heute praktiziert. Die etablierten Parteien lernten davon. Andere Ideen nahmen monströse Formen an und wurden aufgegeben.

Auffällig, dass ausgerechnet die Partei, die sich Basisdemokratie auf die Fahnen geschrieben hatte, immer relativ wenige Mitglieder hatte. Es begann mit 9000 Seelen. Der Schwung der Gründung trieb in Wellen bis zu 20 000 Menschen hinein; die Zahl stieg unter starker Fluktuation auf ein Allzeithoch von gerade einmal 50 000 kurz vor Beginn der rot-grünen Koalition im Bund, sackte dann ab und erholte sich wieder auf knapp 47 000 Ende 2009. Viele Bewegungsaktivisten akzeptierten die Grünen zwar als ihre parlamentarische Vertretung, wollten selber aber lieber in den Initiativgruppen weiterarbeiten. Oder sich nicht mit Politik »die Hände schmutzig machen«.

Bei ihrer Gründung waren die Grünen die bei Weitem jüngste Partei. Mehr als die Hälfte der Mitglieder war unter 30 Jahre alt, nur gut 10 Prozent waren älter als 40. Kriegsteilnehmer wählten selten grün. Die Jungen hingegen weit überproportional, oft sogar in relativer Mehrheit, punktuell sogar in absoluter, bei Mädchen stärker als bei Jungen. Bei den Aktiven verschob sich die Altersstruktur im Laufe der Jahre, es wuchsen nicht so viele Junge nach, wie Aktive der ersten Stunde alterten. Die Partei alterte mit ihren Mitgliedern. Dennoch kam Nachwuchs bis heute so zahlreich und kontinuierlich, dass die Grünen nicht – wie ihre Gegner unkten – eine reine Kohortenpartei wurden. Das sollte heißen, die 68er, die Kohorte, die 1980 zwischen dreißig und vierzig Jahre alt war, würden als Grüne einsam durch die Parteienlandschaft ziehen, hinter sich eine kurze Vergangenheit, vor sich als Zukunft nur die Rente, wenn überhaupt. Und nach ihrem Abtreten wäre der Spuk vorbei. Doch so unfruchtbar waren die Grünen nicht – weder was ihr generatives Verhalten anging, noch was die Langlebigkeit und Ansteckungsgefahr ihrer Ideen betraf.

Trennung von Amt und Mandat

Bei den Grünen sollte niemand die Allmacht eines Helmut Schmidt oder Helmut Kohl bekommen. Das inhaltliche Profil sollte scharf und unverwechselbar bleiben. Besonders, wenn man nicht ausschloss, mit den Etablierten Koalitionen einzugehen oder zumindest Minderheitsregierungen zu tolerieren. In dem Fall musste klar sein: Welche Position ist ein Kompromiss, der Koalition geschuldet, und welche Position gibt den eigentlichen Willen der Grünen und Bewegungen wieder? Wer ein parlamentarisches Mandat innehatte und zum Kompromiss fähig sein musste, durfte nicht gleichzeitig die Partei mit ihrem originären programmatischen Anspruch repräsentieren. Amt und Mandat mussten getrennt werden. Geschlossenheit in der Außendarstellung war für die etablierten Parteien ein unverzichtbarer Modus, unterwarf aber das Bild der Partei in der Öffentlichkeit in der Regel der Praxis der Fraktion. Das sollte den Grünen nicht passieren!

An diesem Punkt übrigens zerlegte sich der Achberger Kreis, ein Teil der organisierten Parteimitte. Die Demokratieidealisten setzten sich gegen Ämterhäufung für die basisdemokratischen Regeln ein, die ihrer Vorstellung von direkter Demokratie nahekamen. Der anthroposophisch-elitäre Teil dagegen pflegte die Geringschätzung der Masse und fühlte sich zu charismatischer Führung durch erleuchtete Individuen berufen. Otto Schily beispielsweise verachtete den Händedruck von Gleich zu Gleich. Er hielt beiläufig eine schlaffe Hand hin und schaute demonstrativ weg.

Im Laufe der Jahre agierten nicht nur die selbst ernannten Lichtgestalten gegen die als Einengung des individuellen Gestaltungsauftrags empfundene Trennungsregel. Es zeigten sich nach einer Zeit der rigorosen Umsetzung deutliche praktische Mängel. Man konnte die Partei- und Fraktionsgremien noch so gut koordinieren – wenn sie nicht zumindest über die eine oder andere Personalunion miteinander verschränkt waren, gab es zu viele Reibungsverluste durch Informationsdefizite. In verschiedenen Etappen wurde, oft nach harten Kämpfen, die rigorose Trennung von Amt und Mandat abgeschliffen und durch Quotierungen von Vorstandsplätzen für Mandatsträger ersetzt. Recht befriedigend waren alle Lösungen nicht. Das Prinzip gänzlich abzuschaffen wäre der Rückfall in das Denken der Etablierten. Und in die Erwartungshaltung der Medien, die immer den Führungsspieler, den Superstar verlangen, selbst wenn Teamgeist die Basis des Erfolgs ist.

Imperatives Mandat

Aus der Rätedemokratie entlehnten die Grünen das imperative Mandat. Die gewählten Abgeordneten sollten an Basisbeschlüsse gebunden sein, bei Unvereinbarkeit mit dem eigenen Gewissen basistreuen Nachrückern Platz machen. Diese Idee verletzte massiv das verfassungsmäßig garantierte freie Mandat. Deshalb konnte das imperative Mandat – ein Widerspruch in sich – von den Mandatsträgern nur freiwillig befolgt werden – ein Umstand, den viele kreativ bis provokativ ausspielten.

In der Praxis hat das imperative Mandat in strenger Form nicht existiert, weil es nicht funktionierte. Wo ist die Weisung der Basis?, fragten MdBs süffisant, wenn sie an einem Donnerstag im Bundestag mehrere Dutzend Abstimmungen zu absolvieren hatten. Das Entscheidungstempo auf der parlamentarischen Ebene war so hoch, die Materie so komplex, dass entsprechende Klärungsprozesse in der Breite der Partei, auch in den eigens dafür eingerichteten Bundesarbeitsgemeinschaften (BAG), überhaupt nicht möglich waren. Obwohl diese oft auf direkter Weisungskompetenz beharrten, konnten ihre Beschlüsse faktisch nur als Orientierungsrahmen gelten. Die Abgeordneten waren gezwungen, ihr Mandat weitgehend frei auszuüben. Umso wütender reagierte die Basis, wenn sie zu einer zentralen Frage nach langer Diskussion einen klaren Beschluss gefasst hatte und die MdBs auch dann noch der eigenen Eingebung folgten. Das betraf zum Beispiel das Tempo des Atomausstiegs. Rückblickend, mit dem Wissen um den Atomkonsens, der eine 30-Jahre-Frist vorsieht, muten die frühen Debatten bizarr an: Ausstieg sofort versus Ausstieg in zwei Jahren. Wenn eine Bundesversammlung alle AKWs sofort abschalten wollte, aber ein MdB öffentlich von zwei Jahren sprach, gab es Zoff. Was das MdB nicht tangierte, wenn es gute Nerven hatte. Was wiederum die Basis noch mehr reizte.

Das Volk, so ätzte dagegen der baden-württembergische Landtagsabgeordnete Winfried Kretschmann, liberalkonservativer Vordenker, wolle in Ruhe gelassen werden von der Politik und sich nicht um alles scheren müssen. Deshalb habe es Stellvertreter gewählt. Mit dem ersten kämpferischen Plädoyer für die repräsentative Demokratie blieb er lange allein. Später setzte sich diese bei den Grünen weitgehend durch. Lange Zeit war die Meinung der Basis für alle MdBs ein wichtiger Eckwert, ein geachtetes Korrektiv zur eigenen Meinung. Basisdemokratie light: Auch ohne imperatives Mandat hatte die Basis Gewicht, ein größeres als bei den Etablierten.

Das Mitregieren in der rot-grünen Koalition verlangte später Berechenbarkeit und Zuverlässigkeit, Eigenschaften, die koordinierte und führungsfähige Vorstände erforderten. In den 80er-Jahren hätte der Bundeshauptausschuss (BHA) koordinieren sollen. Seine Sitzungen aber glichen regelmäßig einem Schlachtfeld, auf dem die zweite Reihe die Kräfte maß. Anfang der 90er-Jahre wurde er durch den Länderrat abgelöst, der die führenden Leute aus den Regionen mit denen der Hauptstadt verbinden sollte. Die rot-grüne Koalition verlangte noch engere Abstimmungen. So wurde Ende der 90er-Jahre der Parteirat eingeführt, in dem die Minister und Vorstände mit wichtigen Länderrepräsentanten die Grundlinien abstimmten. Diese Reformen waren nötig, klappten nicht schlecht, liefen aber Gefahr, die Binnenfixierung des Führungspersonals zu verstärken, bis hin zu politischem Autismus. In den Anfangsjahren hatten Vorstände kein eigenes Rederecht auf Versammlungen. Die Delegierten wollten keine »fidelcastromäßigen« Reden hören, sondern selber diskutieren. Vorstände mussten sich ihre Rede durch die Unterstützung eines Basisantrags, den sie vortrugen, regelrecht erschleichen oder sich hinten anstellen. »Wann ergrrreift derr Vorrrsitzende das Worrrt?«, fragte mich einst der Korrespondent der sowjetischen »Prawda« verunsichert. In seiner Welt des »demokratischen Zentralismus«, geführt durch den Vorsitzenden des Politbüros des Zentralkomitees der Einheitspartei der Arbeiterklasse, war ein macht- und sprachloser Vorstand nicht vorstellbar. Also witterte er immer eine aufregende historische Wende – und wurde regelmäßig enttäuscht. Mit den Jahren wurde die Basis duldsamer und interessierter an der Meinung ihrer Vorleute. Kurze Grußworte wurden erlaubt, Rechenschaft, auch der eine oder andere politische Gedanke. Manchmal wollte sie sogar eine Zugabe.

Die gewählte Versammlungsleitung führte die Redeliste. Jeder konnte reden, bis auf Antrag die Liste geschlossen wurde. Später gab es »gesetzte« Beiträge für Vorstände oder Meinungsführer, ein probates Mittel, Konkurrenten auszubooten, indem man sie nicht reden ließ. Die knappe Restzeit wurde verlost. Wer Meinungsführer, aber nicht gesetzt war, musste geschickt losen lassen. Oder sich per Geschäftsordnungsantrag aufdrängen. Nicht immer klappte es, und manches, was den Lauf der Welt verändert hätte, blieb ungesagt.

Wie immer, wenn formelle Führung nicht zugelassen wird, setzt sich eine informelle durch, ein Umstand, der mitentscheidend war für die Entwicklung von parteiinternen Strömungen und Macht ihrer Führungsfiguren. Auch die gewählten Vorstände waren meist Repräsentanten der Strömungen. Aus ihrer Stellung dort bezogen sie ihre Macht, nicht aus dem Amt selbst.

Ähnliche Macht hatten auch andere Anführer bestimmter Flügel ohne Amt. So bildete sich bald eine Kaste von Parteifürsten, mit oder ohne Amt und Mandat, heraus, die faktisch die Partei strukturierten und formten. Sie schrieben Programm- und Strategiepapiere, luden zu informellen Diskussionen ein, organisierten den strömungsinternen Interessenausgleich und traten für »ihre« Strömung auf den Parteiversammlungen auf. Die gewählten Vorsitzenden hießen zwar »Sprecher«, mussten aber in der öffentlichen Wahrnehmung mit den Leithammeln der anderen Strömungen um Aufmerksamkeit konkurrieren. Die Medien machten sich einen Spaß daraus, die unterhaltsamsten Figuren ins Bild zu rücken, unabhängig von ihrer offiziellen Funktion und ihrem faktischen internen Gewicht. So gab es neben den formellen und informellen Sprechern die medialen Lautsprecher. Die Presse schrieb alle rauf und wieder runter – wie es gerade ins Blatt passte.

Die Hauptdarsteller verteidigten ihre Plots als Tribut an die Mediendemokratie und als Recht auf die eigene gute Performance in der Profilierungskonkurrenz. Der Partei wurde – so sie widerstrebte – mit Promi-Verlust gedroht. Die Partei widerstrebte immer seltener. Erst ärgerte man sich, dann schluckte man den Ärger runter, dann zollte man denen heimlich Bewunderung, die Politik über die Medien gegen die eigene Partei betrieben. Mehr noch: Grüne Antihelden mutierten zu Popstars, Verehrung steigerte sich zum Personenkult. Identifikation mit dem Aggressor – das absolute Gegenteil des imperativen Mandats. Letztlich versuchte man, die anfangs abgelehnte Personifizierung in die eigene Strategie zu integrieren. Statt Textplakaten wurden die ersten Personenplakate gedruckt. Begleitet von eifersüchtigem Geplänkel um die Frage, wer denn sein Haupt vorzeigen dürfe.

Jetzt war nicht mehr entscheidend, wer die klügsten Ideen für die Parteientwicklung hatte, sondern wer am besten in den Medien rüberkam. Klugheit galt im Kontext smarter Macht- und Medienstrategien bald weniger als Gerissenheit, Seriosität weniger als Superstarattitüde. Tempo war wichtiger als Umsicht. Wo steht das Mikro? Wo die Kamera? Nichts wie hin! Anfangs hatten sie Presse und Fernsehen verachtet, waren von diesen verhöhnt worden, scherten sich nicht darum, bauten ihre eigenen Graswurzelmedien auf. Sie waren bekannt geworden gegen die etablierte Medienwelt, von dieser unfreiwillig popularisiert worden. Jetzt kippte das Verhältnis. Die Selbstinszenierung als Star, die Politik als medialer Egotrip verliehen Größe. Größe? Mediengeilheit sagten andere dazu. Der Talkshowauftritt, anfangs noch belächelt, wurde zum Maßstab für das interne Ranking. Später ausgeweitet auf dümmliche Unterhaltungsshows, mit Sprechrollen, die zwischen Dada und Gaga liegen. Diskursivität auf der Grundlage ganzheitlichen Denkens – war das nicht einmal der intellektuelle Anspruch der Grünen?

Zurück zu den Bundesversammlungen, später auch BDK genannt, Bundesdelegiertenkonferenz. Nach dem Chaos der Anfangsjahre und der Etablierung milder Formen der Strukturierung Anfang der 90er übertrieben die Grünen mit dem Einbruch der PR-Strategen in den Politikbetrieb das Planen und Choreografieren. Das Aktenköfferchen in der Hand, den lässigen Verweis auf die New Economy auf den Lippen und das Wort »Professionalisierung« im Mund, wieselten nun bei Bundesversammlungen allerlei geschniegelte Wichtigtuer als »Kommunikationsberater« durch das Foyer: Auftritt, Präsentation, Krawatte, Corporate Identity mussten stimmen. Bald kam es Vorständen nur noch darauf an, eigene Vorlagen als Nachweis ihrer Modernität, Geschlossenheit und Führungsfähigkeit gegen Basisstimmungen durchzupowern. Statt Basischaos nun die Selbstzelebrierung der Eliten als Nomenklatura.

Undenkbar in den Anfangsjahren, dass Vorstände bei Bundesversammlungen auf dem Podium thronten. Nach oben gehörte außer den Rednern nur die Versammlungsleitung. Für Vorstände, die keine Delegierten ihrer Kreisverbände waren, gab es nicht einmal reservierte Sitze. Bürgerliche Tugenden wie Höflichkeit fehlten der Basisdemokratie völlig. Und heute? Da weist die Topografie grüner Versammlungen eine bemerkenswerte Vertikalität auf. Von unten schaut die Basis auf; der Blick prallt auf zwei sperrige Tischreihen auf dem Podium, dahinter verschanzen sich die Vorstände. Wenn sie sich nicht gerade zur Schau stellen wie die Elferräte der Etablierten.

Rotation

Die Grünen hatten bei ihrem Angriff auf die Berufspolitik einen weiteren Pfeil im Köcher: die Rotation. Zwei Jahre nach Antritt des Mandats, zur Mitte der Wahlperiode, sollte die gewählte Crew durch Nachrücker abgelöst werden. Folglich mussten auch die Nachrücker auf den Landeslisten zur Wahl platziert sein, um vom Wahlleiter als neue Abgeordnete bestimmt werden zu können. Auch wenn andere Parteien die Rotation als verfassungsfeindlichen Angriff auf das freie Mandat ansahen – da die Beschlusslage bei den Grünen weitestgehend freiwillig umgesetzt wurde und der Rücktritt als Ausdruck des freien Mandats interpretiert werden konnte, gab es dagegen verfassungsrechtlich keine Handhabe. Beim praktischen Vollzug und bei der Sinnfrage kam es indes bald zu massiven Problemen.

Sinnvoll war die Zwei-Jahre-Rotation insofern, als sie in der Gründungsphase Ausscheidungskämpfe abschwächte, indem dadurch mehr Positionen verteilt wurden. Zudem sollten den Abgeordneten Bescheidenheit und Demut anerzogen werden. Sie sollten ja nicht als bürgerliche Helden individuell gestalten, sondern als verlängerter Arm der Bewegung nur deren Impulse umsetzen. Einige Promis der ersten Stunde verloren schnell die Lust, sich dieser Regelung zu fügen, und versuchten alles, sie außer Kraft zu setzen. So lange für den Einzug in den Bundestag gekämpft und jetzt so schnell wieder ausscheiden? Die Nachrücker beharrten auf der Geschäftsgrundlage. Manche hatten wie ich bewusst für einen hinteren Listenplatz kandidiert und sich auf die Mandatsübernahme in zwei Jahren eingerichtet. Intern sollten Nachrücker den aktuellen Abgeordneten gleichgestellt sein, mit Sitz und Stimme in der Fraktion. Rechtlich waren sie Angestellte. Die meisten machten sich nützlich bei der Etablierung der

Fraktionsstrukturen. Immerhin musste ein mittleres Unternehmen mit etwa 300 Personen aufgebaut werden.

Obwohl inzwischen eine hitzige Debatte über die Rotation als institutionalisierte Misstrauenskultur ausgebrochen war, wurde sie im April 1985 weitgehend reibungslos vollzogen. Mit einigen Ausnahmen und einigen Widerständen – etwa im Falle von Petra Kelly, Gert Bastian und Otto Schily. Es war eben nicht jeder zu jeder Zeit ersetzbar. Zudem wurde bald erkannt, dass die Zwei-Jahre-Rotation grüne Abgeordnete zu lächerlichen Figuren machte. Auch die Reibungsverluste waren hoch. Nicht nur der Motivationsmangel von MdBs, die wussten, dass sie *Lame Ducks* sind, sprach gegen den schnellen Wechsel. Einarbeitungszeit, Projektentwicklung und Umsetzung dauerten viel länger. Wenn jemand dazu öffentliche Sympathien gewonnen hatte, lag ein Ausscheiden nicht unbedingt im Parteiinteresse. Die Zwei-Jahre-Rotation beruhte auf der Fiktion des imperativen Mandats, das Personen von Inhalten trennte und Abgeordnete zu Befehlsempfängern von unten degradierte. Dieses Rotationsmodell gehörte abgeschafft.

Eine Wahlperiode sollte ab 1986 Standard werden. Nach ausdrücklichem Votum des Landesverbands in Einzelfällen sogar eine zweite. Sofort begann eine Bedeutsamkeitskonkurrenz. Wer wollte schon so unwichtig sein, dass er nicht das »Sondervotum« bekäme? Das war nicht die Lösung. Offensiv beerdigen wollte man die Rotation nicht – schon deshalb nicht, weil Otto Schily dies forderte. Eine Begrenzung schien nicht per se falsch zu sein. Das Modell »Amerikanischer Präsident« wurde Favorit. Zwei Perioden, einmalige Wiederwahl. So hielten es viele Landesverbände. Nach zwei Perioden hatten neue Leute eine Chance. Zur Bundestagswahl 1990 traten deshalb viele erfahrene und bekannte Leute ab.

Gebracht hat die Rotation wenig, außer Ärger und Profilverlust. Die Kritik, die Nachrückercrew der ersten Fraktion habe weniger Profil gezeigt als die Abgelösten, ist nicht ganz unberechtigt. Die Beweisführung – nur zwei, Uschi Eid und ich, seien 1987 wiedergewählt worden – aber übersieht, dass mindestens sechs weitere damalige Nachrücker sich später in Spitzenpositionen etablierten, als MdB, MdEP oder Bundesvorstände – Milan Horáček, Christian Schmidt, Hans-Christian Ströbele, Halo Saibold, Axel Vogel, Gerald Häfner. Umgekehrt schafften viele »Vorrücker« kein Comeback. Im gesamten Bundestag wird bei jeder Wahl etwa ein Drittel der MdBs auf ganz normalem Wege ausgewechselt. Bei den Grünen waren es etwa zwei Drittel. Ob das Drittel Unterschied den Aufwand wert war, darf bezweifelt werden.

Diätenabführung und Ökofonds

Nicht mehr als ein Arbeiter sollte ein grüner Abgeordneter verdienen. Proletkult, protestantische Verzichtsethik, alternative Konsumkritik und Geldmangel der Bewegungen waren im Bunde, als beschlossen wurde, von den Abgeordneten die Abführung eines Großteils ihrer Diäten zu verlangen. Zum einen sollten die in der Fraktion mitarbeitenden Nachrücker so viel verdienen wie die erste Crew. Das hieß teilen. Das übrige Geld sollte in Ökofonds fließen zur Finanzierung ökologischer und soziokultureller Basisprojekte. Die MdBs sollten keine Berufspolitiker sein und nur zwei Jahre praktizieren, also galt die Regelung als zumutbar. Mehr noch: Auf der beschließenden Bundesversammlung überbot man sich förmlich im heiligen Eifer der Selbstkasteiung. Für MdLs, deren Diäten deutlich unter denen der MdBs lagen, und MdEPs, die mehr einnahmen, sollte das Gleiche gelten. Darüber hinaus auch für alle kommunalen Vertreter. Und die Grünen waren schon bald eine Partei der Stadt- und Gemeinderäte.

Als durchschnittliches Arbeitergehalt wurden DM 1950,– netto errechnet. Man erleichterte sich die Rechnerei nicht einmal um 50 D-Mark. Das war weniger, als die meisten MdBs in ihrem Berufsleben verdienten. Für jede zu versorgende Person gab es 500 D-Mark Aufschlag. Und Streit, wer dazugehörte. Kinder? Ja. Aber warum sollten grüne MdBs plötzlich höheres

»Kindergeld« bekommen als normale Menschen? Wie ist es mit der Oma? Die Rente reicht nicht, und wir stecken ihr immer etwas zu. Der schwule Lebensgefährte? Warum nicht, wir sind Avantgarde! Der Bauernhof kann nur weiterwirtschaften, wenn bei Abwesenheit der Bäuerin ein Knecht eingestellt wird. Wer bezahlt denn den? Der Single-MdB erhielt unter dem Strich etwa so viel wie ein Sozialarbeiter. Der verheiratete mit Kindern und weiteren Klienten mehr als die ursprünglichen Diäten. Kappungsgrenze einführen? Den »Kommunalos« blieb für ihren Job nur ein Taschengeld. Die MdBs aus Baden-Württemberg trugen die Ökofonds nicht mit. Sie spendeten nach eigenem Ermessen an lokale Initiativen.

Was das Abgeordnetengesetz, die Tarifverträge, das Sozialgesetzbuch, das Steuerrecht in Jahrzehnten an Regelungen fixiert hatten, wurde in einem grandiosen Schöpfungsakt kurz und klein geschreddert. Nun galt grünes Rechnungswesen. Nicht einfach, aber ein Vorgeschmack darauf, was es heißt, ein ganzes System zu transformieren. Gerecht und widerspruchsfrei. Für die komplizierten Rechenkunststücke und Ausnahmeregelungen waren eine Diätenkommission und ein teuer bezahlter Steuerberater zuständig. Sie arbeiteten tapfer, wühlten sich tief ins das Privatleben anderer Leute, aber schafften es nie, dem grünen Willen zu nachhaltiger Realisierbarkeit zu verhelfen.

Die abgeführten Gelder galten offiziell als Parteispende und mussten im Rechenschaftsbericht gegenüber dem Bundestagspräsidenten ausgewiesen werden. So finden sich viele MdBs unter den schriftlich verewigten Großspendern der Partei. Außer ihnen gab es kaum jemanden, der in die Grünen investierte. Die Industrie, die Parteien sponserte, war gegen Ökologie. Beiträge? Die meisten Ökos zahlten den Parteibeitrag der Normalbürger. Die Partei war ständig klamm, lebte finanziell auf niedrigstem Niveau. Denn die Spenden wurden sofort an den Ökofonds weitergeleitet, der samt Vergabegremium und -richtlinien ins Leben gerufen wurde. Die Ökofonds begriffen sich als Teil einer Alternativökonomie, in der Humandienstleistungen, kulturelle und soziale Dienste, hoch angesehen waren. In den folgenden Jahren wurden zahlreiche soziokulturelle Projekte finanziert, die ohne den grünen Zuschuss nie überlebt hätten: die Fahrradwerkstatt für Behinderte, der Verkaufsstand für die Selbstvermarktung, die Literatur für den friedenspolitischen Bildungsverein, die Renovierung des autonomen Frauenhauses, das Labor für experimentelle Solarphysik, die Kaffeemaschine für den Arbeitslosentreff. Bis Ende der 80er waren über 12 Millionen D-Mark in etwa 6000 Projekte geflossen. Die Welt der Alternativen florierte, aus der ärmlichen Subkultur entstanden blühende alternative Landschaften. Die Grünen konnten politisch ernten.

Ökonomisch war ein grünes Bundestagsmandat nicht attraktiv. Man wirtschaftete auf den persönlichen Bankrott hin. Mancher geriet nach Ablauf des Mandats in eine prekäre wirtschaftliche Situation. Die Bezahlung war nicht vom politischen Idealismus der Gründerjahre und von der Zwei-Jahre-Rotation zu trennen. So lange ließ sich die Selbstausbeutung vielleicht durchhalten, vor allem wenn man weiterhin eine Anwaltskanzlei betrieb oder nach dem Ausscheiden in ein Beamtenverhältnis zurückkehren konnte. Viele konnten das nicht. Sie investierten – wie ich – ihre eigenen 30er-Jahre, ein Alter, in dem man normalerweise eine stabile berufliche Basis aufzubauen trachtet, in ein politisches Abenteuer mit ungewissem Ausgang.

Mit dem Aufweichen der Rotation wurde das Mandat ein wesentlicher Teil der eigenen Erwerbsbiografie. Wollte man am Ende nicht für sein politisches Engagement bestraft sein, konnte man sich an die beschlossene Abführungsregel nicht halten. Immer mehr Bundestagsabgeordnete widersetzten sich. Die Diätenkommission entwickelte bald praktikablere Lösungen. Die Spendenwünsche wurden maßvoller, entsprachen trotzdem nicht der Lebensrealität der Politprofis, die viele Grüne entgegen der Gründungsidee nun waren. Zudem sollten sie jetzt auch noch die Defizite in der Finanzierung der eigenen Partei schultern, die sich in Sachen Parteienfinanzierung in populistischer Weise soweit aus dem Fenster gehängt hatte, dass sie selbst echte Finanzierungsprobleme bekam. Die Hälfte der Ökofondsspenden sollte ab Anfang der 90er-Jahre in die Parteikasse fließen. Manche Landesverbände stiegen ganz aus der Alternativökonomie aus, die sich inzwischen einen tragfähigen kommerziellen Rahmen geschaffen hatte. Außerdem war mit grüner Hilfe längst die Ökobank gegründet worden. Auch die MdBs der anderen Parteien leisten erhöhte Parteibeiträge. Es ist Usus, scheint angemessen und durchhaltbar. Die grünen Tarife gingen aber weit darüber hinaus. Die grünen Schatzmeister hatten es nicht leicht. Die Basis im Nacken und die grantelnden MdBs vor sich. Niemand durfte Abgeordnete verpflichten, Diäten, die sie politisch unabhängig machen sollten, an Dritte abzutreten. Das galt erst recht für die zweckgebundene Aufwandspauschale. Die Basis allerdings zählte diese zu den Abgeordneteneinkünften und wollte auch davon einen Anteil, was komplizierte Verrechnungen erforderlich machte. Die Forderungen an die MdBs wurden mit immer fragwürdigeren Methoden durchgesetzt. Die Veröffentlichung der geleisteten Spenden, um Druck auszuüben, verletzte schon den Datenschutz, für den die Grünen sich sonst so energisch einsetzten. Die Anrufe von Vorsitzenden und die Fragen von Delegierten an Kandidaten wegen der Spendenbereitschaft grenzten an – was? Forderung nach einer »Startgebühr«? Schutzgelderpressung? Wer nicht genug zahlen wollte, kam nicht in den Bundestag. Unter den Kandidaten und MdBs begann eine würdelose Billigkonkurrenz.

Quotierung

Eine der wichtigsten grünen Neuerungen war die Einführung der Geschlechterquote bei der Besetzung von Ämtern und Mandaten. Die Grünen hatten den Anspruch, dass Frauen, den Männern gleich, berufliche, öffentliche und politische Leitungsfunktionen übernehmen sollten. Feminismus war in der Partei zum Quasi-Grundwert geworden. Die Frauen forderten massiv ihre Rechte ein und wunderten sich hin und wieder über den nur geringen Widerstand aus der grünen Männerwelt. Denn auch diese sah grundsätzlich den Bedarf an diesbezüglicher tiefgreifender Umwälzung der Verhältnisse. Es ging nicht nur um die individuelle Förderung einzelner Frauen. Die patriarchalen Strukturen, die Frauen systematisch diskriminierten, mussten aufgebrochen und durch emanzipatorische ersetzt werden.

Ab sofort wurde bei Versammlungen das Reißverschlussprinzip eingeführt. Abwechselnd redeten Frauen und Männer, es wurde keine Rednerliste geführt, sondern eine quotierte »Redeliste«. Dahinter stand die Erfahrung, dass Männer geübter im öffentlichen Auftritt und robuster im Vordrängeln waren. Das Reißverschlussprinzip galt ab 1982 auch bei der Besetzung der Wahllisten. Jede zweite Position sollte einer Frau zustehen. Nach der ersten Bundestagswahl war unter den MdBs dennoch nur etwa ein Drittel Frauen. Im Vergleich zu den anderen Fraktionen eine enorme Zahl, was dort auch zu Neurosen und frauenfeindlichen Äußerungen untersten Niveaus führte. Ein Drittel aber war den Grünen selbst zu wenig. In kleinen Landesverbänden, wo die Grünen nur ein Mandat errungen hatten, waren meist Männer Listenführer. Die Frauen kamen zu kurz, die Quotierung wurde radikalisiert. Ab 1986 gehörte jeder ungerade Platz einer Frau, mithin der erste, jeder gerade war offen für Männer und Frauen. So waren in der zweiten Bundestagsfraktion bereits drei Fünftel Frauen. Ein einmaliges Ereignis in der deutschen Politik. Von wenigen Ausnahmen und Sonderregeln abgesehen – in einzelnen kleinen Landesverbänden verzichteten Frauen zugunsten von Männern auf Platz eins –, sind die Grünen bis heute nicht von diesem Prinzip abgewichen.

Angesichts der großen Anzahl von Frauen in den grünen Führungsgremien jaulten die Etablierten sofort auf: Quotenfrauen! Auch manche Frau, die sich dort unter Einübung männlicher Attitüden hochgeboxt hatte, ließ sich so vernehmen. Das weibliche Spitzenpersonal der Grünen widerlegte solche Anwürfe prima facie. Es bewies hinreichend, dass es den Männern ebenbürtig war. Ohne Quote hätten sich vielleicht einige trotz ihres Talents nicht getraut zu kandidieren. Die Quote öffnete den Weg, indem sie diskriminierende Strukturen und Kulturmuster beiseiteräumte. In den Spitzenpositionen war dies für die Frauen, die Grünen und die Politik ein Gewinn.

In der Breite gab es Probleme. Denn jedes System schafft seine eigenen Ungerechtigkeiten. Den Grünen war bewusst, dass sie mit der Einführung der Quote einen politischen Preis zu zahlen hätten. Diese Kosten aber zu thematisieren war tabu. Jeder Hinweis wurde als Frauenfeindlichkeit gebrandmarkt. Die Frauen machten bei den Grünen ein Drittel der Mitglieder aus. Aus diesem Drittel ebenso viele Positionen qualifiziert zu besetzen wie aus der doppelt so großen *Mann*schaft war ein hoher Anspruch. Ging es nur um wenige Positionen, gab es genügend qualifizierte Bewerberinnen. Bei längeren Listen sah es anders aus. Nicht nur die Qualifizierten fanden dort ihren Platz. Jede Frau, die wollte, wurde genommen, während zugleich qualifizierte Männer außen vor blieben. Frauen triumphierten: Wir haben nicht nur das gleiche Recht auf Qualität, wir haben auch das gleiche Recht auf Versagen. Unbestreitbar war auch mancher Mann fehl an seinem herausgehobenen Platz. Der Unterschied: Eine gute Frau errang ziemlich sicher eine hohe Funktion. Wegen der größeren Anzahl auf der Männerseite war dort die Chance des Einzelnen geringer. Die positive Diskriminierung der Frauen funktionierte. Ihr Preis, der nicht ausgesprochen werden durfte, lag im Frust vieler guter Männer, denen die Aufstiegschancen verbaut waren. Sie akzeptierten die Quote politisch. Aber mancher verlor die Motivation und zog sich zurück.

Auf kommunaler Ebene brachte die Quotierung manch verblüffendes Problem. Oft waren nicht einmal genügend Frauen da, um per »Frauenvotum« – einer satzungsmäßig vorgesehenen getrennten Abstimmung nur der Frauen – wegen Frauenmangels Männer zu inthronisieren, geschweige denn selber Posten zu übernehmen. Dazu erfand der radikale Feminismus in seiner Hochphase eine ganz besondere Regel: die Realquotierung. Sollten mangels Frauen Listenplätze nicht besetzt werden können, so musste noch einmal dieselbe Anzahl von offenen Plätzen ebenfalls vakant bleiben. Männer konnten Frauen nicht ersetzen. Tatsächlich wurden gewonnene Ratsmandate in einigen Kommunen nicht wahrgenommen, weil Frauen nicht wollten und Männer nicht durften. Ein Fall politischer Selbstkastration. Und Wählerbetrug zudem. Manche Kreisverbände mit deutlichem Männerüberschuss ermannten sich daher zur Selbsthilfe.

Betrachtet man die Frauenquote nur für sich, mochten die Vorteile überwiegen. Kompliziert wurde die Kombination mit anderen De-facto-Quoten, zum Beispiel dem Links-rechts-Ausgleich. Hatte etwa die Kandidatin des linken Flügels den Listenplatz 1 erobert, brauchte ein linker Mann für Platz 2 nicht anzutreten; dieser fiel fast automatisch einem Mann der gemäßigten Strömung zu. Dieser Mechanismus lud zum Spielen ein. Wollte der gemäßigte Flügel seinen Mann durchsetzen, so stellte er keine Frau auf. So konnte eine linke Frau, die aus eigenem Antrieb kandidierte – weil keine gemäßigte Kandidatin dagegenstand –, ihrer Nominierung gewiss sein und ein linker Mann jegliche Ambitionen vergessen.

Vollends undurchsichtig wurden Kalküle, wenn weitere quotenähnliche Kriterien galten: Region, Alter, sexuelle Orientierung, politische Spezialisierung. Waren die ersten Listenplätze besetzt, wurde es schwierig. Es bedurfte geradezu einer Rasterfahndung, um den »multiquotalen« Kandidaten zu finden, der zu den verbleibenden Kriterien passte. Zu allem Überfluss wollten die großen Kreisverbände auf jeden Fall ihren »local hero« durchsetzen, wenn nötig ausgedealt mit anderen Kreisverbänden. Bald spielten bei der Rekrutierung alle möglichen Kriterien eine Rolle, nur nicht strategische, kommunikative und fachliche Handlungssicherheit im Spannungsfeld von programmatischem Parteianspruch, komplexen Institutionen und öffentlichem Raum – aufgepeppt mit ein bisschen Kreativität und Charisma, kurz: Kompetenz.

Die Frauenquote in ihrer unverdorbenen Form war ein Erfolg. Sie signalisierte an die Gesellschaft, dass auch die andere, bisher weitgehend gesichts- und sprachlose Hälfte sich autonom artikulieren konnte. Die Grünen erfuhren einen enormen Stimmenzuwachs gerade bei jungen, modernen Frauen. Die anderen Parteien mussten nachziehen. Sie taten es, nicht so mutig, nicht so konsequent. Aber wenn sich Rita Süssmuth oder Angela Merkel so lange in Spitzenpositionen behaupten konnten bzw. können, ist dies nicht nur Erfolg ihrer persönlichen Kompetenz. Es ist auch ein indirektes Ergebnis des grünen Feminismus und der Quote.

An dieser Stelle scheint es angebracht, eines der düstersten Kapitel der grünen Parteigeschichte anzusprechen: Auf grünen Konferenzen und Sitzungen wurde gestrickt. Emsig. Das ist die historische Wahrheit, die keineswegs verschwiegen werden darf. Statt Geschlechtsrollenklischees aufzubrechen und an ihren Motorrädern herumzuschrauben, machten fast alle Frauen demonstrativ textile Handarbeit. Auch einige Frauenversteher durchbrachen die patriarchale Selbstbeschränkung. Am Vorabend war in der WG die Wolle aufgeknäuelt worden. Unablässig klapperten nun die Nadeln, während das graue Rauschen der Parteitagsdebatte die Hintergrundmusik abgab. Hier wurde die Einheit von selbstbestimmter Politik, nicht entfremdeter Arbeit, ökologischer Produktion und Selbstvergegenständlichung im Gebrauchswert zelebriert. Genervt reagierten nur die, die sich nicht verstrickten. Eine Rede zu halten vor einem Auditorium, das nicht gestikulierte, weil die Motorik durch die Nadelführung vollständig determiniert war und die Mimik durch die Konzentration auf das Maschenzählen immer gleichförmig angestrengt aussah, führte zu tiefem Selbstzweifel des Vortragenden. War das Argument schlecht? Die Sprache unverständlich? Sah man gar bescheuert aus? Das Selbstbild hängt bekanntlich auch stark vom von der Umgebung zurückgespiegelten Fremdbild ab. War es ein infames Verschwörungsmanöver der Frauen, des Mannes Selbstwertgefühl zu zerstören? War dies eine der drohend angekündigten weiblichen Waffen und Listen? Hinterlist? Oder war alles harmlos, alles ein großes Missverständnis – erahnte die Frau nicht das Unwissen des Mannes von ihrem Talent zum Multitasking? Die Frage wurde nie endgültig geklärt. Denn einem Wunder gleich verebbte das Gefingere irgendwann. Jedenfalls fand man im Foyer grüner Parteitage bald verzweifelte Fernsehteams, die den

Auftrag hatten, in der Parteitagsberichterstattung massenhaft strickende Frauen unterzubringen, und einfach nicht fündig wurden. Nein, ein letztes Mal noch fand sich eine, die formatfüllend im Gretel-Look zur »Tagesschau« gereicht werden konnte. Doch – es ist verbürgt – die grünen Frauen traf keine Schuld mehr: Es handelte sich um eine schlecht getarnte Beobachterin der Jusos. Auch das ein Beweis für die grüne Avantgardefunktion: Die anderen machten jeden Unfug zeitversetzt nach.

Kapitel 11

Einheit in der Vielfalt – Die Landesverbände

Dezentralität, kleine Einheiten – die Partei suchte ein Gegenmodell zum staatlichen Leviathan, zum als undemokratisch empfundenen demokratischen Zentralismus der etablierten Parteien und zur Megamaschine eines zügellosen Industrialismus. Zudem waren die Grünen selbst Ergebnis dezentraler Initiativen. Eine ausgeprägte Praxis des Föderalismus gehörte zum Wesenskern einer unangepassten Anti-Parteien-Partei. »Global denken, lokal handeln« brach den Anspruch herunter auf die kommunale Ebene. Hier fuhr die Partei die größten Erfolge ein. Dezentralität bedeutete aber auch Misstrauenskultur. Aus Angst, bei Ausscheidungskämpfen auf der Strecke zu bleiben, akzeptierten die Gründerinitiativen weder zentrale Machtapparate noch vertikale Weisungsstruktur. Alle Macht den Landesverbänden! Manch einer wollte gar keine Bundeszentrale, nur ein Servicebüro. In den Ländern wurde das Vermächtnis der K-Gruppen geklärt, länderspezifisch unterschiedlich, hier wurde über Fundamentalopposition und Koalitionsbereitschaft diskutiert. Landes- und Kommunalpolitiker stellten die Liste für die Bundestagswahlen auf. Hier nahmen die Akteure Anlauf für Karrieren auf Bundesebene. Hierhin zogen sie sich nach Niederlagen schmollend zurück. Bis Anfang der 90er dauerten die Klärungsprozesse. Letztlich zogen alle Verbände in ihren jeweiligen Landtag und in den Bundestag ein. Viele gingen Koalitionen ein. Für manche war der Weg lang und mit Niederlagen gepflastert.

Nordrhein-Westfalen

Besonders schmerzhaft waren die Niederlagen in Nordrhein-Westfalen, dem mitgliederstärksten grünen Landesverband: 3,0 Prozent bei der Landtagswahl im Oktober 1980, 4,6 Prozent im Mai 1985. Der NRW-Verband war heterogen wie die Bundespartei, fast ein verkleinertes Abbild. In der Schwulenhochburg Köln-Innenstadt wurden die Grünen auf Anhieb stark. Im Ruhrgebiet, von Filz und Kungelei der SPD beherrscht, ließen Stahlwerker und Obersteiger die Müslis links liegen. Im kleinindustriellen Ostwestfalen und Bergischen Land fand die Partei auch mittelständische Unterstützung, im bäuerlichen Sauerland sahen die Eingeborenen rot. In den Uni-Städten florierte die grün-alternative Subkultur, in der universitätsfreien Emscher-Lippe-Zone das Vorurteil gegen die Langhaarigen.

Auch in Nordrhein-Westfalen war anfangs offen: Geht es eher nach links oder eher nach rechts. Und: Geht es überhaupt richtig los? Die Parteimitte von FIU, Achbergern und AUD war bald diffundiert. Kompetente Leute wurden nach Kommunalwahlen von der Ratsarbeit absorbiert oder wurden MdBs und kümmerten sich um die Bundespolitik. Ein echtes Gravitationszentrum fehlte. Die Großregion Ruhrgebiet war fragmentiert. Die Konkurrenz ihrer Kommunen bildete sich in der Partei ab. Die schlechten Erfahrungen mit den Platzhirschen von SPD und Gewerkschaften verfestigten eine antiinstitutionelle und antikoalitionäre Einstellung. Lange wurstelte der Landesverband vor sich hin. In einen Mammut-Programmentwurf für die Wahl 1985 rutschte eine sehr missverständliche Formulierung zu sexuellen Kontakten von Minderjährigen hinein, was – von Presse und Gegnern zum »Kindersexskandal« aufgeblasen – das Image versaute und lange nachhing, selbst als die Partei den Punkt geklärt und seine Sachwalter, eine Päderastengruppe, hinauskomplimentiert hatte. Jede Minderheit konnte bis dahin ihr Anliegen wegen der ins Wahnhafte gesteigerten Bekenntnisbereitschaft der Grünen zu Außenseitern in die Programme schreiben.

Exkader der KPD/AO traten scharenweise ein. Manche

gliederten sich unauffällig ein. Andere verstanden es, sich den alten SPV-Grünen als nicht linke Neugrüne anzudienen, auf der Suche nach dem Dritten Weg. Das Problem der ideologischen Altlasten spitzte sich schnell zu. Einen grünen Kongress zum Nationalsozialismus funktionierten Ex-AOler nach wenigen Minuten um zum Tribunal gegen den Schurkenstaat Sowjetunion. Das alte Lieblingsthema der KPD/AO, der Sozialfaschismus. Der Abbau von Feindbildern, Kernanliegen der Friedensbewegung, war durchkreuzt, die klare Abgrenzung von den Nazis misslungen. Nur mühsam verkniff ich mir einen Spontanaustritt. Wer die KPD/AO nicht für links, sondern für rechts hielt, fand sich bald bestätigt. Mitte der 8oer sickerten im Sauerland »Nationalrevolutionäre« in die Partei ein. Wir Linken forderten, sie sofort hinauszuwerfen. Die Landesführung jedoch wollte lieber den kritischen Dialog mit den Nazis. Antikommunistisch-ökologisch-erdverbunden-biodynamisch, wie diese sich gaben, seien Grüne doch auch. Was die meisten nicht wussten – die Landesspitze war weitgehend von AOlern und deren Freunden beherrscht. Wir wurden die Nazis trotzdem wieder los.

Aus AO-Kreisen heraus entstand auch die »linke Deutschland-Diskussion«. Sie propagierte einen vereinigten deutschen Nationalstaat als Ausgangs- und Endpunkt jeder Außenpolitik, nicht ohne Resonanz bei Ur-Grünen, die einen deutschen Sonderweg suchten. Die damalige deutschlandpolitische Kernfrage – Zweistaatlichkeit oder Wiedervereinigung? – war bei den Grünen noch unterbelichtet. Die meisten tendierten zur Anerkennung der Realitäten, also der DDR, ohne das System gutzuheißen.

Als die Partei sich in Linke und Realos ausdifferenzierte, bildeten Ex-KPD/AOler den Kern der NRW-Realos. Was ihre Bundesgenossen in den anderen Ländern nicht wahrhaben wollten. Sie erklärten den NRW-Landesverband schlicht für chaotisch, folglich linkstraditionalistisch. Der Vorwurf des Chaos traf zu, bis hin zu hässlichen Unregelmäßigkeiten im Finanzbereich. Aber verantwortlich waren eben nicht Traditionslinke, sondern »A-Null«-Realos, die einige naive Akteure in ihre Cliquenwirtschaft einbezogen hatten. Erst Ende der 80er konnten die NRW-Grünen sie neutralisieren. In Ostwestfalen-Lippe bildete sich um den undogmatischen linken Sozialpädagogen Hans Verheyen – treibende Kraft der Landespartei – eine erste Crew, die den Landesverband zu stabilisieren half. Gegen Mitte der 80er begann ich selbst im Bündnis mit Eckhard Stratmann und Verheyen, undogmatische Linke im »Gelsenkirchener Kreis«, später im »Linken Forum« zu sammeln und Struktur in das Chaos zu bringen. Im Mai 1990 zogen endlich auch die NRW-Grünen mit genau 5 Prozent in den Landtag ein.

Westberlin

Bei der Wahl für das Abgeordnetenhaus Berlin am 10. Mai 1981 erreichte die »Alternative Liste für Demokratie und Umweltschutz« (AL) 7,2 Prozent. Der dritte parlamentarische Erfolg der Grünen. Der Grünen? Genau das war höchst strittig. Die AL bestand aus mannigfachen bunten und alternativen Initiativen, in ihnen zahlreiche KPD/AOler. Ein Unvereinbarkeitsbeschluss, den Ur-Grüne in der AL beantragten, scheiterte knapp zugunsten eines nach links offenen basisdemokratischen Pluralismus. Viele Ur-Grüne traten daraufhin aus. Die AOler propagierten – rhetorisch geglättet – ihre alten Überzeugungen und bildeten mit Verbündeten einen rechten Flügel. Neben einer »Mittelgruppe« um Otto Schily formierte sich aus sozialistischen Gruppen der linke Flügel. Viele Grün-Alternative hielten sich fern. Ur-Grüne gründeten im Februar 1980 eine Gegenpartei und gingen gerichtlich gegen den Anspruch der AL vor, sich als Grünen-naher Landesverband auszugeben.

Wie in Nordrhein-Westfalen spitzte sich der Streit zwischen »A-Nullern« und Linken schnell zu. Eine Textvorlage für die Berlin-, Deutschland- und Friedenspolitik wurde von der »Berlin und Deutschland AG« formuliert, in der KPD-Kader dominierten, assistiert von den Nationalrevolutionären Herbert Ammon und Peter Brandt, Willys Sohn. Ihr Ausgangspunkt war die deutsche Frage. Das traf sich mit der antihegemonialen Supermachtthese von Rudolf Bahro. Alle Opfer und Gegner der Sowjetunion vereinigten sich hier: Maoisten, Trotzkisten, Anarchisten, Dissidenten, Konservative, Rechte. Die vereinigten Patrioten forderten als primäres Ziel die Rekonstruktion eines blockfreien deutschen Nationalstaats. Nicht Abrüstung und Entspannung waren für sie der Schlüssel zum Frieden, sondern die nationale Frage. Von der Wiedervereinigung wurde eine europäische Friedensordnung abhängig gemacht. Das hieß: ohne vereinigte deutsche Nation kein Frieden in Europa. War das eine Analyse oder eine Drohung? Jedenfalls eine klare Absage an die Entspannungspolitik. Das deutsche Schicksal als Kern der Weltgeschichte. Linksnationalismus? Oder war das schlicht rechts? Die Renaissance der nationalen Frage stieß auf erbitterte Kritik. »Vaterlandsverteidiger« der »Pickelhaubenfraktion« standen gegen »Russenknechte«. Linksunabhängigen um Frieder O. Wolf und Albert Statz gelang es, die Kernanliegen der Friedensbewegung im Wahlprogramm als primäre Ziele zu behaupten. Als die »Berlin und Deutschland AG« ihren Majorisierungsversuch scheitern sah, trat sie geschlossen aus der AL aus.

Nun traten zahlreiche undogmatische Linke ein. Die verbliebenen AOler wendeten sich von ihrem alten Politikmodell ab, stellten sich dem Diskurs und wurden – wie Wolfgang Wieland – später oft zu Leistungsträgern. Die AL als breites Sammelbecken war keine Szene-Partei; auffällig war die starke Beteiligung des universitären Mittelbaus. In lockeren persönlichen Netzwerken, themen- und anlassbedingt, suchten die Aktiven, moderiert durch Unabhängige wie Michael Wendt (Mitgliedsnummer 001) und Bernd Köppl, eine offene Struktur zu etablieren. Als auch die Linken der Bundespartei versicherten, dass die AL keine Tarnorganisation der AO mehr sei, wurde sie im Dezember 1985 als grüner Landesverband anerkannt. Viele der einstigen Gegengründer traten diesem nun bei.

Die AL entwickelte sich zur grünen Hochburg. 10,6 Prozent bei der Wahl zum Abgeordnetenhaus im März 1985 und 11,8 Prozent im Januar 1989 bereiteten den Weg für eine rot-grüne

Regierung unter Walter Momper ab 1989. Organisierender Kern wurde das undogmatische »Linke Forum« um Frieder O. Wolf und Harald Wolf, unterstützt vom als unberechenbar geltenden Hans-Christian Ströbele. Drei parteilose Frauen wurden für die AL Senatorinnen: die Lehrerin Sybille Volkholz, die Finanzökonomin Michaele Schreyer und die feministische Anwältin Anne Klein. Die als Konfliktbündnis angelegte Koalition platzte im November 1990 wegen der polizeilichen Räumung besetzter Häuser.

Hamburg

1978 hatte der »Kommunistische Bund« (KB) den Höhepunkt seines Einflusses erreicht. Zugleich litt er darunter, dass Bürgerinitiativen gegen Atomkraft, Elbvertiefung und Hafenerweiterung erheblich mehr Zulauf bekamen als er selbst, der diese Themen verschlafen hatte. Die KB-Führung war nicht an ökologischen Fragen interessiert, rang sich nun jedoch zu einem Kurswechsel durch, um die Protestbewegung für sich zu rekrutieren. Als sich die erste »Bunte Liste« der Bürgerinitiativen bildete, betrieb der KB eine massive Eintrittspolitik und erreichte mit den Bunten bei der Wahl zur Hamburger Bürgerschaft im Juni 1978 das beachtliche Ergebnis von 3,5 Prozent.

Die Dominanz des KB verschreckte die Unabhängigen. Holger Strohm, der mit seiner Schrift zur »politischen Ökologie« zum Kopf der Initiativen avanciert war, ging auf Distanz. Als sich 1980 die Gründung der Grünen andeutete, spaltete sich der KB. Ein Teil blieb wegen Ablehnung des Parlamentarismus bei den »Bunten«. Ein anderer Teil, die Gruppe Z, warb hingegen massiv für den Eintritt bei den Grünen und nahm sofort rigoros das Heft in die Hand. Ein Teil des KB kontrollierte also die Bunten, ein anderer die Grünen. Die »Bunte Liste« zerfiel im Frühjahr 1980. Die Reste taten sich 1982 mit einer »Alternativen Liste« aus undogmatischen und linkssozialistischen Gruppen zusammen. Nach dem Scheitern einer alternativen Listengründung auf Bundesebene einigten sich die Bunt-Alternativen und die Grünen im März 1982 auf eine gemeinsame Formation. Die »Grün-Alternative Liste Hamburg« (GAL) wurde geboren und übernahm die Rolle des grünen Landesverbands. Alle Positionen wurden eins zu eins unter Grünen und Alternativen aufgeteilt.

Über die Fusion fand der gespaltene KB wieder zusammen. Da die Szene in Hamburg großstädtisch, links bis linksradikal eingestellt war, konnte sich der KB mit seinem Führungsanspruch in der GAL durchsetzen. Zugleich aber splitterte sich die KB-Führung nun auf, bis hin zu erbitterten persönlichen Feindschaften. Thomas Ebermann und Rainer Trampert standen gegen Michael Stamm und Jürgen Reents. Der Streit ging – für Nicht-Leninisten kaum nachvollziehbar – um die Form der Kooperation mit bürgerlichen Kräften. Alle vier hielten die Grünen für eine nicht linke Partei. Stamm und Reents befürworteten taktische Kompromisse auf der Basis klarer eigener Positionen. Ebermann und Trampert lehnten Kompromisse ab und hofften, dank Charisma und Rhetorik in Diskussionen Zuhörer radikalisieren und mehrheitlich auf ihre Seite ziehen zu können.

Der Lehrer Stamm und der Journalist Reents waren nüchterne, umständlich theoretisch argumentierende und schwierig zu verstehende Zeitgenossen. Stamm hatte die »Marxistische Gruppe« mitbegründet, die in den 70er- und 80er-Jahren in fast jedem geisteswissenschaftlichen Uni-Seminar aggressiv versuchte, mit nicht zu überbietender Rabulistik die Falschheit einer jeden dort vorgetragenen Position zu beweisen. Zu welchem Zweck? Damit der von Stamm interpretierte Marxismus als einzige unwiderlegte Lehre übrig blieb? Irgendwie verstand sie kein Mensch. Jeder war genervt. Nun aber waren Stamm und Co. bei den Grünen. Ebermann hingegen war ein geborener Alleinunterhalter. Ein brillanter, vom Understatement lebender Redner mit verblüffenden rhetorischen Figuren und verletzendem Witz, der es in Hamburg jederzeit schaffte, Kontrahenten zu demütigen. Trampert, ein präzise argumentierender Betriebsrat von Texaco, hatte den geheiligten Nimbus des Arbeiterführers. Bald traute sich keiner mehr an die beiden heran, sondern hielt es für opportun, gläubig zu ihnen aufzuschauen. Gemeinsam glaubten sie, mit ihrem Linkspopulismus auch in den Redeschlachten auf Bundesebene unbesiegbar zu sein. Hamburg brachten sie zunächst Erfolg. Die GAL erreichte bei der Bürgerschaftswahl im Juni 1982 auf Anhieb 7,7 Prozent und stellte damit die vierte grüne Landtagsfraktion. Doch der Sieg brachte ein strategisches Dilemma. Die SPD hatte ihre Mehrheit verloren. Die Grünen standen vor der Frage, ob sie just mit der SPD, gegen die sie sich gegründet und nun bei der Wahl einen Erfolg errungen hatten, eine Koalition eingehen sollten. Unter dem Druck der Öffentlichkeit konnte man sich Gesprächen nicht verweigern. Einerseits. Andererseits wollte man nicht zu einer verabscheuungswürdigen, systemtreuen und staatstragenden Partei werden. Staatstragend – die gröbste Beleidigung, die man in der GAL jemandem zufügen konnte.

»Ernsthaft, aber nicht systemtreu« lautete die »Hamburger Linie«. Der SPD sollten Gespräche über die Tolerierung einer Minderheitsregierung angeboten werden. Von einigen GALliern ernst gemeint, von den KB-Kadern als Finte: Die SPD sollte »entlarvt« werden. Jeder sollte merken, dass man mit der staatstragenden Sozialdemokratie, die immer schon die Arbeiterklasse verraten hatte, keine wirklichen Umbrüche verabreden könne. Die Entlarvung würde die Massen der GAL zutreiben. Und dann... was dann? Wozu sollte der Massenandrang eigentlich genutzt werden? Um die SPD erneut zu entlarven? Ad infinitum? Manchem schwante, dass diese Strategie bald an ihre Grenzen stieß. Das politische Kapital, das man durch die Entlarvung anhäufte, musste machtpolitisch investiert werden. Oder? Hoffte die KB-Führung etwa, gesteigerte Wut auf eine immer wieder entlarvte SPD schlüge in revolutionäre Stimmung um? Oder würde die Entlarvungsstrategie sich selbst entlarven – als perspektivloser Radikalismus? Die Scheingespräche mit der SPD scheiterten an der Sollbruchstelle. Die SPD stand entlarvt da. Bürgermeister Klaus von Dohnanyi setzte eine Neuwahl an. Am 19. Dezember 1982 erhielt die GAL – nur noch 6,8 Prozent. Die entlarvte SPD steigerte sich um über 8 Prozentpunkte und gewann die absolute Mehrheit zurück. Ein grausamer Irrtum der KB-Strategen.

Die KB-Führung verfolgte ein klares Ziel, von anderen Linken nicht leicht zu durchschauen: dem in die Krise geratenen KB frisches Blut und eine neue Basis zuzuführen. Sie konnte einige Jahre lang die Bundes-Linke bei den Grünen bestimmen, bis sie dort ins Abseits rannte. Ihre Linie stieß an Grenzen, die dem Leninismus immanent sind, und musste scheitern. Solange sie aber undurchsichtig blieb und die rebellische Mentalität des Milieus widerspiegelte, konnte sie sich in Anfangserfolgen sonnen. Im November 1986 brachte es die GAL auf 10,4 Prozent.

Die harten ideologischen Auseinandersetzungen mischten sich in der Hansestadt mit dem herben Lokalkolorit zu einem nur schwer erträglichen Betriebsklima. Der KB lebte letztlich von einer auf beleidigende Weise betriebenen Wortklauberei, die jeden Versprecher, jede sprachliche Inkompetenz zum Verrat an der Sache umdichtete. Wenn die eigene linke Linie – »wissenschaftlich« nachgewiesen und »durchargumentiert« – die einzig richtige war, dann waren alle anderen verräterisch oder dumm. Beides verachtenswert. Auf GAL-Versammlungen ging es wüst her, maximal zugespitzte Rhetorik, Fallenstellerei, Dossiers, Denunziation – der Umgangsstil folgte weniger dem aufgeklärten hanseatischen Geist als den Verkehrsformen im sympathisierenden Rotlichtmilieu, das die Grünen wegen deren Grauzonen in der Innenpolitik schätzte. Die aktive Solidarität mit den militantautonomen Hausbesetzern in der Hafenstraße förderte diesen Habitus, der mit den bürgerlich-grünen Kreisen, die es in Hamburg auch gab, immer heftiger kollidierte.

Zum Bruch kam es im März 1990 über eine Resolution, die mitten im deutschen Vereinigungsgetümmel die Zweistaatlichkeit und Sympathien für die SED/PDS festschreiben wollte. Ein Kreis um die Politiklehrerin Krista Sager und den Altphilologen Martin Schmidt gründete das »Grüne Forum« als potenzielle Gegenpartei. Viele Gruppenmitglieder entstammten wie Sager dem KBW. Im Zuge der deutschen Einheit jedoch zerplatzten die KB-Strategien endgültig. Führende Kader traten aus, um ihr

Glück woanders zu suchen. Ihr Gründungsversuch einer Alternativen Liste endete in einer Blamage. Viele einfache KB-Mitglieder blieben und assimilierten sich, Grünes Forum und GAL vereinigten sich wieder. Nicht der KB schluckte die Grünen, sondern umgekehrt.

Hessen

Die Hessen machten die wildeste Gründungsphase durch. GAZ, GLU und GLH nahmen sich bei der Wahl im Oktober 1978 gegenseitig die Butter vom Brot und scheiterten kläglich. Um die Reste der GLH bildete sich aus Sympathisanten des »Sozialistischen Büros« (SB) und Bürgerinitiativen, besonders gegen die Frankfurter Startbahn West, eine grüne Gründungsinitiative. Wegen der geringen Aktivistenzahl gab es kein Delegiertenprinzip, sondern Vollversammlungen. Naheliegend, dass bei der Mobilisierung von Aktiven die Metropole Frankfurt die Nase vorn hatte. Radikale Ökologen, die bei den Kommunalwahlen in den Römer gewählt worden waren, bestimmten das Geschehen: Manfred Zieran, Jutta Ditfurth, Milan Horáček, Jan Kuhnert. Sie betrieben »Fundamentalopposition«. »Klarheit vor Gemeinsamkeit« – diese Parole sollte vor Aufweichung und Verführung schützen. Nur nicht den historischen Weg der Sozis nehmen, von links unten nach rechts oben! Es galt das grüne Reinheitsgebot. So votierten die »Fundis«, wie sie sich gern nennen ließen, gegen Doppelmitgliedschaften. Eine Grün-Alternative Liste wie in Hamburg kam für sie nicht infrage. Sie verschreckten sogar den Kopf der Startbahn-West-Opposition, Alexander Schubarth, der auf größere Breite setzte.

Die Entwicklung schien den Fundis recht zu geben. Trotz oder, wie sie glaubten, wegen ihrer Radikalität gewannen die Grünen bei der Landtagswahl am 25. September 1982 genau 8 Prozent. Neuer deutscher Rekord. Tapfer stellte Willy Brandt angesichts der grünen Erfolge, kurz nach dem Machtverlust der SPD im Bund, eine »rechnerische Mehrheit diesseits der Union«

fest. Manche ahnten: So unscheinbar der Satz wirkte, so markierte er doch den Beginn der Umwälzung des deutschen Parteiensystems. Der SPD-Grande wütete nicht gegen die Grünen, sondern bezog sie in eine strategische Rechnung ein. Rot plus Grün konnte mehr Stimmen erringen als Schwarz plus Gelb. Statt drei Parteien nun zwei Lager. Ab sofort waren die Grünen nicht mehr die Outdrops, sie waren strategischer Faktor und potenzieller Bündnispartner. Damit begann eine dramatische innergrüne Auseinandersetzung, die auch die Bundesebene ergreifen und Ende der 80er-Jahre dort zum Totalabsturz beitragen sollte.

Mit der neuen Lage waren die Fundis überfordert. Mit Zähnen und Klauen verteidigten sie ihre weißen Westen gegen die sozialdemokratische Verunsäuberung. Keine Zusammenarbeit mit den Erbauern von Startbahn und AKWs! Ministerpräsident Holger Börner regierte geschäftsführend mit einem Minderheitskabinett weiter, seinerseits nicht erpicht auf die Grünen. Der gelernte Betonfacharbeiter hatte im Vorfeld den Startbahn-West-Gegnern Schläge mit der Dachlatte angedroht.

Der grüne Wahlerfolg lockte Kräfte an, von denen die Grünen zuvor böse geschmäht worden waren. Allen voran die Frankfurter »Spontis«, ein in Straßenschlachten und Häuserkämpfen gestähltes Kondensat des früheren »Revolutionären Kampfes«, angeführt von Joschka Fischer, der sich gern in die Pose von Marlon Brando in »Die Faust im Nacken« warf. Auf der Landesversammlung im Oktober traf er auf den Marburger Ökosozialisten Hubert Kleinert, der auch erst jetzt eintrat. Fischer gab für seine Spontis die Parole aus: Wenn das Schlachtfeld wechselt, dann auch die Strategie. Parlamentarismus – das hieß für ihn die Beteiligung an allen parlamentarischen Abläufen einschließlich der Regierungsbildung.

Zwischen Spontis und Fundis entbrannte eine wüste Schlacht. Die Fundis, die – nachdem Fischer sie mit den fundamentalistischen Ayatollahs im Iran gleichgesetzt hatte – nun Wert auf die Bezeichnung »Radikalökologen« legten, hielten rigoros am systemoppositionellen Kurs fest. Die Spontis verlangten, ähnlich der Hamburger Linie, mit der Tolerierung einer Minderheitsregierung die »hessischen Verhältnisse« aufzulösen und »Realpolitik« zu betreiben. Hilfe bekamen sie aus Hamburg – im Lichte späterer Jahre ausgesprochen paradox. Die KB-Kapitäne der GAL segelten schneidig auf Anti-Fundi-Kurs. Von den Hessen-Spontis erhofften sie sich Rückenwind für ihre eigenen Tolerierungsmanöver. Tolerierung erschien als plausibler Kompromiss zwischen Totalverweigerung und Anpassung. Die Fundis isolierten sich mit ihrem unflexiblen Rigorismus von den undogmatischen Linken, die auf die Tolerierungslinie einschwenkten. Sie mussten erleben, dass Verhandlungen zu Börners Haushalt Erfolge brachten. Ihre Blockadepolitik verlor an Glaubwürdigkeit. Am Anfang des Flügelkampfes auf Bundesebene stand also eine Konstellation, in der die späteren Antagonisten am selben Strang zogen: Hamburger Linke und Frankfurter Realos.

Bei der Landtagswahl im September 1983 verloren die Grünen 2,1 Prozentpunkte und kamen nur noch auf 5,9 Prozent. Die Fundamentalopposition war bei den Wählern durchgefallen. Die Sympathisanten verlangten von den Grünen, Wahlerfolge in die konstruktive Gestaltung der gesellschaftlichen Wirklichkeit zu investieren. Weigerten sich die Grünen, wurden sie abserviert. Die Fundis antworteten auf den Misserfolg mit noch mehr Verbissenheit, noch mehr Verbiesterung, Eskalation der Verbalradikalität. Jutta Ditfurth und Manfred Zieran, einst Justizangestellter, stellten als Römer-Abgeordnete sich als bezahlte Mitarbeiter ein und lebten ein Berufspolitikertum, gegen das sie immer gewettert hatten. Zieran suchte jede Sitzung zu dominieren, zog alle Register moralisierender Einschüchterung, eiferte, was die Rolle des selbst ernannten Politkommissars hergab. Ergebnis: Die Fundis verspielten die letzten politischen Sympathien durch persönliche Unerträglichkeit. So machten sie den Weg frei für Joschka Fischer und seine Gang, die durch Ausnutzen der Stimmung ab Mitte 1983 die Landesversammlung auf ihre Seite bekamen.

Die Fundis hatten in Hessen das Prestige des linken Flügels, den sie dominierten, völlig verspielt. Scharenweise liefen Linke zu den Realos über. Realos? Diese waren keine a priori vorfindbare

Spezies. Sie entwickelten sich in Abgrenzung zu den Zumutungen der Fundis. Die Fundis, ihrer Dominanz verlustig, begannen sich ab Mitte 1983 als parteiinterne »Strömung« zu organisieren. Nun trafen sich auch Realpolitiker als »Strömung«. Jahrzehntelang stritten beide darüber, wer auf wen reagiert hat. Jetzt gab es neben den Apatschen und Komantschen in der Tradition von Karl May die Fundis und Realos in der Tradition von Karl Marx. Nicht weniger einander feindlich, jederzeit willens, die anderen am Marterpfahl schmoren zu lassen. In Hessen war kein Platz für Zwischentöne, für eine Parteimitte. Der Strömungskampf, der die Partei in Zukunft prägen sollte, resultierte letztlich aus der stilbildenden Kontroverse zweier Oligarchien in einem relativ kleinen Landesverband: Zieran/Ditfurth-Clique gegen Fischer/Cohn-Bendit-Gang. Es ging um viel, um politische Strategie. Mehr aber noch ging es um weniger: um den eitlen Kampf zweier unemanzipierter Wohngemeinschaften um Ruhm und Geltung in der zynischen anarcho-libertären Szene Frankfurts.

Die Realos als antifundamentalistische Sammlungsbewegung sogen neben Linken auch Ökoliberale und die verbliebenen Wertkonservativen der GLU auf. Joschka Fischer wurde zur Leitfigur und betrieb die Ersetzung der Tolerierung durch eine formelle Koalition. Heftig angefeindet von einem seiner engsten Freunde aus alten Tagen. Thomas Schmid war rechts an Fischer vorbeigezogen, hatte sich durch brillante Essays zum Vordenker der Ökoliberalen aufgeschwungen, die sich langsam an die CDU heranpirschten.

Im Oktober 1985 war es so weit: Nach zwei Jahren Tolerierung einer geschäftsführenden SPD-Landesregierung durch die Grünen kam es zur ersten rot-grünen Koalition. Joschka Fischer wurde erster grüner Minister. Jan Kuhnert hielt die Fundi-Fahne hoch, stimmte mit CDU und FDP gegen Börner und Fischer und ging samt Fundi-Fahne unter. Die Fundis waren zu Desperados geworden. Auch die Verbündeten aus Hamburg ertrugen die neue Line nicht. Tolerierung ja, Koalitionen nein – sie wendeten sich vom staatstragenden Fischer ab.

Die Realos hatten nicht lange Freude. Im Februar 1987 platzte die Koalition wegen der Hanauer Nuklearfabriken. Umweltminister Fischer hatte alles getan, um ihren Betrieb zu verhindern. Er bewies, dass Koalitionen nicht – wie Ditfurth nicht müde wurde zu behaupten – Handlanger von Kapitalinteressen sein müssen. Bei der Neuwahl am 5. April 1987 steigerten sich die Grünen auf 9,4 Prozent. Die SPD verlor dramatisch. An die Grünen wegen ihres Pro-Atom-Kurses, an die CDU wegen der Grünen. Das Ende der Geschichte: Walter Wallmann, CDU und FDP übernahmen. Das Fundi-Weltbild stimmte wieder.

Aus einem fundidominierten Landesverband wurde so innerhalb von drei Jahren der Landesverband der Realos. Nun ein »Closed Shop« in die andere Richtung, in demonstrativer Außenseiterrolle im grünen Gesamtgefüge. Hessen und Realo wurde zum Synonym. Die Realos nutzten ihre Position, um basisdemokratische Experimente zu liquidieren und Programme zu revidieren. Die neuen Machthaber Joschka Fischer, Hubert Kleinert und Gang hatten den Spirit, die sozialphilosophischen und demokratietheoretischen Diskurse der Gründerzeit, nicht miterlebt und nahmen mehr und mehr links-sozialdemokratische Kontur an – Koalition und Formierung der Partei nach etabliertem Muster. Führung durch männliche Leithammel. Vollversammlungen wurden ironischerweise beibehalten, denn diese garantierten die Dominanz der Frankfurter Metropole, die Fischerman's Friends nun im Griff hatten. Bei der Aufstellung der Bundestagslisten für 1987 ließen sie nicht einen einzigen Fundi durchgehen. Ditfurth suchte einen neuen Wirkungskreis und wechselte auf die Bundesebene, um hier als Sprecherin ihren Erzfeind zu bekämpfen. Die Grünen hatten den Schlamassel.

Baden-Württemberg

Baden-Württemberg ist Kernland der Grünen, deren Urerlebnis dort das AKW in Wyhl bildete. Um den Tübinger Lehrer Wolf-Dieter Hasenclever, der wegen Helmut Schmidt aus der SPD ausgetreten war und über die AUD zum Gründungsprozess stieß, und den Nürtinger Lehrer Winfried Kretschmann, der der katholischen Kirche und dem KBW nahegestanden hatte, sammelten sich gemäßigte Kräfte, die sich später mit dem Etikett »Ökolibertäre« versahen. »Ökoliberale« wäre treffender, denn mit der libertären Lebenseinstellung der Linksalternativen hatten sie nicht viele Gemeinsamkeiten. Habitus und Weltanschauung basierten auf einem wertkonservativen Engagement für den Erhalt der Schöpfung, verknüpft mit dem liberalen Wirtschaftsmodell der südwestdeutschen Mittelständler. Nach dem Landtagswahlerfolg vom März 1980 mit 5,3 Prozent übernahmen die beiden nacheinander den Fraktionsvorsitz. Daneben hatten sich, besonders in den Universitätsstädten, die linksalternativen Basisgruppen frühzeitig zum Mitmachen bei den Grünen entschieden, repräsentiert durch Ali Schmeißner und Uli Tost. Man kam mit dieser Dualität halbwegs zurecht, weil fast alle Akteure an den liberalen Begriff der Einheit in der Vielfalt glaubten.

Erschüttert wurde die Gemütlichkeit, als Jutta Ditfurth nach ihrem Scheitern in Hessen nun hier bei der Listenaufstellung für die Bundestagswahl 1987 antrat und nur knapp unterlag. Die Ökoliberalen empfanden schon die Kandidatur als Zumutung und begannen, sich als Strömung zu organisieren. Auch ein Großteil der Undogmatischen Linken war mit dem Manöver ihrer Vorleute Tost und Schmeißner, die auf die radikale Ditfurth-Linie eingeschwenkt waren, absolut nicht einverstanden und setzte sich ab. Es bildete sich um den Juristen Dieter Hummel und den Dritte-Welt-Aktivisten Jürgen Maier eine gemäßigte linke Position, die später in das »Linke Forum« einfloss.

Der Sprachwissenschaftler Fritz Kuhn und der Jurist Rezzo Schlauch verschafften sich über den Kreisverband Stuttgart und die Landtagsfraktion ein immer stärkeres Gewicht. Kuhn regierte die Fraktion mit eiserner Hand. Im Kreisverband gelang es ihnen, durch die Abschaffung basisdemokratischer Elemente die eigene Position zu stärken und fundinahe Alternative zu vergraulen. Bald gründeten sich aus Ex-Grünen in einigen Kommunen »Alternative Listen« gegen die früheren Freunde – mit wenig Erfolg.

Die machtbewussten Kuhn und Schlauch identifizierten präzise ihr strategisches Problem: Bei der Wahl im März 1984 kamen die Landesgrünen auf 8 Prozent, im März 1988 auf 7,9 Prozent – stark, aber wegen der schwachen SPD ohne Chance auf eine rot-grüne Regierung. Angesichts der individuellen Stärke der Kandidaten tragisch. Rätselhaft war die Selbstgefälligkeit der SPD. Bei der Oberbürgermeisterwahl in Stuttgart 1996 wurde der populäre Rezzo Schlauch hinter dem CDU-Kandidaten Wolfgang Schuster, aber weit vor dem SPD-Mann Zweiter. In der Stichwahl verweigerten die Sozis unsportlicherweise dem Grünen die Unterstützung. Kein Wunder, dass die beiden führenden Leute bald auf die Bundesebene drängten, wo sie mit den Hessen eine Art zweieiiges Zwillingspaar bildeten. Aber nicht alle Realos, wie sie sich analog zu Hessen bald nannten, wollten einen harten Abgrenzungskurs mittragen. Die Psychologin Heide Rühle und die Betriebswirtin Christa Vennegerts setzten sich ab und begannen als »kritische Realos« die Zusammenarbeit mit dem »Linken Forum«.

Niedersachsen

Niedersachsen, urgrünes Stammland, erscheint als Musterbeispiel für eine gelungene Integration von Wertkonservativen und Linksalternativen. Anfangs war der Landesverband geprägt durch die GLU. Bald nach der Gründung wurde der Hannoveraner Historiker Helmut Lippelt, der über SPD und GLU zum Gründungskern gestoßen war, zur zentralen Gestalt. Lippelt setzte pragmatisch auf Interessenausgleich. Ebenso pragmatisch trat der linke Flügel auf, wo sich der Göttinger Politologe Jürgen Trittin als Führungsfigur herauskristallisierte. Er sollte sich als einer der wenigen führenden Ex-KBler nachhaltig in die Partei integrieren.

Bestimmt war der Landesverband durch die Schar mutiger

Aktivisten, die seit Langem gegen das AKW Grohnde und das atomare Endlager in Gorleben kämpften. Undine von Blottnitz, Rebecca Harms, Marianne Tritz – Individualistinnen, deren adlige bzw. bürgerliche Herkunft sich auf Straßen, Äckern, Bahngleisen hart mit dem Wirken der Staatsmacht stieß. Regen, Schlamm, Kälte, Polizei – Militanz oder gewaltfreier Widerstand? Sitzblockaden oder Strommasten umsägen? An Bahngleise ketten, auch festschweißen? Hier ging es nicht um ideologische Grundsatzdebatten, sondern um die praktische Organisation von Widerstand, um Mobilisierung, Logistik, Geldbeschaffung. Man verständigte sich pragmatisch über die parlamentarische Strategie wie die Unterstützung der Kämpfe im Wendland. Bereits bei der ersten Wahl im März 1982 gelang mit 6,5 Prozent der Einzug, im Juni 1986 wurde das Ergebnis auf solide 7,1 Prozent ausgebaut.

Gegen Ende der 80er-Jahre organisierte sich, von der Bundesebene beeinflusst, auch hier das »Linke Forum« als undogmatischer Kern des linken Flügels, koordiniert von Jürgen Trittin und dem Ex-KBler Rainer Hinrichs. Die Linken waren keine Leninisten vom St.-Pauli-Typ. Die Niedersachsen-Realos galten bei den Hessen-Realos als unsichere Kantonisten. Vermittelnde Taktik, taktierende Vermittlung – das war die Spezialität zwischen Helmstedt und Norddeich. Mal fester Boden unter den Füßen, mal alles im Fluss, nicht Wasser, nicht Land, heute von der Flut der Bewegung nach oben geschwemmt, morgen Ebbe mangels Mobilisierung – grüne Politik in Niedersachsen schien sich am amphibischen Leben im Wattenmeer zu orientieren.

So konnte es geschehen, dass im Mai 1990, als die Bundespartei kurz vor dem K.o. stand, in Niedersachsen mit 5,5 Prozent ein Ergebnis eingefahren wurde, das Rot-Grün eine Mehrheit bescherte. Gerhard Schröder, der Mitkämpfer aus Juso-Zeiten, war kein antigrüner Angstbeißer. Er ernannte Waltraud Schoppe – einst MdB-Kollegin – und Jürgen Trittin zu Ministern. Bald wurde die Landesvertretung Niedersachsens in Bonn, Trittins vorgeschobenes Basislager, dem grünen Biotop einverleibt. Nach Konferenzen und Sommerfesten standen wir, Gerhard Schröder, Jürgen Trittin und ich, dort hin und wieder nächtens, um Rotweingläser geschart ... Der Weg zu Rot-Grün im Bund führte nicht nur über Hessen.

Bayern

Obwohl Bayern prominente Gründer hervorbrachte – Petra Kelly, August Haußleiter, Dieter Burgmann, Carl Amery –, kam der Landesverband lange nicht auf die Beine. Er litt an einem grünen-untypischen Phänomen: der Unterpolitisierung. In der Fast-Metropole München hatte es zwar auch eine APO gegeben, doch das alternative Milieu pflegte die Gemütlichkeit, die Schickeria fand Grün nur phasenweise »in«. In München interessierte eher der Museums- und Theateretat als die Arbeitslosenunterstützung. Grüne aus München und Hamburg zusammenzubringen – meine Idee eines grüneninternen Reisebüros zwecks Förderung der Völkerverständigung wurde leider nicht realisiert.

Im ländlichen Raum von Franken bis zum Allgäu fühlte der Mensch als solcher Naturverbundenheit. Der »Bund für Umwelt und Naturschutz Deutschland« zählte hier die Hälfte seiner Mitgliedschaft. Meist waren die Naturschützer wertkonservativ und sammelten sich rund um die CSU, in der die Großgrundbesitzer – strukturkonservativ – ein Interesse am Erhalt ihrer Forste hatten. Sie litten unter dem Sauren Regen, der ihre Holzplantagen zersetzte – immer noch romantisierend als »deutscher Wald« verklärt –, hatten aber mit den Fichtenmonokulturen einen gehörigen Anteil am Desaster. Von daher war es falsch, dass Eckhard Stratmann beim erstmaligen Einzug der Grünen in den Bundestag 1983 ausgerechnet eine kaputte Fichte mitschleppte.

Die süddeutschen Ökos hatten sich ob der bierinduzierten urbayerischen Neigung zur Anarchie, die stets mit der Gefahr des Versagens der individuellen Innensteuerung einherging, geleitet durch Kirche und Bauernverband der Außensteuerung durch starke Institutionen und Männer anvertraut. Wagte dennoch einer den Aufstand gegen Strauß, Streibl, Stoiber, dann bildete er eher eine unabhängige Wählerinitiative, als zu den gottlosen, Hasch rauchenden, vegetarischen Grünen zu gehen, oder fand bald in der ÖDP eine konservative Alternative. Und dies, obwohl es in Bayern von umweltpolitischen Stinkern wimmelte – Wiederaufbereitungsanlage in Wackersdorf, ein ganzes Rudel AKWs, Flughafenneubau im Erdinger Moos, Gemeiner Borkenkäfer, Rhein-Main-Donau-Kanal, sterbender Bergwald, der Ami-Sender Holzkirchen mit seinen Strahlen. Die bayerischen Grünen legten größten Wert auf unabhängigen Individualismus. So fand der politische Austausch vor allem zwischen informellen Gruppen statt. Das machte die Sache nicht besser, denn statt Flügelkämpfe zu veranstalten, verzettelte man sich darin, sich gegenseitig zum Rücktritt aufzufordern oder sich auf andere Weise das Leben schwer zu machen. Dafür gab es bei der Wahl im Oktober 1982 nur 4,6 Prozent. Im Oktober 1986 aber schon 7,5 Prozent, die Partei zog in den Landtag. Eine Position, die vier Jahre später mit 6,4 Prozent behauptet wurde.

Die Grünen machten als Manns- und Weibsbilder Eindruck, ganz wie ein Norddeutscher sich einen Bayern vorstellt – Ökobauern in Loden und Leder, himalajaerfahrene Kommunalreferenten mit Hirschhornknopfjanker, vollwertige Ernährungsberaterinnen im Dirndl, oft mit drastischer Ausdrucksweise. Angesichts der CSU-Dominanz gab es keinen Grund, sich über Koalitionsfragen zu zerstreiten. So drehte man sich neben den großen Ökothemen um die eigene Befindlichkeit, ums Mulchen und Kompostieren, war heimattreu, aber tief im Inneren so anarchistisch, dass man sich von den Hessen nicht in die Realo-Riege einbinden ließ. Einmal gelang es sogar, die Bundesgrünen richtig zu erschrecken: 1990, als man Jutta Ditfurth für den Bundestag nominierte. Aber das ging schief; die Grünen scheiterten. Erst ab Mitte der 90er, unter Führung der gemäßigten Feministin Margarete Bause, des anthroposophischen Demokratietheoretikers Gerald Häfner und des Anwalts Jerzy Montag, konsolidierte sich der Landesverband. Er hoffte weiter auf den Absturz der CSU.

Schleswig-Holstein

Auch Schleswig-Holstein duftete grün, frisch, erdig. Das AKW Brokdorf war ein Brennpunkt der Anti-AKW-Bewegung, das AKW Krümmel ständig in der Diskussion wegen gehäufter Leukämiefälle im Umkreis, und Ökobauer Baldur Springmann war fernsehtauglich wie einst die Oma vom Immenhof. Dennoch kam der Landesverband bis Mitte der 90er nicht aus dem Modder. Er liebte die Schlei, den Schlick und die Selbstblockade.

Vom Hamburger Speckgürtel rückte der KB gegen Brokdorf in die Wilstermarsch vor und kam dem ländlichen Widerstand in die Quere, der von so viel urbaner Wucht überfordert war. Als sich die wertkonservativen Umweltschützer in der »Grünen Liste Schleswig-Holstein« (GLSH) zusammentaten, drehte sich bei ihnen deshalb alles darum, einen Kampfdeich gegen die linke Flut zu errichten. Bei der Landtagswahl 1979 reichte es für 2,4 Prozent. Daneben suchte sich ein linksalternatives Spektrum in einer »Liste für Demokratie und Umweltschutz« (LDU) zu sammeln. Viele LDUler gingen zugleich zur KB-Abspaltung »Z«, die es mit den Grünen probieren wollte.

Manch kritischer Geist wurde in Schleswig-Holstein in den 70er-Jahren vom »roten Jochen« gebunden, dem populären linken SPD-Vormann und Kernkraftkritiker Jochen Steffen alias Kuddl Schnööf, der die Opposition gegen die CDU-Regierung auf sich zog. Als er 1980 wegen Helmut Schmidt endgültig achteraus segelte und aus der SPD austrat, nahm Steuermann Günther Jansen seinen Platz ein. Mangels Masse hing zwischen Nord- und Ostsee vieles vom Menschlichen ab. Wenn man sich nicht riechen konnte, lief nichts. Deshalb kann die politische Blockade nicht tiefgründig analysiert werden, Land und Partei litten an einem Mangel an Aktiven und deren persönlichen Schwächen.

Als die grüne Bundespartei sich gründete, fusionierten GLSH und LDU zum grünen Landesverband. Weil den Konservativen das Saarbrücker Programm zu links schien, sprangen sie bald wieder ab und reanimierten die GLSH. GLSH und die Grünen nahmen sich nun bei Kommunalwahlen gegenseitig die Stimmen weg. Auf Druck des grünen Bundesvorstands fusionierten sie gegen ihren Willen erneut, blieben bei der Wahl 1983 aber bei 3,6 Prozent hängen. Viele GLSH-Mitglieder, auch ihr Anführer, der Pädagoge Boje Maaßen, zogen sich nun völlig zurück. Die Grünen Schleswig-Holsteins wurden – nun kam es zur zweiten Spaltung – in den Bundesflügelkämpfen zerrieben. Mangels eigener Vordenker sortierten sie sich fein säuberlich in Realos und Ökosozialisten. Getrennt marschieren, vereint schlagen? Nördlich der Elbe klappte es nicht. Bei der Landtagswahl im September 1987, als die Bundespartei in Hochform war – bei den Bundestagswahl im selben Jahr hatte sie 8,3 Prozent eingefahren –, reichte es im hohen Norden nur für 3,9 Prozent. In der Koalitionsfrage hatten die Grünen von der Waterkant eine bizarre Haltung. Sie stimmten für eine Koalition mit der SPD, wählten aber mit der KB-nahen Ökosozialistin und Kunstmanagerin Tamara Tschikowani eine Spitzenkandidatin, die strikt dagegen argumentierte, und erreichten so bei der vorgezogenen Landtagswahl im Mai 1988 gar nur 2,9 Prozent. Leistungsträger wie der Soziologe Lars Hennings traten entnervt aus. Erst als die Bundespartei strandete, Hamburger Ökosozialisten und Frankfurter Fundis untergingen, löste sich Jahre später die Selbstblockade.

Bremen

Im Stadtstaat Bremen ging es längst nicht so turbulent zu wie in Berlin und Hamburg. SPD-Dissidenten bildeten die »Bremer Grüne Liste« (BGL), die, wie bereits erwähnt, im Oktober 1979 mit 5,1 Prozent die erste grüne Landtagsfraktion stellte. Obwohl in Bremen der KB recht schwach war, fürchtete der grüne Listenführer, der Architekt Olaf Dinné, den Einfluss von K-Gruppen und grenzte sich mit populistischen Sprüchen von der linken Szene ab. Die Etablierten und die »Chaoten«, womit er die Linksalternativen meinte, standen für ihn auf derselben Seite der Barrikade – ihnen gegenüber das von allen im Stich gelassene anständige Kleinbürgertum, das er selbst zu repräsentieren gedachte. Besonders seine Verbalattacken auf die Hausbesetzerszene schreckten so manchen Alternativen von der BGL ab.

Als Dinné und zwei Rathausfreunde vollends ins Rechtspopulistische kippten, die SPD zum Hauptfeind erklärten und ihren internen Widersacher, den Uni-Angestellten Peter Willers, aus der Fraktion warfen, sammelten sich um diesen und die Krankenschwester Christine Bernbacher zahlreiche Linksalternative, unterstützt von Rudi Dutschke, und gründeten neben der BGL die Bremer Grünen. Doppelmitgliedschaften waren möglich. Bei der Bürgerschaftswahl im September 1983 behauptete sich der offizielle grüne Landesverband mit 5,4 Prozent. Die BGL ging unter. Auch die von KB- und DKP-Kadern gegründete »Alternative Liste Bremen« (ALB) schmierte mit 1,4 Prozent ab. In Bremen war die Abgrenzung nach rechts und links gelungen.

Bremen war ein urbanes Biotop, wie es für die Grünen nicht geeigneter hätte sein können. Eine mittlere Großstadt, eingebettet in Wiesen, Moore, Vogelschutzgebiete, mit einer heimeligen Altstadt, einem unprätentiösen Fußballbundesligaverein, dem bunten Ostertorviertel und einer renommierten, linkslastigen Uni. Alles überschaubar, bestens vernetzt und binnenbezogen. Die Bremer Grünen orientierten sich anfangs diffus Richtung Mitte-links. Noch prägte Willers das Bild, der Koalitionen ablehnte. Gegen Koalitionen zu sein war zu dieser Zeit nicht nur Kennzeichen von Fundis und KBlern. Auch die von der SPD enttäuschten »Europa-Grünen«, die bereits der SPV angehörten, waren skeptisch.

Unter dem Einfluss ehemaliger KBWler – Dinné hatte nur den KB im Blick gehabt – verschoben sich die Kräfteverhältnisse kontinuierlich nach Mitte-rechts. 1982 trat der Sozialwissenschaftler Ralf Fücks bei und wurde, assistiert von weiteren Ex-KBWlern, zum Motor dieser Entwicklung – vom Maoisten-Häuptling an den undogmatischen Linken vorbei zum Neokonservativen. Der ökoliberale Ökonom Jo Müller spielte bald mit schwarz-grünen Gedanken.

Ralf Fücks hatte zusammen mit den KB-Hamburgern die

linke Debattenzeitschrift »Moderne Zeiten« gegründet und redigiert. Als der KB daraus ein Linienblatt machen wollte, kam es zu Unverträglichkeiten, und Fücks wechselte zur »Kommune«, die, links beginnend, später zu einer Art Zentralorgan der Realo-Strömung wurde, unduldsam gegenüber allem Ökosozialistischen. Gemeinsam mit der später nach Bremen gekommenen Lehrerin Marieluise Beck-Oberdorf formte Fücks ein Profil, das den Realos zuneigte, aber auf Distanz zu den Hessen blieb. Es blieb an das linksalternative Milieu gebunden, das grünenintern von Paul Tiefenbach, der »meinen« Bochumer Basisgruppen entstammte, repräsentiert wurde. Fücks und Freunde begründeten später die Strömung »Aufbruch«, die unter dem Etikett Parteimitte an allen Strömungen vorbei an den rechten Parteirand wanderte.

Zahlreiche in den sozialen Bewegungen geschätzte Wissenschaftler mischten sich in Bremen aktiv im rot-grünen Übergangsfeld ein, etwa der Friedensforscher Dieter Senghaas, der Soziologe Klaus Offe und der Verfassungsrechtler Ulrich Preuß, allesamt Vordenker der 68er. Durch Verwurzelung und direkte Ansprache in der Szene schafften die Bremer es im September 1987 bei der Bürgerschaftswahl, 10,2 Prozent einzufahren. Wegen der SPD-Hegemonie stand die Koalitionsfrage zunächst nicht an.

Rheinland-Pfalz und Saarland

In Rheinland-Pfalz war Roland Vogt die Zentralfigur der Gründergeneration. Hier hatte sich, wie in keinem anderen Bundesland, militärische Infrastruktur verdichtet. Amerikanische Militärflugplätze und Raketenbasen waren für das Land eine politisch umstrittene Infrastruktur. Doch der ländliche Raum mit den wenigen mittelgroßen Städten war politisch schwer zu beackern und zu vernetzen. Von daher bildeten sich die Grünen aus einer Vielzahl lokaler Initiativen, vordergründig gegen Einzelprobleme, etwa Militärstandorte, Tieffluglärm und den Besuch von

Rechtsradikalen auf Soldatenfriedhöfen, bekamen damit aber zur Zeit der Raketendebatte geradezu geopolitische Bedeutung. Wegen seiner Konfrontation mit der US-Militärmacht war der Landesverband stark radikalpazifistisch geprägt. Immer wieder wurden die Forderungen nach einem Austritt aus der NATO und der Abschaffung der Bundeswehr gerade hier laut – rigorose Antworten auf geopolitisch induzierte lokale Probleme. Der Landesverband blieb weitgehend frei von Strömungskämpfen und Eiferertum. Er kämpfte gemeinsam für heimischen Biowein statt glykolhaltiger Importware. Umstrittener als grundlegende ideologische Differenzen waren eher die sperrigen persönlichen Charaktere. Der Landesverband empfand sich diffus als Mitte-links. Organisierte Linke, gar K-Gruppen, hatten keine Chance. Obwohl Roland Vogt genervt auf die KBler in Bonn reagierte, war die Neigung in der Pfalz gering, sich nun den Hessen-Realos zu unterwerfen. Wie fast alle »Europa-Grünen« blieb der pazifistische Vorkämpfer Vogt auf Distanz zur SPD. Die eigenwilligen Pfälzer empfanden Joschka Fischers Beschimpfung als »Banalos« als eine Ehre und fungierten auf der Bundesebene oft als Puffer, wenn später die Flügel mit aller Gewalt aufeinanderkrachten. Mit dem Ende der Raketenkrise verlor der Landesverband seine bundespolitische Bedeutung. Nach einem Fehlversuch im März 1983 mit 4,5 Prozent zog er im Mai 1987 mit 5,9 Prozent in das Landesparlament ein.

Von einem Landesverband zu sprechen war im Saarland lange Zeit gewagt. Es war nicht leicht in einem Land mit schwach ausgeprägtem urban-alternativen Milieu und mit einer Montanstruktur samt Arbeiterkultur, die den Grünen fernlag. Entscheidend aber war ein Faktor, der den Grünen hier zum ersten, nicht zum letzten Mal die Tour vermasselte: Oskar Lafontaine. Der Sozi verkörperte die Opposition gegen Helmut Schmidt so ostentativ, dass eine neue Partei wenig Spielraum besaß. So bildeten sich die Grünen eher aus kleineren Cliquen. Bis 1990 scheiterten sie bei allen Landtagswahlen mit Ergebnissen unter 3 Prozent. Immer wieder traten Einzelne zur Lafontaine-SPD über.

Danach nahm der mittelständische Ökonom Hubert Ulrich

das Heft in die Hand, wurde zum Paten umstrittener Manöver wie der Gründung von Kreisverbänden durch immer dieselben Freunde. Ein Landesverband als Familienbetrieb. Der Erfolg gab Ulrich recht. Es entstand ein halbwegs funktionierendes Gebilde, das dem Bund nicht länger zur Last fiel. Die Grünen im Saarland – ein Indiz dafür, wie wichtig eine Föderalismusreform wäre, die das Saarland mit Rheinland-Pfalz verschmilzt.

Teil IV

Vom Protest zum Konzept
(1983–1990)

Kapitel 12

Der Raketenherbst

Klatschnass und abgehetzt stürzte der grüne Abgeordnete Dieter Burgmann in den Plenarsaal, in dem die Debatte über die Raketenstationierung tobte. 23. November 1983: Heute war der Tag der Entscheidung. Heute wollte der Bundestag endgültig darüber abstimmen, ob ab sofort amerikanische Mittelstreckenraketen auf deutschem Boden stationiert werden sollten. Burgmann war von draußen gekommen, von der Straße, wo am Rande der Bannmeile eine Demonstration der Friedensbewegung versuchte, die Abgeordneten im letzten Moment von einer, wie sie glaubte, verhängnisvollen Entscheidung abzubringen. Da saßen die Kämpen der Bewegung auf der Kreuzung zum Regierungsviertel und praktizierten ihren gewaltfreien Widerstand. Ihnen gegenüber Hundertschaften der Polizei. Kavallerie. Wasserwerfer. Mit Hochdruck wurden die Demonstranten von der Straße gespült. Wir grünen Nachrücker und Mitarbeiter befanden uns in der Menge, auch einzelne Abgeordnete, die zwischen dem Plenarsaal und der Demonstration hin und her pendelten, um ihre Solidarität mit dem Protest zu demonstrieren. Burgmann hatte eine Ladung Wasser abbekommen.

Was war geschehen, dass die Friedenspolitik in einer Wasserschlacht vor dem Kanzleramt kulminierte? Die Wahl der Grünen in den Bundestag signalisierte zwar eine wachsende Opposition gegen die Raketenstationierung. Zugleich aber hatten die SPD und der Erfinder des Doppelbeschlusses, Helmut Schmidt, die Macht an die Mitte-rechts-Regierung von Helmut Kohl verloren. Diese powerte nun die umstrittene Nuklearstrategie durch. Seite an Seite mit dem amerikanischen Präsidenten Ronald Reagan.

Schon bei der Debatte zur Regierungserklärung leitete die SPD einen vorsichtigen Kurswechsel ein. Langsam begannen die Sozis, gelockt und gelenkt von Willy Brandt, Erhard Eppler, Oskar Lafontaine und ihrem Vertreter im BBU, Jo Leinen, sich von Schmidt zu emanzipieren, ohne sich zu distanzieren. Sie griffen nicht den NATO-Doppelbeschluss als Ganzes an, sondern arrangierten es so, dass ihr ehemaliger Kanzler das Gesicht wahren konnte, indem sie der Regierung Kohl vorwarfen, diese vertrete den gesamten Verhandlungsauftrag des Doppelbeschlusses nicht mit Nachdruck. Hingegen betriebe sie den Dislozierungsteil, die Stationierung der Raketen, mit größter Vehemenz. Die Grünen fühlten sich neben der SPD unbehaglich. Sollten sie die Kurskorrektur der Sozis begrüßen? Die SPD gab den Kritikern der NATO-Politik schließlich recht und verbreiterte damit das Oppositionsspektrum. Oder wollte die SPD nur dem Protest die Spitze brechen, Sympathien auf die eigene Partei umlenken, um den Grünen den Garaus zu machen?

Mit der ersten grünen Rede betraute die Fraktion – nach eifersüchtigem Streit zwischen Petra Kelly und Otto Schily – deren Kosprecherin Marieluise Beck-Oberdorf. Diese prangerte ganz grundsätzlich die nukleare Abschreckungslogik und damit den Doppelbeschluss an. Die Bereitschaft, ganze Völker auszulöschen, sei ein Verbrechen. Sie wiederholte die Positionen der Friedensbewegung, ergänzte sie aber – im Sinne der gesamten Fraktion – um die Perspektive, auch solidarisch mit den Oppositionsbewegungen im Ostblock, der polnischen Solidarność, der Charta 77 in der ČSSR, UdSSR-Dissidenten und der unabhängigen Friedensbewegung der DDR zusammenzuarbeiten.»Frieden schaffen ohne Waffen« – der Slogan der BRD-Bewegung war von den Grünen längst um den der DDR-Opposition ergänzt worden:»Schwerter zu Pflugscharen«. Damit die Abgrenzung nach rechts deutlich blieb, wurde er abgerundet mit der Mahnung:»Bei uns damit anfangen«.

Die Partei hatte eine atomare Lagekarte herausgegeben, die Deutschland gespickt mit AKWs und Stationierungsorten der Raketen zeigte. Ein Gutachten wies die Erstschlagfähigkeit der neuen Mittelstreckenraketen und damit das logische Ende der Abschreckungsdoktrin nach. Die Fraktion verlangte eine Volksbefragung zur geplanten Stationierung. Viele grüne Mitglieder hatten nach erfolgreichen Kommunalwahlen mindestens ein lokales Mandat und forderten unterschiedliche Varianten atomwaffenfreier Zonen in Mitteleuropa: Deutsch-deutsch, von Portugal bis Polen, als Flickenteppich aller Kommunen, die atomare Anlagen verweigerten.

Die Grünen im Bundestag bedienten alle parlamentarischen Hebel, um die öffentliche Kampagne weiter mit Stoff zu versorgen. Jede Woche wurde ein neuer Antrag oder eine Große Anfrage eingebracht, um Debatten zu erzwingen. Die Koalition mauerte mit allen Mitteln. Als Heiner Geißler, damals an Boshaftigkeit kaum zu übertreffender Generalsekretär der CDU, behauptete, Pazifisten hätten Auschwitz erst möglich gemacht, war es Joschka Fischer, der in einer fulminanten Rede die Infamie zurückwies und schlagartig bundesweit bekannt wurde. Die Regierungsmehrheit wendete jeglichen Geschäftsordnungstrick an, um die Debatte zu verweigern. Wir Grünen waren im Bundestagspräsidium nicht mit einem Vizepräsidenten vertreten. Aus mathematischen Gründen hatten wir keinen Anspruch, und die SPD hatte sich geweigert, uns von ihren zwei Sitzen einen abzutreten. So wurden wir parlamentarisch ausgebremst. Die Sozis wurden nicht zu Freunden.

Blieb die außerparlamentarische Opposition, in der wir bestens geübt waren. Massendemos, Hunderttausende im Bonner Hofgarten. Zu Ronald Reagans Besuch eine halbe Million in den Bonner Rheinauen. »Aufstehen«, forderte die Rockgruppe »Bots« in ihrem Lied, das zur Hymne der Bewegung wurde. »Wir wollen wie das Wasser sein, das weiche Wasser bricht den Stein.« Das klang soft, gewaltfrei, »we shall overcome«. Aber es ging auch heftiger. Manche drängte es neben der »Latschdemo« zu größerem Körpereinsatz. An den Stationierungsorten und zum Verteidigungsministerium wurden die Zufahrten blockiert, am längsten in Mutlangen. Eingehakt mit bekannten Grünen saßen moralische Instanzen wie Heinrich Böll und Horst-Eberhard

Richter auf der Straße und ließen sich von der Polizei wegtragen. Eine grüne Frauendelegation nahm am britischen US-Atomwaffen-Stützpunkt Greenham Common an einer Blockade teil. Die Aktionswoche der Friedensbewegung Ende Oktober bot einen weiteren Rahmen. Bundesweit gingen Hunderttausende auf die Straße. Quer über die Schwäbische Alb wurde eine Menschenkette gebildet. Die Staatsmacht, die alles daransetzte, den gewaltfreien Widerstand, den fantasievollen Protest, die begrenzten Regelverletzungen als Gewalttätigkeiten darzustellen, reagierte mit Tausenden von Ermittlungsverfahren. Erst Jahre später stellte das Verfassungsgericht fest, dass friedliche Sitzblockaden keine »passive Gewalt« sind.

Die Friedensbewegung war international. In Frankreich trat die grüne Politikerin Solange Fernex in den Hungerstreik. Nicht nur aus Protest gegen die amerikanischen Raketen, sondern auch gegen die Nichteinbeziehung der französischen und der britischen bei den Rüstungskontrollverhandlungen. In der Fraktion berieten die deutschen Freunde, welchen Erfolg man der Kollegin präsentieren könne, um ihr Leben zu retten. Zum Glück ließ Fernex vom letzten Schritt ab. Das Prinzip Leben, das die Grünen verkörperten, wog doch schwerer als das Fanal einer Selbsttötung.

Der Symbolismus nahm bisweilen bizarre Formen an. Ein grüner Landtagsabgeordneter aus Hessen, Frank Schwalba-Hoth, bespritzte einen US-General mit Blut, was auch die meisten Parteifreunde für geschmacklos hielten. Mit bester Absicht trieb ein japanischer Aktivist, Hospitant der Fraktion, den symbolischen Aktionismus ins Groteske und beflügelte so das auch bei mir aufkeimende Unbehagen an dieser Art moralisierender Opposition. Aus Solidarität mit Fernex inszenierte er, per Flugblatt angekündigt, solo, mit der Leidensmiene einer Käthe-Kollwitz-Skulptur, vor der amerikanischen Botschaft einen »symbolischen halbtägigen Hungerstreik«.

Auf der 1. Außerordentlichen Bundesversammlung am 4./5. Juni 1983 in Hannover diskutierte die Partei die Leitlinien der zukünftigen Politik. Vieles drehte sich um die anstehende Raketenentscheidung. Die Gemeinsamkeiten waren in der aufgeheizten öffentlichen Atmosphäre entscheidend, doch subtil konnte man spüren, dass aus den unterschiedlichen Argumenten – zu Ende gedacht – gegenseitig schwer vermittelbare Konsequenzen für Alternativen zur herrschenden nukleargestützten Sicherheitspolitik resultieren würden.

In den Reden von Rainer Trampert und Rudolf Bahro prallten die Sichtweisen der atomaren Eskalation aufeinander. Die Ökosozialisten und andere Linke, zu deren Sprachrohr Parteisprecher Trampert avanciert war, identifizierten die Hauptgefahr »in der besonders aggressiven Nuklearpolitik der NATO im Rahmen der Überlegungen, einen begrenzten Atomkrieg führen zu können«. Hier spiegelten sich nicht nur der linke Pazifismus, sondern auch antiimperialistische Motive und die – besonders bei den KB-Abkömmlingen verbreitete – Abneigung gegen den »bürgerlichen Staatsapparat« wider. Dagegen beharrte Bahro darauf, »aus dem System der Blockkonfrontation auszusteigen«. Er trug eine systemtheoretische Argumentation vor, die eine Ablehnung der Atomwaffen auch dann noch nahelegte, wenn man den Akteuren in Ost und West keinen bösen Willen nachweisen konnte. Seine Exterminismustheorie gipfelte in der Prognose, dass die atomare Abschreckungspolitik wegen ihrer immanenten Kontroll- und Steuerungsprobleme zwangsläufig die Vernichtung der gesamten Menschheit vorprogrammiere.

Daneben betonten die alten »Europa-Grünen« wie Petra Kelly, Roland Vogt und Lukas Beckmann den blockübergreifenden Charakter der Friedensbewegung, abstrakt und mit großem Pathos gerichtet gegen die sicherheitspolitische Verantwortungslosigkeit der Führungen in West und Ost. Hier verbreitete sich zunehmend der Geist der Totalitarismuskritik von Hannah Arendt. Letztlich aber war es den meisten Grünen Mitte 1983 egal, warum man gegen die Atomraketen war. Hauptsache, die Mobilisierung wuchs. Den Genfer INF-Verhandlungen über Mittelstreckenraketen zwischen USA und UdSSR trauten wir eine Beendigung des Rüstungswettlaufs nicht zu. Diese galten vielmehr als Vorwand der USA für eine längst beschlossene Stationierung.

Die Diskussion über eine Blockunabhängigkeit führte zwangsläufig zur deutschen Frage. Der Streit darüber sollte das ganze Jahrzehnt durchziehen und letztlich zum politischen Absturz beitragen. Die Grünen prangerten die Unterdrückung der Friedensbewegung im Ostblock ebenso an wie den Versuch der DKP, die BRD-Bewegung im Sinne Moskaus zu majorisieren. Um die Durchsetzungskraft des Protestes zu steigern und seine etatistische Vereinnahmung durch die SPD zu verhindern, riefen sie zu zivilem Ungehorsam auf, zu Kriegsdienstverweigerung, Rüstungssteuerboykott und Sitzblockaden. Auch mit eigener Diplomatie versuchte es die Fraktion. Bald entstand ein eifersüchtiger Wettbewerb in der Fraktionsführung um den besten Zugang zur sowjetischen Botschaft. Man erhoffte sich, bildete sich ein, spielte sich vor, gesprächsweise einen Einfluss auf das Geschehen zu haben. Otto Schily hatte die Nase vorn, heftig befehdet von Petra Kelly. Triumphierend wurde eine Fraktionssitzung verlassen, weil man einen »Termin mit Schmargin« hatte. Die anderen reagierten verunsichert und empört. Warum waren nicht alle informiert, einbezogen, konsultiert worden? Was sollten Profilierungsspielchen angesichts der Ernsthaftigkeit des Themas? Jewgenij Schmargin! Selten wurde einem politischen Referenten, dritter Rang in der Botschaft, eine solche Bedeutung zuteil. Zu Schmargin gehen, das war wie eine Privataudienz beim Papst.

Internationale Reisediplomatie. Grüne Delegationen in Washington, Moskau und Ostberlin sollten die Machthaber zum Einlenken bringen. Durch Gespräche und Aktionen. In Washington demonstrierte die Gruppe vor dem Weißen Haus und formulierte mit der US-Friedensbewegung eine »Erklärung von Washington« gegen die Raketen.

In Ostberlin demonstrierte die Delegation – subversiv geplant – mit Plakaten offen grüne Sympathie für die DDR-Opposition: »Schwerter zu Pflugscharen. Abrüstung in Ost und West«. Die Stasi nahm sie fest. Doch die DDR-Führung stand den Grünen ambivalent gegenüber. Schließlich bekämpften sie die US-Strategie. Die Delegation wurde von Erich Honecker empfangen.

Petra Kelly überreichte ihm einen persönlichen Friedensvertrag. Mutig? Ja. Aber ein politischer Erfolg? Die Alexanderplatz-Aktion hatte ein bizarres parteiinternes Nachspiel. Rudolf Bahro pries ihre internationale Signalwirkung. Die DDR-Opposition fühlte sich bestärkt. Doch »die Hamburger«, Trampert, Ebermann, Reents und Stamm, nahmen sie zum Anlass für einen Generalangriff auf die blockübergreifende Politik. Die Gleichsetzung der Friedensbewegungen in West und Ost verschleiere die unterschiedlichen Motive der Regierungen und sei Verrat an den Kritikern der aggressiven US-Politik. Petra Kelly beharrte auf Stärkung der Glaubwürdigkeit der Bewegung durch Vermeidung von Einseitigkeit. So sahen es die meisten von uns, und der Streit hätte beigelegt werden können. Doch nun legte die »alternative Tageszeitung«»taz« los, die sich gern in die grünen Angelegenheiten einmischte. Die Linken – so kommentierte sie – machten sich zum Büttel Moskaus. Aggressiv ging es weiter: Es gebe Wichtigeres als den Frieden. Sollte das heißen: Atomkrieg für Menschenrechte? Die Falken in der »taz«, Altmaoisten aus der KPD/AO, dominierten in diesen Jahren das Blatt. Nicht nur die AL Berlin hatte ein Problem mit ihnen. Eruptiv entzündete sich in der Partei eine mit gegenseitigen Beschuldigungen, Unterstellungen und Beleidigungen gespickte Debatte über das Verhältnis zum Ostblock, über Westintegration, Imperialismus, Äquidistanz. Ein Fanal zukünftiger Zerwürfnisse. Ex-Maoisten gegen Ex-KBler. Die Ex-AOler und »Blocküberwinder« gerieten in die Nähe des Nationalkonservatismus. Doch die »Hamburger« machten sich auch keine Freunde mit ihren überzogenen Attacken. Wir undogmatischen Linken, die immer schon die DDR-Opposition unterstützt hatten, ohne die Sowjetunion mit den USA gleichzusetzen, begannen auf Distanz zu gehen.

Die Reisen öffneten die Augen. Den jeweiligen Machthabern für die Grünen, den Grünen für ihre Illusionen. Viele hatten tatsächlich an die Macht des Arguments und der Symbole geglaubt und wurden nun mit einer Interessenrationalität konfrontiert, die den Idealisten und Voluntaristen fremd war. Kaltes Kalkül aber war nicht Sache der Grünen. Ethik war ihre Ressource. »Moral und Interesse« – mit diesem Aufsatz, der den idealistischen Moralismus wie auch die technologische Rationalität kritisierte, intervenierte ich nun selber in der eskalierenden Debatte, um die Verbindung von Ethik und Interesse bemüht.

In Moskau stritt sich die Delegation vor den Augen der Sowjets. Jürgen Reents vertrat die vorherrschende Auffassung der Friedensbewegung und warb für eine konstruktive sowjetische Haltung. Fraktionssprecher Otto Schily hingegen votierte plötzlich und unabgesprochen für die »Null-Lösung«. Zum Entsetzen vieler Grüner.

Die Null-Lösung? Ein Blick zurück zeigt, warum sie so umstritten war. Helmut Schmidt hatte im Zusammenspiel mit dem US-Präsidenten Jimmy Carter dafür gesorgt, dass die NATO die Stationierung atomar bestückter Mittelstreckenraketen des Typs Pershing II und Cruise Missiles (Marschflugkörper) androhte, damit die Sowjetunion ihre Mittelstreckenraketen SS 20, die veraltete Raketen ablösen sollten, zurückzöge. Schmidt meinte in der westlichen Rüstung eine Lücke entdeckt zu haben, die – so seine Befürchtung – den USA die Abkopplung von europäischen Sicherheitsinteressen erlaube. Ohne Mittelstreckenraketen stünde den USA als Antwort auf einen konventionellen Angriff des Warschauer Paktes auf Westeuropa nur das strategische Langstreckenarsenal zur Verfügung, das – einmal eingesetzt – sofort den alles vernichtenden Gegenschlag durch die sowjetischen Arsenale auslösen würde. Die Auslöschung beider Kontinente. Das würden die USA nie riskieren, weshalb Europa faktisch schutzlos sei. Statt der alleinigen Option eines massiven Gegenschlags müsse die NATO die Instrumente für eine flexible Antwort haben: in Europa stationierte Mittelstreckenraketen, damit die USA ihr strategisches Potenzial im Silo lassen könnten.

Die Androhung der Stationierung war mit dem Auftrag an die NATO verbunden, mit der Sowjetunion parallel zu Gesprächen über die Begrenzung (SALT) und Reduzierung (START) der strategischen Langstreckenarsenale auch über Mittelstreckenraketen (INF) zu verhandeln. 1981 aber war in den USA der rechtsgerichtete Republikaner Ronald Reagan an die Macht gekommen, der keinen Hehl daraus machte, dass ihn der Verhandlungsauftrag überhaupt nicht interessierte. Er setzte auf militärische Überlegenheit der USA gegen das »Reich des Bösen«, wie er die UdSSR titulierte. Für ihn war die Pershing II mehr als der Versuch, die strategische Balance aufrechtzuerhalten. Ging es beim bisherigen »Raketenschach« um die Verhinderung eines Atomkriegs, so ließ Reagan Konzepte zu seiner Führbarkeit erarbeiten. So sahen es seine Kritiker, und so bestätigte es die amerikanische Regierung der grünen Delegation um Petra Kelly und Gert Bastian. Führbarkeit. Dazu war es nötig, eine Erstschlagkapazität zu besitzen, die so präzise sein musste, dass sie die sowjetische Zweitschlagkapazität ausschaltete, bevor diese eingesetzt werden konnte. »Wer als Erster schießt, stirbt als Zweiter«, hatte die plumpe Logik der Abschreckungsdoktrin gelautet. Was aber, wenn ein Erstschlag der anderen Seite die Waffe aus der Hand schlug? Die Pershing II hatte das Zeug dazu, schnell, heimtückisch, zielgenau, durchschlagsstark. Reagans Berater erarbeiteten Offensivstrategien, konventionell und atomar kombinierte wie »AirLandBattle«, die jederzeit die amerikanische Eskalationsdominanz garantieren sollten. Der Sound in den USA wurde gruselig. Man redete von der »Enthauptung« der Sowjetunion. »Besuchen Sie Europa, solange es noch existiert«, warb die Tourismuswirtschaft. Und der Präsident beschwor die biblische Untergangsgeschichte von »Armageddon«.

Kurz darauf eine neue Idee in Washington: »Krieg der Sterne«. Die »Strategische Verteidigungsinitiative« (SDI) sollte mit weltraumgestützten Abwehrwaffen anfliegende ballistische Raketen zerstören. Der Plan verstieß gegen den ABM-Vertrag, der es verbot, mit solchen Maßnahmen die Abschreckungslogik zu torpedieren. Für die Friedensbewegung ein klares Zeichen: SDI sollte die Zweitschlagkapazität der Sowjetunion, die nach einem Erstschlag durch Pershing II noch verblieb, vernichten. Nicht nur die Pazifisten waren erschüttert. Immer mehr traditionelle Sicherheitspolitiker bekamen Zweifel. Die Logik der nuklearen Abschreckung stieß an ihre Grenzen, machte sich unglaubwürdig, als die Führbarkeit eines Atomkriegs zur Debatte stand. Das war es, was den Menschen Angst und Schrecken einjagte und sie auf die Barrikaden trieb. Das Wort »Euroshima« machte die Runde. Auf Druck der Europäer und der Öffentlichkeit musste Reagan zumindest so tun, als würde er auch den Verhandlungsteil des Doppelbeschlusses umsetzen. Deshalb brachte er die »Null-Lösung« in die Debatte. Die Amerikaner würden auf die »Nachrüstung« verzichten, wenn die Sowjets nicht nur ihre SS 20 abzögen, sondern auch Raketen älteren Datums, die bisher nie zur Debatte gestanden hatten. Das war kein Kompromissvorschlag, sondern eine Verschärfung. Die UdSSR sollte im Gegenzug noch mehr liefern als bisher. Aber hörte sich das nicht gut an? Gar keine landgestützten Mittelstreckenraketen mehr? Der grünen Delegation in Washington wurde klipp und klar erklärt, dass dies ein Scheinangebot sei, gezielt auf die Besänftigung der Öffentlichkeit, unannehmbar für die Sowjets. Schließlich gab es noch die Kurzstreckenraketen, die von der BRD auf die DDR zielten, Nuklearwaffen in U-Booten und strategischen Bomberverbänden, von denen die USA erheblich mehr besaßen. Und die britischen Atomwaffen unter dem Kommando der Hardlinerin Margret Thatcher. Und die französischen. Auch unter dem Eindruck der Friedensbewegung hatten der amerikanische Unterhändler Paul Nitze, eigentlich ein Falke, und sein sowjetischer Kollege Jurij Kwisinski bei einem Waldspaziergang eine Kompromissformel gefunden: Die Sowjetunion sollte 75 SS 20 behalten, der Westen die gleiche Anzahl Cruise Missiles bei gleichzeitigem Verzicht auf die Pershing II bekommen dürfen. Helmut Schmidt hätte angenommen, aber Washington lehnte – wie er aus der Zeitung erfuhr – ab. Moskau auch.

Und nun präsentierte Otto Schily aus heiterem Himmel Reagans Finte, die Null-Lösung, den Sowjets als echte Friedensoption. Die meisten Grünen waren zumindest verwirrt. Ausgerechnet jetzt, da die SPD ihren Kurswechsel damit begründete, die USA verhandelten nicht konstruktiv, übernahm der grüne Sprecher das vergiftete Angebot Reagans als Position der deutschen Friedensbewegung. Schily und seine Fans verteidigten die

Null-Lösung, sie se: die radikalste pazifistische Position, weil sie eine ganze Gattung von Atomwaffen vernichte. Die Washington-Delegation vernahm es mit Staunen. Wenn die Null-Lösung der richtige Plan war – so fragte sich mancher –, warum brauchte es dann überhaupt eine Friedensbewegung und eine grüne Öko-Pax-Partei? Warum stellte man sich jetzt nicht einfach hinter Reagan und Kohl?

Zum ersten Mal schien durch: Die Suche nach Reputierlichkeit, die Anschlussfähigkeit an die Konservativen, die Demonstration eines bürgerlichen Habitus – sie bargen die Gefahr einer Anpassung, die der eigenen Partei Identität und Existenzberechtigung entzog. Otto Schily war bis dahin respektiert, galt als »heimlicher Fraktionsvorsitzender«. Seine Professionalität tat dem manchmal chaotischen Haufen gut. Jetzt fragten sich einige, ob es richtig war, ihn in Nordrhein-Westfalen zu nominieren. Sofort sahen sich andere aufgefordert, Schily und alles, was er tat und sagte, zu verteidigen, weil die Grünen einen solch illustren Kopf nicht verprellen dürften. Eine fatale Argumentation, die die Partei dem öffentlichen Prestige Einzelner auslieferte. Elitärer Führungsanspruch und bewegungsorientierte Basisdemokratie prallten aufeinander, bis der Anwalt mit Austritt drohte, weil die Fraktionsmehrheit seinem gesteigerten Herrschaftsanspruch mit Insubordination begegnete.

Am Wochenende vor der Bundestagsentscheidung, vom 18. bis zum 20. November 1983, versuchte die 6. Bundesversammlung in Duisburg eine Vereinheitlichung der Positionen. Die Grünen hätten dort den »Austritt aus der NATO« gefordert – noch heute wird dieses Märchen verbreitet, ist längst zum Mythos geworden; in Wissenschaft und Medien schreibt einer falsch vom anderen ab. In Wirklichkeit forderte die Partei: »Auflösung der Militärblöcke – Raus aus der NATO«. Wie die Bundesrepublik aus der NATO »raus«gelangen sollte, blieb bewusst offen. Die Presse machte daraus die »Austrittsforderung«. Die Rhetorik in der Partei radikalisierte sich. Eine fundamentale Kritik der NATO, verbunden mit der Perspektive einer blockunabhängigen, entmilitarisierten und auf nationale Großmachtpolitik verzichtenden Bundesrepublik, setzte sich durch. Die eigene neutral-pazifistische Perspektive sollte auf Ost und West ausstrahlen und das von den Supermächten strukturierte Blockgefüge auflösen helfen. Als Repräsentantin dieser Politik wurde die Ex-AOlerin Rebecca Schmidt, Friedensaktivistin der AL Berlin, zur Partei-sprecherin gewählt.

In der Tat forderten einige Gruppen den einseitigen Austritt, doch offizielle Parteiposition wurde diese Auffassung nie. Als diese Formel im Kontext einer allgemein akzeptierten Resolution einmal eine Mehrheit bekam, strich ein erfolgreicher Rückhol-antrag sie wieder raus. Die Mehrheit, auch die meisten Linken wie ich selbst, lehnte die »Austrittsforderung« wegen des natio-nalistisch wirkenden Unilateralismus bewusst ab. Sie setzte auf eine Politik der einseitigen Abrüstung und der Verweigerung der NATO-Nuklearstrategie, die in der Konsequenz zu einem Bruch führen würde, vielleicht zu einem Ausschluss der BRD. Dritte favorisierten ausgehandelte synchrone Abspaltungsprozesse in beiden Blöcken, etwa durch BRD und DDR oder von Portugal bis Polen. Später plädierten die Grünen für eine Auflösung der NATO hinein in ein System gegenseitiger kollektiver Sicherheit, dem auch die Länder des Warschauer Paktes angehören sollten. Die Bundesrepublik jedenfalls sollte einen kooperativen Multi-lateralismus mit den Ländern anstreben, die sich der Hegemonie der Supermächte entziehen wollten, weil deren Rüstungspolitik unweigerlich im »atomaren Holocaust« enden würde. Das be-traf auch Völker der Dritten Welt, die von den Großmächten »mit Kriegen überzogen« wurden, wie Afghanistan, Eritrea, Li-banon, Nicaragua oder Grenada. Die Grünen sahen die Bundes-republik selbst in einer quasi-kolonialen Position, beherrscht von der Supermacht USA.

Trotz aller Differenzen war sich die Partei in Duisburg grund-sätzlich einig: »In Abgrenzung zu den traditionellen militäri-schen Unsicherheitssystemen kann die Friedensbewegung nur als antimilitaristische, emanzipatorische, gewaltfreie, blockübergrei-fende, Geist und Logik der militärischen Abschreckung grund-sätzlich ablehnende Bewegung Erfolg haben, die einseitige Abrüstungsschritte verlangt und die Austragung von nationalen und internationalen Konflikten durch Gewalt ablehnt.« Die parteiinterne und öffentliche Anspannung hätte nicht größer sein können, als es im November 1983 zur Bundestagsentscheidung kam. Willy Brandt, Horst Ehmke, Egon Bahr, Hans-Jürgen Wischnewski – die Recken der sozialdemokratischen Ostpolitik wandten sich gegen die Stationierung, weil der Verhandlungsauftrag an den USA gescheitert sei. In der Sowjetunion sandte nach dem Tod von Generalsekretär Leonid Breschnew inzwischen sein Nachfolger Jurij Andropow Verständigungssignale aus. Bahr erklärte im Nachhinein den gesamten Doppelbeschluss zum fatalen Fehler. Selbst Helmut Schmidt ging in einer eigenen Stellungnahme auf Distanz zur Stationierung.

Otto Schily trat ans Pult, Hauptredner der Grünen. Seine Rede sollte den Höhepunkt der Friedensbewegung markieren. Knisternde Spannung. Jetzt kam die Abrechnung. Hatten alle gehofft. Dann aber erging sich der Anthroposoph in weitschweifigen Betrachtungen über Krieg und Frieden, ohne politische Zuspitzung, und ventilierte Ideen eines mitteleuropäischen Neutralismus. Eine Enttäuschung. Seine Mahnung an die Sowjetunion aber, die Friedensbewegung als Machtfaktor einzukalkulieren, sollte noch Aktualität gewinnen. Gert Bastian brachte die Positionen der Bewegung präziser auf den Punkt. Kelly, Schwenninger, Vogt, Beck-Oberdorf griffen mit emphatischen Beiträgen ein. Christa Nickels überreichte dem Bundeskanzler auf der Regierungsbank eine Kette aus Hiroshima.

Doch die Mehrheiten waren bereits klar. Die Bundestagsdebatte diente wie üblich nicht der Meinungsbildung der Abgeordneten, sondern der protokollarischen Notifizierung bestehender Positionen und vorgefasster Entscheidungen. Die CDU/CSU stand schon aus prinzipiellen Gründen an der Seite von Ronald Reagan. Auch die FDP von Hans-Dietrich Genscher, einst Akteurin der Entspannung, war für offensiven Druck gegen Moskau. Die Würfel waren gefallen. Die Friedensbewegung erlitt ihre entscheidende parlamentarische Niederlage.

Für die Grünen bedeutete dieses Datum einen Bruch. Die

eigentliche Gründungsphase der Partei war nun abgeschlossen. Alle grünen Kampagnen und Diskussionen waren auf diesen Moment konzentriert, manche interne Differenz zurückgestellt worden. Die Fraktion als parlamentarischer Arm der Bewegung war kräftig, aber nicht machtvoll genug, um das zentrale Anliegen durchzusetzen. Der Druck von unten verpuffte, wenn er im Parlament nicht zahlenmäßig umgesetzt werden konnte. Der Kampf gegen die Atomraketen mochte weitergehen, auf der Straße, vor Kasernen, auch im Parlament. Doch die Lage warf für die Grünen Fragen auf. Wenn man gegen die Atomraketen war – wie sollten die Alternativen zu Nuklearstrategie und Blockkonfrontation aussehen? Nun, nachdem das bisherige Kernthema zunächst entschieden war – mit welchen Themen sollte man weitermachen, wie die Entwicklung von der ökologisch-pazifistischen Zwei-Punkte-Partei zu einer vollständigen Programmpartei organisieren? Und: Reichte es zu protestieren, oder brauchte man nicht plausible Gegenkonzepte? Mehr noch: Musste man nicht darüber nachdenken, wie über Kompromisse Mehrheiten im Parlament zu organisieren seien, Mehrheiten, die vielleicht sogar eine gemeinsame Regierung trügen? Die latenten Konflikte brachen mit Vehemenz auf.

Kapitel 13

Einseitige Abrüstung und Blocküberwindung

Nach der Entscheidung zur Raketenstationierung 1983 brachen die subtilen Differenzen, die zurückgestellt worden waren, mit Macht auf. War alles verloren? Wie sollte es nun weitergehen? Das Gewirr von Meinungen und Positionen sortierte sich grob in zwei Richtungen, parallel zur Entwicklung von innerparteilichen Strömungen, deren Diskussionen, ausgehend von Hamburg und Hessen, anscheinend unaufhaltsam eskalierten.

Die eine Seite, die sich langsam als Fundamentalisten und Linke formierte, verallgemeinerte und radikalisierte den Protest. Von der Nuklearopposition zum allgemeinen Antimilitarismus: Senkung des Rüstungsetats, keine Neubeschaffungen, keine Waffenexporte, Kriegsdienstverweigerung. Einige Radikalpazifisten forderten eine »Bundesrepublik ohne Armee« (BOA). Die meisten – etwas gemäßigter – eine kontinuierliche Abrüstung bis auf null, durch einseitige Schritte eingeleitet, bis hin zum Bruch mit der NATO und zur Überwindung der bipolaren Blocklogik. Die geopolitische Verortung des eigenen Staates, der mit einseitiger Abrüstung die Blockauflösung initiieren sollte, blieb diffus. Irgendwo bei den Blockfreien, im Bündnis mit der Dritten Welt, als Kern eines neutralisierten Mitteleuropa, jedenfalls abgekoppelt von der Hegemonialmacht USA wollte man sich sehen. Die antiimperialistische Erbschaft des KB war hier nicht zu übersehen.

Auf der anderen Seite begannen sich die Realos zu formieren. Sie lehnten die Nachrüstung ebenfalls ab, nicht aber eine konventionelle Militärstrategie auf der Basis einer strukturellen

Nichtangriffsfähigkeit. Zur Vermeidung einer deutschen Neutralität, die als historisch belasteter Sonderweg gefürchtet wurde, tendierte man hier immer stärker zur Anerkennung der NATO als Rahmen für die westliche Politik. Die verstärkte Westorientierung wurde zunächst kaschiert mit dem Begriff der Blocküberwindung und der Äquidistanz, dem gleichen Abstand zu Moskau und zu Washington. Waren die USA nicht mehr Hauptgegner, so war es leichter, aus einer verschärften Kritik an der Sowjetunion in das prowestliche Lager überzuwechseln. Der Maoismus von KPD/AO, KBW und Verwandtschaft verband sich hier mit wertkonservativem Denken und suchte die politische Anschlussfähigkeit an das etablierte Parteienspektrum.

Zwischen den sich polarisierenden Strömungen fanden sich die alten Gründungs-Grünen wieder. Blocküberwindung war immer ihr Ziel, auch grundsätzliche Entmilitarisierung. Auch standen sie jeglicher Programmverschiebung skeptisch gegenüber, die die Grünen zur Zusammenarbeit mit den Etablierten befähigen sollte. Inhaltlich waren sie also eher Fundis. Aber die damaligen Wortführer des linken Flügels, die »Hamburger«, wurden als persönlich derartig aggressiv, verletzend, mithin unausstehlich erfahren, dass sich die Ur-Grünen emotional eher zur anderen Seite hin orientierten, mit der sie allerdings auch nicht glücklich wurden.

Neue Zeiten suchen neue Themen. Neue Themen suchen neue Strategien. Neue Strategien suchen neue Köpfe. Die Ur-Grünen gerieten in die Krise. Sie waren die Leitgestalten der Anfangsjahre, ohne die es die Grünen nie gegeben hätte. Sie formulierten die Antithesen zum herrschenden Parteienkartell, sie hatten den Mut zur Anti-Parteien-Partei. Andere waren erst spät aufgesprungen, ohne den Gründungsgeist verinnerlicht zu haben. Aber nun, Mitte der 80er-Jahre, begann der Stern der »Europa-Grünen« langsam zu sinken. Ihre große Stärke war die Symbolik, die fantasievolle Aktion, der charismatische öffentliche Auftritt. Jetzt aber wurde systematische programmatische Entwicklungsarbeit verlangt, vom Protest zum Konzept, möglichst lückenlos und schlüssig. Hinzu kam die sich verschärfende strategische

Debatte über Fundamentalopposition, Tolerierung oder Koalitionen. Dafür waren die Leitfiguren der Bewegung nicht prädestiniert. Jetzt drängten andere Akteure in den Vordergrund. Im März 1985 stand die Rotation im Bundestag an. Die öffentlichen Helden der ersten Jahre sollten ihren Nachrückern weichen, die hinter den Kulissen maßgeblich mitgearbeitet hatten. Das ging nicht ohne Reibereien. Petra Kelly verweigerte die Rotation. Dennoch wurde sie für die nächste Wahl wiedernominiert. Sie war das personifizierte Symbol der Grünen, die Grüne schlechthin, die Verkörperung von Öko-Pax, an der der rigorose, basisdemokratische Anspruch zerschellte. Doch sie wurde zum schillernden Solitär, immer angestrengter und nervöser bemüht, ihren Nimbus zu wahren. Ihr ausgeprägter Individualismus und die Kooperationsansprüche einer Fraktion passten nicht gut zusammen. Immer öfter und immer weiter ging sie auf Reisen, überallhin, wo Menschen ihren Zuspruch brauchten, ihre Botschaft hören wollten. In Partei und Fraktion nur mehr mit nachlassendem Rückhalt, im Ausland eine verehrte – und von einer rechtsradikalen amerikanischen Sekte systematisch verfolgte – Verkünderin von Frieden und Menschenrechten. Fast eine Heilige. Die Botschafterin der Grünen auf einer Mission, die sie mehr und mehr verzehrte.

Gert Bastian, unterdessen Lebensgefährte von Petra Kelly, wollte auch nicht rotieren. Unter Druck gesetzt – und erbost über die politischen Angriffe »der Hamburger« auf seine Petra –, trat er aus der Fraktion aus und behielt sein Mandat. Als Fraktionsvorsitzender gelang es mir 1986, ihn wieder zu integrieren. Doch sein parlamentarisches Wirken ging 1987 zu Ende. Wie das von Roland Vogt, der rotierte und zur nächsten Bundestagswahl nicht wieder nominiert wurde. Über zwei Jahrzehnte lang engagierte sich der »Friedensarbeiter« mit altem Mut auf der Landesebene für seine Herzensangelegenheit, die Konversion militärischer Strukturen in zivile. Lukas Beckmann hielt sich als grüner Vertreter im Koordinierungsausschuss der Friedensbewegung, gab das Parteimanagement aber an Eberhard Walde ab, kümmerte sich um die umstrittene Frage einer grünen-nahen Stiftung und bringt bis heute sein organisatorisches Talent als Geschäftsführer der grünen Bundestagsfraktion ein.

Otto Schily bekam ein Jahr Verlängerung zugesprochen, weil er im Flick-Untersuchungsausschuss, den er mit seinen investigativen Fragen und Methoden prägte, unabkömmlich war. Er, Christa Nickels und Antje Vollmer kümmerten sich weiterhin um die friedenspolitischen Debatten. Auch ich selbst zählte nun zu den Wortführern. Aus Hessen ließ sich Joschka Fischer immer lauter vernehmen. Wie seine Feindin Jutta Ditfurth. Die »Bundesarbeitsgemeinschaft Frieden« organisierte den Diskurs der zahlreichen Parteiexperten. Nach der Wahl 1987 zogen Helmut Lippelt und Angelika Beer neu als Außen- und Friedenspolitiker in die Bundestagsfraktion ein. Und der Politologe und Berufsoffizier Alfred Mechtersheimer, ein bekannter Theoretiker der Friedensbewegung. Ein umstrittener. Wegen Protests gegen die Unterwerfung seiner Partei unter die Doktrin der US-Hegemonie war er aus der CSU ausgeschlossen worden. Er galt als ausgewiesener Militärkritiker und vertrat einen pazifistischen Neutralismus mit stark nationaler Prägung, ähnlich der früheren AUD. Die Realos versuchten im bösartiger werdenden Flügelstreit, diese Haltung nun der Linken als Nationalneutralismus anzukreiden. Die Linke jedoch schätzte zwar Mechtersheimers Militärkritik, hielt aber genau wegen seines Nationalismus Distanz. Zu Recht, wie sich herausstellte. Nach seinem vierjährigen Gastspiel bei den Grünen driftete Mechtersheimer weit nach rechts ab.

Sachpolitisch hätte die Kontroverse zwischen den Konzepten einseitiger Abrüstung und NATO-Kritik einerseits sowie Blocküberwindung und ausgehandelter Rüstungskontrolle andererseits noch gelöst werden können. In Parteiprogrammen fanden sich die entsprechenden Formelkompromisse. Aber ab Mitte der 8oer-Jahre verdichtete sich das mannigfaltige Gründungspektrum der Partei zu zwei Flügeln – und einer schwachen Mitte –, die immer heftiger aufeinander einschlugen. Auch die Außen- und Friedenspolitik wurde nun für den Strömungskampf funktionalisiert. International wurden Feindbilder ab-, innerparteilich aufgebaut.

»Neuausrichtung der Friedenspolitik« wurde zum Kampfbegriff. Es ging zwar auch um eine Fachdebatte, aber im Kern warfen die Realos der alten Friedensbewegung und ihrer Kritik an den USA nicht nur Einseitigkeit vor. Sie versuchten vielmehr, ihr auch Sympathie für die Sowjetunion samt Despotie und Menschenrechtsverletzungen anzulasten. Ziel war es nicht nur, eine andere Ausrichtung der Außenpolitik durchzusetzen, sondern auch ein Medium zu finden, die Linke, die sich gegen Koalitionen sträubte, parteiintern und öffentlich insgesamt zu diskreditieren. Es nimmt nach der Vorgeschichte nicht wunder, dass sich unter dieser Flagge neben Joschka Fischer die bekannten Mao-Freunde versammelten. Tatsächlich gab es – besonders bei den Hamburger Ökosozialisten aus dem KB – noch traditionalistisch denkende Linke, die die Sowjetunion nicht mochten, aber gegen westliche Kritik in Schutz nahmen. Aus Angst, mit den »Stahlhelmern« der CDU an einer Front zu stehen, überließen sie dieser die Kritik an den Zuständen im Sowjetblock. Als hätte der KSZE-Prozess nicht das Recht geschaffen, sich trotz Entspannungspolitik zu den »inneren Angelegenheiten« der anderen Seite zu äußern. Das bot den Realos Angriffspunkte. In der BAG Frieden dominierte die linke Linie. In Abgrenzung dazu gründete sich auf Betreiben von Ex-KPD/AOlern um Elisabeth Weber bald die BAG Osteuropa mit prononcierter Stoßrichtung Moskau.

Der Konflikt eskalierte an der Beurteilung des sowjetischen Einmarschs in Afghanistan. Obwohl diese eigentlich ein Abgrenzungskriterium der Grünen gegen die DKP in der Friedensbewegung war, taugte sie offensichtlich auch zur Eskalation innerparteilichen Streits. Ein Teil der Partei, besonders die Ex-Maoisten, sah die sowjetische Aktion primär als Menschenrechtsverletzung an, die den imperialistischen Charakter der Sowjetunion unter Beweis stellte, und warf anderen Sichtweisen Verharmlosung des Sowjetkommunismus vor. Andere, allen voran Gert Bastian, interpretierten den Einmarsch als taktische Offensive, die ihren Grund in der strategischen Defensivposition hatte, in die die Sowjetunion durch die amerikanische Einkreisungspolitik geraten sei. Bastian stand damit inhaltlich den KBlern näher als seiner Petra Kelly. Die schärfste Klinge gegen die »Russenknechte« schlug Joschka Fischer, der die Hessen-Grünen gerade auf Koalitionskurs trimmte. Die Hessen Milan Horáček und Neu-MdB Ulrich Fischer, die, aus der Fundi-Ecke stammend, sich über die Afghanistanfrage den Realos annäherten, taten sich in der Solidarität mit dem afghanischen Widerstand besonders plakativ hervor und ließen sich vor Ort auf einem abgeschossenen Sowjetpanzer ablichten wie Großwildjäger auf einem erlegten Elefanten.

Besonders wir undogmatischen Linken waren höchst erzürnt über die Realo-Attacken. Wir hatten den sowjetischen Einmarsch von Beginn an verurteilt, lehnten aber eine moralisierende Gleichsetzung mit der strategisch-atomaren Offensive der NATO ab. Gaby Gottwald, die sich als Aktivistin der Zentralamerika-Solidarität mit der Aufstandsbekämpfungspolitik der USA auskannte, reagierte scharf: Die Realos ließen sich zum Büttel der CIA machen, die den Widerstand von Pakistan aus organisierte. Nur weil sie gegen die Sowjets kämpften, waren die Mudschaheddin noch keine Grünen. Wer hatte recht? Zwei Jahrzehnte später gab ein Anführer des US-geförderten Widerstands seine eigene Antwort: Osama bin Laden.

Auch unabhängig vom Flügelstreit lösten viele Grüne sich bald von den Ursprungspositionen der Friedensbewegung, motiviert durch das neue Verhältnis der Supermächte zueinander. In Moskau war nach dem kurzen Intermezzo des Konservativen Konstantin Tschernenko im März 1985 Michail Gorbatschow an die Macht gelangt, der mit Glasnost und Perestroika sein Reich durchlüften wollte. Bald ging der neue Generalsekretär mit weitreichenden Abrüstungsvorschlägen in die politische Offensive. Er trieb die »Null-Lösung« von Ronald Reagan über sich hinaus und verlangte die Abschaffung aller amerikanischen und sowjetischen Mittelstreckenraketen in Europa. Angesichts der öffentlichen Stimmung, des mutigen Manövers des Kreml und wachsender interner Nachdenklichkeit die Logik der Nuklearstrategie betreffend musste Ronald Reagan in seiner zweiten

Amtzeit beidrehen. 1987 bekamen die INF-Verhandlungen plötzlich Dynamik. Die Supermächte einigten sich. Die gerade installierten Mittelstreckenraketen wurden wieder abgezogen. Friedensbewegung und Grüne jubelten. Sollte man meinen. Taten sie aber nicht.

Das grüne Weltbild bekam einen Knacks. Ja, das Verschwinden der Raketen war ein großer politischer Sieg. Ein Gründungsziel der Partei war erreicht. Aber wer hatte welchen Anteil, und was folgte daraus? Wie sollte man verkraften, dass der verhasste Ronald Reagan an dem epochalen Durchbruch beteiligt war? Die konservativen Sicherheitspolitiker führten das Einlenken der Sowjetunion allein auf den politischen Druck durch die Raketenstationierung zurück. Man habe die Sowjetunion totgerüstet, behaupteten sie. Schmidt sei Dank.

Die Friedensbewegung sah das anders. Sie wusste, dass Gorbatschow wegen der internen Probleme seines Landes einen neuen Entwicklungsweg einschlagen musste. Zu integrieren waren die Widersprüche der Sowjetgesellschaft auf Dauer nicht durch die Produktion von Feindbildern, sondern durch die von Konsumgütern. Dafür mussten die Investitionsmittel umgelenkt werden, weg vom Militär. Das Ende des Kalten Kriegs bildete die Voraussetzung. Und der Abzug aus Afghanistan. Gorbatschow konnte – das bestätigen selbst amerikanische Politikwissenschaftler – seine Abrüstungsinitiativen gegen die Falken im Kreml auch deshalb durchsetzen, weil die Friedensbewegung offensichtlich bewies, dass vom Westen keine aggressive Gefahr gegen die Sowjetunion ausging. Nachdem Gorbatschow »Neues Denken« propagiert hatte, konnten die USA nicht anders als einlenken.

Statt das Ende des Kalten Krieges, an dem sie mitgewirkt hatten, zu feiern, haderten die Grünen nun wegen der Konsequenzen für die eigene Identität. Sie hatten für einseitige Abrüstungsschritte des Westens und der BRD gekämpft. Aber warum länger einseitig vorleisten, wenn eine durch einseitige Abrüstungsvorschläge des Ostens induzierte synchrone Abrüstungspolitik die gewünschten Ergebnisse zeitigte? Wieder musste die

Programmatik angepasst werden. Die neuen Stichworte hießen nun Zivilmacht, Entmilitarisierung, Selbsteinbindung und Selbstbeschränkung. Freiwilliger Machtverzicht und freiwillige Integration der BRD – so lautete nun die moderne Fassung des Gründungsmotivs. Nicht Neutralität als Unilateralismus, der die Gefahr einer deutschen Großmachtpolitik heraufbeschwor, sondern bewusste Selbsteinbindung in internationale Zivilorganisationen wie die Europäische Union und die UNO. Das anfangs äußerst dunkle Europabild wurde aufgehellt. Bei aller Kritik an Demokratiemangel und Bürokratie – die Grünen begannen, die europäische Integration als Friedenspolitik zu begreifen, machten sie später nachgerade zu einem grünen Leitmotiv. Zivilmacht bedeutete mehr als militärische Verweigerung; sie erforderte Engagement für den Aufbau alternativer Sicherheitsstrukturen. Selbstbeschränkung wiederum sollte anderen Ländern die Angst vor einer deutschen Führungsrolle nehmen. So zumindest formulierte es die Parteimehrheit.

Einigen Realos reichte die neue Linie nicht. Die Ex-Maoisten und ihre Schutzmacht Joschka Fischer missdeuteten die Kurskorrektur als Schwäche der Linken, machten aus der eigenen Gegnerschaft zum Osten ein Bekenntnis zum Westen und forderten von der Partei gegen Ende des Jahrzehnts immer drängender ein aktives Eintreten für Westbindung, NATO und Bundeswehr. Als sie nicht durchdrangen, liefen die Realo-Fraktionsreferenten Wolfgang Bruckmann, Altmaoist Jürgen Schnappertz und Udo Knapp, der als letzter Vorsitzender 1970 den SDS aufgelöst hatte, Anfang der 90er-Jahre zur SPD über. Aus unbekannten Gründen folgten die Ex-MdBs Torsten Lange und Annemarie Borgmann.

Anfangs wurden die friedenspolitischen Ziele der Grünen als utopisch und unrealistisch, liebenswürdig, aber spinnert angesehen. Auch für sie gilt der Spruch, der auf manchen Visionär zutrifft: Zuerst werden sie als Utopisten verlacht, nach Eintreffen ihrer Prognosen als kleinmütig belächelt. Die Abrüstungsdynamik führte nicht nur zum Abzug der Mittelstreckenraketen. Gorbatschows Reformen zogen zum Ende des Jahrzehnts die Auflösung des Ostblocks auf politischer und des Warschauer Pakts auf

militärischer Ebene nach sich. Und die deutsche Einheit. Blocküberwindung, Blockauflösung – was einst als wahnwitziges Ziel
einer sich selbst überschätzenden Bewegung gegolten hatte, war
unversehens Wirklichkeit geworden. Plötzlich war die Welt eine
andere. Der Kalte Krieg war vorbei. Vorbei auch die kalten
Duschen aus den Wasserwerfern gegen all die Menschen, die dafür gekämpft hatten.

Kapitel 14

Innenpolitik –
Gewaltmonopol und Bürgerrechte

Gewaltfreiheit war nicht nur eine der vier Grundsäulen und die wichtigste Leitidee für die grüne Friedenspolitik. Gewaltfreiheit umriss – im Verbund mit dem engagierten Einsatz für »radikale Demokratie« und Bürgerrechte – auch die Grundlinien der Innenpolitik. Sie betraf das eigene Verhalten wie die Mittel, die der Staat einsetzte.

Schon das Selbstverständnis als »Partei des Lebens« verlangte das Bekenntnis zur Gewaltfreiheit als eigener Handlungsmaxime. Hinzu kam eine strategische Notwendigkeit. Denn wer Ende der 70er-Jahre zu oppositionellen Umtrieben neigte, musste erleben, wie rasch man der Sympathie für den Terrorismus verdächtigt wurde. Und der »Sympathisantensumpf« sollte trockengelegt werden. Die Grünen teilten nicht die Paranoia des Staates. Doch nur eine klare Abgrenzung von Terror und jedweder Koketterie mit gewaltsamen Methoden gab dem ökologischen Protest die Chance auf Massenwirksamkeit. Wer früher mal Steine geworfen hatte, war nun strikt dagegen. Es brachte nur Scherereien mit der Polizei, trieb die Bürger in die Arme des Staates und marginalisierte den eigenen Protest. Allerlei Regelverletzungen jedoch, begrenzt, kalkuliert und gewaltfrei, gehörten zum Repertoire der grünen Oppositionskultur.

Die Grünen wurden das gewaltfreie Gegenmodell zu jeglicher Militanz. Sie wussten, wovon sie redeten. Zumindest einige Anwälte, die Terrorverdächtige verteidigt hatten und bei den Grünen in führende Positionen gelangten, verfügten über Insiderwissen: Otto Schily, Hans-Christian Ströbele, Rupert von Plottnitz,

Wolfgang Wieland. Sie mahnten eindringlich, hielten sich aber sonst vom Thema Terrorismus fern.

Ich selbst hatte meine ganz eigenen Erfahrungen mit dem Terrorismus und seiner Verfolgung durch den Staat gemacht. Mein Vater Günter Volmer, CDU-MdB im Innenausschuss, stand auf der BKA-Liste potenzieller RAF-Ziele. Im »Deutschen Herbst« 1977 erhielten er und die ganze Familie wochenlang Personenschutz. Für mich lehnte ich diesen ab. Als linker Studentenpolitiker befand ich mich in einer eigenartigen Lage. Die RAF verachtete ich aus ganzem Herzen, täglich bekam ich die Ängste der eigenen Familie mit, die staatliche Repression erlebte ich in WG, Uni und auf der Straße am eigenen Leib. Wie viele andere machte ich die Erfahrung, dass Bart, lange Haare und ein rostiger Renault R4 ausreichten, um ins Visier der Polizei zu geraten. Als wüsste diese noch nicht, dass Terroristen anständig aussahen und Edellimousinen oder Sportwagen fuhren. Ich war anscheinend potenzieller Täter und potenzielles Opfer zugleich.

Im März 1985 schrieben Antje Vollmer und Christa Nickels unabgesprochen mit der Grünen-Fraktion einen Brief an RAF-Häftlinge, die sich im Hungerstreik befanden, um sich damit selbst zu einer politischen Auseinandersetzung im Knast einzuladen. Die Fraktion reagierte vergrätzt, auch wenn niemand den beiden wertkonservativen Frauen die besten dialogischen Absichten absprach. Doch die Etikettierung der RAF-Mitglieder in dem Schreiben als »politische Gefangene« kam den meisten wie Anbiederung vor, die im Gegensatz zu dem klaren Fraktionsvotum stand, den Abbruch des Hungerstreiks zu fordern. Auch der Begriff des Dialogs, der eine Beinahe-Äquidistanz von Staat und Terror implizierte, indem er für sich eine vermittelnde Position reklamierte, fand keine Mehrheit. Wir spürten und wussten, dass eine intensivere Beschäftigung mit der RAF und ihren Haftbedingungen uns letztlich deren Diskurs aufzwingen würde – der Staat als unbarmherzige Repressionsmaschine, die »Stadtguerilla« als Opfer. Dieser Strategie durften wir nicht auf den Leim gehen, zumal wir überzeugt davon waren, dass die RAF der Linken größtmöglichen Schaden zugefügt hatte.

Ohnehin verdrängte das Thema »Staat« in diesen Jahren fast die Ökologie. Ein halbes Jahr später allerdings verfasste die Fraktion nach nicht enden wollenden Debatten des inneren Friedens wegen einen abgestimmten Brief mit dem Angebot zu einem Gespräch über den Ausstieg aus der fatalen Gewaltspirale. Die militante Szene machte sich über die Grünen lustig, der Ansatz versandete. Im Oktober 1987 – die Partei näherte sich dem Höhepunkt der Flügelkämpfe – formulierte Jutta Ditfurth, damals Vorstandssprecherin, bewusst missverständlich, der Staat brauche die Gewalt der RAF, um seine Repressivität zu legitimieren, und forderte eine Amnestie für die »politischen Gefangenen«. Die Fraktion reagierte nervös und gespalten. Hamburger Ökosozialisten und Radikalökologen verteidigten Ditfurth gegen die Fraktionsmehrheit. Aber sie hatten sich verkalkuliert. Wir undogmatischen Linken stimmten mit den Realos gegen Ditfurths wahnwitzige Polarisierungsstrategie. 1990 nahm Antje Vollmer den Faden noch einmal auf und formulierte Leitgedanken zum Ende des Terrorismus, die in den deutschen Umbrüchen nach dem Mauerfall, wenn auch öffentlich wenig wahrgenommen, doch Wirkung entfalteten.

Es gab Grauzonen, die ausgeleuchtet werden mussten. Die meisten Linken, auch die undogmatischen, fanden gewaltsame Mittel im Befreiungskampf der Dritten Welt normal. Viele, auch spätere Grüne, hatten – einem Aufruf der »taz« von 1980 folgend – Geld für »Waffen für El Salvador« gespendet, um die dortige Befreiungsbewegung gegen die Militärdiktatur zu unterstützen. Aber konnte das grünes Programm werden? Wenn Emanzipationsbewegungen sich legitimerweise auf ein Widerstandsrecht berufen konnten, wie es auch das Grundgesetz vorsieht, kritisierten wir nicht ihre Wahl der Mittel, riefen selbst aber nicht zum bewaffneten Kampf auf. Zugleich forderten und förderten wir Friedensprozesse auf der Basis von Gerechtigkeit und Demokratisierung. So jedenfalls lautete mein eigenes Plädoyer gegenüber den alten Aktivisten der Solidaritätsbewegung, als ich selbst für die Nord-Süd-Politik zuständig wurde. Es setzte sich durch. Auch eine bewaffnete Diktatur von an die Macht gelangten Befreiungsbewegungen nach leninistischem Muster lehnten wir ab.

K-Gruppen hatten zwar nicht den individuellen Terror der RAF, jedoch revolutionäre Volksgewalt gegen das Kapital, die herrschende Klasse, den Staat, das System theoretisch befürwortet. Welche Erbschaft trugen die Konvertiten nun in die Partei? Eindeutig: nach innen keine Gewalt! Gegen Menschen nicht und nicht gegen Sachen. Nach außen: Aus der maoistischen Volkskriegsideologie stammten die ersten Vorstöße gegen den radikalen Pazifismus der Anfangsjahre und für die Anpassung an den konventionellen sicherheitspolitischen Diskurs. Auch die späteren Forderungen nach humanitären militärischen Interventionen hatten hier ihren Ausgangspunkt. Ja, manch einer hätte auch bewaffnete Aufstandsbewegungen im Ostblock unterstützt.

In kleineren Kreisen der Anti-AKW-Bewegung wurde über die Legitimität von Gewalt gegen Sachen diskutiert. Bauzäune demolieren, Strommasten absägen, Schienen verbiegen? Durften Grüne da mitmachen? Wenn die Gewalt nicht menschengefährdend war? Sollten sie sich aktiv distanzieren? Immer wieder holte die Grünen dieses Thema ein. Einige Radikalökologen meinten, sich durch Unschärfen nach links profilieren zu können. Die Debatten wurden heftig, doch die Mehrheitslinie blieb klar: keine Gewalt. Wir wollten keine differenzierenden Diskussionen, die uns nichts als Ärger eingebracht hätten. Wer individuell dagegen verstieß, musste das mit seinem Gewissen ausmachen. Grüne liefen nicht zum Staatsanwalt.

Gewaltfreiheit war eine Maxime, die Grüne auch dem Staat abverlangten. Wie andere Oppositionelle auch hatten viele von ihnen Ende der 70er-Jahre unter der Repression zu leiden, derer sich die Staatsmacht bei der Verfolgung des RAF-Terrorismus gegenüber der gesamten linken Szene bediente. Raster- und Schleppnetzfahndung, polizeiliche Durchsuchungen in Wohnungen, Kanzleien, Ateliers, knüppelharte Polizeieinsätze bei Demonstrationen. Es war also eine Art Notwehr der außerparlamentarischen Opposition, den Staat immer wieder an die Verhältnismäßigkeit der Mittel zu erinnern und die Potenziale des staatlichen Gewaltmonopols einzugrenzen zu versuchen.

Trotz des eigenen Gewaltverzichts wurde bei den Grünen über die aktive Anerkennung des staatlichen Gewaltmonopols heftig gestritten. Alle sahen die herrschende Innenpolitik kritisch. Bürgerrechts- und Ökoliberale wollten den Staat, der als leicht parteiischer Schiedsrichter über der Gesellschaft stehend galt, prinzipiell anerkennen, gleichzeitig aber demokratisieren und begrenzen. Ökosozialisten mit KB-Hintergrund hingegen lehnten die existierenden Staatsapparate in Anlehnung an den Leninismus als Herrschaftsinstrumente der bürgerlichen Klasse prinzipiell ab. Anders als Liberale und Wertkonservative bekannten sich viele Linksunabhängige und Gemäßigte ähnlich der sozialdemokratischen Linken zur Sozialstaatlichkeit.

Wenn neokonservative Exlinke es später witzig fanden, einen inneren Widerspruch in der grünen Staatsauffassung zu entlarven – Ablehnung seiner Ordnungs-, aber Forderung nach Sozialpolitik –, stellte sich die Frage: Wo war da die Pointe? Jegliche Staatstheorie war bisher vom Diskurs über das Verhältnis von Freiheit und Verantwortung durchzogen. Der grüne Mainstream fand seine eigene Antwort. Er grenzte sich gegen das neokonservative Staatsverständnis, das meinte, einer zur Innensteuerung unfähigen Gesellschaft per Außensteuerung durch starke Institutionen Führung und Überwachung angedeihen lassen zu müssen, ebenso ab wie gegen den sozialdarwinistischen Ellbogen-Liberalismus und marktradikalen Anarchismus oder gegen den antiemanzipatorischen sozialdemokratischen Ver- und Entsorgungsstaat.

Langsam setzte sich in der Partei in den 80er-Jahren die Auffassung durch, den Staat nicht mehr als Subjekt zu begreifen, sondern als institutionelle Verdichtung gesellschaftlicher Kräfteverhältnisse, nicht als Akteur, sondern als Handlungsfeld gesellschaftlicher Akteure. Dafür jedenfalls plädierte ich selbst, im Sinne der undogmatischen Linken, in zahlreichen Schriften, die sich an den französischen Strukturalismus eines Nicos Poulantzas anlehnten.

Das gesellschaftliche Kräfteverhältnis bildet sich demnach in den Institutionen nicht proportional ab, sondern die stärkeren Gesellschaftsgruppen vermögen es, die Staatsapparate überproportional zu besetzen und zu prägen. Ihre gesellschaftliche Macht verdichtet sich zu staatlicher Herrschaft. Konsequenz für Oppositionelle: Wenn der Staat nicht Subjekt, sondern Handlungsfeld ist, dann kann man ihn nicht bekämpfen, dann muss man sich hineinbegeben. Allerdings nur auf der Basis einer Massenbewegung. Denn ohne gesellschaftliche Kraft keine Macht, um in den Institutionen die Verhältnisse zu verschieben. Hineinbegeben – das hieß zunächst: Teilnahme an Wahlen. Hieß es auch Koalition? In der logischen Konsequenz: ja. In der politischen Praxis der grünen Linken verallgemeinerte sich diese Einsicht erst später. Dutschkes »Marsch durch die Institutionen« jedenfalls bekam durch diesen Ansatz eine neue Qualität. Nicht der existenzialistische Akt des Einzelnen war gefragt, sondern Masse und Strategie. Radikal demokratisch und mit Power.

Es war 1983: Cemal Altun nahm Anlauf, sprang durch das geschlossene Fenster im sechsten Stock und starb. Gegen den anerkannten politischen Flüchtling lief auf Betreiben der Türkei ein Auslieferungsverfahren. Wolfgang Wieland verteidigte ihn vor dem Verwaltungsgericht Westberlin. Schikane und Angst vor der Abschiebung in den Folterstaat trieben seinen jungen Mandanten in den Tod. Dessen Chancen standen nicht gut, obwohl der Anwalt mit der Bonner Regierung verhandelte, Petra Kelly, Gert Bastian und Wolf Biermann sich mit der Forderung nach Freilassung und Bleiberecht in einem Käfig am Metallzaun des Bundeskanzleramts anketteten.

Die grüne Fraktion setzte die Tragödie auf die Tagesordnung des Bundestags. Der Beginn einer neuen Innenpolitik für Menschenrechte, gegen Rassismus und Fremdenfeindlichkeit. Nach Öko-Pax fand die Partei ein weiteres Thema. Nicht lange zuvor hatte das Thema Bürgerrechte – auch für Ausländer – noch als Kernanliegen der FDP gegolten, als Essenz ihres Linksliberalismus. Spätestens mit dem Eintritt der Liberalen in eine Mitterechts-Koalition und der wirtschaftsliberalen Wende aber verwahrloste dieses Feld. Nicht zuletzt deshalb traten zahlreiche Jungdemokraten wie Roland Appel und Claudia Roth den Grünen bei. Der Grundwert der Basisdemokratie erstreckte sich nun auch auf den Kampf für die individuellen Bürgerrechte. Und Bürger waren in den Augen der Grünen auch die zugewanderten Ausländer und Asylsuchenden.

Die Auseinandersetzungen mit dem Rechtspopulismus der Regierung Kohl waren massiv. Deutschtümelei und Ausländerfeindlichkeit, das Schüren von Ressentiments und Vorurteilen, um »die Lufthoheit über die Stammtische« und Mehrheiten auf Kosten von Ausländern zu gewinnen – all das war mit grüner Ethik nicht vereinbar. Es widersprach dem grünen Lebensgefühl, im Fremden, Neuen, Andersartigen etwas Bedrohliches zu sehen. Bedrohlich – das war die Normalgesellschaft mit AKWs, Raketen und Umweltgiften. Gesellschaftliche Umbrüche waren von den Etablierten nicht zu erwarten. Die Grünen selbst galten ja als Außenseiter, wurden angefeindet, bespuckt, verhöhnt. Was lag näher, als sich mit denen zu verbünden, denen es ähnlich ging. Zumindest für ihre Rechte musste man eintreten. Und erlebte man nicht zumindest in den Metropolen die bereichernde Vielfalt von Multikulti?

Nicht nur Flüchtlinge und Asylbewerber, auch Immigranten fanden grüne Fürsprache, ausgedrückt in Entwürfen für ein Niederlassungsgesetz vom April 1984 und für ein Integrationsgesetz zur Verbesserung der Rechtsstellung im März 1989. Grüne taten dies, obwohl die Bevölkerungsgruppe, für die sie kämpften, keine Wählerstimme hatte und Stammtische und Boulevard keine Gnade kannten. Unter wahltaktischen Gesichtspunkten hätte jeder der Partei abgeraten, das »Ausländerthema« ins Zentrum zu rücken. Aber die Anti-Parteien-Partei kalkulierte eben nicht mit nüchternen Wahlzielen, sondern folgte emphatisch dem eigenen ethischen Empfinden. Gegen den »Extremismus der Mitte«, die Verankerung rechter ideologischer Muster in der Normalgesellschaft.

Und verwickelte sich dabei in einen schwer aufzulösenden Widerspruch. Wenn sie der Normalgesellschaft nicht über den

Weg traute, tiefsitzende Ressentiments und Vorurteile, gar faschistoide Muster vermutete, wie konnte sie dann für direkte Demokratie eintreten, für Volksentscheide? Hätte das deutsche Volk den »un-deutschen« Bevölkerungsanteil nicht hinausgeworfen? Die grüne Bundesversammlung beschloss im Dezember 1985 trotz aller Bedenken ein »Manifest für direkte Demokratie«. Sein Promoter Gerald Häfner spekulierte auf Lerneffekte. Wenn das Volk entscheiden müsse, würde es sich auch kundig machen. Und bei verfassungsrelevanten Fragen sollte die Zweidrittelmehrheit gelten. Es war eine urgrüne Idee, von FIU und Achbergern, die hier bekräftigt wurde.

Vertrauen in die Bevölkerung? Viele Mitglieder blieben skeptisch. Avantgarde sein und gleichzeitig dem Volk nach dem Munde reden – das passte schwer zusammen. Das ging nur, wenn man Form und Inhalt trennte. Und tatsächlich wurden die Vertreter der direkten Demokratie mehr und mehr zu Sachwaltern eines formalen Demokratieverständnisses, das sich um die Gehalte kaum mehr kümmerte. Indes, die Demokratie brauchte Innovation, und die Ideen zur direkten Demokratie schienen die sinnvolle Ergänzung zum Parlamentarismus zu bilden. Volksbefragungen und -entscheide wurden eingeführt – ein Erfolg der grünen Initiativen. Und ein Blick auf die letzten Jahre zeigt: Das Vertrauen in die Bevölkerung war nicht zu gewagt. Sie lässt sich bei Plebisziten nicht vor den Karren von Leuten spannen, die unter dem Deckmantel radikaler Basisdemokratie parteipolitische Strategien verfolgen.

Immer öfter engagierten sich die Grünen gegen Verfolgung und Diskriminierung von Minderheiten. Mit dem Nachrücker Herbert Rusche, Gründungsmitglied der Grünen Liste Hessen (GLH), wurde 1985 der erste bekennende Homosexuelle in den Bundestag gewählt. Manch anderer dort teilte die sexuelle Orientierung, aber outete sich nicht. Seit APO-Zeiten engagierte sich Rusche in der Emanzipationsbewegung der Schwulen und Lesben. Nun, im Bundestag, hatte er die erbärmlichsten homophoben Sottisen auszuhalten. Auch von Joschka Fischer, weil er sich nicht in die hessische Realo-Gang eingemeinden ließ. Andererseits griff Fischer in einer fulminanten Rede CDU-Verteidigungsminister Manfred Wörner an, als er den Bundeswehrgeneral Günter Kießling wegen des Verdachts der Homosexualität in die Wüste schickte. Rusches damaliger Mitarbeiter Volker Beck wurde später zum parlamentarischen Strategen der Gleichstellung homosexueller Lebensformen. Im März 1988 wurde der erste entsprechende Gesetzentwurf in den Bundestag eingebracht. Noch fehlten die Mehrheiten.

Oktober 1984: Die etablierten Parteien, besonders die Schwarzen und Gelben, hatten Großspenden aus der Industrie bekommen. Es ging um Kontoüberweisungen, Handgelder. Das war nicht neu, doch die nun bekannt gewordene Dimension erschreckte. Öffentlich wurde über die korrupte Republik diskutiert. Hatte die Spitze der Konservativen Gegenleistungen erbracht? Die Grünen forderten eine Bundestagsdebatte:

Jürgen Reents greift Bundeskanzler Kohl frontal an. Sein Weg an die Spitze sei »von Flick freigekauft« worden. Radau und Tumulte im Plenum. Bundestagsvizepräsident Richard Stücklen zeigt dem Grünen die rote Karte. Fünf Sitzungstage Sperre. Chaos, als Reents den Platz verlässt. »Mit Verlaub, Herr Präsident, Sie sind ein Arschloch« – der Abgeordnete Joseph Fischer muss noch einen draufsetzen. Schiedsrichterbeleidigung. Den Triumph eines Platzverweises kann er dem Hamburger Chauvi-Rivalen nicht allein überlassen. Er, der in Wiesbaden an einer Koalition mit der SPD bastelte, muss den Bolzer herauskehren. Er gewinnt das Duell gegen Reents. Sein Spruch steht deutlich öfter in der Zeitung. Bis heute.

Der Fraktion gelang es, einen Untersuchungsausschuss zu den Parteispenden durchzusetzen. Nun kam die historische Stunde von Otto Schily. Mit schneidender Stimme, scharfer Rhetorik und präziser Argumentation entblätterte er die gegnerische Tarnung. Das Gefüge der Parteien geriet ins Wanken. Otto Schily und die Grünen entrissen ihnen die finanzielle Verankerung in der Wirtschaftswelt. Der Anwalt wurde schlagartig auch als Politiker berühmt und galt bald als Star der Grünen. Für die Fraktion brachte Schilys Auftritt im Flick-Ausschuss den ersten durchschlagenden parlamentarischen Erfolg. Es reichte zwar nicht für Abstimmungsmehrheiten, aber die Auswirkungen des Ausschusses waren gravierend. Die Parteienfinanzierung und das Stiftungswesen wurden gründlich reformiert. Otto Graf Lambsdorff, Wirtschaftsminister, FDP-Stratege der geistig-moralischen Wende, trat – der Steuerhinterziehung überführt – zurück und wurde zum FDP-Vorsitzenden befördert.

Der Entzug von Geld traf sich mit dem grünen Grundverständnis, die etablierten Parteien zugunsten von Basisbewegungen und direkter Demokratie kurzzuhalten. Insoweit ein taktischer Erfolg. Grün setzte noch auf die Kraft der Graswurzelopposition. Ohne Staatsknete. Aber war das auch strategisch gedacht? Als die sozialen Bewegungen gegen Ende des Jahrzehnts abflauten und die Grünen eine »richtige« Partei wurden, waren sie selber ziemlich klamm. Otto Schilys Verve und die grünen Korruptionswarnungen hatten einen Skandal aufgedeckt – doch in die notwendige Diskussion über Konsequenzen mischten sich immer lauter rechtspopulistische Ausfälle gegen Parteien und Politiker, gegen die sich auch Grüne nicht deutlich genug stemmten. Ohne Spenden und hinreichende staatliche Finanzierung können Parteien dem ausdrücklichen grundgesetzlichen Auftrag, an der Willensbildung »mitzuwirken«, nicht gerecht werden.

Theorie und Praxis grüner Innenpolitik wiesen bei allem prägnanten Engagement ein weitreichendes Manko auf: Sie bewegten sich nur auf der Ebene der Abwehr. Gemeinsam mit »Humanistischer Union« und dem »Komitee für Grundrechte und Demokratie« trat man ein gegen den Überwachungsstaat, gegen Repression und Polizeiübergriffe, gegen die Beschneidung von Menschen- und Bürgerrechten, für die informationelle Selbstbestimmung. In die aktive Umgestaltung der Institutionen griff man kaum ein. »Kritische Polizisten« zogen für die Grünen in den Bundestag, ohne dass deren Kritik umgearbeitet wurde in ein kohärentes Reformkonzept für die Polizei. Auch beim Strafrecht wurden zahlreiche Einzelpunkte kritisiert. Vergewaltigung in der Ehe sollte als Straftat gelten, Ladendiebstahl mild wie Mundraub beurteilt und Cannabisbesitz freigegeben werden. All die Einzelpositionen flossen aber nicht ein in ein kohärentes Konzept der seit Jahrzehnten überfälligen großen Strafrechtsreform.

Der oppositionelle Habitus überließ die Institutionen den konservativen Parteien, von denen – ein Widerspruch in sich – Reformen verlangt wurden. Grüne taten sich schwer, Polizei und Straforgane anzuerkennen, weil sie diese oft am eigenen Leib als Gegner erlebt hatten. Lieber ohne Polizei und Staatsanwaltschaft auskommen, die einen gern in die Mangel nahmen. Nur: Was machen wir gegen Neonazis und ihre Schläger? Demos, Dialog, Aufstand der Demokraten, Überzeugungsarbeit leisten? Oder muss nicht auch der Einsatz von Polizei und Strafermittlung gefordert werden? Wenn aber der staatliche Repressionsapparat gegen Rechtsradikale helfen sollte, konnte man ihn dann weiterhin ablehnen?

Misstrauen jedenfalls schien angebracht. Eine Volkszählung, die 1983 durchgeführt werden sollte, wurde durch massenhaften bürgerlichen Ungehorsam und höchstrichterlichen Entscheid zu Fall gebracht. Aber auch eine abgespeckte Variante, für 1987 vorgesehen, musste nach Meinung der Grünen verhindert, boykottiert, unterlaufen werden! Die Menschen nicht als gläserne Bürger dem Schnüffelstaat und der Wirtschaft ausliefern! Informationelle Selbstbestimmung statt Datensammelwut! Schutz der Lebenswelt statt Durchleuchtung des Alltags! Der anarcholiberale Widerstandsgeist war immer noch hellwach. Seit Jahren hatten alle Gliederungen der Partei den Widerstand gegen die Volkszählung durchbuchstabiert. In den WGs wurde diskutiert: Soll man die Erhebungsbögen ausfüllen, falsch beantworten oder wegwerfen? Ordnungswidrigkeit oder Straftat? Wir trauten der deutschen Obrigkeit nicht. Ihr Plan erinnerte an vieles, was wir in den Warnungen vor dem »Atomstaat« oder in Orwells »1984« gelesen hatten: »Big brother is watching you.« Die Bundesversammlung im Mai 1987 rief die Bürger zum Boykott auf.

Der Stichtag rückte näher: Fast die gesamte grüne Fraktion setzte sich vor dem Eingang des Deutschen Bundestags auf die Erde und demonstrierte Verweigerung. Zahlreiche Ermittlungsverfahren waren die Folge. Wegen Bannmeilenverletzung.

Auch gegen MdBs. Sie mussten vor sich selbst geschützt werden, meinte die Justiz. Als die Zählung nicht zu verhindern war, griff der Boykott. Kaum ein grüner MdB ließ sich zählen. Viele Grüne füllten die Bögen falsch aus. Die Volkszählung wurde ein Flop. Die Bevölkerung war sensibilisiert worden für das Recht auf informationelle Selbstbestimmung und Datenschutz. Ein riesiger grüner Erfolg. Schwer zu begreifen aus heutiger Sicht, da das Internet und der ausgeprägte Hang seiner Nutzer zu Selbstdarstellung und Eitelkeit mehr Privatsphäre zerstören, als der Staat es je könnte.

Elektronische Datenverarbeitung, Computerisierung, Informationstechnologien – ab Mitte der 80er-Jahre heiß umstrittene Themen. Internet gab es noch nicht. Politische Texte wurden bis dahin mit der Schreibmaschine verfasst, korrigiert mit Tipp-Ex oder Schere und Alleskleber, in Papierform kopiert und per gelber Post versendet. Texte waren kostbar, ihre Erstellung zeitaufwendig, der Vertrieb teuer. Wer gute Diskussionspapiere produzierte, galt etwas in der Partei. Er brachte den Laden voran. Wenn gemunkelt wurde, es solle »ein Papier« kommen, warteten alle gespannt auf die Offenbarung. Dann wurde diskutiert. Kontrovers. Am Ende abgestimmt. Es gab eine vereinheitlichte Meinung. Zumindest eine definierbare Kontroverse. Anders als heute, da jeder über Blogs, Twitter, Chats und E-Mail beliebige Gedanken in schriftlicher Form in beliebige Foren einstellen kann, mit beliebigen Folgen. Da jeder das Gefühl haben kann, mit Inputs die Debatte zu bereichern, aber ohne jegliche Kontrolle von Wirksamkeit. Wenn alles in gleicher Weise gültig ist, ist alles gleichgültig.

Angeführt vom oppositionellen Gewerkschafter, Arbeiterdenkmal und Vertreter im Postausschuss, Uli Briefs, diskutierte die Fraktion die Einführung von EDV und IT als Angriff auf die Industriegesellschaft. Die gelbe Post samt Briefmarke, Münztelefon, Sparbuch und Posthorn musste überleben. Aus Angst vor Arbeitsplatzabbau. Die modernisierungskritischen Modernisierer trafen eine verblüffende Fehlentscheidung. Sie lehnten die neuen Informationstechnologien rundheraus ab. Eine präzisere

Kritik an den Spaltprodukten der Post und deren Managern hätte sich später als richtiger erwiesen. Doch die Grünen, geübt im Umgang mit widersprüchlichen Lebenslagen, wussten sich zu helfen. Eine Entwicklung politisch abzulehnen, sich aber an das realiter Unausweichliche rasch zu gewöhnen, gehörte zu ihren Spezialbegabungen. Zunächst individuell. Heimlich legte man sich zu Hause einen Computer zu. Ich gestehe, mich auch durch eine solche Tat an der grünen Ideologie vergriffen zu haben. Durch einen verdeckten Kauf ausgerechnet beim politischen Gegner von der DKP. Die DKPisten nämlich begriffen die technische Intelligenz seit eh und je als die Spitze der Arbeiterklasse, für viele der jüngeren Kader waren Rechner und Floppy die modernen Surrogate von Hammer und Sichel. Imagemäßig nutzte das heimliche Manöver mir nichts. Der PC stand nicht offen im Büro. Dafür aber Bücher und ein Filzschreiber. Prompt gab es einen Verriss in einem Zeitungsporträt: unmodern, zurückgeblieben, ewiggestrig. Personalcomputer galten einem progressiven Medienmann jetzt alles, Bücher nichts.

Als Uli Briefs' linker Arm, der das Posthorn hochhielt, erlahmte, vergab Fraktionsgeschäftsführer Michael Vesper den Auftrag, die Optionen der Einführung von EDV zu prüfen – rebellischerweise an den Hamburger Chaos Computer Club (CCC). Statt technische Vorschläge zu machen, verwickelte der CCC die Fraktion in eine Diskussion über das Selbstverständnis ihrer internen Kommunikationsstrukturen. Ergebnis: erheblicher Reformbedarf. Mehr miteinander reden als übereinander. Mehr Konsultationen und klare Entscheidungsprozesse. Erst nachdem die Fraktion sich gründlich reformiert hatte, wurden Computer eingeführt. Als zum Ende des Jahrzehnts die Arbeit des Bundestags durch eine Unternehmensberatung evaluiert wurde, lautete das pikante Ergebnis: Die Grünen sind die Besten. Auch wenn man im Internet kein Bier trinken kann, wie Norbert Blüm richtig feststellte, tummelten sich bald alle Grünen dort. Aber der kritische Geist, die Skepsis lebten weiter. In der Forderung nach Datenschutz und einem sauberen Internet.

Radikale Demokratie, Menschen- und Minderheitenrechte,

Kampf gegen die Diskriminierung der Frauen – für all diese Elemente der Bürgerrechtsbewegung traten die Grünen mit Nachdruck ein. Noch aber kam niemand auf die Idee, sie deshalb als liberale Bürgerrechtspartei zu charakterisieren. Auch wenn sie den Bürgerrechtsliberalismus, den linken Liberalismus, der FDP entwendet hatten. Von einer »grünen FDP« war angesichts der sozial motivierten Ablehnung des Wirtschaftsliberalismus noch nichts zu spüren. Erst als die Flügelkämpfe zu Beginn der 90er-Jahre im finalen Desaster kulminierten, kamen die ersten Forderungen nach einer völlig neuen Parteidefinition ins Spiel. Statt der sozialökologischen Profilbildung, die das Öko-Pax-Image der Gründungsphase abgelöst hatte, verlangten einige Realo-Fraktionen, Ökoliberale und Wertkonservative nun die Umgründung der Grünen in eine »ökologische Bürgerrechtspartei«. Eine Stärke der Partei, verabsolutiert und gegen die anderen Grundsäulen ausgespielt, geriet zum Katalysator grüner Selbstzerstörung.

Kapitel 15

Feminismus und Mütterlichkeit

Mit den Grünen zog im März 1983 zum ersten Mal eine Fraktion in den Bundestag, die durch einen hohen Frauenanteil auf sich aufmerksam machte. Selbst wenn es noch nicht die von Feministinnen angestrebten 50 Prozent plus x waren, reichte der Auftritt, um der etablierten Männergesellschaft massive Ängste einzujagen. Anders ist kaum zu verstehen, wie männliche Bundestagsabgeordnete angesichts der selbstbewusst auftretenden grünen Frauen mit hochroten Gesichtern und Stammtischgegröle sexistische Pöbeleien absonderten. Hier outete ein Milieu von selbstgefälligen Männerbündlern, alten Kameraden und spießigen Vereinsmeiern seine tiefsitzende Frauenfeindlichkeit. Hier offenbarte eine konservative Politikerkaste, dass Gleichberechtigung nur so lange galt, als sie männliche Machtansprüche nicht wirklich gefährdete. Das also war das Hohe Haus, der Gesetzgeber, zuständig für das gesamte deutsche Volk einschließlich seiner weiblichen Hälfte. Grüne Frauen, die zum Mikrofon emporstiegen, um ihre erste Rede zu halten, mussten einen Spießrutenlauf absolvieren. Frisur, Figur, Kleidung – nichts blieb unkommentiert, nichts galt als normal. Die hohen Herren befanden sich im psychischen Ausnahmezustand.

Keine zwei Monate blieben ihnen, den Schock zu verkraften, als am 5. Mai 1983 anlässlich von Kohls Regierungserklärung Waltraud Schoppe ihnen die Leviten las. Unerhörte Worte sprach sie zum und über das deutsche Parlament. Den »alltäglichen Sexismus hier im Parlament« prangerte sie an, sie sprach über Gewalt in der Familie, gegen Frauen und Kinder, über ungewollte Schwangerschaften als Ergebnis »fahrlässiger Penetration«. Das reale Leben von Frauen war im Parlament angekommen. Waltraud Schoppe wurde schlagartig berühmt. Nachdem die Männer sich empört und schenkelklopfend ausgetobt hatten, wurde so manchem bewusst, dass hier keine Paukboden-Comedy stattgefunden hatte, sondern der Beginn der feministischen Revolution im Bundestag.

Feminismus – anfangs wurde der Begriff synonym zu »Frauenpolitik« verwendet – war bereits zum grünen Quasigrundwert avanciert. Feministinnen aus der autonomen Frauenbewegung, der Frauenhaus-, Friedens- und Ökologiebewegung sahen in der neuen Partei die Chance, ihre Interessen an der gesellschaftlichen Neugestaltung einzubringen. Petra Kelly und Eva Quistorp waren nie »nur« Friedenspolitikerinnen, sie standen immer auch für Frauenpolitik. Kaum eine grüne Aktivistin, die nicht kämpferisch auch die Stellung der Frau in Politik, Wirtschaft, Gesellschaft und Privatleben thematisierte. Das war neu, auch in der Linken. Die grünen Frauen waren nicht bereit, ihre Anliegen zum »Nebenwiderspruch« degradieren zu lassen, wie es die bei den K-Gruppen der 70er-Jahre gepflegte Praxis war. Das alte, der Arbeiterbewegung entlehnte »Revolutionsmodell«, nach dem erst der »Hauptwiderspruch« zwischen Kapital und Arbeit »gelöst« werden müsse, wurde auf den Müllhaufen der Geschichte geworfen. Frauen forderten ihre Rechte hier und jetzt, die Zerschlagung patriarchaler Macht in Politik, Familien und Schlafzimmern. Sie hatten genug von den alltagsfernen Debatten der Männer, die umso leidenschaftlicher geführt wurden, je weniger diese mit ihrer eigenen Realität zu tun hatten.

Grüne Frauen gründeten von Beginn an eigene, autonome Strukturen, in Partei und Fraktion. Auf allen Ebenen wurden Arbeitskreise gebildet, Frauenbeauftragte und Frauenreferentinnen eingestellt. Ein Frauenstatut räumte Vetorechte bei geschlechterrelevanten Fragen ein. Die Geschlechterquote fand, erst zögerlich, dann radikal und konsequent, Einzug in die grüne Satzung. Im Mai 1986 war die Quotierung so weit stabilisiert, dass die zweite, 1987 gewählte Bundestagsfraktion zu fast 60 Prozent aus Frauen bestand. Jedem Bundesvorstand bis Ende der 90er-Jahre gehörten seitdem ausgewiesene Feministinnen an – als Sprecherinnen erst Regina Michalik, dann Verena Krieger. Eine ähnliche Aufwertung von Frauenpolitik gab es nicht einmal ansatzweise bei den etablierten Parteien. Dort verfolgten die Frauen nahezu sprachlos, was bei den Grünen geschah. Als hier die Forderung nach konsequenter Quotierung schon selbstverständlich war, musste sich die »Arbeitsgemeinschaft sozialdemokratischer Frauen« (ASF) auf ihrem Kongress »Lasst die Pfoten von den Quoten« ihrer Bedeutung noch durch die Einladung Willy Brandts als männlichem Gastredner versichern. Vergeblich warteten die Genossinnen auf die Milde der Herren bei der Berücksichtigung für gehobene Positionen und Listenplätze.

Immer mehr innerparteiliche Rechte setzten die grünen Frauen durch. In alle Bereiche des Programms brachten sie ihre Perspektive ein. Doch es gab auch interne Kontroversen grundsätzlicher Art: Gleichberechtigung oder Emanzipation? lautete die strategische Frage. Gleichberechtigung in der Männergesellschaft auf allen Ebenen? Führte dieses Ziel weit genug? Gleicher Lohn für gleiche Arbeit – sicher, das hatten Gewerkschaftsfrauen seit eh und je gefordert. Gleiche Aufstiegschancen in Spitzenpositionen in Politik, Wirtschaft, Forschung – das war Konsens. Aber: Mussten die existierenden Ungleichheiten nicht zu einer tiefer reichenden Analyse der Gesellschaft führen, zur Erforschung des Patriarchats und seiner Wirkungsweise in der Postmoderne? Sollte Gleichberechtigung innerhalb der herrschenden Strukturen gesucht oder mussten nicht die Strukturen selbst revolutioniert werden? Sollte im Sinne der Gleichberechtigung »Frauen in die Bundeswehr« gefordert oder das Militär als patriarchale Struktur grundsätzlich infrage gestellt und die Bundeswehr aufgelöst werden? Hatte die Frauen-Friedensbewegung um Eva Quistorp weitaus mehr Gewaltförmiges zu verhindern als lediglich die Nachrüstung?

Musste nicht die Gewaltförmigkeit des patriarchalen Herrschaftssystems auf allen Ebenen begriffen und bekämpft werden? Bis hinein in Sex, Beziehung, Ehe, Familie – deren konservative Deutung sich auf den besonderen Schutz durch das Grundgesetz berief? Feministinnen waren sich einig: ja. Aber mit welchen Mitteln? Sollten Frauen etwa durch die Verweigerung sexueller Kontakte dafür kämpfen, sexualisierte Gewalt und unterdrückerische Kulturmuster zu beseitigen, um partnerschaftliche und emanzipierte Erotik an deren Stelle treten zu lassen? Mussten Frauen nicht vielmehr die Möglichkeit haben, selbstständige, autonome Lebensentwürfe zu verwirklichen – statt sich den herrschenden Vorstellungen vom Zusammenleben der Geschlechter zu unterwerfen? Waren Männer prinzipiell Gegner, oder konnten nicht »neue Männer«, wie sie fordernd besungen wurden, solidarische Gefährten sein?

Die Debatten wurden auch in den Konkurrenzblättern »Emma« und »Courage« geführt. Sibylle Plogstedt, Herausgeberin der »Courage«, fand später als Frauenreferentin eine Anstellung in der grünen Fraktion, während Alice Schwarzer gern über die grünen Frauen herzog. Frauen aus der jüngeren autonomen Frauenbewegung wie Marie-Theres Knäpper, Verena Krieger und Regina Michalik mischten sich jedenfalls von Beginn an in den grünen Gründungsprozess ein, wurden Teil der Wahlbewegung, produzierten Ideen und Programme. »Feminismus, Subjektivität, Autonomie – Das Private ist politisch«, postulierte ein Buch von Marie-Theres Knäpper, die – aus den Bochumer Basisgruppen stammend – zu einer Vordenkerin des grünen Feminismus wurde. Die autonome Frauenbewegung sah die Chance, in einer linksalternativen Partei die Ansprüche, die sie autonom formuliert hatte, institutionell umzusetzen.

Schnell erzielten Frauen bei den Grünen erhebliche Erfolge. Die Quotierung war nicht der erste große Sieg, wenn auch der strukturell nachhaltigste. Schon dass Petra Kelly bei der Europawahl 1979 zur führenden Persönlichkeit wurde, verdankte sie nicht nur ihrem Charisma, sondern auch der Forderung vieler Frauen, dass eine solche Ausstrahlung ihren richtigen Platz bekomme. Die Forderung der Frauenbewegung nach Abschaffung des Paragrafen 218 wurde zum zentralen Element der grünen Richtungsentscheidung: emanzipatorisch oder konservativ?

Auf der Saarbrücker Gründungsversammlung 1980 hatten die Frauen einen Kompromiss erzwungen, der zwar nicht ihrer Maximalforderung nach Abschaffung des Paragrafen entsprach – was ihnen ziemliche Scherereien mit der Frauenbewegung eintrug –, aber weit jenseits der damaligen gesetzlichen Regelung lag. Bei allen Differenzen gelang es den Frauen in der Fraktion letztlich doch, Ende der 80er-Jahre einen Gesetzentwurf zum Paragrafen 218 einzubringen, der von beiden Flügeln getragen werden konnte.

Alltäglicher Sexismus, Gewalt gegen Frauen, sexueller Missbrauch, autonomer Lebensentwurf und eigenständige soziale Absicherung, Gen- und Reproduktionstechniken – bald waren die Hauptthemen des Feminismus integraler Teil der grünen Politik. »Frauen gegen Gen- und Reproduktionsmedizin« – auf einem hochkarätig besetzten Kongress starteten die Fraktionsfrauen im April 1985 einen Generalangriff auf die von konservativer Seite hochgejubelte Zukunftstechnologie. »Gegen die Orientierung von Frauen am Mann und seinen Taten« organisierten sie 1985, 1987 und 1990 Bundesfrauenkonferenzen, sagten sich vom männlichen Herrschaftsanspruch »los und ledig«.

»Ende der Bescheidenheit« – den politisch-konzeptionellen Kulminationspunkt brachte der Kongress zum grünen Antidiskriminierungsgesetz im Juni 1986. Der Gesetzentwurf harmonisierte und systematisierte alle bis dato aufgestellten frauenpolitischen Forderungen. In den Bundestag eingebracht, erhielt er zwar keine Abstimmungsmehrheit, setzte die anderen Parteien aber gehörig unter Druck. Er stimulierte das Aufbegehren der Frauen auch bei den etablierten Parteien. Punkt für Punkt fanden seine Forderungen, wenn auch oft arg verwässert, mit der Zeit Eingang in die Gesetzgebung.

Auch die herrschende Amts- und Umgangssprache forderte feministischen Widerspruch heraus. »Frau Präsident« hatten Unions-Abgeordnete Annemarie Renger angeredet, wenn sie Bundestagssitzungen leitete. Immerhin »Frau«. Manche hatten sie aus Trotz gegen ihre Anwesenheit auch als Herr Präsident tituliert. Die Grünen sprachen sie als »Frau Präsidentin«

an. Die grünen Frauen beharrten auf der weiblichen Form in allen Lebenslagen. Männliche Nomina wurden verweiblicht, wenn eine Frau damit bezeichnet werden sollte. Das angehängte »-in« wurde »in«. Wichtigste Neuerung: das große »Binnen-I«. Es erlaubte statt »Mandatsträger und Mandatsträgerinnen« ein komprimiertes »MandatsträgerInnen« – gut zu schreiben, schlecht zu sprechen. Die Revolution der Sprache erreichte selbst die sonst eher widerständige Bürokratie: Nachdem der »Amtmann« auch ein »Amtmann (weibl.)« sein konnte, wurde er erst zu »Frau Amtmann«, dann zu »Amtfrau«. Damit auch nichts schiefging, hat Ende der 90er-Jahre das Bundessprachenamt, das, als Bundesoberbehörde dem Verteidigungsministerium (!) unterstehend, für die Sprachausbildung in allen Bundesressorts zuständig ist, eine Empfehlung zur Anwendung geschlechtsneutraler Formulierungen herausgegeben. Am konsequentesten beherzigte eine grüne Frauenreferentin die »Linguistic Correctness«: Rita Werkmeister nannte sich Rita Werkmeisterin.

In der Literatur, auch der politischen, ist der Anspruch nicht diskriminierender Sprache bei aller Aufgeklärtheit nicht leicht einzulösen. Schreibfluss und Lesbarkeit verlangen ihr Recht. Wenn in diesem Buch die Reihung von männlicher und weiblicher Form, das Binnen-I und die »frau«-Form nicht vorkommen, dann nicht, um die Frau über symbolische Dekonstruktion zum Verschwinden zu bringen. Hinter dem kleinen »man« lese »mensch« immer auch eine große Frau.

Mit ihren politischen Erfolgen mobilisierten Feministinnen mehr und mehr Frauen zur aktiven Mitarbeit in der Partei und deren Umfeld. Über ein Drittel der Mitgliedschaft aber kamen die Frauen nicht hinaus. Welche Frauen machten aus welchen Gründen nicht mit? Die feministische Erklärung: Das Patriarchat sozialisiere Frauen so, dass sie öffentliche Rollen nicht einüben. Im konservativen Milieu würde dies sogar offensiv ideologisch begründet. Und der Alltag mit seinen Belastungen halte auch manche Interessierte ab. Alles nicht falsch. Doch es gab auch Frauen, die Emanzipation anders interpretierten als der grüne Feminismus, die mehr Freizeit und Spaß wollten, weniger Verwicklung und Verantwortung. Feminismus galt ihnen als männerfeindlich. Sie wollten keine »neuen« Männer, sondern die alten – ein bisschen runderneuert.

Die grünen Frauen gerieten durch die politische Abstinenz ihrer Geschlechtsgenossinnen enorm unter Druck. Denn aus dem Drittel, das sie in der Mitgliedschaft ausmachten, musste die Quote, die paritätische Besetzung aller Positionen, organisiert werden. Wenn es dann mit der geforderten Umverteilung der Hausarbeit zwischen Männern und Frauen nicht recht klappte – ein Mann in wichtiger Position, der sich um sein Kleinkind kümmerte, vernahm zudem bösartiges Gezischel hinter seinem Rücken, wie ich selbst als Parteivorsitzender erfahren sollte –, verschärfte sich die Doppelbelastung für manche Frau enorm. Stillende Frauen auf Parteitagen – bei den Grünen gehörten sie zum normalen Bild. Doch waren nicht alle Frauen bereit und in der Lage, sich diesen Strapazen zu stellen. Auch Kinderbetreuung bei Versammlungen oder bezahlte Babysitter konnten die Last nicht völlig abfangen. Immerhin, die Grünen nahmen solche Erleichterungen als offizielle Frauenrechte in ihre Satzung auf. Ergänzt um die unschlagbare Formulierung: »Männer, die Kinder betreuen, gelten als Frauen im Sinne dieser Regelung.«

Bis Mitte der 8oer-Jahre hatten Frauen bei den Grünen strukturell und thematisch viele ihrer Ziele erreicht. Nachdem in der ersten Bundestagscrew das Chauvigehabe der Alphamännchen um das Ranking auf dem Affenfelsen genervt hatte, war es Frauen sogar gelungen, im April 1984 mit einem kooperationswilligen reinen Frauenvorstand die Macht zu übernehmen. Nicht jedes der sechs Häupter empfand sich als Feministin im radikal-kämpferischen Sinne. Doch das »Feminat«, angeführt von Waltraud Schoppe und Antje Vollmer, machte Geschichte. Später ging in Hamburg eine reine Frauenliste für die Bürgerschaftswahl ins Rennen. Hier, im Heimatland des KB, wie auch im hessischen Spontimilieu beherrschte anfangs der Männlichkeitswahn der nicht alternativen Linken die Szene. Wer sich der Führung der Arbeiterklasse oder dem revolutionären Kampf verschrieben hatte, fühlte sich – anders als die »Softies« an der Seite der Feministinnen – nicht aufgefordert, sich selbst im Spiegel zu betrachten. Alternative Verkehrsformen, ein neuer Umgang der Geschlechter im öffentlichen Raum, mehr Sensibilität in der Beziehungskiste – die K-Gruppen-Männer hatten derlei Nebenwidersprüchliches nicht auf dem Schirm.

Etwas anders sah es bei den undogmatischen Linken aus. Hier war das Geschlechterverhältnis ständiges politisches Thema. Wir hatten auch von Männerseite aus mitgeholfen, im AStA der Universitäten die ersten autonomen Frauenreferate einzurichten. Eine der Pionierinnen, später eine der führenden grünen Feministinnen, wurde meine langjährige Lebensgefährtin. Nüchtern und weniger nüchtern durfte (oder musste?) ich mit ihr und ihren Freundinnen (»Schwestern«) immer wieder die mannigfachen Visionen diskutieren: Männer abschaffen und nur zu Fortpflanzungszwecken einige Prachtexemplare in Käfigen halten, wie Shulamith Firestone von den New York Radical Feminists anregte? Sogar den »kleinen Unterschied« à la Schwarzer aufheben in einem androgynen selbstbefruchtenden Neutrum, wie es Ernest Borneman (ein Mann!), einst Wilhelm Reichs KPD-naher Sexpol-Organisation zugehörig, in den 70er-Jahren projektierte? Ich machte eine harte Schule durch. Angesichts solcher Theorien erschien mir die reale Politik der grünen Feministinnen eher milde und männerfreundlich. Wir Typen waren noch einmal davongekommen.

Beim Thema Paragraf 218 standen die meisten linken Männer aufseiten der Feministinnen. Viele Orthodoxe eher aus strategischen Gründen denn aus inhaltlichen. Einige Undogmatische mit theologischem Hintergrund wie Eckhard Stratmann taten sich schwer. Meine eigene Haltung war durch zwei Erlebnisse bestimmt. Die WG in Lissabon, in der ich 1976 einige Wochen lebte, war illegale Beratungs- und Vermittlungsstelle für Abtreibungen, die noch aus klerikal-faschistischer Zeit streng verboten waren. Eines Tages wurde eine junge Frau hereingetragen. An einen Pfuscher geraten, lief sie Gefahr zu verbluten. Eine Mitbewohnerin, ausgebildete Krankenschwester, rettete sie. Beide wurden später Vorkämpferinnen der Legalisierung in Portugal.

Spätestens dieses Erlebnis zeigte mir, dass die ohnehin belastende Entscheidung für eine Abtreibung nicht durch Kriminalisierung weiter erschwert werden darf. Einige Jahre danach, als mutige Frauen sich öffentlich zur Abtreibung bekannt hatten, fand in Essen eine große Anti-Paragraf-218-Demonstration statt, zu der ich meine Lebensgefährtin begleitete. Hinter der Mauer zur Bischofskirche standen Anhänger des Zölibats und der unbefleckten Empfängnis und beschimpften uns als Mörder. Ich trat aus der Kirche aus.

Apropos Kirche. Lange herrschte zwischen Grünen und der katholischen Amtskirche Funkstille. Viele waren ausgetreten, wegen des konservativen Familienbilds und der bigotten Alltagsmoral. Es kam zum Eklat, als grüne Aktivistinnen auf dem Kölner Domplatz die Hexenverbrennungen als bis in die beginnende Neuzeit andauernde frauenfeindliche Gräueltaten der Kirche anprangerten. Die katechetische Überhöhung der »weißen Maria« gegenüber der »roten Hure« Magdalena – in Klaus Theweleits »Männerphantasien« als psychologische Verirrung konservativ-verklemmter Chauvis angeprangert – stand für ein inakzeptables Frauenbild. Die Kirche erklärte das Tischtuch für zerschnitten. Petra Kelly machte sich irgendwann demonstrativ daran, es wieder zusammenzunähen. Doch es dauerte Jahre, bis ein Dialog wieder in Gang kam. Die »Kirche von unten« sorgte für Bewegung. Ihre Repräsentantin, Christa Nickels, wurde grüne Botschafterin im Zentralrat der Katholiken, die Theologin Antje Vollmer übernahm den Part bei den Protestanten.

Der grüne Feminismus siegt sich zu Tode, war der Tenor mancher Kommentars. Denn wie sollte es weitergehen, nachdem partei- und fraktionsintern wichtige Ziele erreicht waren? Wie konnte der hohe Grad an Mobilisierung und öffentlicher Aufmerksamkeit erhalten werden? War die historische Mission erledigt, sollten Frauen sich mäßigen, die Erfolge kultivieren? Oder sich weiter radikalisieren, um die Agenda zu bestimmen? Vergewaltigung in der Ehe – sollte sie mit mindestens zwei Jahren Haft bestraft werden und damit nicht bewährungsfähig sein, oder reichte ein Jahr auf Bewährung? Stigmatisierung von Vergewaltigung als Schwerverbrechen oder eine zweite Chance für die Täter? Sollten neue Themen gesucht werden, etwa die Anti-Porno-Kampagne der »Emma«, oder sollten Rechte für Prostituierte gefordert werden? Der Feminismus differenzierte sich in doppelter Weise aus: Zum einen standen sich bald Gemäßigte und Radikale gegenüber, beide gleichermaßen mit dem grünen Projekt identifiziert. Daneben agierten Feministinnen wie die Frauenreferentin Claudia Pinl mit einem rein funktionalen Verhältnis zur Partei. Sie interessierte nur, was diese der Bewegung außerhalb brachte.

Für die linkeren Feministinnen brachten die Erfolge zudem ein Paradox: Viele Frauen waren wegen der feministischen Erfolge zu den Grünen und zur Politik überhaupt gestoßen, setzten sich innerhalb der Partei aber von den Urheberinnen ab. Feministinnen sahen sich mit immer mehr Frauen konfrontiert, die die Siege der Vorkämpferinnen gern für sich in Anspruch nahmen, mit deren weiteren inhaltlichen Forderungen aber nichts mehr zu tun haben wollten. So manche Frau, die nur durch deren Einsatz in eine führende Position gelangt war, beeilte sich nun, die Schwestern, denen sie es zu verdanken hatte, zur Seite zu schieben. Frauen reklamierten gegen die feministische Avantgarde das Recht auf Biederkeit.

Den stärksten Ausdruck fand diese Haltung in der Formulierung eines »Müttermanifestes« im November 1986. Die Figur der »Mutter« war in der autonomen Frauenbewegung durchaus nicht unbekannt. Der Name der »Courage« lehnte sich an Brechts »Mutter« an. In der »Emma« hatten bereits heftige Debatten darüber stattgefunden. Frauen hatten darüber diskutiert, wie Konzepte weiblicher Autonomie und Mutterrolle miteinander zu verbinden seien. Sollten Frauen von »Müttern« reden oder von »Frauen mit Kindern«? Agierten Frauen wegen ihrer Gebärfähigkeit und potenzieller Mutterrolle sanfter, friedfertiger, liebevoller als Männer in Politik und zwischenmenschlichem Umgang? Die Frauen-Friedensbewegung hatte dies, unterstützt durch Margarete Mitscherlich, behauptet. Durch enge Kontakte zum indischen Kulturkreis hatten die Soziologinnen Maria Mies und

Claudia von Werlhoff einen Ethno- und Ökofeminismus postuliert, der bei Frauen ein grundsätzlich anderes Verhältnis zur Natur gegeben sah als bei Männern. Diesseits der Kontroversen der philosophischen Anthropologie arbeiteten Feministinnen mit Müttergruppen konkret zusammen. Mit Müttern, die in Frauenhäuser geflüchtet waren, mit Alleinerziehenden, mit den »Müttern der Verschwundenen« in den lateinamerikanischen Militärdiktaturen, mit den Mütterinitiativen, die nach dem Super-GAU von Tschernobyl unverseuchte Milch aufzutreiben suchten. Und nun ein eigenes »Müttermanifest«. Nicht etwa ein Kapitel über die Mutterrolle in einem feministischen Konzept, sondern ein Gegenentwurf. Die Feministinnen der ersten Stunde hatten gefordert, Frauen sollte existenzsichernde Erwerbstätigkeit möglich sein, damit sie eigenständig ihren Lebensunterhalt bestreiten können. Zugleich sollten sich Männer um Hausarbeit und Kindererziehung kümmern. Frauen in den Chefsessel, Männer an den Herd. Frauen ins Parlament, Männer ins Kinderzimmer. Und umgekehrt. Am besten sollten alle alles arbeitsteilig erledigen. Von ökoliberalen Frauen um die nicht grüne Gisela Erler verfasst und von Christa Nickels vehement in die grüne Debatte getragen, wendete das Müttermanifest sich gegen den feministischen Gedanken des autonomen Lebensentwurfs und entdeckte die Mutter als Frauentyp wieder. Mütterlichkeit als eine die ganze Frau erfüllende Berufung sollte genauso als Realisierung des Selbstverwirklichungsanspruchs anerkannt werden wie der weibliche »Karrierismus«, das solitäre erfolgsorientierte Leben ohne Kinder, das angeblich von den Feministinnen verkörpert wurde. Linke Feministinnen wollten die geschlechtshierarchische Arbeitsteilung aufheben, Haus- und Erwerbsarbeit beiden Geschlechtern zuweisen; das Müttermanifest hingegen wollte die Grundstruktur nicht aufbrechen, sondern die weibliche, die Mutterrolle, gesellschaftlich aufwerten. Feministinnen wollten maximal »den kleinen Unterschied« samt umgebender Erotik bestehen lassen, Mütter beharrten auf wesensmäßiger Geschlechterdifferenz über das Biologische hinaus.

Das Auftauchen des Manifestes spaltete die grünen Frauen

zutiefst. Erbitterung und Wut bis zur Weißglut, so war zu beobachten, waren kein Privileg der Männer. Die weiblichen Waffen, einst als Kampfinstrument gegen die Männerwelt ins Feld
geführt, wurden von den angeblich sanften und friedfertigen
Schwestern nun erbarmungslos gegeneinander gerichtet. Viele
kämpferische Feministinnen hatten Kinder, waren berufstätig
und in der Politik engagiert, meisterten ihr Leben – mal mit, mal
ohne Partner –, kümmerten sich um Kinder und Familie und
wollten dennoch nicht in erster Linie als Mütter gelten. Als Kar-
rieristinnen schon gar nicht. Und andererseits wollten sich Mütter – nach Sitzblockaden vor Raketenstandorten und Wasserwerferbeschuss – nicht vorwerfen lassen, nur traditionellen Rollen
verhaftet zu sein.

Nach harten Kontroversen und Vermittlungsversuchen von
Marieluise Beck-Oberdorf beschloss die Bundesversammlung im
Mai 1987, die »BAG Frauen« solle eine Arbeitsgruppe »Müt-
terpolitik« mit eigener Sprecherin einrichten. Damit war zwar
die Gegengründung einer eigenständigen »BAG Mütter« formell
verhindert, zugleich aber die Spaltung der Frauen festgeschrieben. Grüne Frauenpolitik war ab sofort nicht mehr gleichzusetzen mit feministischer Politik. Zwei frauenpolitische Strömungen
kämpften nun erbittert um inner- und außerparteiliche Geltung.
Mit dem Mütterkonflikt bekam auch der Flügelkonflikt der
Grünen ein sichtbares frauenpolitisches Gewand. Die Feministinnen agierten im Zuge der eskalierenden Kämpfe eher mit der
Parteilinken, die »Mütter« bildeten einen liberalkonservativen
Kern des gemäßigten Flügels.

Wenn diese aber glaubten, mit diesem Manöver ihre Anschlussfähigkeit auch für schwarz-grüne Koalitionen zu demonstrieren, die in die Debatte zu bringen unter dem Kampfmotto
des Tabubruchs bei den Ökoliberalen in Mode kam, so irrten sie
sich gewaltig. Das Müttermanifest wurde selbst in CDU-Kreisen
als neokonservativ abgelehnt. Reformkräfte um Rita Süssmuth
und Heiner Geißler registrierten die veränderte Lebenslage, die
neuen Wünsche und Bedürfnisse der Frauen und waren durchaus geneigt, diesen teilweise entgegenzukommen. Für sie kam es

darauf an, das CDU-Frauenbild, das von erzkonservativer Mütterlichkeit geprägt war, aufzubrechen und zu modernisieren. Dafür brauchten sie andere Bündnispartnerinnen als die grünen Mütter. Mit Begriffen aus der Frauenbewegung forderten sie nun zur Überraschung der Grünen »neue Männer« und partnerschaftliche Beziehungen – freilich ohne die grundsätzliche Arbeitsteilung infrage zu stellen. Die Feministinnen mussten schon präzise argumentieren, um Süssmuths Politik theoretisch im Konservatismus einzuhegen und ihre Werbewirksamkeit für moderne Frauen zu beschneiden. Wenn Ursula von der Leyen später gegen ihre paternalistische CDU moderne frauen- und familienpolitische Elemente durchsetzte, so hatten dafür eher grüne Feministinnen die Räume freigekämpft als der Biedersinn der grünen Mütterlichkeit.

Das Abgrenzungsproblem der Feministinnen nach links war vergleichweise gering. Hier und da traten Lesben mit radikal vorgetragenen Ansprüchen auf, in denen es nicht nur darum ging, jede Diskriminierung ihrer sexuellen Orientierung zu bekämpfen. Damit rannten sie bei den libertären Grünen, die sich von Beginn an gegen die Diskriminierung von Schwulen und Lesben einsetzten, offene Türen ein. Sie erhoben vielmehr ihre persönliche Lebensform ideologisch zur universellen Norm, zum konsequentesten Ausdruck feministischer Identität, der sich alle Frauen gegen die prinzipiell fremde Männerwelt anzuschließen hätten. Nicht mit »neuen« Männern sollten Frauen Politik machen, sondern ganz ohne. Jutta Oesterle-Schwerin jedenfalls gründete, nachdem sie Anfang der 90er-Jahre die Grünen verlassen hatte, ihre »Frauenpartei« – ohne nennenswerte Resonanz.

Der grüne Feminismus war Ende der 80er-Jahre offensichtlich in eine Krise geraten. Die neue grüne Politik, die einst »im Gewande der Weiblichkeit« daherkommen sollte, erfuhr nun, dass Frauen nicht nur so gut sein können wie Männer, sondern auch so schlecht. Aber: Gleichberechtigung auch im Negativen – war das nicht das Ziel von Emanzipation? Und was bewies die Krise – das Scheitern? Oder den Erfolg? Flaute der Schwung der Bewegung ab, weil nach den Erfolgen kaum noch ein Ziel in Reichweite war? Jedenfalls lag die Krise nicht darin begründet, dass grüne Männchen die Feministinnen brutal abgeblockt hätten. Auch wenn manch ein Macho sich nur knurrend in sein Schicksal fügte. Letztlich wurden die Begründerinnen der grünen Frauenpolitik von anderen Seiten in die Zange genommen: intern von Müttern und Realos, extern von Investmentbankerinnen und Disko-Queens.

Grüne Feministinnen hatten einiges auszuhalten: Ungezogenheit und Bildungsmangel der Konservativen, Sottisen der Medien und Häme gegelter Lifestyle-Päpste, Alphamännchen-Gebaren grüner Machos, Zickigkeit der Schwestern und den gestrengen Blick von Alice Schwarzer. Wenn heute grüne Frauen sich weigern, als Frauenpolitikerinnen zu gelten, und nur Zerrbilder an die Vorkämpferinnen erinnern, dann sollte klargestellt werden: Ohne die Feministinnen wären die Grünen genauso wenig die Grünen geworden wie ohne die Ökos. Feministinnen und von ihnen inspirierte Frauen wurden nicht nur zu treibenden Kräften von Reformdiskussionen, sondern auch zum entscheidenden Plus bei Wahlen. Die Mehrheit der grünen Stimmen kam von Frauen. In manchen Segmenten – jüngere Frauen, gebildet, in Humandienstleistungen tätig oder alleinerziehend – errangen die Grünen phasenweise Mehrheiten.

Grünen Feministinnen ist es mit zu verdanken, dass Frauenpolitik kein »Gedöns« geblieben ist, wie es Bundeskanzler Schröder später zu nennen beliebte. Frauenpolitik erhebt den Anspruch, Querschnittaufgabe eines jeden politischen Fachbereichs zu sein. Längst ist sie zum zentralen Thema internationaler Politik, von Global Governance, geworden, fixiert im UNO-Projekt des Gender Mainstreaming.

Kapitel 16

Ökologischer Umbau
der Industriegesellschaft

»Jute statt Plastik!« In kaum einem anderen Slogan wurde der Glaube der Ökobewegung prägnanter auf den Punkt gebracht. Und seine innere Widersprüchlichkeit. Jute statt Plastik – das hieß nicht nur politische Forderungen zu stellen, sondern auch die persönlichen Verhaltensweisen zu ändern. Konsequenzen für den eigenen Lebens- und Konsumstil zu ziehen. Der Umwelt angepasst zu wirtschaften. Die geforderte »Änderung der Entwicklungsrichtung«, eine neue ökologische Wirtschaftsweise, sollte korrespondieren mit persönlicher Lebensreform und alternativer privater Milieugestaltung.

Der Slogan aber implizierte, wie die Grünen bald lernten, ein Problem: Lokal handeln, ohne global zu denken – und daraus die alltäglichen Handlungsmaximen abzuleiten –, führte in die Irre. Die Chlorchemie abzulehnen, die Plastiktüten produzierte und im italienischen Seveso und indischen Bophal grauenhafte Katastrophen verursacht hatte, war das eine. Jutetaschen als Alternative das andere. Ob massenhafter Nachfrageboykott die Chemieindustrie zum Umsteuern bewegen könnte – warum sollte man nicht an die Macht der Verbraucher glauben? Aber Jute? Wo kam die eigentlich her? Aus der Dritten Welt? Half man dieser durch den Kauf? Einerseits. Aber andererseits führte die Jutenachfrage zu unökologischen Monokulturen. Und landwirtschaftliche Fläche wurde der Nahrungsmittelproduktion entzogen. Führte Öko bei uns zu Hunger in Bangladesch? Nachwachsende Rohstoffe importieren und Nahrungsmittel exportieren – war der auf David Ricardos Freihandelsdenken basierende

Austausch die Lösung? Oder das Problem? Der grüne Slogan von der ökologischen Kreislaufwirtschaft – reichte er als Alternative?

Ganzheitliches Denken – nicht nur bei der Kritik der traditionellen politischen Ökonomie war es angebracht. Es weitete den lebensweltlichen Reformansatz zu einer umfassenden politischen Ökologie. Weder Plastik noch Jute! Jedenfalls nicht zu viel davon. Und wenn man den Beutel schon hatte – ob Plastik oder Jute –, dann nicht »nach Gebrauch wegwerfen«, wie auf vielen Produkten stand, nicht in den Müll damit, sondern weiter verwenden, umarbeiten, recyceln, zum Schluss kompostieren. Möglichst nachhaltig nutzen. Kreislaufwirtschaft, Nachhaltigkeit, Sustainability – so lautete bald das Gegenmodell zur Ressourcen verschwendenden Wegwerfwirtschaft. Den Stoffwechsel zwischen Mensch und Natur reduzieren. Die Biodiversität, die Vielfalt des Lebens, erhalten, um ihrer selbst willen und zum Nutzen der Menschheit, die auf die evolutionären Einfälle der Natur angewiesen war. Nachhaltig produzieren und konsumieren in *einer* Welt – das war der grüne Wahlspruch, der Ökologie und Ökonomie global umriss.

Ökologie und Umweltpolitik – das ist nicht dasselbe. Ökologie ist mehr als Umweltpolitik, so schrieb ich selber in einem Essay Ende der 3oer-Jahre. Ökologie sollte eine politische Grundkategorie sein, die alle gesellschaftlichen Bereiche durchzieht. Eine Philosophie ganzheitlichen Denkens, die die menschliche Existenz in den Kontext ihrer natürlichen Umwelt stellt, die Wechselwirkungen beobachtet und politische Entscheidungen zum Erhalt der natürlichen Kreisläufe trifft. Umweltpolitik als Sparte, die rechtliche oder technische Lösungen durchsetzt, war daraus abgeleitet. Das hieß umgekehrt: Eine Umweltpolitik, die sich nicht auf ein ganzheitliches Denken bezieht, sondern als Spartenpolitik die traditionelle Wirtschaftspolitik anreichert, taugt nicht viel. Genau das machte den Unterschied zwischen Grünen und etablierten Parteien aus, die im Laufe der Jahre »den Umweltgedanken aufnahmen«, um sich an den gewandelten Zeitgeist zu assimilieren und den Ökos politisch das Wasser abzugraben. »Ökologische Modernisierung« – in diesem technokratischen Begriff der Sozialdemokratie manifestierte sich das reduzierte Denken ebenso wie im strukturkonservativen »Umweltschutz«, der das Draufloswirtschaften um einen Schmutzfilter am Ende des Verschwendungsprozesses ergänzte.

Auch bei den Grünen gab es Umweltexperten, die sich auf technische Lösungen spezialisierten, organisiert in Arbeitskreisen in Fraktion und Partei. Exzellente Fachleute, die markante Spuren hinterließen. Manch ein Außenseiter, der erst verlacht und später bewundert wurde, fand hier sein erstes politisches Forum. Die Erfinder und Entwickler von Windkraftwerken, Solarmodulen, FCKW-freien Kühlschränken. Technisch ausgerichtete umweltpolitische Foren wurden dennoch auf grünen Kongressen schwächer frequentiert als Angebote zur umfassenden gesellschaftspolitischen Diskussion. Waren ausgerechnet die Grünen deshalb umweltpolitisch unterbelichtet, wie Kritiker höhnten? Im Gegenteil, die Kritiker hatten nicht begriffen, dass ökologische Avantgarde in eine Debatte über Staat, Gesellschaft und Alltag münden musste.

Ökologische Gesellschaftspolitik: Wer zerstörte die natürliche Umwelt? Waren es die Lebensstile der privaten Verbraucher? Oder war es der Kapitalismus? Oder das kapitalistische und realsozialistische Industriesystem in West und Ost? Oder die Wachstumsideologie? Oder die Unfähigkeit von Eliten zu vernünftiger staatlicher Steuerung? Ökologie – das hieß für die Grünen: Natur und Mensch eingebettet in eine Weltanschauung. Und aus dieser Weltanschauung kondensierte sich die politische Strategie zur Ökologiefrage. Die grünen Antworten waren nicht umweltpolitische Einzelprojekte, sondern eine gesellschafts- und wirtschaftspolitische Strategie. Wie umstritten auch immer. Der Vorwurf, die Grünen hätten keine Wirtschaftspolitik gehabt, ist deshalb nichts als eine Täuschung. Ökologiepolitik war Wirtschaftspolitik, Wirtschaftspolitik war Ökologiepolitik. Ökologie und Ökonomie wurden nicht ergänzend, sie wurden integriert gedacht.

Um die richtige Integration wurde gerungen. Nicht immer

sanft. Das Gründungsspektrum bildete sich auch in der Kontroverse über das Ökologieverständnis ab. Je zwei Ausprägungen von Ökofundamentalismus, -sozialismus und -reformismus konkurrierten um Geltung. Als harte Thesen konnten sie unversöhnlich sein, als weiche sich bestens ergänzen. Auf allen Seiten gab es die Hardliner mit missionarischem Auftritt, überall aber auch die Verständigungsbereiten, die auf gemeinsames Lernen hofften. Bei den Ökofundis fanden sich die privaten Lebensreformer und die gesellschaftspolitisch agierenden Radikalökologen. Die Lebensreformer wollten sich der Industriegesellschaft persönlich verweigern. Die Ökonormen umsetzen, hundertprozentig, jeder Einzelne als Vorbild, so lautete die Philosophie mit fast religiösem Bekennermut. Problem: Wer das wirklich gründlich tat, entdeckte zwei Jahrzehnte später, dass er faktisch zum Kleinbauern oder Handwerker mit stark spätmittelalterlicher Ausprägung mutiert war. Auch reagierte die soziale Umwelt eher aggressiv. Wer wollte schon ständig mit Heiligen konfrontiert sein, die einem die eigene Unzulänglichkeit unter die Nase rieben?

Die Radikalökologen begnügten sich nicht mit einer – eher schlampig durchgezogenen – privaten Lebensumstellung. Ihre Spezialität war die moralische Anklage der Gesellschaft, verbunden mit erzieherischen Kampagnen zur Umkehr. Verzichtsethik, Fundamentalopposition, radikaler Habitus – oft kämpften sie nicht gegen eine Deformation der Gesellschaft, sondern gegen die Gesellschaft selbst, gegen die Menschen, die sie eigentlich umstimmen wollten. Und je unverständiger diese reagierten, desto sektiererischer wurde der missionarische Eifer der Erzieher.

Die Stärke der Ökofundis lag darin, dem Einzelnen und der Gesellschaft die fatalen Konsequenzen der modernen Lebensstile vor Augen zu führen. Sie vertraten aber außer persönlichen Konsequenzen und einem abstrakten Willen zur Zerschlagung ungesunder Strukturen keinen wirklichen Veränderungsansatz. Auch Bündnispartner waren schwer zu finden, weil alle, die nicht gleichermaßen konsequent waren, als Agenten des Industriesystems abgelehnt wurden, ob Staat, Unternehmen, Gewerkschaften oder Kirchen.

Der Ausstieg aus der Industriegesellschaft, den Rudolf Bahro und Anhänger propagierten, führte – weil er nicht kollektiv durchsetzbar war, sondern individuell vollzogen wurde – zu deren eigener Marginalisierung. Immer mehr verhedderte sich der große Kritiker des DDR-Systems in Visionen einer Gesellschaft kleiner, egalitär organisierter Einheiten, die er vorindustriellen Philosophen wie dem utopischen Sozialisten Tommaso Campanella entlieh. Bis er sich, Hand in Hand mit einer radikalen Tierschützerin, dazu verstieg, nach der biologistischen Gleichsetzung der Gattung Mensch mit (anderen) Tiergattungen Letzteren menschenähnliche Würde zuzuschreiben. Als er seine Realitätsdeutung selbst den für fast jedes gedankliche Abenteuer aufgeschlossenen Grünen nicht mehr vermitteln konnte, stieg er aus der Politik aus, um in einer kleinen Gemeinschaft, die ein Tagungshaus betrieb, in der Eifel weiterzuleben. Einige Jahre später besuchte ich ihn dort. Er war todkrank und hatte in einem Tragetuch seinen kleinen Sohn auf dem Arm.

Neben den Ökofundis bildete sich im Gründungsprozess die ökosozialistische Tendenz heraus, gleichfalls in zwei Ausprägungen. Orthodoxe Linke, etwa aus dem Umfeld des KB, machten bei den Grünen wegen deren sozialer Orientierung mit, die als Grundwert offiziell zu fixieren sie erheblich beigetragen hatten. Zudem erkannten sie, dass die Ökologiefrage als Aspekt der Produktionsweise interpretiert werden konnte. Nachdem bisher die Produktionsverhältnisse samt Verfügungs-, Rechts- und Besitzverhältnissen das traditionssozialistische Kampffeld abgesteckt hatten, konnten nun auch die aus der Produktivkraftentwicklung resultierenden ökologischen Schäden dem bekämpften Kapitalismus angelastet werden. Aus der desaströsen Umweltbilanz wurden neue Argumente für sozialistische Alternativen gewonnen. Problem: In den realsozialistischen Ländern war die Umweltbilanz noch verheerender. Auch wenn man sich von diesen politisch strikt abgrenzte – Umverteilungs- und Neuordnungskonzepte waren in der sozialistischen Denktradition und Praxis immer von industriellem Wachstum ausgegangen. Nun aber hatte der »Club of Rome« in seiner Denkschrift die »Grenzen des Wachstums« propagiert. Und auch Helmut Schmidt hatte man wegen seines Wachstumswahns abgelehnt. Wie passte das zusammen?

So bildeten sich als konkurrierende Tendenz die undogmatischen Ökosozialisten heraus, zu denen auch ich mich rechnete. Wir waren zwar der Meinung – so schrieb ich selbst in zahlreichen Beiträgen –, dass die Ökologiefrage von den Kategorien der kapitalistischen Produktionsweise, Kapital und Arbeit, durchdrungen und überformt war, darin aber nicht vollständig aufging. Wir sahen die Welt als ein multidimensionales Problemgeflecht: Mann – Frau, Mensch – Natur, Stadt – Land, relative Armut hier – absolute in der Dritten Welt, politisches System – private Lebenswelt, Kapital – Arbeit. All diese Widersprüche bedurften einer eigenen Bearbeitung. Auch wenn sie »in letzter Instanz« davon überformt und dominiert wurden, dass das Kapital mit seinen Investitions-, Allokations-, Aneignungs- und Verwertungsentscheidungen das politische, kulturelle und private Leben prägte. Kurz, für uns waren Kapitalismus, industrieller Wachstumswahn, Patriarchat, Verstädterung, äußere und innere Kolonisierung inkompatibel mit Ökologie. Unser Problem: Wie reduziert man diese Überkomplexität auf eine griffige und verständliche Politik, ohne den ganzheitlichen Ansatz zugleich aufzugeben?

Zwischen den beiden ökosozialistischen Tendenzen entspann sich ein strittiger Diskurs über Ökonomie und Ökologie, Arbeit und Soziales, Haushalt und Finanzen. Die Orthodoxen – so die Hamburger um Christian Schmidt oder die bayerische Gewerkschafterin Siggi Fries – wollten sich darauf beschränken, Einzelforderungen der Öko- und der Arbeiterbewegung kämpferisch zu unterstützen. Wir Undogmatischen – Eckhard Stratmann, Hans Verheyen, Frieder O. Wolf, Marianne Hürten, die sich als kämpferische Betriebsrätin bei Bayer einen Namen gemacht hatte, ich und andere – arbeiteten an, wie ich formulierte, »Konzepten mittlerer Reichweite«, angesiedelt zwischen großer Utopie und kleiner Reform.

Die dritte Tendenz, die Ökoreformisten, teilte sich in einen linkssozialdemokratischen und einen liberalkonservativen Strang auf. Die Ökoliberalen verließen sich gern auf die Innovationsfähigkeit kleiner und mittlerer Unternehmen. Der Wettbewerb – so ihre Hoffnung – werde umweltverträgliche Produktionsweisen nach vorn bringen, da allein diese langfristig Erfolg versprächen. Marktsteuerung über Ökosteuern könne den Prozess beschleunigen. Das Problem von Wolf-Dieter Hasenclever, Fritz Kuhn, Winfried Kretschmann oder Hendrik Auhagen: Was für einen kleinen Sektor der Wirtschaft gelten mochte und dort real zu beobachten war, galt nicht gleichermaßen für Konzerne und monopolisierte Märkte. Man konnte sich nicht auf Mittelstandsförderung und den natürlichen Lauf der Dinge wie im Südwesten Deutschlands verlassen. Dort wuchs vieles heran, das in ein ökologisches Bild passte. Aber es war eng verflochten mit einer regionalen Wirtschaftskultur, die nicht beliebig zu übertragen war, etwa in das großindustriell geprägte Ruhrgebiet.

Die linkssozialdemokratische Tendenz unterschied sich anfangs nicht sonderlich von den undogmatischen Ökosozialisten, legte vielleicht mehr Gewicht auf ökonomische als auf soziokulturelle Faktoren und neigte zu maßvolleren Formulierungen. Erst als die Flügelkämpfe um die Koalitionsfrage eskalierten, trennten sich die Wege. Jetzt änderte sich auch die inhaltlich Stoßrichtung der»Realos«, wie sie sich bald nannten. Hubert Kleinert kritisierte, dass grüne Sozialismusideen vage blieben und letztlich in Forderungen an den Staat mündeten. Bald war für ihn Sozialismus als eigenständiges Gesellschaftsmodell überholt. Kleinert und später auch Joschka Fischer identifizierten als Ursache für das ökologische Desaster weder das Industriesystem noch den Kapitalismus, sondern Steuerungsprobleme des Staates, das Versagen seiner politischen Eliten sowie Charakterschwäche, Korruption und Fantasielosigkeit in der Wirtschaft. Der eigene Staat als Adressat aller Forderungen, keine grundsätzliche Alternative zum Wirtschaftssystem, bessere Steuerung durch bessere Eliten – wo blieb da aber der Unterschied zur Sozialdemokratie? Da doch auch diese den Realo-Begriff der»ökologischen Modernisierung« – gemeint war technischer Umweltschutz – bald in ihr Repertoire aufnahm. Konsequenterweise erklärte Joschka Fischer gegen Ende der 80er die Linke zur »postsozialistischen« Veranstaltung. Hubert Kleinert drückte sich deutlicher aus und forderte direkt ein Bekenntnis zum Ökokapitalismus.

Hätten sie statt für einen Kapitalismus für eine »ökologische Marktwirtschaft« optiert, wäre der Partei viel Kummer erspart geblieben. Kapitalismus hat per definitionem das objektive Interesse, möglichst viel in den Kapitalverwertungsprozess hineinzusaugen, auch Stoffliches. Er ist mit dem Nachhaltigkeitsgedanken der Ökologie inkompatibel. Er verkraftet höchstens Umweltschutz. Hingegen sind Marktsteuerung und Ökologie miteinander vereinbar. Wir Undogmatischen jedenfalls hatten uns von den Traditionalisten und Fundis um Rainer Trampert, Thomas Ebermann und Jutta Ditfurth längst getrennt und den Markt als Steuerungsinstanz anerkannt. Der interessante Diskurs hätte lauten können: Wie muss der Markt sozial und ökologisch reguliert werden, damit der im Kapitalinteresse liegende maximale Durchsatz von Ressourcen und Energien gebremst werden kann? Wie können das Expansionsinteresse des Kapitals und die ökologische Begrenztheit der Erde miteinander in Übereinstimmung gebracht werden? Grenzen des Wachstums – bedeutete dies, das quantitative Wachstumsziel offensiv zu bekämpfen? Auf qualitatives Wachstum, Nullwachstum, gar Schrumpfung zu setzen? Auf selektives Wachsen und Schrumpfen?

Getrieben von Fachpolitikern, die sich mit Einzelfragen befassten, wurden die Grünen schnell Meister in der Produktion von »Sofortprogrammen« – Entgiftungsprogramm, Programm gegen das Waldsterben, Programm zur Entwicklung des öffentlichen Personennahverkehrs und gegen den Fernstraßenbau usw. Meist diskutiert auf Kongressen, die – von der Fraktion organisiert – die gesamte kritische Fachwelt einbezogen. Jedes Einzelproblem bekam eine einzelne Antwort. Das Gift des Monats, das umgekippte Gewässer, die stinkende Gülle, der qualmende Schornstein, das spritfressende Auto, das landschaftsverbrauchende Autobahnkreuz, die wachtelköniggefährdende Bahntrassenplanung – alles wurde gegeißelt, mit dem Stempel »Stopp«

versehen, aufaddiert und als Programm gedruckt. Das war nicht schlecht für den Anfang, denn es war neu, beflügelte gesellschaftliche Auseinandersetzungen und Bewusstwerdungsprozesse.

Als Sofortmaßnahme gegen das Waldsterben wurden bereits im Oktober 1983 Tempolimits gefordert, 100 km/h auf der Autobahn, 80 km/h auf Landstraßen, im November 1983 die Stilllegung der größten Dreckschleudern unter den Kohlekraftwerken, im August 1984 im Entwurf zu einem »Atomsperrgesetz« die sofortige Stilllegung aller Atomanlagen in der BRD. Im Oktober 1985 wurde die Förderung selbstverwalteter Betriebe verlangt. 1987 forderte die Fraktion, die Begriffe »Bio« und »Öko« zur Kennzeichnung von Lebensmitteln zu zertifizieren.

Nicht nur über Resolutionen, auch über Aktionen wurde Druck gemacht. Dezember 1985: Die Bundesdelegiertenkonferenz (BDK) in Offenburg unterbricht ihre Tagesordnung für einen Tag und karrt aus dem Stand alle Delegierten mit Bussen zur Demo nach Wackersdorf. Ständig sollten dort nun prominente Grüne präsent sein. November 1986: Besuch im Entsorgungszentrum von Bayer Leverkusen. Nach Gesprächen mit der Leitung erklärt eine Gruppe von MdBs die Zentrale für besetzt. Eine Nacht lang kampieren wir auf dem Fußboden, als Demonstration gegen die Verschmutzung des Rheins, die spätestens nach dem Chemieunfall kurz davor bei Sandoz in Basel in aller Munde ist. Doch die angestrengte grüne Suche nach immer neuen »fantasievollen Aktionen« lief bald ins Leere. Aktionen – so wichtig sie für die Protestpartei zu Anfang waren – reichten nicht mehr. Zudem mit Greenpeace eine Kraft entstanden war, die sich professionell darauf spezialisierte.

Mehr und mehr brach sich das Bedürfnis nach einer kohärenten Darstellung, nach Verbindung der praktischen Maßnahmen mit ihren sozialphilosophischen Begründungen, Bahn. Und das nach der konzeptionellen Integration der sozialen Dimension. Das erste »Rentenforum« im Februar 1985 gipfelte in der Forderung nach einer Grundrente zur Bekämpfung von Altersarmut. Im April 1986 stellte die Fraktion ein Modell einer bedarfsorientierten Grundsicherung vor. Eckhard Stratmann als wirtschaftspolitischer Sprecher und Hans Verheyen als Haushaltsexperte unternahmen den ersten Anlauf, ein zusammenhängendes »ökologisches und soziales Umbauprogramm der Industriegesellschaft« vorzulegen, ein Konzept mittlerer Reichweite, das »Schritte zur Überwindung von Erwerbslosigkeit, Armut und Umweltzerstörung« definierte. Als Bündnispartner gewannen sie auch gemäßigte Realos wie Willi Hoss. Als Hubert Kleinert witterte, dass die Hamburger Ökosozialisten so zu isolieren waren, machte auch er mit. Die »Hamburger« mobilisierten dagegen, weil ihnen das Modelldenken zu reformistisch war. Obwohl es Forderungen nach Vergesellschaftung von Schlüsselindustrien und Begrenzung der Macht von Banken enthielt. Die Fundis, die im Predigerstil private Umkehr forderten, interessierten sich wenig für Arbeitsplätze. Als gerade amtierender Fraktionsvorsitzender stellte ich mich auf die Seite der Umbauarchitekten. Diese setzten sich mit klarer Mehrheit durch – in der Fraktion wie auf dem weithin beachteten Hannoveraner »Umbaukongress« vom 26./27. April 1986, an dem zahlreiche nicht parteigebundene Experten teilnahmen. Auf der BDK vom 16. bis zum 18. Mai 1986 in Hannover dominierten – kurz nach dem Super-GAU von Tschernobyl – radikale Töne in der Debatte um das Wirtschaftsprogramm für die nächste Wahl. Doch die BDK vom 26. bis zum 28. September 1986 in Nürnberg verabschiedete das Umbaukonzept endgültig als Parteistrategie – der erste Entwurf in der deutschen Politik, der Ökonomie, Ökologie und soziale Gerechtigkeit auf der Ebene konkreter Maßnahmen zusammenbrachte. Eckhard Stratmann, Peter Sellin und Christa Vennegerts, letztere beide Ökonomen und seit 1987 MdB, legten gegen Ende des Jahrzehnts ein aktualisiertes Konzept vor – Prototyp eines ökologischen Investitionsprogramms.

Die traditionelle Wirtschaftswelt meinte, die grünen Umbauthesen ignorieren zu können. Die Gewerkschaften reagierten gereizt. Ihr Verhältnis zu den Grünen war geprägt von Spannungen. Die Fundis lehnten Gewerkschaften als Agentur des Industriesystems ab. Die Ökoliberalen, die mit dem Mittelstand liebäugelten, ebenso. Die alternativen Lebensreformer konnten mit der konservativen Arbeiterschaft nichts anfangen. Doch es gelang Eckhard Stratmann, den stellvertretenden IG-Metall-Vorsitzenden Hans Janßen zu einer Rede auf der BDK am 15./16. Februar 1986 in Hagen zu bewegen. Dann aber war Schluss. Blockade. Der Grund: Willi Hoss, einst IG-Metall-Mitglied. Als seine innergewerkschaftliche Opposition in die Gründung der »Plakatgruppe« bei Daimler-Benz mündete, war Hoss in Ungnade gefallen. Bis zum Ende des Jahrzehnts kamen offizielle Beziehungen zwischen Grünen und DGB nicht zustande, weil die Grünen auf Hoss als Delegationsmitglied bestanden und der DGB das nicht akzeptierte. Hin und wieder funktionierte grüne Solidarität.

Das wachsende Gewicht von Linken und sozial orientierten Realos führte dazu, dass die Partei sich trotz der offiziellen Distanz zum DGB mit der Welt und der Zukunft der Arbeit befasste. Anfangs ging es um die gewerkschaftlichen Forderungen nach Arbeitszeitverkürzung. Manche, wie der aus einer trotzkistischen Gruppe zu den Grünen gestoßene Harald Wolf, experimentierten auf dieser Basis mit Ideen eines neuen »Normalarbeitsverhältnisses«. Bald aber – den industriellen Strukturwandel vor Augen – zog die Partei den herkömmlichen Arbeitsbegriff in Zweifel. Es setzte sich – befördert von Marieluise Beck-Oberdorf, der Grünen in der Enquetekommission »Zukunft der Arbeit« – die Sicht durch, dass die rasanten Veränderungen in der Lebens- und Arbeitswelt neben Patchwork-Biografien auch Patchwork-Arbeit mit sich brächten.

Sollte man diese Entwicklung bekämpfen? War es so schlecht, dass ein 15-Jähriger nicht mehr in einen Betrieb eintreten und mit Bestimmtheit sagen konnte, ihn erst mit 65 wieder zu verlassen? Oder lag darin nicht auch ein Stück Freiheit? Hatte nicht sogar Karl Marx davon geträumt, dass das »Reich der Notwendigkeit«, das von formeller Arbeit und Plackerei erdrückte Leben, ersetzt würde durch ein »Reich der Freiheit«, einen Zuwachs an Selbstbestimmung und bunter Lebensgestaltung, um »morgens zu jagen, nachmittags zu fischen, abends Viehzucht zu treiben, nach dem Essen zu kritisieren«? Flexible Arbeitsverhältnisse und Lebensläufe akzeptieren, gestalten und sozial absichern – so lautete bald die grüne Konsequenz. Der französische Sozialphilosoph André Gorz hatte hier vorgearbeitet. Undogmatische Linke, Realos und auf das Thema spezialisierte MdBs waren sich einig: Arbeitnehmer durften nicht aus gewerkschaftsstrategischen Erwägungen auf ihre Klassenlogik festgenagelt werden, sondern sollten – wie Bürgerliche – die Chance auf vielfältige Lebensentwürfe erhalten. Auf Emanzipation.

»Ökologie zerstört Arbeitsplätze« und »Strom kommt aus der Steckdose« hatten Gewerkschaften und SPD gedröhnt und gehöhnt, um den grünen Protest kleinzukriegen. Ökologie schafft Arbeitsplätze, konterten die Grünen in ihrem Umbauprogramm. Dezidiert wiesen sie den positiven Arbeitsplatzeffekt von Investitionen in eine ökologische Infrastruktur nach. Die Umsteuerung sollte anfangs ordnungspolitisch organisiert werden, durch Gesetze, Grenzwerte, staatliche Programme. Ökologische Kosten sollten die Menschen, besonders die sozial Schwachen, nicht durch Preissteigerungen zu sehr belasten. Besonders die Linken lehnten deshalb anfangs Ökosteuern ab, weil sie sozial indifferent wirkten. Der Bevölkerung noch mehr aufzubürden, kam für sie nicht infrage. Nicht nur Realos drängten bald auf mehr marktwirtschaftliche Elemente statt ordnungspolitischer Maßnahmen. Verknüpft mit sozialen Elementen, wurde die Ökosteuer von den Grünen, auch auf der linken Seite, zögerlich akzeptiert. Heute gilt sie als einer der größten grünen Erfolge.

Fünf Mark für den Liter Benzin? Die Ökosteuer für Autos brachte den Grünen nichts als Prügel ein. Wenn alle gesellschaftlichen Kosten des Automobilverkehrs sich im Spritpreis ausdrücken sollten, so hatten Ökoexperten ausgerechnet, müsste der Sprit fünf Mark pro Liter kosten. Und flugs gab es grüne Fachpolitiker, die diesen Wert hinausposaunten. Selbst in grünen Programmen tauchte er auf. Weniger als Forderung denn als Erläuterung. Beabsichtigt war, die Automobilindustrie über die Verbrauchermacht zur Herstellung spritärmerer Motoren zu bewegen. Zehn Liter à 1,50 Mark oder drei Liter à fünf Mark – das blieb sich gleich für die Haushaltskasse, schonte aber die Umwelt. Doch das Manöver ging gründlich schief und warf die

Partei, was Ansehen und Sympathien betraf, um Jahre zurück. Heute, da der Liter Benzin umgerechnet rund drei Mark kostet, sind alle froh, dass die Industrie genötigt wurde, zumindest Fünf-Liter-Motoren zu entwickeln. Das Verdienst der grünen Provokationen übersieht man geflissentlich.

Benzin verteuern? Die ländliche Bevölkerung schäumte. Sie war – trotz grüner Fantasien von Rufbussen und Sammeltaxis – auf das Auto angewiesen. Wer hatte schon Geld für ein neues? Und all die Jugendlichen in prekären Lebenslagen im Ruhrgebiet konnten am Wochenende nur mit ihren gebrauchten, knatternden und stinkenden Mantas aus grauer Städte Mauern hinaus in Wald, Feld und Disko ziehen. Als Mensch aus dem Ruhrpott gehörte ich zu denen, die die Industrie lieber ordnungspolitisch in die Pflicht genommen hätten. Paradoxerweise wurde ausgerechnet den Linken, die der Ökosteuer skeptisch gegenüberstanden, später die negative öffentliche Wirkung angelastet. Dabei war die Radikalisierung der Spritpreispolitik nicht die linke Position, sondern die von Ökofundis und Realo-Fachpolitikern – was die Realo-Führer aber aus parteistrategischen Gründen gern »verwechselten«.

Gegen Ende der 8oer betrieben die grünen Verkehrspolitiker Hans-Werner Senft, Stefan Schulte und Dieter Drabiniok noch die Gründung des ökologisch ausgerichteten »Verkehrsclub Deutschland« (VCD) – in Konkurrenz zum ADAC. Trotz einiger problematischer Forderungen: Vieles, was bis heute an Umwelttechnik im Autoverkehr eingeführt wurde – vom Katalysator über die computergesteuerte Einspritzung bis zu Tempolimits und Schalldämmung – ist auch den grünen Attacken gegen die Automobilindustrie und ihr meist ignorantes Management zu verdanken.

Auch die Anstöße zu einer neuen Energiepolitik kamen von den Grünen. Der Ausstieg aus der Atomkraft, sofort und radikal, war grüner Konsens. Erst als die Hessen-Realos 1985 in die Regierungskoalition gingen, weichten die Positionen auf. Joschka Fischer bot als Umweltminister seine ganze Kraft auf, um die illegal betriebenen Hanauer Brennelementefabriken ALKEM und NUKEM zu stoppen. Er schaffte es nicht ganz, doch gelang der Einstieg in den Ausstieg aus der Plutoniumwirtschaft. Und Fischer mehrte seinen persönlichen Ruhm. Bald galt er, der sich zuvor wenig um Ökofragen geschert hatte, als führender Fachmann, dem man ungern widersprach, weil sein gewachsenes Prestige der gesamten Partei nutzte. Aber mit der Bekämpfung der Plutoniumwirtschaft nahm Fischer die »herkömmliche Atomkraft« etwa im AKW Biblis ein wenig aus der Schusslinie. Die Parteifreunde hätten sich auch hier durchschlagenden Erfolg gewünscht – aber so machtvoll waren weder die Anti-AKW-Bewegung noch ihr neuer Minister. Stark genug, die Plutoniumwirtschaft zu verhindern, aber zu schwach gegenüber der einfachen Atomkraft seien wir Grünen, so lautete bald Fischers Analyse.

Regierungsbeteiligung und dennoch machtlos? Die Fundis um Jutta Ditfurth hatten es immer geahnt, waren deshalb gegen Koalitionen, beschimpften Fischer maßlos und bezichtigten ihn des Verrats. Die Realos zogen die entgegengesetzte Konsequenz: Damit der Unterschied zwischen programmatischem Anspruch und Chance zur Realisierung nicht zu groß würde, forderten sie Abstriche beim Programm. Ein sofortiger Ausstieg aus der Atomkraft sei irreal, verkündete Fischer. Die Fraktion wies ihn per Resolution zurecht. Die Debatte um die Zeitfrage – sofort oder in einigen Jahren – erscheint heute angesichts des realen Atomkompromisses mit seinem dreißigjährigen Zeithorizont absurd. Aber damals ging es darum, ob Programme der Regierungspraxis geopfert werden dürften. Wir Undogmatischen Linken waren der Meinung, man müsse den Widerspruch aushalten, als treibendes Element.

Trotz dieses Streits blieb die grüne Energiepolitik bis zum Ende des Jahrzehnts in ihren Grundlinien präzise und widerspruchsfrei. Zusammen mit der Anti-AKW-Bewegung gelang es, die politischen Kosten für die Wiederaufbereitungsanlage in Wackersdorf, den Schnellen Brüter in Kalkar und den Thorium-Hochtemperaturreaktor von Hamm-Uentrop so hoch zu treiben, dass die Atomlobby auf die ohnehin extrem teuren Projekte verzichtete. Zum Ärger der Landesregierungen von SPD und CSU.

Die Schließung des atomaren Kreislaufs in Deutschland wurde verhindert.

Die Grünen wendeten sich aber auch gegen die Pro-Kohle-Politik in Nordrhein-Westfalen und im Saarland und taten alles, um erneuerbare Energien ins Zentrum zu rücken. Nicht nur das Waldsterben durch Sauren Regen, der von den Kohlekraftwerken verursacht wurde, motivierte den grünen Widerstand gegen Energieversorger, SPD und IG Bergbau. Am 28. Juli 1988 stellte die Fraktion ihr »Energiewendeszenario 2010« vor: »Mit Sonne und Wind, weniger CO_2 – kein Atom«. Zum ersten Mal wurde im Bundestag systematisch der Umstieg auf erneuerbare Energien gefordert. Je nach Temperament wurden die Autoren als harmlose Spinner belächelt oder als Zerstörer der deutschen Industrie bekämpft. Heute will jeder als Erfinder und Promoter nachhaltiger Energiepolitik gelten.

Auch die FCKW- und CO_2-Emissionen waren in den Blick der Grünen geraten. Auslöser war das Schicksal der tropischen Regenwälder. Wie so oft bei den Grünen hatte auch dieser Schwerpunkt seinen Ursprung in einer eher skurril anmutenden Szene – es muss am 22./23. Juni 1985 bei der BDK in Hagen gewesen sein: Chaotische Debatte, als Redner wird ein Helmut Vogl aus Köln aufgerufen. Unbekannt, unbedeutend. Kaum einer beachtet ihn. Er fängt an zu reden, will uns sein selbst gedichtetes »grünes Bauernlied« beibringen. Gelächter. Er beginnt zu singen. Geplapper, klappernde Stricknadeln, kaum einer hört hin. Dann redet er über Papageien, über Brasilien, den Regenwald, wie der Regenwald stirbt. Und das Weltklima geschädigt wird. Ich werde hellhörig. Fast elektrisiert. Ich bin in der Fraktion für Lateinamerika zuständig und kümmere mich um den Regenwald. Das Klima spielte dabei noch keine Rolle.

Seit Sommer 1983 unterstützte ich eine Kampagne amerikanischer Umweltgruppen gegen Industrialisierungsprojekte der Weltbank am Amazonas. Wegen der Biodiversität, der indigenen Völker, der ökologischen Zusammenhänge. Nach der BDK von Hagen sprach ich das Thema in der »AG Dritte Welt« der Fraktion an – Beginn der Klimadiskussion im Bundestag. Gina Düllmann, eine deutsch-brasilianische Mitarbeiterin, motivierte sofort ihren Chef Willi Hoss dazu, das Thema aufzunehmen. In der Fraktion von 1987 dann spezialisierte sich meine neue Mitarbeiterin Barbara Unmüßig darauf. Auch der Forstwirt Wilhelm Knabe, Neu-MdB, machte das Thema zu seinem Schwerpunkt. Erste grüne Papiere zirkulierten. Auf Betreiben der Fraktion setzte der Bundestag 1987 die Enquetekommission »Schutz der Erdatmosphäre« ein. Ab Anfang 1988 forderte ich nun öffentlich: Wer frische Luft für die Menschheit produziere, müsse davon ökonomisch profitieren. Eine Vorläuferdiskussion zu den späteren CO_2-Zertifikaten. 1990 veröffentlichten die Grünen eigene Programme zum Schutz des Klimas und der Regenwälder, eingewoben in die weltwirtschaftliche Dimension. Klimapolitik wurde zum grünen Bestseller. Dann schwemmte die deutsche Einheit das Thema weg. Klimapolitik heute ist Mainstream-Thema mit der Leitfigur Al Gore – doch am Anfang der parteipolitischen Debatte zumindest in Deutschland stand ein schrulliger Delegierter auf einem grünen Parteitag, ein Außenseiter, der sensibel war für gesellschaftliche Fehlentwicklungen.

Immer wenn die weltanschaulichen Tendenzen, die sich mit der Ökofrage verbanden, ihren Standpunkt parteiintern nicht als Dogma mit missionarischem Eifer gegen die anderen durchkämpften, sondern als weiche These präsentierten, entfaltete sich ein in der Parteienlandschaft einmaliger kollektiver Lernprozess. Kritiker mögen den Grünen Eklektizismus, das Zusammenstoppeln zu vieler Weltanschauungen, vorwerfen. Doch die Partei selbst entwickelte das Bewusstsein, von allem das Beste aufgenommen zu haben – von den Sozialisten die soziale Gerechtigkeit, von den Liberalen die Freiheitsliebe, von den Fundis die Lebensreform. Nachdem einzelne politische Positionen in den Umbauprogrammen zusammengefasst waren, erforderte die weitere Integration der grünen Ideenwelt bald Debatten über gesellschaftliche Bündnisse und Perspektiven zur Durchsetzung der Ziele. Diese gingen weit über die Koalitionsfrage hinaus. Welche gesellschaftlichen Kräfte sollten in einen gegenseitigen Interessenaustausch eintreten, um gemeinsam durchschlagskräftiger zu sein? Ökos gegen alle? Oder mit Unternehmen gegen die Gewerkschaften? Oder umgekehrt? Oder mit Randgruppen gegen die Normalgesellschaft? Oder mit dieser gegen Verbände, Kirchen und Bürokratie?

Als gegen Ende der 8oer-Jahre Fundis mit ihren Tobsuchtsanfällen und Realos mit ihren Reputierlichkeitsübungen innerparteilich die Entscheidungsschlacht suchten, waren es die undogmatischen Linken, die daran arbeiteten, eine gesellschaftspolitische Strategie zu entwickeln, die außerparteilich Bündnisse bilden und Gegner definieren konnte. Inspiriert vom Berliner Arzt Willi Brüggen, einem klugen Kopf der Grünen, der aber nie eine formale Position anstrebte, entwickelten wir im »Linken Forum« ein Konzept für einen »ökologischen New Deal«. Unser »sozialökologischer Gesellschaftsvertrag«, der an die Ideen von André Gorz anknüpfte, nahm die Elemente der Umbauprogramme auf und schlug vor, daraus ein politisches Bündnis zu schmieden.

Die Grundidee: Linksbürgerliche, Arbeitnehmer und sozial Schwache sollten gegen Großkonzerne, Konservative, Wirtschaftsliberale und Staatsbürokratie gemeinsam eine gesellschaftliche Mehrheit bilden, indem sie untereinander einen Interessenausgleich von ökologischen und sozialen Ansprüchen organisierten. Die bürgerlichen Schichten sollten über Steuern und ökologische Investitionen einen Beitrag leisten, der Arbeitsplätze schuf und soziale Sicherheit verbesserte. Nur dann würden sich auch Arbeitnehmer und soziale Unterschichten für die ökologische Umsteuerung einsetzen, was wiederum allen, auch den Bürgerlichen, als Verbesserung der Lebensqualität zugutekäme. Gemeinsam, und nur gemeinsam, könnte man die Kraft zur Durchsetzung weitreichender Reformen aufbringen.

Dieses Konzept eines radikalen Reformismus hätte einen gangbaren Weg zwischen fundamentalistischer Verweigerung und realpolitischer Anpassung weisen können. Aber die Partei war bereits extrem polarisiert. Viele Hamburger Ökosozialisten und Fundis gefielen sich in der Widerstandpose gegen alles und jeden. Die Realos übersahen unser Konzept geflissentlich, obwohl es gesellschaftspolitisch den Boden für Rot-Grün bereiten half. Sie wollten uns nicht als eigenständige Strömung wahrnehmen. Denn dann hätte ihre Strategie nicht funktioniert, alles, was links von ihnen war, in den Fundi-Topf zu werfen. Joschka Fischer zog es vor, die Grundideen des ökologischen Umbauprogramms 1989 in Buchform noch einmal als Ergebnis eigenen Nachdenkens zu präsentieren. Auch eine neue Gruppierung um Antje Vollmer und Ralf Fücks, die mit dem Etikett »Aufbruch 88« beanspruchte, die zerrissene Partei zu retten, schaute angestrengt an unserem Ansatz vorbei. So musste die Partei erst untergehen und neu entstehen, bis der sozialökologische Gesellschaftsvertrag, der »ökologische New Deal«, zur grünen Leitidee der 90er-Jahre werden konnte.

Kapitel 17

Weltwirtschaft, Klima, internationale Solidarität

Neben der Friedenspolitik hatte sich längst die Dritte-Welt-Politik als zweiter großer Strang des Bereichs »Internationale Politik« bei den Grünen etabliert. Zahlreiche Aktivisten der Dritte-Welt-Arbeit waren schon während des Gründungprozesses zur neuen Partei gestoßen. Einige konzentrierten sich auf die politische Solidarität mit den Befreiungsbewegungen, andere auf Entwicklungsprojekte. Sie alle fanden im globalen Denken der Grünen, in deren Kampf gegen Repression und Militarismus, deren Eintreten für soziale Gerechtigkeit, Freiheit und Demokratie den richtigen Rahmen. Und nicht zuletzt: Der Kampf gegen Atomraketen und alles Militärische verlangte als Konsequenz das Nachdenken über eine neue Sicherheitspolitik, die auf der Idee der Prävention gründete, der Verhinderung von krisenhaften Zuspitzungen unvermeidlicher Interessenkonflikte durch eine systematische Politik des friedlichen Interessenausgleichs und globaler struktureller Gerechtigkeit.

Die »Soli-Bewegung« kämpfte für die Befreiung Lateinamerikas, Afrikas und Asiens von Militärdiktaturen und politisch-ökonomischen Oligarchien, gegen Kolonialismus, Imperialismus und Apartheid. Immer wieder kam es zu einer markanten Kontroverse: Soll man nur gegen die neokolonialistische Politik des Westens, also des eigenen politisch-kulturellen Lagers, vorgehen oder auch Hegemonialbestrebungen der Sowjetunion gleichermaßen angreifen? Die Konfliktlinien verliefen ähnlich wie in der Friedensbewegung. Die einen präparierten die Untaten des US-Imperialismus – besonders in Lateinamerika – heraus, die anderen hatten den Sozialimperialismus der Sowjetunion – der sich in manchem afrikanischen Befreiungskampf widerspiegelte – im Fokus. Der Streit war oft heftig, verlief aber letztlich konvergent. Bis auf Hardliner beider Seiten verurteilte die große Mehrheit der Partei bald die Politik beider Supermächte und der EU (!), unterschied aber genau die Motive und politischen Ziele. Die Fraktions-Arbeitsgruppe »Dritte Welt«, Teil des außenpolitischen Arbeitskreises, und die »BAG Internationales«, die später mit der »BAG Frieden« verschmolz, waren eng verflochten mit den Aktivisten der Bewegung. Auf der Karlsruher BDK im März 1984 beschloss die Partei einen »Soli-Fonds«, finanziert aus den Zinsen der Wahlkampfkostenerstattung der Europawahl, zur Förderung emanzipatorischer Projekte in der Dritten Welt und der Aufklärungsarbeit über Nord-Süd-Fragen bei uns. Walter Schwenninger und seine Nachrückerin Uschi Eid waren für Afrika zuständig. Gaby Gottwald und ich als ihr Nachfolger für Lateinamerika. Später kam mit dem gebürtigen Ecuadorianer German Meneses Vogl das erste MdB mit »Migrationshintergrund« hinzu. Zahlreiche MdBs verfolgten spezielle Einzelthemen. Petra Kelly war überall – wo immer auch nur ein Flugzeug hinging, war sie zur Stelle, wurden indigene Völker, ihre Rechte, Lebensräume und Lebensträume in die Fürbitten der Grünen aufgenommen: Inuit, Aborigines, Yanomami, Tibeter ...

Schauplatz Nicaragua: Lange hatten die Sandinisten gegen den Diktator Somoza gekämpft, aus Europa handfest unterstützt. Nach dem Sieg 1979 brach die Solidarität nicht ab. Auch viele Grüne beteiligten sich an den internationalen Erntehelferbrigaden, die angesichts der Boykotte und Blockaden durch die USA des Ronald Reagan – der seit 1981 die Maßnahmen von Jimmy Carter gegen die sandinistische Revolution erheblich verschärfte – die Unabhängigkeit des Landes durch Einsatz an der Zuckerrohrfront behaupten sollten. Mitarbeiter bekamen sogar Sonderurlaub. Im Dialog mit den »Frentes«, den Befreiungsbewegungen, wurde aber auch Kritik nicht ausgespart. Besonders in Nicaragua. Gaby Gottwald und ich wirkten auf die linken Sandinisten ein, die Miskito-Indianer, die von den rechtsgerichteten Contras funktionalisiert wurden, nicht als Ethnie zu diskriminieren. In Bonn warfen wir umgekehrt der CDU vor, unter dem Vorwand der ethnischen Eigenständigkeit der Miskitos die Machtbasis der Contras zu stärken. Wir legten den Sandinisten genauso energisch nahe, nicht aus Gegnerschaft zur USA in den ideologischen Bann von Sowjetunion und DDR zu geraten, die das Land mit Experten überschwemmten. Viele von uns teilten die Kritik des Befreiungstheologen Ernesto Cardenal, eines Mitbegründers der Sandinisten, am Kurs des Sandinisten-Chefs Daniel Ortega. Blockfreiheit, in enger Solidarität mit allen grünen, pazifistischen, emanzipatorischen Organisationen und progessiv regierten Staaten dieser Welt – das war unsere Vision. »Zur deutschen Botschaft, por favor«, wollte ich mit meinem Mitarbeiter Ulf Baumgärtner an einem warmen Maiabend 1988. Als wir dem Taxi entstiegen und anklopften, ging eine Luke auf, und es sächselte unfreundlich. Das waren die Falschen. Für die Nicas waren sie »die Deutschen«. Keine zwei Jahre später traf ich den Ex-DDR-Botschafter – zum Wein beim neuen gesamtdeutschen Vertreter.

Als 1986 der Super-GAU von Tschernobyl stattfand, reisten Gaby Gottwald und ich gerade zu Gesprächen durch Kuba. Wir hatten größte Sympathien für die kubanische Revolution, standen dem prosowjetischen Kurs Fidel Castros aber skeptisch gegenüber. Auch die Situation der Menschenrechte gefiel uns nicht. Am 1. Mai trafen wir Fidel. Er und seine Leute, die unsere AKW-Kritik vorher als romantische Technikfeindlichkeit belächelt hatten, wollten nun alles ganz genau wissen. Wir rieten, auf das geplante AKW »Cienfuegos« zu verzichten, lieber Solarenergie gemeinsam mit Nicaragua zur Basis einer nachhaltigen Industrieentwicklung zu machen. Die Kubaner waren aber ohnehin pleite, das AKW wurde nie gebaut.

Gegen Mitte des Jahrzehnts verschob sich die Solidarität mit einzelnen Bewegungen hin zu der Frage nach Gesamtkonzepten für Mittelamerika. Jetzt unterstützten wir die Dialog- und Friedensprozesse, um die grausamen Bürgerkriege in dieser Region beilegen zu helfen, betonten dabei aber die alte Sympathie für die berechtigten Forderungen der Befreiungsbewegungen. Als gegen Ende der 80er-Jahre sich allmählich Lösungen der Konflikte anbahnten, wurde die Region in unsere allgemeine entwicklungspolitische Diskussion subsumiert. Im Februar 1990, im Jahr unseres eigenen Niedergangs, mussten wir noch erleben, wie die Sandinisten die Wahlen verloren und sich Contra-, USA- und CDU-nahe Kräfte durchsetzten.

Hoffnung machte El Salvador. Im April 1990 wurden unter UN-Regie Friedensverhandlungen zwischen rechtsgerichteter Regierung und der – von den Grünen unterstützten – Befreiungsbewegung FMLN eingeleitet. Der Riss, der sich in diesem Land mitten durch Familien zog und zu einem äußerst blutigen Bruderkrieg geführt hatte, ließ sich offenbar in einem nationalen Versöhnungsprozess kitten.

Aber auch diese hoffnungsvolle Wendung forderte noch einen grausamen Tribut. Auf meinen Antrag hin hatte der Bundestag den Rektor der Jesuiten-Universität von San Salvador, Padre Ignacio Ellacuria, der sich aufseiten der Opposition für die Versöhnung stark gemacht hatte, im Oktober 1989 als Sachverständigen eingeladen. Mein Büro war sein Hauptquartier, zusammen hielten wir eine Pressekonferenz ab, auf der er für sein Land soziale Demokratie und Befriedigung der Grundbedürfnisse der armen Bevölkerung forderte. Dann reiste er nach Hause. Wenige Tage später wurde er von Todesschwadronen ermordet.

Die Auseinandersetzungen zwischen Koalition und Opposition zum Zentralamerikakonflikt wurden im Bundestag besonders erbittert geführt. Grünen und SPD war immer gewärtig, dass Mitglieder der von uns unterstützten Bewegungen von Todesschwadronen und Contras liquidiert wurden, während die CDU/CSU/FDP-Koalition die von ihr gestützten Regierungen als demokratisch legitimiert und durch Befreiungsbewegungen gefährdet ansah. Auf Reisen begegneten Gaby Gottwald und ich oft Hans-Jürgen Wischnewski von der SPD, der für dieselben Partner an derselben Front kämpfte; uns gegenüber standen CDU-Leute – aufseiten der Contras und Militärs.

Für uns Aktivisten, die in den Zentralamerikakonflikt involviert waren, war es psychologisch schwierig, mit der Bundesregierung zu dieser Zeit gemeinsam die deutsche Einheit zu feiern. Mein Freund Ignacio Ellacuria wurde in der Woche nach dem Fall der Mauer ermordet. Vielleicht ist dies ein Grund für die Beobachtung ostdeutscher Bürgerrechtler – mit denen wir bald über gemeinsame Perspektiven sprachen –, dass für die »linken« Internationalisten Nicaragua wichtiger gewesen sei als die deutsche Frage.

Seit General Pinochet 1973 den gewählten linken Präsidenten Salvador Allende weggeputscht und zahlreiche seiner Anhänger ermordet hatte, unterstützte die deutsche Linke den Widerstand gegen die chilenische Militärdiktatur. Der Heroismus der Widerstandskämpfer verselbstständigte sich allerdings in den Köpfen mancher Unterstützer, wurde romantisiert und diente als Projektionsfläche für nicht ausgelebtes eigenes Heldentum. So mancher konnte sich nicht damit anfreunden, als in Chile zivile Mittel zur Bekämpfung der Diktatur in den Vordergrund rückten. Die Grünen waren jedoch von Beginn an dabei, als seit September 1986 über jährliche »Versammlungen zur Wiedereinführung der Demokratie in Chile« in Santiago de Chile versucht wurde, internationale Parlamentsdelegationen einzuladen und so den Parlamentarismus gegen die Militärdiktatur durchzusetzen. Der Exilchilene Hugo Calderón, Berliner Grüner, gehörte zu den Initiatoren. Die Büros von Gaby Gottwald und mir dienten oppositionellen Chilenen seit Langem als Basis für die Organisierung des Widerstands in Europa – über unsere Telefone wurden Kommentare für die chilenischen Oppositionssender gesprochen.

Die »Asambleas«, die Versammlungen, wurden von den chilenischen Machthabern heftig bedrängt. Das Versammlungsgebäude musste in einen regelrechten militärischen Verteidigungszustand gebracht werden. Nachts wurden berühmte Exilchilenen eingeschmuggelt, um vor der Versammlung zu reden. Zusammen mit meiner Dolmetscherin wurde ich 1987 von Geheimpolizisten festgenommen, als ich in den Straßen von Santiago Militärfahrzeuge und Gaskampfwagen der Polizei mit dem Stern einer deutschen Automarke fotografierte. Ich wurde verhört und auf Intervention der Asamblea wieder freigelassen. Meine Bilder haben sie nicht bekommen. Die Deutschen in Chile – sie gaben kein ruhmreiches Bild ab. Die Botschaft hatte zu oft und zu offen mit den Militärs sympathisiert. Wir MdBs – außer mir besonders Freimut Duve von der SPD – galten offensichtlich als Störenfriede und wurden mit der gerade noch unvermeidlichen Höflichkeit behandelt. Als ich, von chilenischen Freunden aufmerksam gemacht, die »Colonia Dignidad« ansprach, wurde ich abgeblockt. So trug ich das Problem dieser kriminell-sektenförmigen Kolonie, die Folterdienste für Pinochet geleistet hatte, in den Bundestag. Die grüne Kollegin Ellen Olms und ich verfolgten das Thema mit Nachdruck, bis der pädophile deutsche Sektenführer verhaftet und die Kolonie aufgelöst wurde.

In Santiago nahm ich eines Abends in einer stillgelegten Fabrik an einer verbotenen Versammlung Hunderter linksgerichteter Jugendlicher teil. Schwerbewaffnete Militärpolizei kesselte das Gelände ein. Wieder Waffen und Autos aus Deutschland. Die Versammlungsleitung, ein Kollege aus Uruguay, ehemaliger Widerstandskämpfer der Tupamaros, und ich handelten den freien Abzug der Jugendlichen aus. Wer weiß, was geschehen wäre, wenn wir als internationale Abgeordnete die Szene nicht bis zum Schluss beobachtet hätten. Schweigend und paarweise gingen die Jugendlichen nach Hause. Diese hier – sie waren Helden, die Gesundheit, Freiheit, Leben riskierten. Nicht die Autonomen zu Hause, die sich heroisch fühlen, wenn sie in einem demokratischen Rechtsstaat die Polizei mit Steinen bewerfen.

Zu Hause legte ich der Soli-Bewegung ans Herz, den bewaffneten Kampf nicht länger zu romantisieren. Gerade die Gruppen, die in Chile den höchsten Blutzoll geleistet hatten, drohten marginalisiert zu werden, als die bürgerliche Mehrheit sich mit Unterstützung liberalkonservativer Kräfte aus dem Ausland gegen den Diktator wendete. Es wurde Zeit, sich zu parlamentarisieren. Bald bildete sich eine ökologische Partei, die wir unterstützten.

Ähnliches könnten Angelika Beer und Claudia Roth aus Kurdistan, Uli Fischer und Milan Horáček aus Afghanistan, Walter Schwenninger und Uschi Eid aus Afrika berichten – von Verfolgungen und Verhaftungen, von ermordeten Freunden und von deutschen Politikern, die auf der falschen Seite standen. Viele Grüne stammten aus der Anti-Apartheid-Bewegung. Nach anfänglichen Diskussionen darüber, welche Oppostitionsgruppe unterstützt werden sollte, einigte sich die Partei darauf, den Prozess als ganzen statt einzelne Organisationen zu fördern. Dahinter verbarg sich das Standardproblem der Linken: die eine Bewegung, der African National Congress (ANC), wurde von Moskau, die andere, der Pan African Congress (PAC), von Peking gesponsert. Uschi Eid hatte den PAC, fast alle anderen aus der Anti-Apartheid-Bewegung, wie Michael Vesper und Hans Verheyen, den ANC favorisiert. Ausdrücklich distanzierten sich alle von der Inkatha-Bewegung Mangosuthu Buthelezis, die – von CDU/CSU und ihren Stiftungen gefördert – die Befreiung durch Kollaboration mit dem Apartheidregime zu unterlaufen suchte.

Zur grünen Parlamentspremiere lud die Fraktion Winnie Mandela als führende Frau des Widerstands nach Bonn ein und schmückte, da sie keine Ausreisegenehmigung bekam, während der ersten Bundestagssitzung einen Abgeordnetenplatz mit ihrem Bild. Die Grünen sahen in der Bekämpfung des südafrikanischen Regimes den Schlüssel für die Lösung der Regionalkonflikte im gesamten südlichen Afrika. Sie lagen damit auf Linie der UNO. In deren Auftrag konnte Michael Vesper für die Fraktion 1985 sogar die offizielle Weltkonferenz zur Befreiung Namibias organisieren. Die Kampagne mündete in die von den Grünen mitunterstützte »Europäische Konferenz gegen Südafrikas Aggression gegen Mosambik und Angola«.

Eine bizarre Aktion organisierten wir im September 1985. Lukas Beckmann, Petra Kelly, Gert Bastian, Eberhard Bueb, Willi Hoss, Hannegret Hönes, Uschi Eid und ich besetzten für 48 Stunden die deutsche Botschaft in Pretoria. Aneinandergekettet demonstrierten wir gegen Apartheid und für die Freilassung Nelson Mandelas. Während die deutschen Medien diesbezüglich offenbar ein Schweigegelübde abgelegt hatten und kaum darüber berichteten, ging die Rechnung in Südafrika auf. Die Zeitungen waren voll davon. »Europäer gegen Apartheid.« Die Botschaftsmitarbeiter – anfangs besorgt – zeigten bald Sympathie für unsere Ziele und halfen uns, als rechtsradikale Buren Morddrohungen schickten. Ihrer Laufbahn ist es nicht bekommen. Genschers Liberalität hatte ihre Grenzen. Als Staatsminister konnte ich später Genschers Abwertung der mutigen Diplomaten korrigieren. Nach der Aktion besuchten wir den Nobelpreisträger Bischof Desmond Tutu. Als wir seine Kirche verließen, demonstrierten draußen die rechtsradikalen Amerikaner, die Petra Kelly seit Langem verfolgten. Woher hatten sie von unserer konspirativ geplanten Aktion gewusst? Auch unser Reisegepäck – bei der Lufthansa zur Rückreise aufgegeben – wurde durchsucht.

Der zweite Brennpunkt auf dem afrikanischen Kontinent lag für die Grünen am Horn von Afrika. Hier, in Eritrea, ging es nicht um den »US-Imperialismus«, es ging um die Sezession von Äthiopien. Da die äthiopische Militärregierung selbst Ergebnis eines Befreiungskampfs war und sich an Moskau orientierte, galt dem DKP-Sektor der Soli-Bewegung die Eritreische Befreiungsfront als konterrevolutionäre Formation. Emanzipation von sowjetischen Hegemonialinteressen? Für manchen undenkbar. Die Grünen und ihre Vorkämpferin Uschi Eid sahen es anders. Eine solidarische Dritte-Welt-Politik musste unabhängig bleiben von den politischen Interessen der Supermächte. Unterstützung signalisierte Landesminister Jürgen Trittin 1990. Er erklärte Projekte in Eritrea zum Schwerpunkt niedersächsischer Entwicklungspolitik. Nachdem Eritrea im Mai 1993 seine Unabhängigkeit erhielt, wurde Uschi Eid dort im Auftrag der Gesellschaft für Technische Zusammenarbeit (GTZ) Regierungsberaterin. Die Entwicklungen der letzten Jahre dort dürften ihr nicht gefallen.

Bis zum Ende des Jahrzehnts demonstrierten die Grünen überall in der Welt, wo es um Befreiung, Menschenrechte und Emanzipation ging, Präsenz. Auch in den Konflikten, die nicht ins Ost-West- oder Nord-Süd-Schema passten und in der Soli-Bewegung wenig Rückhalt fanden, weil sie sich der einfachen Parteinahme entzogen. Im Nahostkonflikt einigten sie sich nach erbitterten internen Diskussionen zwischen proisraelischen und propalästinensischen Strömungen auf die Forderung nach einer Zweistaatenlösung, die Unterstützung der »Peace-now«-Bewegung und anderer Friedensinitiativen. In Afghanistan wurde die antisowjetische Befreiung unterstützt. Strittig aber blieb, ob den Aktivisten dabei die nötige Abgrenzung zu den islamistischen Tendenzen der Mudschaheddin oder den Machenschaften der CIA gelang. Das Thema Tibet wurde debattiert, China einerseits wegen seiner Menschenrechtsverletzungen verurteilt, andererseits als Dialogpartner umworben. Stichwort Türkei: einerseits engagierter Einsatz für die Rechte der Kurden, aber auch Kampf gegen die Diskriminierung von Türken in Deutschland. Wenige Jahre später sollten Menschenrechtsverletzungen in der zerfallenen Sowjetunion Thema werden: Gräuel in Tschetschenien, die Not der russischen Soldatenmütter, Ermordung von Menschenrechtsverteidigern.

Grüne wurden bekannte und geachtete Partner im antikolonialen Befreiungskampf. Es gab viele Erfolge. Aber auch Bitternis. Wenn Kräfte, die man einst im Kampf um die Befreiung unterstützt hatte, nun ihrerseits unterdrückten wie in Simbabwe, korrumpierten wie in Nicaragua, Kriegstreiber wurden wie in Eritrea, zu Terroristen mutierten wie in Afghanistan. Helden des Befreiungskampfs hatten nicht immer das Zeug zum seriösen Politiker, wollten aber die frisch erkämpfte Macht nicht abgeben. Andere, denen die Grünen halfen, orientierten sich nach ihrem Sieg, wenn es um machtpolitische Fragen ging, eher an der Sozialistischen Internationalen, auch wenn die grünen Freunde, die mit Herzblut dabei waren, nicht ganz vergessen wurden.

Die Dritte Welt: Braucht sie mehr Entwicklungshilfe? Mehr Geld für die Armen? Die erste Antwort der Grünen 1983: ja, selbstverständlich – eine Frage der Gerechtigkeit und der historischen Verantwortung der Industriestaaten, Wiedergutmachung für den Kolonialismus, eine Art Reparationszahlung. Bei genauerem Hinsehen aber gefiel die staatliche Entwicklungshilfe überhaupt nicht. Sie diente weniger den Ärmsten als der deutschen

Exportwirtschaft. Mit einer bis ins Detail betriebenen Kritik an der traditionellen Entwicklungshilfe und deren Funktionalisierung für Außenwirtschaftsinteressen nervten wir bald die zuständigen CSU-Minister mit ihrem Faible für die Marketingstrategien von Siemens. So stellten wir uns Entwicklungszusammenarbeit nicht vor. Es war Zeit, das gesamte ungerechte Handels- und Finanzsystem infrage zu stellen. »Weniger nehmen ist besser als mehr geben.«

Bonn 1985, Weltwirtschaftsgipfel. Die Friedensbewegung, die ihre Niederlage im Raketenschach zu verdauen hatte, suchte nach einem neuen Tätigkeitsfeld. Ich selbst, gerade MdB geworden, erweiterte die entwicklungspolitische Diskussion zur allgemeinen Kritik an der Weltwirtschaftspolitik. Ein Jahr zuvor hatte ich als Nachrücker drei Große Anfragen erarbeitet, die – unter anderen Namen – in den Bundestag kamen. Sie betrafen die internationale Schuldenkrise, die menschenfeindliche Finanzpolitik des Internationalen Währungsfonds (IWF) und die umweltzerstörende Strukturanpassungspolitik der Weltbank – zum ersten Mal griff die Opposition die ungerechte Weltwirtschaft an. Lukas Beckmann, grüner Vertreter im Koordinierungsausschuss der Friedensbewegung, und ich taten uns zusammen. Gemeinsam mit dem »Bundeskongress entwicklungspolitischer Aktionsgruppen« (Buko) und der Soli-Bewegung organisierten wir Druck gegen den »Welt«-Wirtschaftsgipfel (später G7/G8), dem wir jegliche Legitimation absprachen. Ein öffentlicher Gegenkongress in der Bad Godesberger Stadthalle mit Vertretern von Betroffenen und Kritikern aus aller Welt und danach eine Großdemo durch Bonn eröffneten eine neue politische Front. Finanziert zum größten Teil aus grünen Mitteln.

Zum ersten Mal war die Weltwirtschaft Ziel einer Demonstration – Beginn eines Strangs, der sich bis zu Attac fortsetzte. Die Friedensbewegung kämpfte nun, wie es die Friedensforscher Johan Galtung und André Gunder Frank gefordert hatten, für einen »positiven Frieden« – selbsttragende Entwicklung auf der Basis von Gerechtigkeit und Partizipation – statt nur für den »negativen«, die reine Abwesenheit von Raketen und Krieg. Die

Dritte-Welt-Bewegung überwand die Fixierung auf Befreiungsbewegungen und die Projektitis, die Krankheit des verengten Blicks auf kleine Entwicklungsprojekte, und orientierte sich an der Strukturkritik von Dieter Senghaas und Elmar Altvater. Die Ökologiebewegung diskutierte den Kontext mit »Frieden« und »Dritter Welt«. Drei große Oppositionsstränge begannen, sich gegenseitig zu durchdringen und eine gemeinsame Sicht zu entwickeln.

In die grünen Programme schrieb ich: »Wir brauchen eine integrierte Sicht von Friedens-, Außen-, Außenwirtschafts-, Ökologie- und Entwicklungspolitik.« Heute selbstverständlich, damals neu. Und als allgemeinen grünen Entwicklungsbegriff: »Wir treten dafür ein, die Lebenschancen aller Menschen unter Beachtung der ökologischen Belastbarkeit des Globus auf möglichst hohem Niveau anzugleichen.« Mit der Initiative zur Gründung der »Stiftung Entwicklung und Frieden« (SEF) 1986 leistete Willy Brandt seinen letzten großen Dienst für eine gerechtere Welt. Auch international wurde unser Impuls aufgenommen: Jakob von Uexküll, der deutsch-schwedische Stifter des alternativen Nobelpreises, für die Grünen im Europaparlament, verstetigte die Kritik an der Weltwirtschaftsordnung. Seitdem veranstaltete er regelmäßig den Alternativen Weltwirtschaftsgipfel »The Other Economic Summit« (TOES).

Im Oktober 1986 – ich kam als Mitglied der Bundestagsdelegation gerade vom »Weltfinanzgipfel«, der Jahrestagung von IWF und Weltbank, in Washington zurück – Treffen mit Klaus Mielke vom Buko: Der Gipfel 1988 sollte in Westberlin stattfinden. Hauptthema: internationale Schuldenkrise. Sofort trommelten wir das alte Bündnis vom Weltwirtschaftsgipfel 1985 zusammen. Überall größte Lust auf mehr. 1988 wollten wir richtig was losmachen in Berlin. Mehrtägiger Gegenkongress, Großdemo, Aktionstage, theoretisch ansprechend, fantasievoll, keine Gewalt, grünes Geld, aber keine grüne Dominanz, mit der Hauptforderung: »Schulden streichen«. Bald war sich ein breites Bündnis einig.

Zwei Jahre lang entfaltete sich nun unsere Kampagne, immer intensiver, immer kritischer, unterstützt von Jürgen Maier vom Bundesvorstand und der Friedenskoordination der Berliner AL. Kirchen begannen sich zu interessieren, Gewerkschaften, Verbände. Das meiste lief über mein Abgeordnetenbüro. Gerade war ich als Fraktionsvorsitzender zurückgetreten und frei für mein altes Thema – engagiert unterstützt von meinen Mitarbeitern Thomas Fues und Barbara Unmüßig. Die Fraktion zog mit. Erst zögerlich – Weltwirtschaft? Demo? Teuer? Außerdem: Wortführer waren die Undogmatischen Linken, nicht die Hamburger, nicht die Realos – soll man das unterstützen? Bald schlug Skepsis um in Begeisterung; fast jeder halbwegs Unabhängige wollte sich beteiligen. Die Kampagne dominierte die zweite Hälfte der 80er-Jahre, wurde zur eindrucksvollen Nachfolgerin des Raketenprotestes.

Weltwirtschaft, globale Ökologie, Klima – das war das neue grüne Thema. »Gegen die Abkopplung der monetären von der realen Akkumulation«. Will heißen: gegen die Finanzzockereien des Kasinokapitalismus mit Derivaten, denen kein realer Gegenwert mehr entspricht. Gegen die Überakkumulation von Kapital. Will heißen: zu viel Geld in zu wenigen Händen, die nicht wissen, wohin damit, und es in immer unsinnigere und gefährlichere Anlagen investieren. Wie beim Monopoly: Wenn einer alle Banken hat und die anderen nichts mehr, kann der Sieger mit seinem Geld nur noch Unsinn machen. Deshalb unsere Forderung: Schuldenerlasse! Entmachtung der Banken! Re-Regulierung der Finanzmärkte! Neues Spiel – nicht »zurück auf ›Los‹«! Nicht noch mehr Monopoly! Etwas anderes!

Kommt uns das heute nicht bekannt vor? Damals war die Dritte Welt das Opfer, erst mit Billigkrediten totgeworfen, dann mit hohen Zinsen abgezockt und dann noch, um die Schulden bezahlen zu können, über den IWF gezwungen, Sozial- und Staatsausgaben zu senken und zum Devisenerwerb alles auf den Weltmarkt zu werfen, was nicht niet- und nagelfest war. Wegen der so erzeugten Überproduktion sanken die Rohstoffpreise, woran sich wiederum die Industriewelt delektieren konnte. Überakkumulationskrise: Zwanzig Jahre später sollten – weil nichts aus der Schuldenkrise des Südens gelernt wurde – auch wir im Norden Opfer des Kasinokapitalismus werden.

Herbst 1988, Weltfinanzgipfel in Berlin: Unsere Kampagne findet ihren Höhepunkt – ein dreitägiger Gegenkongress an der Technischen Universität mit führenden Kritikern der Weltwirtschaft und 3000 Teilnehmern. Demo mit 70000 Leuten zum Internationalen Congress Centrum (ICC), dem offiziellen Tagungsort. Tausende Grüne dabei. Ein Tribunal der italienischen Lelio-Basso-Stiftung verurteilt die Politik von IWF und Weltbank. Eigentlich gehörte ich der offiziellen Bundestagsdelegation im ICC an, bevorzugte jedoch den Platz in der Demo-Leitung und der Jury des Tribunals. Mit dem Kampf gegen Atomraketen hatte das Jahrzehnt begonnen. Nach einer Flaute nun das Wiedererstarken der Protestbewegung – und die Grünen ihr Kern.

Die Kampagne hatte Folgen:

Inhaltlich: Unser ironisch formulierter Erfolgsmaßstab war, ins japanische Fernsehen zu kommen. Das wurde weit übertroffen. In vielen Ländern der Erde wurde zum ersten Mal berichtet, dass große Teile der Bevölkerung in den entwickelten Industriestaaten, obwohl selber Nutznießer, gegen ungerechte Weltwirtschaftsstrukturen vorzugehen bereit waren. Werte statt Interessen – in die internationale Politik begann »Neues Denken« einzuziehen, wie es Gorbatschow gerade auf der anderen Seite der Mauer forderte.

Innenpolitisch: Die Berliner Polizei, kurz vor dem Fall der Mauer noch paramilitärisch gedrillt, fuhr ihr gesamtes martialisches Arsenal auf, um den Straßenprotest einzudämmen. Dabei traf sie, wie so oft, die Falschen. Nachdem ausländische Journalisten verprügelt worden waren und sich der CDU-Innensenator der harten Gangart im Wahlkampf rühmte, verlor die CDU ihre Mehrheit. Harald und Udo Wolf, Frieder O. Wolf und Volker Ratzmann, die den Berliner Part der Kampagne mitorganisiert hatten, führten die AL in die erste rot-grüne Koalition Berlins.

Parteiintern: Die Undogmatische Linke, Initiatorin der Kampagne und unterdessen vernetzt im »Linken Forum«, gewann entscheidendes Gewicht gegenüber Fundis und Realos – neue

Akteure traten auf mit neuen Geltungsansprüchen, die in den folgenden Jahren eingelöst würden. Die Hamburger Ökosozialisten hatten nicht mitgemacht; ohne Führungsrolle, im Schlepp der Undogmatischen – das lag nicht im Interesse des KB. Fundis um Jutta Ditfurth waren spät aufgesprungen, versuchten zu radikalisieren und wurden links liegen gelassen. Viele bekanntere Realos hatten – grundlos – Angst, bei Krawallen ihre Reputation zu riskieren, und wurden nicht gesichtet.

Im Umfeld: Wir Aktivisten riefen als »Follow-up« die Koordinierungsstelle »Weltwirtschaft, Ökologie und Entwicklung« (WEED) und den Infobrief »Weltwirtschaft und Entwicklung« ins Leben, beide heute noch lebendige Orientierungspunkte für Nichtregierungsorganisationen. Barbara Unmüßig, damals meine persönliche Referentin, wurde für die deutschen NGOs Sprecherin bei der UN-Millenniums-Konferenz in Rio de Janeiro. Heute ist sie Kovorsitzende der grünen nahen Heinrich-Böll-Stiftung. Freunde aus der Kampagne wie Peter Wahl – für die Grünen einst im Opernbeirat der Stadt Bonn – oder meine spätere Mitarbeiterin Sabine Zimpel wurden Führungspersonen bei Attac.

Zur Verarbeitung der Kampagne für die grüne Programmatik rief ich die Fraktions-AG »Weltwirtschaft und Ökologie« ins Leben. Eckhard Stratmann, Peter Sellin, zahlreiche Mitarbeiter machten mit, fachübergreifend, koordiniert von Dieter Bricke, der vom Außenministerium ausgeliehen war, und Claudia Dziobek, die später zur Weltbank ging. Im August 1990 legten wir unser Arbeitsergebnis vor, die Schrift »Auf dem Weg zur ökologisch-solidarischen Weltwirtschaft« – das erste halbwegs kohärente »Konzept für eine grüne Außenwirtschaftspolitik«, das die Positionen der Kampagne zusammenfasste: Schuldenerlass, Kampf dem Kasinokapitalismus, Klimaschutz, gerechte Weltwirtschaft als Voraussetzung für nachhaltigen Frieden. »Internationale Strukturpolitik« nannten wir den Ansatz; er hat sich durchgesetzt unter dem Begriff »Global Governance«. In Deutschland fand unser Programm wenig Beachtung, denn kurz nach seiner Verabschiedung verfehlten die Grünen den Einzug in den Bundestag. Die englische Version fand Verbreitung in der amerikanischen Ökoszene. Al Gore – so hörten wir von amerikanischen Freunden – habe es gelesen. Man vergleiche sein »Wege zum Gleichgewicht«. »Global denken – lokal handeln«? Die grünen Internationalisten hatten demonstriert, dass auch der Aktionsradius globalisiert werden musste. Parallel zu einem Prozess, der – wenige Monate später, nach dem Fall der Mauer – »Globalisierung« heißen würde. Lange vor Attac gehörten Grüne zu den ersten Globalisierungskritikern.

Kapitel 18

Tolerierung, Koalition, Fundamentalopposition?

Regierungsbeteiligung ja oder nein? Diese Frage wurde für die Grünen zum Anlass der Selbstzerfleischung. Ausgangspunkt waren die Landtagswahlen in Hamburg 1982 und Hessen 1983, bei denen Grün und Rot zusammen eine Mehrheit errangen. Die Hamburger GAL lehnte eine Koalition ab. Stattessen redete sie über die »Tolerierung« eines SPD-Minderheitssenats unter bestimmten Bedingungen. Tolerierungsgespräche – die Ex-KBler in der Führung der GAL hatten nicht wirklich eine funktionierende Reformregierung im Sinn. Ihnen ging es, wie schon weiter vorne bei der Schilderung der Hamburger GAL beschrieben, um die »Entlarvung« der SPD. Aus der Tiefe der Gesamtpartei erhielten sie – angesichts von Helmut Schmidt und des NATO-Doppelbeschlusses – nicht geringen Zuspruch. Ziel der »Hamburger Linie« mit den Wortführern Thomas Ebermann und Rainer Trampert war letztlich die Selbstradikalisierung der Grünen zu einem revolutionären Selbstverständnis.

Auf der anderen Seite setzte seit 1983 in Hessen die »Sponti-Wählerinitiative Frankfurt« um Daniel Cohn-Bendit und Joschka Fischer auf ein Realismusverständnis, das auf die Umsetzbarkeit grüner Programme im Koalitionsbündnis mit der SPD fixiert war. Fischer und Cohn-Bendit sprangen bekanntlich auf den grünen Zug erst auf, als sich Ende 1982 der Erfolg der Grünen abzeichnete, beeilten sich dann aber sofort, Gründungsmythen der Partei beiseitezuräumen, um »Eingriffe im Diesseits« zu organisieren. Anfangs waren die Realos nichts anderes als eine Gegenbewegung zu den Radikalökologen um Jutta Ditfurth, Manfred Zieran

265

und Jan Kuhnert. Diese lehnten – wie auch Rudolf Bahro, ihr Pendant auf Bundesebene – Koalitionen wie Tolerierungen ab. Die »Fundis«, wie sie bald genannt wurden, bekannten sich zur Fundamentalopposition gegen das Industriesystem. Als die Hessen-Realos nach dem ersten Wahlerfolg von 1982 und Fischers Beitritt mit dem Gedanken an eine Tolerierung spielten, erhielten sie noch massive Unterstützung aus Hamburg gegen die Totalverweigerer. Die Tolerierungslinie brachte die Grünen diskursiv in die Offensive. Zum Bruch zwischen Hamburg und Hessen-Realos kam es, als die Gruppe um Joschka Fischer mit Koalitionen liebäugelte. Kompromisse mit der SPD, garniert mit Verbalradikalität zur Pflege des Rebellennimbus, wurden zur Spezialität der »Neuen Frankfurter Schule«. Der Widerspruch brachte nun viel Spott aus Hamburg, der ideologisch-programmatische Anspruch der Spontis war etwas schlicht im Vergleich mit dem der grünen Gründungsgruppen.

Ökosozialisten, Realos, undogmatische Linke – sie alle bildeten in der Anfangsphase der Bundestagsfraktion einen gemeinsamen Strang, den Strang eines Rationalismus, der sich – wenn auch kritisch – in der Tradition der Aufklärung sah und über den spontanen Impuls und die Betroffenheitslyrik hinaus Politik strategisch angehen wollte. Der Rationalismus mit seinen drei Ausprägungen markierte das Lager des »reformistischen Humanismus«. Ihm gegenüber standen die Fundamentalisten, Radikalökologen, Lebensreformer und Individualisten mit spirituellen und naturalistischen Weltbildern, die über symbolische Aktionen und moralische Appelle zur Umkehr auffordern, Bewusstsein und Lebensstile verändern wollten. Politische Rationalisten – Linke – standen moralischen Symbolisten – Fundis – gegenüber. Das war im Prinzip die Gründungssituation, die Geschäftsgrundlage. So hätte es weitergehen können. Friedlich, denn die beiden Haltungen hätten sich im Laufe der Zeit, moderiert durch Gutwilligkeit und wechselseitige Lernbereitschaft, angeglichen.

Doch bald gab es die ersten ernsten Friktionen, die über persönliche Ränkespiele hinausgingen. Die verschiedenen politisch-weltanschaulichen Zirkel und Netzwerke begannen sich nach der

Niederlage im Raketenherbst 1983 mit dem Aufkeimen der skizzierten Strategiedifferenzen als »Strömungen« zu organisieren. Am 12. November 1983 konstituierten sich in Fulda nach einer längeren Vorlaufphase die »Radikalökologen« als »Strömung«, etwa zeitgleich, im Kontext der hessischen Landesversammlung im Oktober in Petersberg-Marbach, die »Realos«. Am 18. November stellten sich die liberalen »Ökolibertären« mit einem Grundsatztext vor. Petra Kelly und andere Große der Gründerzeit, meist moralische Symbolisten, gerieten langsam in den Hintergrund. Dazu trug auch die Neuwahl des Vorstands der Bundestagsfraktion bei. Der amtierende Vorstand samt Kelly hätte gern weitergemacht. Doch seine Zerstrittenheit und die Übermacht der Eitelkeiten veranlassten die Fraktionsmehrheit, eine Einjahresrotation zu etablieren. Auch das Machogehabe der führenden Männerclique ging den meisten auf die Nerven. Das Angebot eines reinen Frauenvorstands wurde als Erlösung angenommen: Antje Vollmer, Waltraud Schoppe und die Nachrückerin Annemarie Borgmann als Sprecherinnen, Christa Nickels, Erika Hickel und die Nachrückerin Uschi Eid als Parlamentarische Geschäftsführerinnen bildeten ab dem 3. April 1984 für ein Jahr das erste »Feminat« in der Geschichte der Republik. Unter ihrer Führung lehnte die Fraktion zunächst ganz allgemein Koalitionen mit der SPD zugunsten von Tolerierungen ab, bevorzugte aber bereits im November eine offenere Formulierung.

Die Außerordentliche Bundesversammlung am 3./4. März 1984 in Karlsruhe, auf der die Liste für die Europawahl aufgestellt wurde, verlief harmonisch. Ein Programm gegen EU-Agrarfabriken, Waldsterben und Profitstreben des Großkapitals wurde einvernehmlich verabschiedet. Mit großer Mehrheit wurde der Bielefelder Landwirt Friedrich Wilhelm Graefe zu Baringdorf zum Spitzenkandidaten gewählt. Er kam vom kleinbäuerlich-oppositionellen »Bauernblatt« und war kein Parteimitglied. Das Prinzip der »offenen Liste« aber erhielt seine ersten kräftigen Schrammen. Stolz auf den eigenen linken Bekennermut war die Versammlung, als sie dem in einem umstrittenen Verfahren wegen Werbung für eine terroristische Vereinigung verurteilten Journalisten Benny Härlin einen sicheren Listenplatz verschaffte. Doch – wie später manch anderer Quereinsteiger – dankte Härlin es nicht. Er verweigerte die beschlossene Rotation nach der Hälfte der Wahlperiode. Dennoch, die Grünen waren gut in Form: Bei der Wahl kurz darauf in Baden-Württemberg legten sie um die Hälfte zu. Bei der Europawahl im Juni gewannen sie sogar 5 Prozent hinzu und zogen mit 8,2 Prozent in das Europaparlament ein. Zwischen Hamburgern und Hessen taten sich inzwischen die ersten Risse auf. Die Rationalisten, die bisher gemeinsam gegen die Moralisten aufgetreten waren, entzweiten sich zusehends wegen der SPD-Frage. Die ersten Verhandlungsergebnisse der Hessen-Realos bei den Tolerierungsgesprächen mit der SPD im Januar 1984 wurden vom Bundesvorstand schriftlich gerügt, was die Hessen-Realos empört als Einmischung in die inneren Angelegenheiten zurückwiesen, worauf sich die Radikalökologen wutentbrannt bundesweit zu sammeln begannen. Der Ökosozialist Rainer Trampert hatte bereits bei der Bundesversammlung in Duisburg im November 1983 jegliche Koalition abgelehnt, der Fundi Bahro sogar dazu aufgerufen, die Verhandlungen zu »sprengen«. Trotz Getöse – noch schien alles im grünen Bereich.

Die 7. Bundesversammlung vom 7. bis zum 9. Dezember 1984 in Hamburg brachte eine fast schicksalhafte Wendung, eine eklatante Fehlschaltung, Startschuss für eine jahrelange Flügelschlacht, wie sie die Parteienlandschaft selten erlebt. Sie endete fast mit dem Exitus der Partei: Hamburger Ökosozialisten verbündeten sich mit Fundis. Trampert und Bahro gingen zusammen. Die »Z«-Gruppe verschmolz mit ihrem alten Lieblingsfeind. Es ging um die Koalitionsfrage und das zugrunde liegende Staatsverständnis. Die orthodoxen Linken hatten wieder einen Hauptwiderspruch gefunden, hinter dem alle anderen Themen zurückzustehen hatten. Die Differenzen in der Friedenspolitik und der sozialen Frage, in den Strategien der Gesellschaftsveränderung, um die man heftig gerungen hatte, waren plötzlich unwichtig. Hauptsache, Bahro war gegen rot-grüne Koalitionen. Ohne jede

Vorabsprache mit anderen linken Kräften schlossen Hamburger mit den Fundis einen Pakt für eine »grundsätzliche Systemopposition«. Gegen die Hessen-Realos.

Der Coup indes gelang nur halb. Joschka Fischer, der schnell die Rückendeckung des »Spiegel« erhielt, wollte die Partei umkrempeln auf »Parlamentarisierung, Bündnis und Kompromiss« und die grundsätzliche Systemfrage ad acta legen. Otto Schily sah die Grünen sogar als zukünftige »Juniorpartner« der SPD. Der ökoliberale Bremer Jo Müller rückte die Realos gar in die Parteimitte, indem er selbst für eine schwarz-grüne Koalition mit der CDU plädierte. Doch die Realos zogen ihren Antrag zur Koalitionsfrage zurück; er war aussichtslos. Ralf Fücks, noch mit den Fundis im Bunde, wollte sich den Antrag zu eigen machen und explizit darüber abstimmen lassen, um so die Realo-Niederlage offensichtlich zu machen. Die Versammlung blockte ab. Doch auch das Trampert-Bahro-Papier für eine »grundsätzliche Systemopposition« ging nicht durch. Es unterlag einem Kompromiss des Kreisverbandes Cuxhaven, der »zurzeit« keine Koalitionschance mit der SPD im Bund sah und die Entscheidung ansonsten den Landesverbänden überlassen wollte. Dahinter verbarg sich das lockere Netzwerk der Undogmatischen, die sich (noch) nicht als Strömung verstanden und sich gern hinter vernünftigen Kreisverbandanträgen versammelten – oder gar als eigener Kreisverband firmierten.

Auch die Realos hatten für diesen Antrag votiert – aus ihrer Sicht das kleinere Übel. Obwohl sie eine deftige Niederlage einstecken mussten, begannen sie sich einer Praxis zu befleißigen, die bald zu ihrer Spezialität werden sollte. Sie erklärten der Presse gegenüber die relative Kräfteverschiebung zu ihrem Sieg. Wenn es nicht die Fundis waren, die gewonnen hatten, dann eben sie, die Realos. Dass es noch andere Akteure in der Partei gab – weder Fundis noch Realos, nur leiser, weniger aufdringlich, weniger versessen darauf, in der Öffentlichkeit als Sieger dazustehen –, das ging nicht in ihre Köpfe. Oder besser: Es lag nicht in ihrem Interesse, dass andere Kräfte mit einer Strategie des radikalen Reformismus zur Geltung kamen. Es durfte aus ihrer Sicht neben den durchgeknallten Fundis keine ernst zu nehmende linke Kraft geben. Lieber vergrätzten sie die Undogmatischen und schlugen die Chance auf innerparteiliche rationalistische Ad-hoc-Bündnisse gegen die Fundis aus, um sich öffentlich als Minorität inszenieren und später behaupten zu können, sie allein hätten das Ding gedreht. Dieses einfache Weltbild wurde gern von den Medien aufgegriffen und verstärkt. Bald gab es bei den Grünen in der Wahrnehmung der Öffentlichkeit nur Fundis und Realos.

Ich selbst konnte an der BDK in Hamburg nicht teilnehmen. Als ich die Berichte hörte, war ich entsetzt. Rudolf Bahro war für uns Undogmatische längst ein schwarzes Tuch; nur um Rot-Grün zu verhindern, fabulierte er sogar über Bündnisse mit der CDU. Seine Utopien wiesen immer weiter nach rückwärts, seine Industriekritik nahm mit ihrer Ablehnung jeglicher Sozialpolitik, die als systemstabilisierend gegeißelt wurde, reaktionäre Züge an. Und ausgerechnet die »Z«-Gruppe, die links einen Führungsanspruch erhob, ging jetzt mit ihm zusammen?! Mein persönliches Koordinatensystem verschob sich dramatisch. Gegen K-Gruppen-Häuptlinge und Desperados hatte ich schon an der Uni gekämpft. Für sie war ich immer »Rechtsopportunist«, weil ich neben oppositioneller Aktion auch für Mitarbeit in Gremien plädiert hatte. Die Doppelmitgliedschaft von KBlern bei den Grünen hatten wir Undogmatischen toleriert, auch das Hineinschleichen des KBW. Massenweise alte Kader, die sich nicht outeten. Wir hatten uns ebenso aktiv wie gutgläubig um Integration bemüht. Damit war jetzt Schluss. Solch ein Manöver – die Spaltung des Rationalismus, um als Spaltprodukt ein Bündnis mit irrationalen Voluntaristen einzugehen – war nicht zu akzeptieren.

Für Hamburger und Fundis begann vordergründig eine Hochzeit. Doch es war nur eine Scheinblüte. Wie ein anscheinend gesunder Baum kurz vor dem Absterben entfaltete der Linksradikalismus seine ganze Pracht. Aber Bahro-Trampert hatten nicht nur die Realos abgeblockt. Rainer Trampert hatte die Linke gespalten. Wir Undogmatischen wollten lieber – bei allen Differenzen im Diskurs mit Realos – den Weg des Rationalismus weitergehen. Wir wollten uns nicht ins politische Abenteurertum locken lassen. Jetzt wurde es Zeit, an einem eigenen Profil und Projekt zu arbeiten. Gegen die Aufteilung der Partei in Fundis und Realos. Und noch eins war deutlich geworden bei der Richtungsentscheidung: Gewinnen konnte nur, wer die Parteimitte, die noch unkonturiert war, einbezog.

Zunächst aber verfolgten Hamburger Ex-KBler und Frankfurter Sponti-Funktionäre gleichermaßen eine Politik der kadermäßigen Verankerung. Die Hamburger sammelten bundesweit ihre Spezis, versuchten sie ihrer Kommandogewalt zu unterwerfen und in führende Positionen zu schieben. Die Spontis, nun »Realos«, schafften es im Laufe der Jahre, fast alle Gegenspieler aus dem hessischen Landesverband zu vergraulen und Wahllisten ausschließlich mit ihren Leuten zu besetzen. Ihr Ziel zudem: die Bundestagsfraktion gegen den Bundesvorstand in Stellung zu bringen. Denn in Hamburg war auch der neue Parteivorstand gewählt worden: Jutta Ditfurth, in Hessen von Fischer ausgebootet, wurde mit gutem Ergebnis Sprecherin. Rainer Trampert wurde wiedergewählt. Personell also hatte die Trampert-Bahro-Connection Erfolg. Der dritte Sprecher, Lukas Beckmann, zugleich nüchterner Organisator und Vertreter eines spirituellen Ökologismus, war unabhängig. Der neue Bundesgeschäftsführer Eberhard Walde und Schatzmeister Hermann Schulz zählten zum linken Spektrum.

Hinter den konkurrierenden Strömungen standen divergierende Theorien zur Veränderbarkeit von Staat und Gesellschaft. Die Diskussionen der 70er-Jahre über Reform und Revolution spielten ebenso eine Rolle wie die Frage nach der Funktion des Staates und der Tradition der Aufklärung. Die hessischen »Sponti«-Realos, ein Amalgam von Exmaoisten, Anarchos und Dissidenten aus dem DKP-Spektrum, sorgten für eine linksreformistische Stimmung, bei der auch Theoreme der Frankfurter Schule nicht ohne Einfluss blieben. Für sie war die Staatsfrage nicht so bedeutsam wie für die Hamburger; sie waren bereit, pragmatisch die institutionellen Möglichkeiten zu nutzen, die das herrschende System bot, ohne sie rigoros ideologiekritisch zu hinterfragen. Andere Koalitionsbefürworter, wie die anthroposophisch geprägten Otto Schily und Gerald Häfner, vertraten geradezu idealistische Vorstellungen von der Veränderbarkeit der Gesellschaft durch erweiterte Partizipationsrechte. Ähnlich argumentierten die Ökoliberalen, die langsam mit den Realos verschmolzen.

Die Mehrheit der Hamburger Ökosozialisten dagegen hing der Überzeugung an, die Grünen, als Anti-Parteien-Partei gegen das herrschende System entstanden, dürften nun nicht selber Teil des Staates werden. Der Staat wurde – mit Anleihen beim Leninismus – als agierendes Subjekt der herrschenden Klasse betrachtet und abgelehnt. Eine staatstragende Rolle kam aus ihrer Sicht für die Grünen nicht infrage. Die basisorientierten Fundis um Jutta Ditfurth hatten den Staat gar nicht in der Kalkulation – es sei denn, er begegnete ihnen in Form von Polizeiknüppeln – und plädierten für prinzipielle Opposition und den Aufbau von Massenbewegungen als Gegenmacht. Die symbolischen Moralisten wie Petra Kelly und Roland Vogt argumentierten ähnlich, nur idealistischer und pathetischer formuliert, und hofften auf breiten Bewusstseinswandel der Bevölkerung.

Die strategische Grundsatzfrage gebar so kontroverse Antworten, dass Vermittlung immer schwieriger wurde. Der grüne Reichtum an Fantasie richtete sich bald gegen die Partei selbst. Die gerühmte grüne »Streitkultur« mutierte rapide zum erbitterten Richtungskampf, der jede inhaltliche Diskussion überformte. Programmatische Positionen wurden nicht mehr in erster Linie auf Reichweite, Widerspruchsfreiheit und Realitätstüchtigkeit hin überprüft. Es interessierte mehr, in welches strategische Konzept sie passten. Nicht mehr »richtig« oder »falsch« hieß die Frage, sondern: Welcher Flügel wird gestärkt? Das grüne Erkenntnisinteresse, das die Partei gegen die Etablierten stark gemacht hatte, das Interesse an ganzheitlicher Aufklärung, trat in den Hintergrund. Bald interessierte nicht mehr, welche Strategie die richtige war für die Veränderung der Welt, die man sich auf die Fahne geschrieben hatte, sondern wie man sich die

Welt zurechtinterpretieren musste, damit die eigene Strategie stimmte.

Der Konflikt entfaltete – besonders über seine mediale Zuspitzung – eine solche Kraft, dass alle Gruppierungen der Partei in ihn hineingesogen und in eines der Lager eingemeindet wurden. Bist du Fundi oder Realo? Nicht nur ich wurde oft mit dieser blödesten aller Fragen konfrontiert, gestellt von denen, die sich wissend geben wollten, als Kenner der grünen Topografie, und doch nur der Verballhornung durch die Medien auf den Leim gingen – oder sie selber betrieben.

Die neue Konfliktlinie brachte neue Akteure hervor, Sprecher ihrer jeweiligen Strömung. Ihre Äußerungen wurden bald wichtiger genommen als die der alten Leitfiguren, der »Europa-Grünen«. Petra Kelly, Roland Vogt, Lukas Beckmann – sie standen, vor einem wertkonservativen Hintergrund, inhaltlich eher »links« und der SPD, der sie auch nach deren »Nein« zur Raketenstationierung misstrauten, skeptisch bis ablehnend gegenüber. Sie versuchten, im voluntaristischen Stil der Gründerjahre aktionsbetont weiterzumachen. Mit großem Engagement widmeten sie sich den Menschenrechten und den unabhängigen Friedensgruppen in der DDR und im Ostblock. Wenn bei uns nichts ging, dann vielleicht dort. Doch der moralisierende Symbolismus war mit der Raketenentscheidung an seine Grenzen gestoßen. Die Altvordern fühlten sich von der oft persönlich verletzenden Art der Hamburger, die nun an Einfluss gewonnen hatten, abgestoßen, setzten deren Benehmen mit dem Begriff »links« gleich und lehnten deshalb »linke« Politik ab. Roland Vogt etwa warf Jürgen Reents, Thomas Ebermann und Rainer Trampert vor, die »Demontage der Grünen aus der Gründerzeit« zu betreiben. Nicht ganz zu Unrecht. So gerieten sie in das Umfeld der Realos, mit denen sie programmatisch-strategisch wenig gemein hatten.

Mit der Rotation der ersten Bundestagsfraktion wurde ich am 10. April 1985 selber MdB. Bereits Ende März wurde ein neuer Fraktionsvorstand gewählt. Die Umweltjournalistin Hannegret Hönes und die »herausrotierte« Tierärztin Sabine Bard wurden Sprecherinnen. Sie galten als linksökologisch – inhaltlich den

Radikalökologen nahe, aber in der Strategiefrage keine Fundis. Bei der Wahl des Sprechers machte ich meine ersten persönlichen Erfahrungen mit den Hamburger Methoden. Durch die von mir betriebene Etablierung des Themas Weltwirtschaft und als informeller Sprecher der undogmatischen Linken hatte ich einen gewissen Rückhalt in Fraktion und Partei. Viele wollten meine Kandidatur. Mit den Ökosozialisten aus Hamburg fühlte ich mich verbündet wie mit den anderen Rationalisten. Noch glaubte ich, die Koalitionsfrage könne im rationalen Diskurs gelöst werden. Koalitionen stand ich skeptisch gegenüber, ohne sie auszuschließen, wie die meisten Grünen. Aus naivem Teamgeist fragte ich Christian Schmidt, einen Ex-SPDler und neuen Statthalter der Hamburger, ob er sich bewerben wolle. Ich hätte ihm den Vortritt gelassen. Er wolle nicht, sagte Schmidt, und ich meldete meine Kandidatur an. Am Wahltag trat Schmidt an, zog gegen mich die Mehrheit der linken Stimmen auf sich und gewann die Stichwahl gegen den Ökoliberalen Jo Müller.

Die Hamburger hatten mich absichtlich ins Messer laufen lassen, weil ich so kühn war, eine Kandidatur zu erwägen, obwohl ich von ihnen nicht dazu aufgefordert worden war. Die Lektion saß, aber anders, als es sich die Admirale an der Alster ausgedacht hatten. Ich unterwarf mich auch fürderhin nicht der Hamburger Mannschaftsaufstellung, sondern ging weiter auf Abstand. Kurz nach dieser verlorenen Wahl verfasste ich meine erste Streitschrift »Gegen Realos, gegen Fundamentalos, für eine starke Zentralo-Fraktion«.

Von den Hamburgern wurde ich nun gemieden; ich galt dort – wie man mir Jahre später verriet – als Talent, aber als unsicherer Kantonist. Solche Sprüche kannte ich schon von der Uni. Von all den Taffen, denen ich, wenn sie mal wieder in eine Sackgasse gerannt waren, den Allerwertesten rettete. Sie sollten mich auf meinem gesamten links-grünen Weg begleiten. Mein Text bekam auch viel Zustimmung. »Zentralo« – eine Parteimitte zu bilden, an der die polarisierenden Kräfte sich brächen, das wünschten viele. Meine Spezis aus Nordrhein-Westfalen, Hans Verheyen und Annemarie Borgmann, waren dabei, der Solitär Eckhard

Stratmann, viele Linksökologen und »Europa-Grüne«. Bald lud ich zum »Gelsenkirchener Kreis« ein, einem ersten Zirkel zur Diskussion einer linksunabhängigen Strategie. Noch waren wir zu schwach. Das Spiel zweier Pole, die durch Bekämpfung des jeweils anderen die eigene Identität stabilisierten, funktionierte. Bei direkten Duellsituationen, wenn keine gemäßigt linke Variante im Angebot war, standen mir die Hamburger trotz allem näher als die Hessen.

Auf der BDK am 22./23.Juni 1985 in Hagen wurden den Machtansprüchen von Fundis und Realos Grenzen gesetzt. Allein drei konkurrierende Hamburger Anträge – von Rainer Trampert, Michael Stamm und der GAL, die inzwischen auch untereinander zerstritten waren – fielen durch. Die Realos waren bereits vor der Versammlung mit ihrer Forderung nach Neuwahl des Vorstands abgeschmettert worden. Petra Kelly bekam rauschenden Beifall für ihre Verurteilung der hessischen Regierungsambitionen. Die Delegierten entschieden sich erneut für einen Antrag aus undogmatischen linken Kreisen. Gegen die Fundis richtete sich das Bekenntnis, »die gesamte Bandbreite parlamentarischer Möglichkeiten von der Opposition bis zur Alleinregierung« zu nutzen. Den Realos wurde »das Streben nach Beteiligung an der Macht um jeden Preis« als Malus ins Stammbuch geschrieben. Wie auf den BDK zuvor lehnte man eine Koalition im Bund ab und überließ die Entscheidung in Ländern und Kommunen den dortigen Parteifreunden. Nun schritt Rudolf Bahro zur finalen Abrechnung: Nachdem er seine Fundamentalkritik des Industriesystems mit spiritualistischen Ideen angereichert, die Grünen als »kontraproduktives Werkzeug« und den politischen Raum für sich als eine Falle identifiziert hatte, in dem die Lebensenergie verschwinde, erklärte er seinen Austritt.

In Hessen gingen die Uhren anders. Im Dezember 1984 wurde die Tolerierung, ein Konfliktbündnis, abgebrochen, weil die SPD-Regierung die grüne Ablehnung von NUKEM einfach überging. Keine Spur also von Angepasstheit. Nach der Wahl im Herbst 1985 die Kehrtwende. Die Hessen-Führung war zu der Erkenntnis gelangt, dass man in einer Koalition mehr durchsetzen könne als über eine Tolerierung. Sicher, man musste sich auch die Hände schmutzig machen. Aber das störte nur die Fundis aus gutem Hause. An einer Realo-Hand klebte ohnehin noch das Schmieröl von den Fließbändern bei Opel Rüsselsheim. Tom Koenigs hatte sein Privatvermögen einst dem Vietcong geschenkt, und der hielt sich auch nicht an das grüne Reinheitsgebot. Und überhaupt – Metzgersohn, Straßenkämpfer ohne Abi. Man musste sich durchschlagen, irgendwie. Im Oktober wurde Joseph »Joschka« Fischer erster grüner Minister.

Die Realos im Aufwind! Im Höhenrausch versuchten sie erneut den Sturz des linken Bundesvorstands. Doch auf der 8. BDK vom 13. bis zum 15. Dezember 1985 in Offenburg wurde ihr Abwahlantrag gegen Jutta Ditfurth mit Zweidrittelmehrheit abgewiesen. Misstrauensanträge gegen Rainer Trampert und Lukas Beckmann bekamen gar nur knapp 10 Prozent. Der Vorstand wurde im Amt bestätigt. Er bildete erklärtermaßen das Gegengewicht zur veröffentlichten Meinung der Medien, die unverhohlen den Realo-Kurs unterstützten. In der Tat, während die Grünen gegen die Medien groß geworden waren, sich gegen ihren Spott durchsetzen mussten, entwickelten die Realos Talent, über Männerbündelei, Thekenabende, gezieltes Streuen von Exklusiva und Machocharme die Journalistenschar für sich einzunehmen. Beim gesellschaftlichen Mainstream, der die Zeitungen kaufen sollte, war die vernunftheischende und zugleich unterhaltsame Realo-Pose marktgängiger als das Fundi-Gezetere und die gestelzten Reden der Linken. Die Realos starteten das Projekt »Bündnis mit den Etablierten gegen die (Radikalen bei den) Grünen«. Am 25. Januar 1986 trafen sie sich zum ersten Mal bundesweit.

Am 31. Januar 1986 wurde ich neben Hannegret Hönes und Annemarie Borgmann zum Fraktionsvorsitzenden gewählt. Kurz zuvor hatte ich in einer zweiten Streitschrift gefordert, Grüne müssten »den Tiger reiten«. Gemeint war der Staat, der den Linken als gefährliches Tier erschien. Der Text forderte – ausdrücklich aus linker Sicht –, neben der Tolerierung auch Koalitionen ins taktische Repertoire aufzunehmen. Regierungsverantwortung als riskanter Ritt, spannend und unvermeidbar. Mein Plädoyer: Es kommt nicht darauf an, ob wir es wollen, sondern ob wir es können, wenn wir es müssen.

Der linke Flügel begann sich zu zerlegen. Die Hamburger wählten mich nur halbherzig gegen den Realo-Konkurrenten Willi Hoss, aber die Fraktionsmitte fühlte sich angesprochen. Es begann die Etablierung eines innerparteilichen Mitte-links-Bündnisses gegen Fundis und Realos. Dem neuen Vorstand gelang es einigermaßen, der Fraktion Kontur zu verleihen, auch wenn die Presse sich über die Profillosigkeit von uns Nachrückern mokierte und sich an die bekannteren Gesichter hielt, die das unterhaltsame Fundi-Realo-Spektakel boten. Nun versammelten auch wir »Linken in den Grünen« uns am 8. und 9. März 1986 zum ersten Mal bundesweit, meist Undogmatische, aber auch einige orthodoxe Dissidenten, die den Ebermann-Trampert-Kurs nicht mittragen wollten. Mein Erfolg währte nicht lange. Am 18. Juli trat ich vom Fraktionsvorsitz zurück. Willi Hoss wurde mein Nachfolger. Was war geschehen?

Am Wochenende zuvor war in Nordrhein-Westfalen die Landesliste für die nächste Bundestagswahl aufgestellt worden. Für mich verlief die Prozedur traumatisch. Freitagabend: Für Platz 2 kandidiere ich neben Eckhard Stratmann gegen Otto Schily. Demonstrativ und chancenlos. Schily gewinnt, ich werde Zweiter. Samstagmorgen: Für Platz 4 trete ich nicht an. Uli Briefs, temporärer Held der gewerkschaftsoppositionellen Arbeiterklasse, genießt viel Sympathie, soll bei den Grünen eingemeindet werden und wird gewählt. Also Platz 6? Plötzlich kandidiert auch Wilhelm Knabe. Der verdiente Forstwirt erweitert verblüffenderweise seinen Aktionsradius in die Dritte Welt, von der er wenig gesehen hat, nimmt mir mein angestammtes Thema weg, verbindet es mit seinen Verdiensten um die Gründung und wird in der Stichwahl gegen mich gewählt. Also Platz 8? Der letzte sichere Platz bei 5 Prozent. Zwischenzeitlich gab für die ungeraden Frauenplätze eine Kandidatin eine ganz besondere Vorstellung. Sie trat ans Pult und las ihre Rede vor. Ich traute meinen Ohren nicht. Wortwörtlich las sie ein Papier von mir zur Schuldenlast der Dritten Welt als ihre eigene Bewerbungsrede vor. Supertext, aber kann ich jetzt noch damit kommen? Zwei Leute vor mir haben mit meinem Thema gepunktet, eine sogar mit Plagiat. Samstagabend: Eckhard Stratmann und ich treten gegeneinander an. Im ersten Wahlgang fehlen mir nur wenige Stimmen zur nötigen absoluten Mehrheit. Der zweite Wahlgang geht genauso aus. Es fehlen vier Stimmen. Beim dritten gälte die relative Mehrheit, und ich wäre gewählt. Da bricht der Landesvorsitzende Hubert Niehoff, der zugleich Stratmanns persönlicher Mitarbeiter (!) im Bundestag ist, die Sitzung ab: »Schon spät, Bierchen, schlafen gehen, morgen weiter.« Sonntagmorgen: dritter Wahlgang. Über Nacht haben Stratmann und Landesvorstand ganze Arbeit geleistet. Eigentlich ein Mann mit linkem Anspruch, hat der Mitbewerber neben seinen Anhängern die Parteirechte gegen mich mobilisiert. Der Landesvorsitzende hält eine Brandrede für seinen Chef. Dann dritter Wahlgang. Stratmann bekommt einige Stimmen mehr als ich. Ich gratuliere ihm und verlasse den Saal. Das war es für mich bei den Grünen. Vorbei. APO, Basisgruppen, Parteigründung, vier interessante Jahre im Bundestag. Jetzt muss ich mir einen anständigen Job suchen. Ich sitze bereits im Auto und will gerade auf Nimmerwiedersehen vom Parkplatz fahren, da kommt Lukas Beckmann angerannt. Stopp! Ich soll für Platz 10 kandidieren, den hätte ich sicher. Müde und genervt lasse ich mich überreden, dass er meinen Zettel in die Urne wirft. Ich bleibe draußen. Mit großer Mehrheit werde ich gewählt. Gehe kurz hinein, nehme die Wahl an. Platz 10 – das reicht nur bei einem sehr guten Wahlergebnis.

Kann ich unter diesen Umständen Fraktionsvorsitzender bleiben? Die Umstände waren das Problem. Man kann Wahlen verlieren – aber so? Das Dritte-Welt-Engagement war offensichtlich auswechselbar, das beherrschte anscheinend jeder Laie, und meine Versuche, einen undogmatisch-linken Integrationskurs einzuleiten, stießen wohl nicht auf allgemeine Gegenliebe. Man hatte mir den politischen Boden unter den Füßen weggezogen. Nun gut, ich war verzichtbar. Was sollte ich lange hadern? Andere hatten genauso berechtigte Ambitionen wie ich. Hans Verheyen, MdB der ersten Stunde und wichtigste Gründerfigur in Nordrhein-Westfalen, war völlig chancenlos. Aber konnte ich derart angeschlagen in einem wohl harten Wahlkampf als Fraktionssprecher bestehen? Und nebenbei mich auf ein Leben außerhalb der Politik vorbereiten? Einen Job zu finden war damals nicht einfach für halbwegs profilierte Grüne, die nicht Beamter oder Anwalt waren. Drei Monate Übergangsgeld und dann ohne Bezüge arbeitslos? Schöne Aussichten! Also legte ich mein Amt nieder – »aus politischen und persönlichen Gründen«. Der Flügelkampf eskalierte auch ohne mich ganz gut. Die Sonder-BDK vom 26. bis zum 28. September 1986 in Nürnberg sollte Bedingungen für eine Zusammenarbeit mit der SPD nach der Bundestagswahl definieren. Wieder erlitten Fundis und Realos schwere Niederlagen. Der Antrag von Thomas Ebermann und Rainer Trampert, der eine Tolerierung an unerfüllbare Forderungen knüpfte, wurde ebenso abgebügelt wie der von Hubert Kleinert und Otto Schily, der zu Koalitionszwecken das Programm aufweichen wollte. Beschlossen wurde ein »Brief an die Wählerinnen und Wähler« – entworfen von Antje Vollmer und Christa Nickels – mit einem Verfahrensvorschlag, der die Grundsatzentscheidung auf die Phase nach der Wahl verschob.

Am 25. Januar 1987 stand die Bundestagswahl an. Die Partei hatte monatelang den Eindruck von Zerstrittenheit gemacht. Die Raketenfrage, das große Mobilisierungsthema von 1983, war etwas verblasst. Das DKP-Spektrum hatte im letzten Jahr eine »Friedensliste« als Konkurrentin kreiert. Lukas Beckmann und ich hatten noch versucht, Ewald Lienen, den bekannten Fußballspieler, den die Moskowiter aufstellen wollten, abzuwerben. Das Spiel endete unentschieden, Lienen blieb vereinslos. Die Tschernobyl-Katastrophe vom April 1986 wirkte jedoch noch nach. Der grüne Anti-Atomkurs fand eine gesellschaftliche Mehrheit. Die Stimmung für die Grünen war durchwachsen. Dann Wahltag. Schließung der Wahllokale. Auszählung. Ich war nicht in der Parteizentrale, sondern zu Hause am Fernseher, um mein Ende in aller Stille zu genießen. Grübeln über die Rolle des Zufalls in der Geschichte, wie 1983. Was wäre, wenn Lukas Beckmann mich am Parkplatz um wenige Sekunden verpasst hätte? 7,5 Prozent brauchten wir in Nordrhein-Westfalen für meinen Platz 10. Nicht zu schaffen. Das Ergebnis wird verkündet. Grüne: 8,3 Prozent. Ein Superergebnis! Erheblich mehr, als wir verdient haben. 44 Mandate. Das reicht auf der NRW-Liste bis Platz 11. Ich kann es nicht glauben, vergewissere mich beim Wahlleiter. Es stimmt. Ich bin dabei.

Kapitel 19

Flügelkämpfe bis zum Absturz

Die zweite Bundestagsfraktion der Grünen von 1987 umfasste alte und neue Gesichter. Petra Kelly, Otto Schily, Marieluise Beck-Oberdorf – der erste Fraktionsvorstand war wieder gewählt. Antje Vollmer, Christa Nickels, Waltraud Schoppe, Uschi Eid vom »Weiberrat«. Willi Hoss, Hubert Kleinert. Aus Hamburg kamen statt Jürgen Reents und Christian Schmidt jetzt Thomas Ebermann und die Psychologin Regula Schmidt-Bott. Aus Berlin statt Hans-Christian Ströbele der Ökonom Peter Sellin. Die Gesundheitsberaterin Halo Saibold, Gründungsmitglied, Opfer von Petra Kellys Rotationsweigerung, wurde MdB. Helmut Lippelt wechselte aus dem Landtag in den Bundestag. Auch Parteilose waren wieder nominiert worden: der Friedensforscher Alfred Mechtersheimer, Trude Unruh als Gründerin der »Grauen Panther«, ferner die Bäuerin Dora Flinner, Kämpferin gegen die Autoteststrecke in Boxberg (Baden-Württemberg). Viel Glück sollten sie uns nicht bringen – Unruh wurde wegen Unverträglichkeit wieder ausgeschlossen. Auch Bremen und das Saarland waren mit MdBs vertreten. Frauen stellten mit 25 zu 19 die Fraktionsmehrheit. Ein Durchbruch.

Die Bundestagsmehrheit verwehrte den Grünen erneut einen Platz im Präsidium und im Kontrollgremium für die Geheimdienste. Das Outlaw-Feeling schweißte die Fraktion nicht zusammen. Politik in der zweiten Fraktion bedeutete die Fortsetzung des innerparteilichen Kriegs mit anderen Mitteln. Fieser, giftiger, ohne Menschenrechtsschutz. Der erste Schuss wurde bei der Wahl zum Fraktionssprecher Anfang Februar 1987 abgegeben. Die Wahl geriet zum Pyrrhussieg von Thomas Ebermann.

Die Realos hatten sich vorgenommen, den linken Flügel völlig aus dem Vorstand auszuschließen, und setzten neben Waltraud Schoppe die Softwareentwicklerin Bärbel Rust, die weder vorher noch später jemals eine Rolle spielte, als Sprecherinnen und Hubert Kleinert als Parlamentarischen Geschäftsführer durch. Dann die zum Duell hochstilisierte Sprecherwahl zwischen Thomas Ebermann und Otto Schily: Nach scharfer Redeschlacht gewann Ebermann mit einer Stimme Mehrheit. Ganz konnten die Realos die Fraktion nicht dominieren. Auch wer Ebermann eigentlich nicht wollte, wählte ihn, um den Realo-Durchmarsch zu verhindern. Auch meine Stimme hatte er bekommen. Bei der Siegesfeier in der Kneipe aber machte nicht nur ich meinem Ärger Luft. Wir hatten von der Polarisierung abgeraten und als linke Kandidatin die gemäßigtere Regula Schmidt-Bott vorschlagen wollen. Das Duell wäre ausgeblieben. Doch der Leuchtturm in Hamburg zeigte Rot für die Deern. Fahrwasser gesperrt. Auch die Realos hatten ihren Vormann mit ihrem äppelwoigetränkten Absolutheitsanspruch in eine heikle Situation manövriert. Schily und Ebermann selbst ging es um Sieg und Demütigung. Einer musste auf der Wa(h)lstatt bleiben. Ein archaisches Männerritual.

Es musste das letzte seiner Art bleiben, fand ich. Mit der Namensgeberin – einem MdB aus dem Saarland – rief ich unter dem harmlos klingenden Etikett »Freundeskreis Erika Trenz« eine eigene Gruppe in der Fraktion ins Leben, die den Hamburgern und Fundis die letzte Loyalität aufkündigte. Ohne Realos zu werden. Viele »Zentralos«, »Neutralos«, »Banalos« – so wurden wir verulkt – machten mit. Von den Gauloise rauchenden Asphaltcowboys des KB als »Kuschelgruppe« nicht ernst genommen, bildeten wir einen Kern der zukünftigen Mitte-links-Mehrheit, die anders als unsere linken Kritiker das Jahrzehnt politisch überleben sollte. Gegen die Hardliner auf beiden Seiten durfte man nicht mehr soft bleiben. Wir besprachen eine robustere Gangart.

Fraktion und Partei brachten sich nun immer aggressiver gegeneinander in Stellung. Die Fundis in der Partei wollten einen Gegenpol zur Realo-Fraktion behaupten, die Realos in der

Fraktion den Gegenpol zum Fundi-Vorstand der Partei. Der gemeine Grüne wusste nicht mehr ein noch aus. Auf der 9. BDK vom 1. bis zum 3. Mai 1987 in Duisburg landeten Fundis und Linke einen Kantersieg. Jutta Ditfurth, Christian Schmidt und die Feministin Regina Michalik standen einem fast gänzlich linken Vorstand vor. Die Realos reagierten mit einem Bundeskongress. Die linke Mehrheit des Bundeshauptausschusses beschloss gegen den Realo-Willen einen Strategiekongress ohne Beschlusskompetenz. Die Ökoliberalen um Fritz Kuhn plädierten für wechselnde Mehrheiten, auch mit der CDU. Zu den erfolgreichen Landtagswahlen in Bremen und Schleswig-Holstein am 13. September 1987 machten Realo-Fraktionsvorstände ihre eigenen Pressekonferenzen, gerügt von der Fraktion. Joschka Fischer rückte von der Forderung nach Sofortausstieg aus der Atomkraft ab und wurde von Christian Schmidt der Zerstörung grüner Identität beschuldigt. Jutta Ditfurth machte ihre umstrittenen RAF-Äußerungen.

Unrühmlicher Höhepunkt in der Fraktion wurde die Auseinandersetzung um eine Israelreise von Otto Schily, Waltraud Schoppe und Dietrich Wetzel. Schily hatte vor Ort politische Erklärungen abgegeben, mit proisraelischem Duktus und einer herablassend-gönnerhaften Pose gegenüber den Palästinensern, die selbst von seinen Freunden nur halbherzig mitgetragen wurden. Er selbst hatte vor einiger Zeit eine Reise von Jürgen Reents und anderen heftig wegen misslungener propalästinensischer Äußerungen kritisiert. Die jetzige Reise sollte eine Art Wiedergutmachung sein. Und nun galt auch sie als misslungen, nur andersherum. Bundesvorstand Jürgen Maier hatte Schilys verschwurbelte Äußerungen auf Tonband mitgeschnitten und bot sie anschließend zur Begutachtung feil. Schily tobte ob der Kritik und drohte mit Austritt. Kleinert, Schoppe und andere sekundierten. »Wenn Schily geht, geht er nicht alleine.« Das war die Spaltungsdrohung. Die Mehrheit blieb cool. Mein Antrag, eine Zweistaatenlösung zu unterstützen – einen eigenen, lebensfähigen Palästinenserstaat an der Seite Israels, das anerkannt und dessen Sicherheit gewährleistet werden müsse –, fand eine knappe Mehrheit. Damals nicht selbstverständlich. Seitdem und bis heute grüne Position. Aufruhr an der Parteibasis wegen des Schlamassels in der Fraktion. Die meisten Grünen waren Kommunalpolitiker, arbeiteten hart, oft gegen Unverständnis und Anfeindungen. Am 19. November 1987 kam es zum Aufstand gegen »die da oben«. Zwanzig südbadische Mandatsträger besetzten eine Fraktionssitzung: »Wir haben von euch die Schnauze voll«, stand auf einem Plakat. Und: »44 MdBs zerstören die Arbeit von 30 000 Mitgliedern.« Antje Vollmer fand die richtige Antwort. Ihren Brief an die Kreisverbände, eine »Initiative gegen die Spaltung«, unterzeichneten 23 MdBs, die knappe Mehrheit. Viele, die sich bald dem »Aufbruch« (Vollmer, Nickels, Beck-Oberdorf), dem »Linken Forum« (ich selber, Stratmann) oder den »kritischen Realos« (Vennegerts) zurechneten. Die Hardliner links und rechts unterzeichneten nicht. Der Brief signalisierte eine Ausdifferenzierung der anscheinend festgefügten Bastionen. Die Fundi-Linke beteuerte, auch gegen Spaltung zu sein, aber die Realos hätten mit ihren Verstößen gegen das imperative Mandat, das Mandatsträger auf politische Positionen festlegt, die gemeinsame Grundlage verlassen. Die Realos bekamen für ein Papier in der Fraktion, das die Grünen als »ökologisch-pazifistische und radikaldemokratische Reformpartei« definierte, eine Mehrheit – unter Zustimmung vieler Undogmatischer.

Krisensitzung aller Parteigremien am 12. Dezember 1987 im Bonner »Pantheon«. Die Presse erwartet einen Showdown. Blut und Tränen. Die Partei würde sich spalten. Wer müsste gehen, wer würde bleiben, wer den Namen »Grüne« weitertragen dürfen? Fundis oder Realos? Am Tag des Krisengipfels meine dritte Streitschrift. In der »taz« rief ich auf zu »Königsmord und Dialog«. Die Polarisierungsstrategie der Flügelhardliner würde die Partei in die Spaltung treiben. Doch für zwei Parteien war kein Platz oberhalb der Fünf-Prozent-Hürde. Also: Königsmord! Schily, Fischer, Ebermann, Ditfurth und die anderen Hardliner entmachten! In den Ländern war die Stimmung ähnlich: Alle elf Landesverbände warnten gemeinsam vor einer Spaltung. Die

Sprecherin des Bundeshauptausschusses, Marina Groß, unterstützte meinen Vorstoß. Dialog!

Um Antje Vollmer sammelte sich am 8. Januar 1988 in Mainz eine Gruppe, die sich »Aufbruch 88« nannte, eine Parteimitte markieren und den chaotischen Laden aufräumen wollte. Bei der Fraktionsvorstandswahl Ende Januar versuchten Antje Vollmer, Christa Nickels, Marieluise Beck-Oberdorf, Peter Sellin, Uwe Hüser und ich als »Mittelgruppe« en bloc zu kandidieren, um die Polarisierung zu überwinden. Alle oder keiner. Wir scheiterten an einem Teufelspakt. Realos und Fundis wählten ihre Hauptkandidaten gegenseitig, Regula Schmidt-Bott als Sprecherin, Hubert Kleinert als Parlamentarischen Geschäftsführer. Dazu die Finanzexpertin Christa Vennegerts, die noch als Reala galt, und Helmut Lippelt, der zwischen Realo und »Aufbruch« oszillierte. Die Aufforderung zur – aussichtsreichen – Einzelkandidatur lehnte ich ab.

Die Lage schien sich zu beruhigen. Die 10. BDK in Ludwigshafen am 26./27. März 1988 befasste sich fast harmonisch mit inhaltlichen Themen: Anti-Atom-Kampagne, Streichung des Paragrafen 218, Atomwaffenverzicht ins Grundgesetz. Green at its best. Hermann Schulz gewann gegen Jo Müller die Wiederwahl zum Schatzmeister. Bald aber zündelte Hubert Kleinert wieder. In einem Interview tat er Links-Grün als »altsozialistisches Modell« ab und plädierte für »die ökologische Zukunft des Kapitalismus«.

Das Drama ging weiter. Die Fraktion weigerte sich im Mai, einen Parteibeschluss als Gesetzentwurf einzubringen, der Vergewaltigung mit zwei Jahren Haft bestrafte. Die Partei fühlte sich verraten. In der »Frankfurter Rundschau« vom 27. Mai schalteten, initiiert von Feministinnen, 300 Grüne eine Anzeige: »Wir werden die Missachtung von Parteibeschlüssen und feministischen Interessen nicht hinnehmen!!!« Die »Humanistische Union«, innenpolitische Bündnispartnerin der Grünen, unterstützte dagegen die Fraktionsmehrheit. Doch es ging längst nicht mehr um Inhalte. Es ging um Hegemonie, darum, wer wen kujonieren konnte.

Vom 17. bis zum 19. Juni 1988 fand in der Stadthalle Bonn-Bad Godesberg der beschlossene Perspektivkongress statt. Während sich die Hardliner auf fast allen Podien ablederten, dass die Fetzen flogen und die Basis verzweifelt Stoßgebete zum Himmel sandte, nahte Rettung. Vielerorts hatten Linke die wahnwitzige Polarisierung satt. In Hamburg wandten sich Ökosozialisten um Jürgen Reents und Michael Stamm von der linkspopulistischen Linie von Ebermann, Trampert und Ditfurth ab. Um Marina Groß, Harald Wolf und Klaus Dräger hatte sich eine Gruppe von Ex-GIMlern (»Gruppe Internationaler Marxisten«) geschart, die – von der SPD enttäuscht – die Zukunft des Trotzkismus bei den Grünen sah, aber nicht bei den Fundi-Linken. In Berlin sammelte Frieder O. Wolf eine linkssozialistische Kritikergemeinde. In »langweiligen Bekenntnissen« forderten die Gruppen gemeinsam einen Neuansatz linker Politik. Das traf sich mit den Vorstößen unserer undogmatischen »Kuschelgruppe«. Nun, in Godesberg auf einer Wiese im Sonnenschein sitzend, schlossen wir uns zum »Linken Forum« (LiFo) zusammen. Eine Spontanveranstaltung brachte massenhaften Zulauf. Die Flügelkommandanten und ihre Paladine blinzelten irritiert.

Gegen den Oppositionsmythos der Fundis und den genügsamen Reformbegriff der Realos brachte ich auf dem Abschlusspodium des Kongresses den Terminus »Transformation« in die Debatte. Weder Verweigerung noch Klein-Klein, sondern die systematische Umgestaltung von Teilsystemen sollte grünes Ziel sein. Praxis dürfe nicht über Pragmatismus zur Praxelei verkommen und Opposition nicht im Nirvana münden. Die Grünen müssten unabhängig werden von den Konjunkturen der Bewegungen und Initiativen – meine Forderung nach Institutionalisierung der Protestinhalte würde viele Jahre später vom Leiter des Archivs »Grünes Gedächtnis«, Christoph Becker-Schaum, als Auftakt der Parteiwerdung der Grünen interpretiert werden.

Das »LiFo« verfolgte das Projekt der innerparteilichen Blocküberwindung. Der linke Flügel durfte nicht länger von den Hardlinern geprägt sein. Der organisierende Kern der Linken musste weiter nach innen geschoben werden, Richtung Parteimitte und

Seele der Basis. So weit nach innen, dass man sich, falls jemand von der Realo-Seite an Verständigung interessiert war, dann die Hand reichen könnte. »Radikal in den Inhalten, pragmatisch bei der Umsetzung« lautete die von mir favorisierte Linie. Im Klartext: Koalitionen waren möglich, aber nicht um jeden Preis. Und es durften nicht zwecks Koalitionskompatibilität im Vorhinein grüne Inhalte geschliffen werden, wie die Realos es taten. Lieber den Widerspruch aushalten. Grün pur bei den Programmen, rotgrün bei ihrer Umsetzung. Das war zumindest meine Meinung. Die nicht von allen im »LiFo«, einem linkspluralistischen Forum, geteilt wurde – wie ich später, etwas zu spät, bemerkte.

Der »Aufbruch 88«, in dem nun auch Ralf Fücks und Lukas Beckmann in Erscheinung traten, mochte das »LiFo« von Beginn an nicht. Ein Konkurrenzprojekt in der Parteimitte? Reents! Stamm! Die Ex-KBler waren ein rotes Tuch für die Ex-KBWler und Ex-AOler. So ganz unberechtigt war das Misstrauen nicht. Im »LiFo« gab es zwei Lesarten zum Begriff der »Integration«, die ähnlich klangen, sich aber faktisch ausschlossen. Ich wollte »von links her integrieren«, und zwar die Partei. Jürgen Reents wollte »die Linke integrieren«, gegen den Rest. An der Differenz spaltete sich das »LiFo« später. Ich ahnte, dass die Pläne inkompatibel waren, hoffte aber auf Konvergenz. Der »Aufbruch« nährte daraus sein Misstrauen.

Aber auch er erzeugte heftiges Stirnrunzeln. Als Initiative gegen das Strömungswesen gebildet, verlangte er nun, alle Strömungen sollten »Manifeste« verfassen und einer Urabstimmung in der Partei unterwerfen. Ein Widerspruch in sich. Wer gegen das Prinzip der Strömung war, durfte die Strömungen nicht auch noch zur theoretischen Konstituierung und zu Entscheidungsschlachten zwingen. Oder neue Gruppen wie das »LiFo« zwingen, sich als homogene Strömung zu verfassen. Tenor beim ersten bundesweiten Treffen der »Undogmatischen«, alias »LiFo«, am 5./6. November 1988 in Berlin: Das machen wir nicht mit, wir schreiben kein Manifest. Artikel mit unseren Ideen gab es zur Genüge.

Die Ökoliberalen schrieben, die Realos schrieben. Und der

»Aufbruch« schrieb. Was war er denn nun? Eine Initiative gegen das Strömungsdenken oder selbst eine Strömung? Die Machtpragmatiker der Realos sahen es wie das »LiFo«: Der »Aufbruch« ist eine Anti-Strömungs-Strömung, die mit dieser Masche die Hegemonie erringen will. Während das »LiFo« den »Aufbruch«-Plan durchkreuzte und dort bald gehasst wurde, unterstützte das Realobundestreffen am 6. November 1988 die Manifestidee. Als Strategie gegen links. Es verlangte von den »Aufbrechern« ein offenes Bündnis gegen uns. Nach langen Satzungsscharmützeln wurde das Manifestieren ein halbes Jahr später abgeblasen. Danach landete der »Aufbruch« fest an der Seite der Realos.

Die BDK in Karlsruhe vom 2. bis zum 4. Dezember 1988, die die Kandidaten für die Europawahl aufstellen sollte, geriet zum Desaster. Ausgangspunkt waren Ungereimtheiten bei der Finanzierung des Parteihauses »Wittgenstein« in Bornheim. Statt die Fragen und Vorwürfe aufzuklären, gab sich der Bundesvorstand beleidigt. Das reichte. Nach einer heftigen Redeschlacht, in der sich Heide Rühle, eine Reala aus Baden-Württemberg, als Hauptanklägerin hervortat, forderte die Versammlung den Vorstand zum Rücktritt auf. Auch mit Stimmen von Undogmatischen – nicht weil sie an seine Schuld glaubten, sondern aus Entsetzen über seine Selbstbezogenheit, sein selbstgefälliges Selbstmitleid. Geschlossen trat der Vorstand zurück.

Unterbrechung. Die Realos feiern, die Linken lecken ihre Wunden. Das heißt nicht alle. Als ich fast allein über die Flure schleiche, der linken Weinerlichkeit in Hinterzimmern überdrüssig, treffe ich Jürgen Reents. Das Gezeter der Fundis, die Linke werde ausgegrenzt, ist offensichtlicher Unfug. Bloß keinen Opfermythos! Reents hat einen Text: »Es ist nicht alles links, was jammert.« Ich habe einen Aufruf zum Neubeginn: »Schutt wegräumen!« Wir legen die Texte überall aus. Nur nicht von der Opferpose der Fundi-Linken vereinnahmen lassen, die das absehbare Desaster selbst zu verantworten haben. Man braucht schon eine sehr sektiererische Sicht, um all die unabhängigen Linken im Saal, tendenziell eine Mehrheit, als Rechte wahrzunehmen. Fundis und Hamburger mauern sich ein, als »radikale

Linke«, die sich die schonungslose Entlarvung der herrschenden Politik, einschließlich der grünen, auf die Fahnen schreibt. Kommissarisch wird der Bundeshauptausschuss mit Marina Groß, die sich zum »LiFo« zählt, als Übergangsvorstand eingesetzt. Der Unabhängige Axel Vogel, Parlamentarischer Geschäftsführer zu meiner Zeit als Fraktionsvorstand, wird Schatzmeister. Das ist alles andere als ein Putsch von Rechten. Wie auch die Europaliste beweist: Hinter einem staatenlosen Roma als symbolischem Kandidaten werden die Fundi-Linken Hiltrud Breyer, Dorothee Piermont, Claudia Roth, Wilfried Telkämper neben den Realos Eva Qistorp, Friedrich Wilhelm Graefe zu Baringdorf und dem »Alpenöhmi« und Nichtmitglied Karl Partsch nominiert. Nicht Links-Rechts ist das Problem, sondern Qualität und Loyalität: Piermont und Partsch liefen später zur Konkurrenz über – die eine zur Gruppe der regionalistischen Linksparteien, der andere zur FDP

Zeitgleich mit der Flügelschlacht nahm die IWF-Weltbank-Kampagne Fahrt auf. Wer hier aktiv war, fühlte sich undogmatisch links. Und hatte ständige Tuchfühlung mit der Basis und einer breiten Bewegung. Die Leitfiguren der Kampagne waren nicht zufällig die Köpfe linksintegrativer Politik bei den Grünen. Auch zu Oppositionellen im Ostteil Berlins hatten wir enge Kontakte. Die Kampagne mündete in eine erfolgreiche Wahl zum Abgeordnetenhaus und eine rot-grüne Koalition in Westberlin. Nicht als Projekt der Realos, sondern des »LiFo« und seines linksindividualistischen Sympathisanten Hans-Christian Ströbele.

Auch bei den Realos kam es nun zur Ausdifferenzierung. Die Hardliner Joschka Fischer, Otto Schily und Waltraud Schoppe hatten den Konfliktkurs stark überzogen. »Kritische Realos« um Christa Vennegerts und Heide Rühle, einst Speerspitze gegen die Fundis, wollten nicht mehr folgen, gewannen jedoch nicht das Gewicht des »LiFo« auf der anderen Seite. Die Existenz beider der Gruppen führte zu heftigem Hegemoniestreit innerhalb der Flügel. Die Polarisierer spitzten jeden Konflikt maximal zu und versuchten, Abweichler über Loyalitätsdruck um die eigenen Fahnen zu scharen. Bei den Realos wurden Posten versprochen,

bei den Linken die Brandmarkung als »Rechtsabweichler« angedroht. Diese Alles-oder-nichts-Strategie ließ nur zwei Auswege:
Entweder die Hardliner siegten auf ihrem jeweiligen Flügel, und
die Partei spaltete sich in der Mitte. Oder sie wurden von den
gemäßigten Kräften an den Rand gedrängt, und die Partei über-
lebte.

Der neue Fraktionsvorstand in Bonn, gewählt am 29. Januar
1989, lieferte keinen Beweis für eine Ausgrenzung der Linken.
Antje Vollmer und die linke Feministin Jutta Oesterle-Schwerin
wurden Sprecherinnen. Neben ihnen Helmut Lippelt, den wir
Undogmatischen gegen Otto Schily unterstützten – letzter Versuch einer friedlichen Koexistenz von »Aufbruch« und »LiFo«.
Demonstrativ kandidierte Hubert Kleinert nun nicht als Parlamentarischer Geschäftsführer, mit einer verständigungsbereiten
Parteimitte wollten Realos nichts zu tun haben. Vorbereitung
auf die Neuwahl des Bundesvorstands: Auf einem letzten Bundestreffen der Gesamtlinken Anfang Februar 1989 entzog die
dem »LiFo« nahestehende Mehrheit Rainer Trampert das Vertrauen, der daraufhin nicht mehr kandidierte. Die Feministin
Verena Krieger wurde als Kompromisskandidatin unterstützt.
Auch Realos und »Aufbruch« tagten. Und das »LiFo« – jetzt
separat.

Die Duisburger BDK vom 3. bis zum 5. März 1989 sollte endlich
einen Neuanfang bringen. Verena Krieger wurde Sprecherin und
legte ihr Bundestagsmandat nieder. Daneben wurden Ruth Hammerbacher, als erste Sprecherin der Realos, und Ralf Fücks für
den »Aufbruch« gewählt. Ausgewogen? Zumindest die Bandbreite der Partei war repräsentiert. Das »LiFo«, mittlerweile
stärkste innerparteiliche Kraft, nominierte nur Jürgen Reents
als Beisitzer. Viele Undogmatische wählten neben Krieger auch
Fücks mit. Das gute Europawahlergebnis am 18. Juni 1989 mit
8,4 Prozent ließ auf weitere innerparteiliche Entspannung hoffen. Doch am Wahlabend propagierte Ruth Hammerbacher aus
heiterem Himmel und zum Entsetzen der Linken eine »Ampelkoalition« mit FDP und SPD. Die Spannungen, optimistisch als
Konsolidierungskrise nach der Entmachtung der Fundi-Promi-

nenz interpretierbar, begannen zum Untergangsszenario zu eskalieren.

Eigentlich hätte sich die Koalitionsfrage entkrampfen können. Denn dank der Undogmatischen Linken waren Koalitionen prinzipiell mehrheitsfähig. Es hätte alles so schön sein können. Aber den Realos, assistiert vom »Aufbruch«, ging es inzwischen um mehr, sie wollten die Partei in die Mitte des Parteienspektrums rücken, sie ummodeln von einer sozialökologischen zur ökologischen Bürgerrechtspartei. Zuvor galt die inhaltliche Rechtsverschiebung, die von ihnen betrieben wurde, als Flankierung der Koalitionsabsicht. Jetzt erschien die Koalitionsperspektive als Vorwand für eine inhaltliche Rechtsverschiebung. Von einer linken zu einer bürgerlichen Formation.

Das »LiFo« stand im Weg. Unser Konzept eines ökologisch-solidarischen Gesellschaftsvertrags, eines ökologischen New Deals, das ökologische mit sozialen Ansprüchen verband, fand breite Resonanz. Es lieferte eine gesellschaftspolitische Grundlegung von Rot-Grün, jenseits purer Arithmetik oder persönlicher Machtambitionen. Den Realos schmeckte es gar nicht, dass auch links Koalitionen angedacht wurden. Sie wollten es sein, die ein Urheberrecht und das Anrecht auf Posten reklamieren könnten. Und nun Linke als Konkurrenten! Ober-Realo Otto Schily wählte einen individuellen Ausweg. Am 2. November 1989 trat er aus. Die Rotationsregelung in Nordrhein-Westfalen verbaute eine dritte Mandatszeit. Schily bekam bei der SPD einen sicheren Wahlkreis.

Im November 1989 fiel die Mauer. Ein neues Zeitalter begann. Es traf die Grünen unvorbereitet. Sie hatten sich aus allen möglichen Motiven gegründet, nicht aber, um die »Deutschlandfrage« zu lösen. Innerlich zerstritten, gerieten sie nun vollends ins Schleudern.

Pressekonferenz zum zehnjährigen Parteijubiläum im Januar 1990: Öffentlich kratzten sich die drei Vorstandssprecher gegenseitig die Augen aus. Besonders Verena Krieger arbeitete mit spitzer Zunge. Das Presseecho war verheerend. Die Grünen hatten Talent, sich völlig unmöglich zu machen. Wie auch in Hamburg, wo sich ein Teil der Frauenfraktion um Krista Sager nur durch Abspaltung als »Grünes Forum« des Linksradikalismus der KB-Granden zu erwehren wusste. Spitzenkandidatin Thea Bock, eine geachtete Bewegungs-Linke, verließ den Kuddelmuddel und ging zur SPD. Bei der Fraktionsvorstandswahl am 16. Januar 1990 ließen Realos und ihre neue Zweitformation, der »Aufbruch«, nun keinen Linken mehr durch – sie wählten Antje Vollmer, Waltraud Schoppe und Willi Hoss.

Der Erfolg gebar Hybris. Wieder einmal. Realos und »Aufbruch«-Führung luden nach wochenlangen konspirativen Treffen zu einer »Grünen Runde« ein, einem angeblichen Versöhnungs- und Perspektivtreffen »quer durch die Partei«. 36 Leute waren geladen, keiner vom »LiFo«. Wenn das eine parteiweite Einladung sein sollte, dann gehörte das »LiFo« offensichtlich nicht mehr zur Partei. Ich war alarmiert. Das ging nicht gegen die Fundis, das ging auch gegen uns undogmatische Linke. Den »Primat der Ökologie« wollten die selbst ernannten Vordenker im Programm festschreiben, vorbereitet durch ein »ökologisches Manifest«. Hörte sich harmlos an, ging aber gegen den »sozialen« Grundwert, der als links galt. Das roch penetrant nach Spaltung. Einige Ungebundene hörten meine Warnung und gingen nicht zu dem Treffen. Der »Aufbruch«, angetreten als Initiative gegen die Spaltung, mutierte zum Protagonisten der Spaltungspolitik gegen links.

Die BDK in Hagen am 30. März und 1. April 1990 war von Realo/Aufbruch mit großem Mediengetöse zur »Entscheidungsschlacht« hochstilisiert worden. Joseph »Kardinal« Fischer, wie Linke den Exministranten nun verspotteten, der die Realos sonst von Wiesbaden aus dirigierte, war höchstpersönlich anwesend. Ehrfürchtig zog die Schar seiner Gläubigen hinter ihm über die Flure, jedem Richtungswechsel ergeben folgend. Die Deutschlandpolitik bot das Kampffeld.

Das Thema war relevant. Die Grünen waren in der Vergangenheit mehrheitlich für die Zweistaatlichkeit, für die Anerkennung der DDR eingetreten. Noch am 14. November, kurz nach dem Mauerfall, hatte der Bundesvorstand – von allen Strömungen mitgetragen (!) – gefordert, die DDR völkerrechtlich anzuerkennen und damit die Zweistaatlichkeit als Folge des von Deutschland entfesselten Zweiten Weltkriegs. »Es geht nicht um Wiedervereinigung, es geht um Demokratie.« Kurz darauf, zum Perspektivkongress in Saarbrücken vom 17. bis zum 19. November, hatten die Grünen ostdeutsche Bürgerrechtler eingeladen und sich deren Mahnung angeschlossen, dass die DDR vom Westen nicht einfach vereinnahmt werden dürfe. »Kein Anschluss unter dieser Nummer!« Gemeint war der »Wiedervereinigungs-Artikel« 23 des Grundgesetzes. Der Ruf in der ostdeutschen Gesellschaft nach Vereinigung war danach jedoch immer lauter geworden. Dominant. »Wir sind ein Volk.« Was hieß das für Grüne? Viele nahmen Abschied von der Zweistaatlichkeit – die einen früher, die anderen später. Die Hamburger zu spät – deshalb hatte sich das »Grüne Forum« abgespalten. Joschka Fischer ziemlich spät, aber früh genug, um nun in Hagen alle beschimpfen zu können, die nicht in derselben Nacht die gleiche Erleuchtung hatten, sondern noch ein paar Tage brauchten. Der linke Flügel hatte keinen gemeinsamen Antrag; er existierte als solcher nicht mehr. Der Realo-/Aufbruch-Antrag, der die Zweistaatlichkeit beerdigte, bekam die deutliche Mehrheit. Auch gemäßigte Linke votierten für ihn in der Endabstimmung, gegen die »radikale Linke«, die weiterhin zwei deutsche Staaten verteidigte. Er bekam die Mehrheit, weil er inhaltlich richtig war, nicht, weil sich nun die Kräfte prinzipiell in die Realo-/Aufbruch-Richtung verschoben hätten.

Wie die nächste Abstimmung bewies. Denn ebenso wichtig war die Frage der Abgrenzung von der zur PDS mutierten SED. Willi Hoss brachte mit Unterstützung einiger Bürgerrechtler, vor allem Wolfgang Templins, der später durch Veröffentlichungen in einem Blatt der Neuen Rechten auffiel, den Realo-/Aufbruch-Antrag ein. Der Text stellte durch begriffliche Reihung eine suggestive Kette her von Stalinismus – Menschenrechtsverletzungen – SED/PDS – Sozialismus – links – links-grün. Wer dem Stalinismusvorwurf entgehen wollte, musste dieser Lesart zufolge Grün als nicht- oder gar antilinkes Projekt definieren. Der Text verlangte nicht nur die – mehrheitsfähige – Zusammenarbeit mit den Bürgerbewegungen, sondern – deren Erfahrungen mit der SED zuliebe – zugleich den Verzicht auf den Begriff »links«. Es war ausgemachte Absicht der Antragsteller, die Parteimehrheit über die Sympathieerklärung für die DDR-Opposition gleichzeitig gegen alles in Stellung zu bringen, was mit »links« assoziiert wurde, und so den linken Flügel, für den der Antrag deshalb unannehmbar war, abzuspalten.

Dagegen stand ein Antrag eines Teils des »LiFo«. Die Gruppe um Michael Stamm, Jürgen Reents, Harald Wolf hatte ein Doppelspiel gespielt, das auch ich erst jetzt durchschaute. Zum einen trug sie den Integrationsanspruch vor sich her, zum anderen hatte sie sich ohne Wissen »meines« Teils des »LiFo« auf den Dialog mit der PDS verständigt. Typisch »Hamburger Methoden« – kein Wunder, dass viele ihnen nicht über den Weg trauten. Diese Gruppe begriff die von Gorbatschow eingeleiteten Umbrüche und die Umgründung der SED zur PDS als Einladung zur Neukonstituierung einer vom Stalinismus gereinigten, ökologische und demokratische Elemente integrierenden, ansonsten traditionellen sozialistischen Tendenz. Das »LiFo« hatte zwar lange vor dem Mauerfall einen Kongress zu Gorbatschow und seinen Reformen geplant (der dann nie stattfand), aber in Abgrenzung zur SED. Reents hatte sich – zur Verärgerung eines großen Teils des »LiFo« – in der Presse jüngst in dunklen Andeutungen über eine denkbare Kooperation mit der PDS ergangen. Ich hatte das – einen Konsens unterstellend – für das »LiFo« öffentlich dementiert und fühlte mich nun gelinkt. Der jetzige Antrag der Gruppe formulierte eine so offene Haltung zur PDS, dass nach einer Annahme durch die Mehrheit dem Realo-Flügel nur der Austritt geblieben wäre. Auch von links her wurde offensichtlich Spaltung betrieben. Und das mit dem »LiFo«-Etikett. Ich hätte, damals 1988 auf der Bonner Wiese, doch auf dem Namen »Undogmatische Linke« bestehen sollen, als Programm gegen linke Orthodoxie. Kopfschüttelnd ging ich zu Reents und Stamm: Das war's mit uns.

Für den undogmatischen Teil des »LiFo« und die verbündeten »kritischen Realos« hatte ich einen knappen Antrag geschrieben, den ich nun mit Verve gegen die beiden Spalteranträge vortragen musste. Würde einer von denen gewinnen – es wäre das Ende der Partei, *Sudden Death*. Wir lehnten eine Zusammenarbeit mit der PDS ab, beharrten aber darauf, dass »die humanistischen Gehalte und die Kapitalismuskritik der sozialistischen Ideenwelt konstitutiven Wert für die Grünen behalten« sollten. Der Pro-PDS-Antrag schmierte in der ersten Abstimmung ab. In der Kampfabstimmung dann siegte unser gemäßigt linker Antrag knapp gegen denjenigen von Realos und »Aufbruch«. Auch Jutta Ditfurth und ihre Radikalökologen stimmten uns zu. Die Spaltung war verhindert. Die undogmatische linke Linie, die ich schon in den Gründungsprozess eingebracht hatte, gewann zehn Jahre später eine Entscheidungsschlacht, die wir nicht wollten. Wenn Grüne sagen, ich hätte zwei-, dreimal die Partei vor dem Exitus gerettet, so meinen sie zuallererst Hagen.

Auch in der Abstimmung über die Präambel des Wahlprogramms verloren Realo/Aufbruch. Ein Antrag des Kreisverbandes Braunschweig gewann. Nach Meinung von Beobachtern getragen von Unabhängigen, konnotiert als unterpolitisierte Banalos, die sich den beiden »Hauptströmungen« entziehen wollten. Nur halb richtig analysiert. Auch dieser Text wurde von »LiFo«-Leuten verfasst und über den Kreisverband eingebracht. Richtig ist: Es gab einige Jahre lang in den 80ern zwei Blöcke, Fundi-Linke und Realos, gegen die viele sich wehrten. Es zeugt aber vom Desinteresse der Beobachter, die grünen Innereien wirklich zu durchdringen, wenn sie ausführlich die Manöver und Leithammel von Fundis und Realos schildern, um dann zu konstatieren, dass diese scheiterten – an unbestimmbaren Unabhängigen, Ungebundenen, Basisvertretern. Nein, zwischen Fundis und Realos bildete sich ein zunehmend handlungs- und mehrheitsfähiger Strang, der sich nicht nur defensiv den anderen verweigerte, sondern ihnen aktiv den Raum für ihre Manöver verstellte. Die Hauptblöcke – Fundi-Linke und Realos – wurden in Wirklichkeit zunehmend zu Minderheitsgruppen, die No-Names dazwischen – Undogmatische Linke, kritische Realos, Zentralos,

Normalos, Banalos – gewannen die Richtungsentscheidungen. Es wird Zeit, die grüne Geschichte umzuschreiben.

Realos und »Aufbruch« ergingen sich nach ihrer entscheidenden Niederlage in gegenseitigen Vorwürfen und verfeindeten sich. Joschka Fischer, der Chefstratege, wollte von Spaltungsplänen nichts gewusst haben und etikettierte Antje Vollmer mit ihrem »Blut-und-Boden-Denken« als »weit rechts von uns«. Diese wiederum hatte Angst, dass Fischer sich – eingedenk des Urbündnisses der Rationalisten – nun mit mir gegen sie verbünden könnte. Ralf Fücks klopfte deshalb – erfolglos – bei Jürgen Maier und mir an, wir sollten doch mit dem Rest-»Aufbruch« gemeinsame Sache gegen die Realos machen. Einige Strategen projektierten bereits neue Spaltungspläne: die bundesweite Ausdehnung des Hamburger »Grünen Forums«, die Gegengründung einer Partei. Oder sie wollten über die sich abzeichnenden Kooperationsverhandlungen mit den DDR-Bürgerrechtlern den linken Flügel loswerden.

Rainer Trampert, Thomas Ebermann, Christian Schmidt, Regula Schmidt-Bott und Getreue traten im April 1990 Richtung »Radikale Linke« aus. Im September folgten Jürgen Reents, Michael Stamm, Harald Wolf Richtung PDS. Jutta Ditfurth, die einen Spitzenplatz auf der bayerischen Bundestagsliste erhalten hatte, blieb noch. Doch ihr Lebensgefährte Manfred Zieran und Verena Krieger plädierten für eine Unterstützung der PDS. Sie selbst trat bei einem PDS-Kongress auf und erläuterte – nach inhaltlicher Kritik – ihren Wunsch nach einer parlamentarischen Zukunft der PDS. Optimistisch könnte man sagen, mit Hagen hätten die Grünen auch die Abgrenzung nach links geschafft, fast zehn Jahre nach der Trennung von den Rechten. Doch der Erosionsprozess ging weiter. Das gute Europawahlergebnis von 1989 täuschte ebenso darüber hinweg wie rosige Umfrageergebnisse und der erstmalige Einzug in den Landtag von Nordrhein-Westfalen im Mai 1990. In Niedersachsen kam es im Juni 1990 sogar trotz merklicher Stimmenverluste zu einer rot-grünen Mehrheit; Jürgen Trittin wurde Minister für Bundes- und Europaangelegenheiten, Waltraud Schoppe Frauenministerin. Die

Gründung der »Grün-Alternativen Jugendkoordination« Anfang Juli sollte frischen Wind bringen.

Vor dem Dortmunder Parteitag vom 8. bis zum 10. Juni 1990 versuchten Frieder O. Wolf und ich auf der linken Seite, Christa Vennegerts in der Mitte und Hubert Kleinert als Realo einen Burgfrieden zu schmieden. Doch andere Akteure winkten ab, Joschka Fischer per telefonischer Ferndiagnose. Im Dortmunder Leitantrag über die Klimapolitik, die auch den Wahlkampf beherrschen sollte, versuchte Ralf Fücks, ganz im Sinne der »Aufbruch«-Linie, den »Primat der Ökologie« unter völliger Verdrängung einer sozialen Orientierung durchzusetzen. Meine Gegenrede für »LiFo« und »kritische Realos« wehrte diese Attacke ab. Der seit seinem Einsatz für die rot-grüne Koalition in Berlin als Integrationsfigur geltende Linke Hans-Christian Ströbele wurde statt Amtsinhaber Ralf Fücks zum Sprecher gewählt. Mit ihm die Psychologin Heide Rühle von den »kritischen Realos« und die Soziologin Renate Damus vom Linken Forum.

Das »LiFo« hatte zwar die halbe Führung verloren, seine Basis in der Partei schrumpfte jedoch nur wenig. Die neue Mittelinks-Konstellation war aber nicht kräftig genug, das Verhängnis noch aufzuhalten. Bei den ersten Landtagswahlen in Ostdeutschland im Oktober 1990 schnitten grüne und bürgerbewegte Gruppen zwar gut ab, in Bayern verloren die Grünen zugleich deutlich. Udo Knapp und Bernd Ullrich, die Referenten von Antje Vollmer und Waltraud Schoppe, brachen mit deren Duldung die kontroversen Debatten erneut vom Zaun mit einem in den Medien hochgespielten Papier, das eine zivile Weltmachtrolle für das neue Deutschland forderte. Knapp verlangte sogar einen deutschen Militäreinsatz im Zweiten Golfkrieg, um die im August 1990 in Kuwait einmarschierten irakischen Truppen zu vertreiben. Die Thesen stießen fast durchweg auf Ablehnung. Doch der grüne Diskurs war in eine Phase völliger Zersetzung getreten. Angestellte Referenten prägten mediengestützt die öffentliche Wahrnehmung der Partei, gewählte MdBs schwiegen beredt.

BDK am 22./23. September in Bayreuth – Vorbereitung der

Bundestagswahl: Viele erfahrene Leute waren nicht mehr dabei. Die Rotationsregel verhinderte ihre Wiederwahl, und sie hatten jetzt andere Sorgen. Das galt auch für mich. »Alle reden von Deutschland, wir reden vom Wetter« – der zentrale Wahlslogan geriet zum Desaster. Die Realo-/Aufbruch-Fixierung auf den Primat der Ökologie und die linke Unlust an der Deutschlandfrage bildeten eine Negativkoalition in der Bundestagswahlkampagne. Der Partei fehlte eine tragfähige Grundlage, um im schwierigen Wahljahr Antworten auf die wesentlichen Fragen des deutschen Einigungsprozesses zu finden.

Nach der staatlichen Wiedervereinigung am 3. Oktober 1990 wurden sieben Grüne und Bürgerrechtler aus der aufgelösten Volkskammer in die grüne Bundestagsfraktion entsandt: Marianne Birthler, Ernst Dörfler, Joachim Gauck, Matthias Platzeck, Werner Schulz, Hans-Jochen Tschiche und Wolfgang Ullmann. Birthler, Sprecherin von Bündnis 90, dem Zusammenschluss der Bürgerbewegungen, wurde als Fraktionssprecherin kooptiert. Die Kooperation mit ostdeutschen Gruppen warf schwierige Fragen auf. Mitte September war klar, dass Ost- und West-Grüne fusionieren würden. Unter klarer Abgrenzung zur PDS. Zwei Vertreter der Ost-Grünen wurden vom Bundesvorstand kooptiert. Den Ostdeutschen zuliebe setzte Hans-Christian Ströbele auf dem verfassungsrechtlichen Wege getrennte Wahlbezirke für Ost- und Westdeutschland durch. Westberlin zählte nun zum Osten. Die verabredete Fusion mit den ostdeutschen Grünen wurde auf den Tag nach der Wahl verschoben – zwar ehrenhaft, aber in der Praxis war dies ein entscheidender Schritt zum eigenen Absturz.

Auch die SPD ging den Grünen an den Kragen: Mit Oskar Lafontaine installierte sie einen Spitzenkandidaten, der mit Öko- und Friedensrhetorik grüne Sympathisanten auf sich zog. Mitte November platzte die Berliner Koalition. Die AL weigerte sich – wie angekündigt –, die polizeiliche Räumung besetzter Häuser mitzutragen. Das Kalkül mit dieser Sollbruchstelle ging nicht auf: die AL bekam öffentlich den Schwarzen Peter.

Zusammengefasst: Die objektiv schwierigen Fragen des deutschen Einigungsprozesses, die Verdrängungsstrategie der SPD –

innerlich zerrüttet, waren die Grünen unfähig, die richtigen Antworten zu finden. Mit sich selbst beschäftigt, trieben sie dem Abgrund entgegen. Die zuvor guten Umfrageergebnisse wiegten sie in Sicherheit; letzte Warnungen aus den eigenen Reihen wurden überhört. 2. Dezember 1990, Bundestagswahl: Auszählung. Die West-Grünen scheitern an der Fünf-Prozent-Hürde.

Teil V
Neubeginn, Fusion, Comeback (1991–1998)

Kapitel 20

Neubeginn

Im Wahlgebiet Ost zogen »Die Grünen/Bündnis 90« mit 6 Prozent in den Bundestag ein und bildeten – zu klein für eine Fraktion – eine parlamentarische Gruppe. Hätten die Grünen in West und Ost vorab fusioniert, hätten sie gesamtdeutsch die Fünf-Prozent-Hürde übersprungen. Hätten. Aber wäre das gut gewesen? Völlig zerstrittene Grüne, mit Realo- und Fundi-Scharfmachern, wie Jutta Ditfurth auf der bayerischen Liste. Doch schade für die anderen Kandidaten – unter ihnen eine große Anzahl ehemaliger Fraktionsmitarbeiter.

Am Tag nach dem Desaster, dem 3. Dezember 1990, fusionierten die West-Grünen und die »Grüne Partei der DDR« zur gesamtdeutschen Partei »Die Grünen«. Grüne im Osten – gab es die wirklich?, fragten sich viele. Es gab sie. Bereits am 2. September 1986, lange vor den Bürgerbewegungen, hatte sich in der Berliner Zionskirche um Carlo Jordan die »Umweltbibliothek« gegründet. Ökologie im Sozialismus – das richtete sich gegen die Tonnenideologie der DDR-Wirtschaft, gegen die Verpestung des Chemiedreiecks Bitterfeld, gegen die Zerstörung der Lausitz, gegen Phosphate in Flüssen und Ostsee. Die Umweltbibliothek arbeitete nicht bekennend oppositionell, wie es drei Jahre später möglich wurde, sondern subversiv. Allein die Behauptung, die sozialistische Planwirtschaft verursache irreparable Schäden, war ungeheuerlich.

Am 24. November 1989 beschlossen DDR-Ökos in Berlin-Treptow, sich als »Grüne Partei« zu gründen, beargwöhnt von anderen Bewegungsaktivisten, die sich als »Grüne Liga« vernetzten. Vom 9. bis zum 11. Februar 1990 fand die Parteigründung in Halle/Saale formell statt. In den Sprecherrat wurden Christine Weiske, Friedrich Heilmann, Judith Demba, Dorit Nessing-Stranz, Henry Schramm und Viktor Liebrenz gewählt. Die Grüne Partei ging bald eine Listenverbindung mit dem Unabhängigen Frauenverband (UFV) ein. Bei der ersten Volkskammerwahl am 18. März 1990 erreichte die Liste 2 Prozent. Das »Bündnis 90« der Bürgerbewegungen kam auf 2,9 Prozent, die »Vereinigte Linke« (VL) auf 0,2 Prozent. Da es bei dieser Wahl keine Sperrklausel gab, konnten die drei Listenvereinigungen Vertreter in die Volkskammer entsenden und bildeten zusammen eine Fraktion. Die Landtagswahlen am 14. Oktober (mit Fünf-Prozent-Klausel) zeigten, dass Grüne und Bürgerrechtler (Neues Forum/ Bündnis 90) nur gemeinsam Erfolg haben konnten: In Sachsen mit 5,6 Prozent, in Sachsen-Anhalt mit 5,3 Prozent und in Thüringen mit 6,5 Prozent zogen Listenverbindungen in den Landtag. In Mecklenburg-Vorpommern, wo man getrennt antrat, scheiterten alle an der Fünf-Prozent-Klausel.

In Brandenburg traten die Grünen zusammen mit dem UFV an und verloren. Bündnis 90 hingegen konnte mit 6,4 Prozent eine Ampelkoalition mit SPD und FDP eingehen. Die kirchliche Jugendreferentin Marianne Birthler, Sprecherin von Bündnis 90, wurde Bildungsministerin, der Mediziningenieur Matthias Platzeck, obwohl von den gescheiterten Grünen, Umweltminister. Er war für die Grüne Partei bereits Minister im letzten DDR-Kabinett von Hans Modrow gewesen. Jetzt heuerte er die West-Grünen Axel Vogel (Ex-MdB), Wolfgang Renner, beliebter Leiter grüner BDKs, und den Ökofonds-Manager Arnd Grewer für die Landesregierung an. Gemeinsam gelang es ihnen, große Regionen Brandenburgs unter Naturschutz zu stellen – nicht nur ein Akt im Dienst der Ökologie, sondern auch Grundstock für den Aufschwung eines naturnahen Tourismus als ökonomischer Faktor nach dem Abwirtschaften der DDR-Industrie. Roland Vogt wurde Abrüstungsbeauftragter und kümmerte sich um die zivile Konversion militärischer Infrastruktur. »Freie Heide«, die Initiative gegen das »Bombodrom«, den Übungsplatz der Luftwaffe mitten im Naturschutzgebiet bei Wittstock und dessen geplanten Ausbau nach dem Abzug der sowjetischen Truppen, wuchs zur mächtigen Bürgerinitiative, unterstützt von den Grünen. Erst im Jahre 2009 konnte sie sich durchsetzen – die Pläne für die Einrichtung eines Luft-Boden-Schießplatzes wurden vom Bundesverteidigungsministerium endgültig fallen gelassen.

Die Wahl zum Berliner Abgeordnetenhaus, zeitgleich mit derjenigen zum Bundestag, brachte der AL magere 6,9 Prozent im Westteil der Stadt. Die Liste »Bündnis 90/Grüne/UFV« kam im Ostteil auf genügend Stimmen, um nun mit der AL eine gemeinsame Fraktion zu bilden. Für eine neue rot-grüne Mehrheit reichte es allerdings nicht.

Und was geschah bei den West-Grünen nach dem Totalabsturz? Viele machten weiter, als wäre nichts geschehen. Als hätte die Partei nicht einen Infarkt erlitten, der tödlich enden konnte. Waren die Grünen wirklich nur »eine vorübergehende Erscheinung«, wie die Etablierten gelästert hatten? Wer sollte diesen Verein noch ernst nehmen, seine Inhalte und Visionen, sein Kernthema Ökologie, wenn er dabei war, wieder von der Bildfläche zu verschwinden? Noch in der Wahlnacht nahmen Unverbesserliche die Flügelschlacht wieder auf, als wäre diese nicht Hauptursache für die Katastrophe gewesen. Hubert Kleinert etwa schob die Schuld öffentlich dem linken Flügel zu. Der Bundesvorstand lehnte die Rücktrittsforderung ab. Bundesgeschäftsführer Eberhard Walde aber schied aus, zog sich ins Wendland zurück und engagierte sich später in der internationalen humanitären Hilfe.

Die Landtagswahl am 20. Januar 1991 bescherte auch den Hessen-Realos mit 7,2 Prozent – ein Minus von 2,2 Prozent – eine herbe Niederlage. Dennoch bekam Rot-Grün eine Mehrheit. Joschka Fischer wurde bald wieder Umweltminister, Iris Blauel Ministerin für Jugend, Familie, Gesundheit. Am 21. April 1991 wuchsen die Grünen in Rheinland-Pfalz zwar um 0,6 Prozent auf 6,5 Prozent, doch entschied sich die SPD des Rudolf Scharping für die FDP. Am 20. Februar 1991 äußerte sich Bundessprecher Hans-Christian Ströbele auf inakzeptable Weise zum irakischen Raketenbeschuss auf Israel (Tenor: Israel sei selber schuld). Am

Tag darauf trat er zurück; der Bundesvorstand machte den Weg für Neuwahlen frei.

Was ging mich das noch an? Wegen des Rotationsprinzips hatte ich für die Wahl 1990 nicht mehr kandidieren können. Nach zwei Wahlperioden wieder arbeitslos, einige Monate Übergangsgeld und dann? Die Doktorarbeit, vor Jahren wegen des Mandats unterbrochen, weiterschreiben? Sie war überholt. Ich war 38. Von der Politik hatte ich geistig Abschied genommen, keinen Wahlkampf gemacht, alles andere war wichtiger. Um meinen kleinen Sohn kümmern, einen Job suchen, mein Privatleben neu ordnen. Da warf mich der Wahltag wieder in die Arena. Nicht nur ich war nicht in den Bundestag gekommen. Niemand sonst. Die »Wahlparty« war mau, Depression überall, kaum ein MdB zu sehen. Viel Presse. Es gab keine Neuen, die interviewt werden konnten. Nur die Alten. Sofort wurde ich gefragt: Was bedeutet das Aus? Woran lag es? Wie geht es weiter? Eigentlich weg vom Fenster, war ich plötzlich wieder wer, Interpret des Untergangs. Langsam formte sich im Kopf eine Idee. Es müsste doch möglich sein, im Sinne der politischen Arenatheorie die grünen Themen so zu umreißen, dass ein pluralistisches Meinungsspektrum eingegrenzt wäre, um das man sich in der Arena streiten könnte, linksradikale und rechtsopportunistische Positionen, das Problem der letzten Jahre, aber ausgegrenzt würden.

Wie vor Hagen rüsteten Realos/Aufbruch und Rest-Fundis auf – zur finalen Auseinandersetzung um Schuld und Sühne. Die Realos planten die völlige Machtübernahme. Selbst Mittelinks sollte im Sprechergremium nicht mehr repräsentiert sein. Wochenlang wurden in fast allen Massenmedien Antje Vollmer, Hubert Kleinert und Vera Wollenberger hochgejubelt als zukünftiges Sprechertrio. Nur Peter Ziller porträtierte mich in der »Frankfurter Rundschau« – als zukünftigen Looser. Die Bundestagsabgeordnete Wollenberger aus Thüringen war Doppelmitglied bei Grünen und Bündnis 90. Ebendie Wollenberger, die später als Vera Lengsfeld zur CDU überlief und selbst dort als reaktionär galt. Sie hätte die Ostdeutschen repräsentiert, ihre

Wahl gleichzeitig die satzungsmäßige Trennung von Amt und Mandat aufgehoben. Ein Realo-Manöver wie in Hagen – einen mehrheitsfähigen Punkt nutzen, um huckepack einen umstrittenen mit durchzusetzen. Und erneut ein Plan zur Abspaltung des linken Flügels. Die verbliebenen Radikalökologen um Jutta Ditfurth beklagten larmoyant, unrettbar verloren zu sein. Hätte der Realo-Plan Erfolg gehabt – auch ich wäre ausgetreten. Strukturell in der Minderheit, in einer Partei, die ich nicht mehr als »grün«, als Heimat der einst heimatlosen Linken empfunden hätte? An den Rand gedrängt von Ex-K-Gruppen-Häuptlingen, die aus der undogmatischen linken Partei eine stinkbürgerliche machen wollten? Dann nichts wie weg!

Indes, ich teilte die Depression der Fundis nicht, sondern warb für mein Konzept: Linke durften keine Strategie nur für sich in der Partei, sie mussten einen Plan für die Partei als Ganzes entwickeln. »Von links her integrieren.« Seit ihrer Gründung waren die Grünen nie eine reine Linkspartei. Es gab Mehrheiten mit Linken oder ohne sie, aber keine linken Mehrheiten. Während andere Linke sich der Opposition hingeben wollten – die masochistische linke Lieblingsrolle –, arbeitete ich an »Mitte-links«. Gegen Fundi-Dogmatismus und Realo-Opportunismus zugleich. Das Kalkül: In der Partei wollen 80 Prozent zusammenarbeiten, je 10 Prozent links und rechts sind unvereinbare Polarisierer. Die 80 Prozent galt es zu einer Gravitationskraft zu bündeln. Die Zentrifugalkräfte mussten sehen, wo sie blieben. Nicht Spaltung, sondern das Gros der Parteifreunde zusammenbringen und die Extreme absplittern. Diese Strategie sondierte ich mit einem No-Name-Papier unter dem Pseudonym Dalai Lama und Tina Turner. Es bekam Zustimmung von einem breiten Mitte-links-Spektrum. Das »LiFo«, jetzt ohne die Falschspieler, übernahm es als »Kieler Erklärung«.

BDK vom 26. bis zum 28. April 1991 in Neumünster. Alter Pferdestall, etwas zu eng. Richtungsdiskussion: Jutta Ditfurth brachte nur einige radikale Linke hinter sich. Für »Mitte-links« – »LiFo«, »kritische Realos«, Unabhängige – trug ich die »Kieler Erklärung« vor. Nun zogen die Realos einen Text von Fritz Kuhn, der die Grünen als Partei der Mittelschichten definierte, als Initiativantrag aus der Tasche. Tendenzabstimmung, unverbindlich, aber richtungweisend: deutliche Mehrheit für die »Kieler Erklärung«. Leicht hätte ich nun einen definitiven Abstimmungssieg haben können, einen Sieg der gemäßigten Linken gegen die Realos, doch der hätte der Partei weitere Flügelkämpfe beschert. Ich wollte nicht siegen, sondern einen möglichst breiten Konsens. So zog ich mich mit Fritz Kuhn zurück, begleitet vom Stirnrunzeln einiger Freunde, die auf Sieg gesetzt hatten. Mehrere Stunden verhandelten wir.

Die Operation gelang. Ich trug die ausgehandelte Version vor. Abstimmung: über 80 Prozent dafür! Das war praktisch Konsens. Nur die Hardliner des »Aufbruchs« um Antje Vollmer, Lukas Beckmann und Ralf Fücks sowie die radikale Linke um Jutta Ditfurth waren dagegen. Ditfurths Freunde zückten Wasserpistolen. Während die Presse die folgenden tumultartigen Szenen als Beweis für den endgültigen Niedergang der Partei sah, fand in Wirklichkeit das Gegenteil statt: Die Partei konstituierte sich neu. Die Tumulte waren Ausdruck der finalen Krise der Fundis vor ihrem Abgang in die Bedeutungslosigkeit. Die Versammlung begriff das Papier, das als »Erklärung von Neumünster« in die Parteigeschichte einging, weder als faulen Kompromiss noch als pragmatischen »Burgfrieden«, als den die Verlierer es schlechtreden wollten, sondern als einen Konsens, eine neue gemeinsame Handlungsbasis. Die Grünen verständigten sich auf die Grundformel, programmatische Radikalität mit der Bereitschaft zum Pragmatismus bei der Umsetzung zu verbinden.

Mit Verweis auf den gerade tobenden Golfkrieg, die brennenden Ölquellen in Kuwait und die gewalttätige Verfolgung der Kurden wurde die Friedenspolitik als eine zentrale Säule der Partei erneuert: »Eine Partei der Ökologie, des Friedens und der politischen und sozialen Bürgerrechte ist unverzichtbar.« Präventiv wollte die Partei für eine »ökologisch-solidarische Weltordnung« und für »nicht militärische Formen der Friedenssicherung« streiten. Eine »sozialökologische Politik für Gesamteuropa« und die fünf neuen Bundesländer sollte mit Umbaukonzepten für das alte Westdeutschland verzahnt werden. Nach der Auflösung des Ost-West-Konflikts sollten alle Ressourcen in die Lösung des Nord-Süd-Konflikts und die Abwendung von Klima- und globalen Umweltkatastrophen investiert werden. Auch eine neue Bündnispolitik wurde diskutiert: »Wie kann ein abstrakter Pazifismus, wie kann unsere Forderung nach Auflösung der NATO in eine gesamteuropäische und globale Sicherheitspartnerschaft münden?« Mit diesen Fragen bilanzierte die Partei ihre Erfolge und Defizite der 80er-Jahre. Immerhin: Alle vier Grundwerte wurden gleichberechtigt rekonstruiert.

Dann die Neuwahl des Bundesvorstands. Joschka Fischer hatte seinen Realos die Annahme des Papiers empfohlen. Er konzentrierte sich auf die Durchsetzung seines Personalpakets. Posten waren ihm wichtiger als Programme. Vor der Wahl noch wurde eine Parteireform beschlossen. Die Ersetzung des basisorientierten Bundeshauptausschusses durch einen Länderrat, der die Bundes- mit der Landesebene auch über Abgeordnete und Vorstände verband, war Konsens. Wichtig für die Vorstandswahl: Statt drei sollte es bei Geschlechterparität nur noch zwei Parteisprecher geben. Damit war das Dreierpaket der Realos bereits geplatzt.

Bei der Wahl für den Frauenplatz hatten die zur radikalen Linken konvertierte Renate Damus sowie Petra Kelly keine Chance. Deutlich konnte sich Christine Weiske in der Stichwahl gegen die in den Medien hoch favorisierte Antje Vollmer durchsetzen. Die Ärztin kam aus dem Osten und war links. Hatte ich da als Linker noch eine Chance auf den Männerplatz? Ich trat an. Carlo Jordan, Helmut Lippelt, der sich als Mann der Mitte profilieren wollte, und Bernd Schneider, ein Jugendvertreter, der dann zu meinen Gunsten zurückzog, schieden in den ersten Wahlgängen aus. In der Stichwahl stand ich gegen Hubert Kleinert, den sich die Presse ausgeguckt hatte. Würde es jetzt zur Links-rechts-Parität kommen? Nein, die Versammlung wollte keine Flügelspiele mehr, sondern einen Vorstand, der die undogmatische, linksintegrative Politik aktiv fortsetzte. So erhielt ich die Mehrheit.

Als neuer Vorsitzender bot ich den Realos Zusammenarbeit

an. Ditfurth und Zieran klang alles zu kompromisslerisch. Am
11. Mai 1991 beschlossen sie in Frankfurt ihren Austritt und
die Gründung einer »Ökologischen Linken/Alternativen Liste«.
»Ökolinx« wurde nie eine ernsthafte Konkurrenz. Weitere orthodoxe Linke tröpfelten zur PDS hinüber. Einzelne Exponen-
ten von Realo/Aufbruch verabschiedeten sich Richtung SPD. Bei
der Fortsetzung der vertagten BDK am 8./9. Juni 1991 in Köln
wurde der Vorstand komplettiert mit dem ostgrünen Theologen
Friedrich Heilmann, den parlamentserprobten Außenpolitikern
Angelika Beer und Helmut Lippelt, der ehemaligen Europa-Ab-
geordneten Undine von Blottnitz, die wie Renate Backhaus auch
in der Umweltbewegung verankert war. Zur neuen politischen
Geschäftsführerin wurde Heide Rühle gewählt. Bereits in Neumünster war der unkonventionelle Realo Henry Selzer Schatzmeister geworden. Der Vorstand bildete die Mitte-links-Kontur
ab, die sich auch in inhaltlichen Fragen angedeutet hatte.

Zunächst galt es, Aufräumarbeiten zu leisten. Die Geschäftsstelle zog aus finanziellen Gründen ins umstrittene Parteihaus
»Wittgenstein« um – von der Öffentlichkeit hämisch als Rückzug von der Politik in die Einsamkeit der Wälder kommentiert.
Die Hälfte der Ökofondsspenden wurde in die Finanzierung der
klammen Partei umgelenkt. Das Wohngemeinschaftsambiente,
das die Geschäftsstelle zum verselbstständigten Mikrokosmos
gemacht hatte, musste aufgelöst werden. Die neu eingeführte
Trennung von politischer und technischer Geschäftsführung,
die bisher in einer Hand lag, erlaubte die Einstellung einer Ge-
schäftsstellenleiterin; Dorothea Staiger sollte für mehr Professionalität und Moderne sorgen. Heide Rühle konnte sich umso intensiver um den Neuaufbau der Partei kümmern.

Mit welcher Strategie? Einige Beisitzer wollten das Ausscheiden der Fraktion mit viel inhaltlicher Fleißarbeit, Servicedienst
für die ostdeutsche bündnisgrüne Bundestagsgruppe, ersetzen.
Ich war völlig dagegen. Als Faktor auf Bundesebene gab es uns
nicht mehr; wir konnten uns ein Münchhausen-Gebaren nicht
leisten. Wir mussten real zurück in den Bundestag. Sonst wäre
alles aus. Ein Sammelsurium von Landes- und Kreisverbänden,

310

ohne Machtperspektive im Bund, hätte bald nicht mehr interessiert, wäre zerfallen, verschwunden. Comeback in vier Jahren oder Exitus – so sah ich die Alternative. Ich fand eine Mehrheit für eine Strategie mit drei Elementen: Parteireform, bundespolitische Inszenierung erfolgreicher Landesarbeit und Fusion mit ostdeutschen Partnern.

Während die Presse auf Fehler des Vorstands lauerte, um uns endgültig in die Pfanne hauen zu können, entwickelte sich eine neuartige Kultur der Kooperation. Wer zuvor in Fehde lag, empfand den gemeinsamen Absturz und die Klärung von Neumünster nun als Aufforderung zum Neuanfang. Hatte zuvor das Prinzip der maximalen Differenz gewütet, setzte sich nun dasjenige der minimalen Varianz durch. Man blies nicht jeden Unterschied unnötig auf, sondern suchte nach Konsens und Kompromiss.

Das »LiFo« integrierte, motiviert von Frieder O. Wolf und Friedrich Heilmann, versprengte Semi-Fundis wie Claudia Roth und Angelika Beer, die Jutta Ditfurth nicht ins Abseits folgen wollten, und benannte sich in »Babelsberger Kreis« um. Ich war darob nicht glücklich, denn es entstand die Gefahr, sich neben Rationalismus wieder Moralismus, Symbolismus und radikale Rhetorik ins Haus zu holen. Der Kreis gewann nie das Gewicht des »LiFo«, auch wegen seines tatsächlichen Hangs zur Refundamentalisierung. Obwohl auch die Realos wieder separate Treffen abhielten, kam es nicht mehr zu eskalierenden Flügelkämpfen. Der integrative Kurs verlieh der Partei eine ganz normale Flügelstruktur – mit einem gemäßigten und einem etwas radikaleren Flügel, mit Konkurrenzen und Eitelkeiten, mit inhaltlichen Kontroversen und strategischen Debatten, aber ohne Spaltungsgefahr und Motivationsverlust.

Christine Weiske kümmerte sich um den Parteiaufbau Ost. Nicht alle Bürgerrechtler freute es, dass eine Grüne die Ostdeutschen repräsentierte. Gern hätten einige ihr eine SED-Verwicklung angedichtet. Weiske hatte eine üble Medienkampagne auszuhalten. Schuld war ihr Pudel. Sie liebte Pudel. Das muss man tolerieren. Aus der Tatsache, dass ihr Pudelclub einem Tierfreundeverband angeschlossen war, der – wie alle Verbände in der DDR – als Vorfeldorganisation der SED galt, nun ihre Verwicklung ins DDR-Unrechtssystem abzuleiten, war mehr als boshaft. Manche Bürgerrechtler, oft erst zur Opposition gestoßen, als die Mauer schon darniederlag, waren nicht bereit, die frühen Ökogruppen der DDR als widerständig anzuerkennen. Nicht einmal als widerspenstig. Ökologen und Bürgerrechtler – viele waren sich einander nicht grün.

Aus dem Bundestag geflogen, Fraktion abgewickelt, die Leute in alle Winde verstreut, das Tulpenfeld verödet. Alles drohte wegzubrechen. Ich sprach viele altbekannte Wessi-Grüne individuell an, telefonierte, schrieb Briefe, versuchte sie bei der Stange zu halten. Ich konstruierte Arbeitsgruppen, die den Konsens von Neumünster in eine neue Programmatik umarbeiten und die Umherirrenden einbinden sollten. Es gelang, wichtige Akteure im bundespolitischen Diskussionsprozess zu halten. Auch eine Erneuerung der Parteistrukturen stand an. Sie war nicht deshalb falsch, weil Realos sie forderten. Sie war überfällig. Man musste aus der gescheiterten Anti-Parteien-Partei nicht gleich einen stromlinienförmigen Yuppie-Club machen oder eine reputierliche Honoratiorenvereinigung, aber eine Organisation, die Streitkultur mit Handlungsfähigkeit nach außen verband.

Ein alternativer Jugendkongress Ende Januar 1987 in Westberlin hatte die Frage eines grünen Jugendverbands aufgeworfen, sich jedoch heillos verzankt. Von der FDP waren »Jungdemokraten« herübergeschwappt, Anerkennung als neugrüne Jugend erheischend. Aber die Gründergeneration, die überwiegend auf die Vierzig zuging, hielt sich für rüstig genug, die Weltrevolution selbst zu stemmen. Die Zeit war noch nicht reif. Kurz vor der Wahlniederlage versuchte sich eine »grüne Jugendkoordination« – und zerbröselte. Von Jugendlichen inspiriert, plädierte ich nun im Vorstand dafür, notfalls von oben einen offiziellen Jugendverband ins Leben zu rufen. Wir alle waren fast eine Generation älter geworden, und die Jungen hatten keine Lust, in den Parteigremien auf ihre Lehrer zu stoßen So gründeten 300 Jugendliche 1994 in Hannover das »Grün-Alternative Jugendbündnis« (GAJB).

Ein gravierendes Problem war die faktische Nichtexistenz einer parteinahen Stiftung. Anfangs waren die Grünen völlig gegen Stiftungen – Staatsknete korrumpierte, siehe Parteispendenaffäre, und untergrub die Graswurzelrevolution. Als sie sich Mitte der 80er eines anderen besannen, riefen sie nicht eine, sondern gleich drei Stiftungen ins Leben. Die BDK am 19./20. September 1987 in Oldenburg sprach sich mit großer Mehrheit für eine Gründung aus. Keines der konkurrierenden Modelle aber bekam eine Mehrheit. Gescheitert. René Böll hatte Lukas Beckmann angeboten, die Stiftung nach seinem Vater Heinrich Böll zu benennen. Um den Namen für die Grünen zu retten, betrieb Beckmann nun allein die Gründung. Ihm ist es zu verdanken, dass der Name des Nobelpreisträgers heute so eng mit den Grünen verknüpft ist. Der Preis: Die Stiftung war eine elitäre Kopfgeburt von handverlesenen Honoratioren, meist aus dem Realo-Spektrum. Die Linke war nicht amüsiert, und schon gründete sich der basisorientierte »Buntstift« dagegen, ein Sammelsurium von Länderinitiativen und Dritte-Welt-Gruppen. Frauen wollten etwas Eigenes. Die »Frauen-Anstiftung« bekam den Nimbus einer Geschäftsidee von parteifremden Feministinnen und wurde von den grünen Frauen wenig geliebt. Alle drei zelebrierten die Parteiferne fast provokativ, wollten aber anerkannt werden, um Staatsknete abgreifen zu können. Nebeneinander, durcheinander, gegeneinander. Besonders fatal, wenn in der Dritten Welt die eine Stiftung nicht wusste, was die andere tat.

Die gesamte Struktur musste aufgelöst und völlig neu aufgebaut werden. Mit dieser radikalen Meinung konnte ich mich gegen die kadermäßig betriebene Interessenpolitik der drei Vereine, die nur gegen den Vorstand zusammenhielten, nicht ganz durchsetzen. Meine Drohung indes, bei einer Verweigerung gründlicher Reformen die konstitutive Anerkennung als »grünennah« zu entziehen, setzte einen tiefreichenden, wenn auch extrem nervenden Prozess in Gang. Bald wurden die Einzelstiftungen zusammengeführt. Die »Heinrich-Böll-Stiftung« entstand als gemeinsames Dach der drei Ursprungszweige. Bis heute ist die Integration nicht endgültig gelungen. Ihre Leiter, Ralf Fücks und

Barbara Unmüßig, arbeiteten an unterschiedlichen Baustellen. Während Barbara Unmüßig die Umwelt- und Nord-Süd-Politik im kritischen Geist engagiert weiterführte, verwirklichte Ralf Fücks seine Lieblingsidee vom grünen Reich der Mitte durch die Propagierung von Mainstreamthemen – Grüne als ideelle Gesamtbürger, demokratisch, vernünftig, bildungsbürgerlich, langweilig.

Geschaffen werden musste auch ein parteiinternes Verständigungsorgan. Interessengeleitete Massenmedien oder Strömungszirkulare – bisher hatten Grüne neben Fraktionsbulletins und Landespostillen nur diese ungesunde Alternative. So schlug ich die Gründung der Parteizeitung »Schräg/strich« vor. Der Schrägstrich fand sich im späteren Namen »Bündnis 90/Die Grünen«, symbolisierte Trennung und Zusammengehörigkeit. Auch sollte die Redaktion den Vorstand gegen den Strich bürsten dürfen – einfühlsam. Gemanagt von Henry Selzer und Norbert Franck, etablierte sich das Parteiblatt. Etablierte sich inzwischen zu sehr – als Selbstdarstellungsorgan der grünen Nomenklatura.

Es gab in den 80er-Jahren keine systematische grüne Verbandsarbeit. Das Nicht-Verhältnis zu den Gewerkschaften musste beendet werden. Kurzerhand traf ich am 29. Oktober 1992 mit DGB-Chef Heinz-Werner Meyer zusammen. Er stammte auch aus dem Ruhrgebiet, kannte meinen Vater gut. Wir hatten keine Lust auf lange diplomatische Vorspiele, wischten die Hindernisse der 80er vom Tisch und verabredeten normale Beziehungen. Als Mann der IG Bergbau und Energie war Meyer zu AKWs und Steinkohleförderung anderer Meinung, sah aber, dass die grüne Arbeitnehmer- und Sozialpolitik im Gewerkschaftsinteresse lag. Nach seinem frühen Tod besuchte sein Nachfolger Dieter Schulte offiziell die grüne Zentrale. Damit war das Eis gebrochen, und ich konnte als erster Sprecher der Grünen auf einem DGB-Kongress reden. Viele andere folgten. Später wurde der Grüne Frank Bsirske sogar Chef von »Verdi«. Die Normalisierung der Beziehungen zu den Gewerkschaften war ein unverzichtbarer Baustein zur Fundierung einer rot-grünen Perspektive.

Auch offizielle Beziehungen zur jüdischen Gemeinde waren

überfällig. In den heftigen Diskussionen der 8oer-Jahre zum Nahostkonflikt war mancher Auftritt missraten. Antisemitismus bei den Grünen? Einige Töne machten misstrauisch, waren jedoch eingrenzbar. Trotzdem scheuten sich manche nicht, diesen Vorwurf im Flügelkampf zu instrumentalisieren. Es gab nicht unbedeutende jüdische Mitglieder bei den Grünen, wie Micha Brumlik. Wegen der Misstöne waren einige verstört ausgetreten. Viele Grüne hatten auf lokaler Ebene enge Kontakte zur jüdischen Gemeinde – Joschka Fischer betonte immer wieder, wie wichtig deren Einfluss für seine politische Bildung war. Antje Vollmer hatte versucht, mit dem Vorsitzendes des Zentralrates der Juden, Heinz Galinski, einen informellen Dialog zu eröffnen, der sich aber sehr schwierig gestaltete.

Nun suchten Christine Weiske und ich in Bonn den Zentralratsvorsitzenden Ignatz Bubis offiziell auf. Judentum und der Staat Israel – gemeinsam waren Bubis und wir der Meinung, dass die Bewertung der Politik des israelischen Staates und die grundsätzliche Einstellung zur jüdischen Kultur und Religion strikt getrennt werden müssten. Diskriminierung von Juden musste als antisemitisch bekämpft werden. Kritik an Israel war nicht per se antisemitisch. Hinter mancher Kritik verbarg sich zwar ein Antisemitismus. Aber eine kritische Befassung mit der Politik des Staates durfte nicht prinzipiell unter Verdacht gestellt werden. Israel aus dem kritischen Diskurs der internationalen Gemeinschaft auszunehmen, wäre eine Diskriminierung der Juden, so glaubte auch Bubis. Ein fruchtbarer Dialog begann. Bubis zeigte sich besonders angetan vom grünen Engagement für das Asylrecht, gegen Ausländerfeindlichkeit, Rassismus und Antisemitismus, die sich – aus der Mitte der Gesellschaft heraus – in Brand- und Mordanschlägen äußerten, in Rostock, Solingen, Mölln...

Gegen Ende der 8oer-Jahre hatten Umfragen für die Regierung Kohl krass nach unten gezeigt. Die deutsche Einheit rettete ihn zunächst. Doch dann blieben die versprochenen »blühenden Landschaften« aus. Jetzt entdeckten die Konservativen das Asylrecht als Kampfinstrument, um die rot-grüne Alternative in die Defensive zu drängen und sich an den Stammtischen zu behaupten. Die dumpfesten Ressentiments wurden mobilisiert. Man begann, die »Asylantenschwemme«, die »Wirtschaftsflüchtlinge« für die eigentlich einheitsbedingten wirtschaftlichen Schwierigkeiten verantwortlich zu machen. Ausländer als Sündenböcke. Bis fast zur Abschaffung sollte das Asylrecht, wie es als Konsequenz aus den Flüchtlingstragödien des Nationalsozialismus Eingang in das Grundgesetz gefunden hatte, ausgehöhlt werden. Die SPD tat sich immer schwerer, eine Verfassungsänderung abzulehnen. Es waren die Grünen, die gemeinsam mit »Pro Asyl« und Flüchtlingsräten zum Sprachrohr der Gegenbewegung wurden. Das Eintreten für Flüchtlinge und Asylbewerber wurde zum Kernthema grüner Innenpolitik. Später in seiner Radikalität auch intern nicht unumstritten.

Im Europaparlament, in den Ländern, in jeder Kommune – Ex-MdB Marieluise Beck, die Europa-Abgeordnete Claudia Roth, Roland Appel, Jürgen Trittin, Wolfgang Wieland und Rupert von Plottnitz als Fraktionsvorsitzende in Nordrhein-Westfalen, Niedersachsen, Berlin und Hessen und viele andere kämpften damals für die Beibehaltung des bestehenden Rechts. Kundgebungen an der Bannmeile, symbolische Aktionen in der Öffentlichkeit – das alte grüne Oppositionsrepertoire wurde wiederentdeckt. Helmut Kohl lud zum »Allparteiengespräch« zum Asylrecht ins Kanzleramt. Uns Grüne nicht. Als Bundesvorsitzender ging ich trotzdem hin und wurde an der Pforte abgewiesen. Auf Bitte eines Fotografen wurde ein Bild gemacht mit einigen demonstrierenden Mitarbeitern der grünen Geschäftsstelle. Ergebnis: Verurteilung vom Amtsgericht Bonn wegen Bannmeilenverletzung zu zehn Tagessätzen à DM 80,–, zwei Jahre zur Bewährung ausgesetzt. Die Zweidrittelmehrheit zur Revision des Asylrechts 1993 konnten wir nicht verhindern.

Informelle Kontakte mit der SPD gab es mannigfach, doch noch nie einen offiziellen Termin auf der Ebene der Vorsitzenden. Björn Engholm stimmte einem Treffen am 10. September 1991 in der SPD-Baracke zu, nicht ohne eine arrogante Haltung gegenüber den ungeliebten Grünen an den Tag zu legen. Fast eine halbe Stunde ließ er meine Kollegin und mich demonstrativ warten. Der Presse berichteten wir trotzdem von einem konstruktiven Anfang. Die grüne Strategie lebte von der rot-grünen Option, und da wollten wir uns von Schnöseligkeit nicht irritieren lassen. Der Bundesvorstand hatte manchen Schreck zu verdauen. Anfang der 90er-Jahre wurde der erste Grüne im Bundestag, Dirk Schneider von der AL Berlin, dessen Nominierung einst eine BDK euphorisch bejubelt hatte, als IM der Stasi enttarnt. Er hatte systematisch Informationen über die Fraktion an seine Auftraggeber geliefert und viele unserer Freunde im Osten gefährdet. Zur Rede gestellt, versuchte er seine Rolle als Kommunikator im Ost-West-Konflikt schönzureden, verlor aber jegliche Sympathien und isolierte sich völlig. Außenpolitische Insider waren sich gewiss, dass einige Informationen in den Stasi-Protokollen von einer zweiten Person stammen mussten. Deren Identität konnte bisher nicht geklärt werden. Die Ost-Grünen traf die Entdeckung von IM's noch härter. Ihr Mitglied Vera Wollenberger war sogar von ihrem eigenen Ehemann jahrelang bespitzelt worden.

Entsetzlicher noch war die Nachricht vom Tod Petra Kellys und Gert Bastians. Als ich am 19. Oktober 1992 nach einem langen Arbeitstag nach Hause kam, hörte ich die Nachricht vom Tod zweier prominenter Grüner in Bonn. Bald war klar, dass es sich um Petra Kelly und Gert Bastian handeln musste. Wahrscheinlich ein gewaltsamer Tod. Sofort fuhr ich zum Tatort, wo ich auf Lukas Beckmann traf. Wir bekamen keine völlige Klarheit über das Geschehen. Die ganze Nacht wurde allenthalben öffentlich spekuliert. Im Morgengrauen fantasierte Otto Schily im Radio, die Grünen hätten die beiden in den Tod getrieben. Eine Ungeheuerlichkeit. Andere räsonierten über einen Anschlag der Rechtsradikalen oder des KGB. Ich hatte die Pflicht, die Spekulationen zu unterbinden und die Partei auf die schreckliche Tatsache vorzubereiten, dass Gert Bastian Petra Kelly und sich selbst getötet hatte.

Wer die beiden in den Monaten zuvor erlebt hatte, konnte spüren, wie schwierig ihre Situation geworden war. Ich hatte sie im Bemühen, verstreute Akteure persönlich anzusprechen, mehrmals getroffen. Petra Kelly, deren Stern verblasste, legte eine Intensität an den Tag, die weit über ihre Kraft hinausging. Sie strotzte vor Ideen und Plänen wie eh und je, mobilisierte ihre letzten Energien. Wie eine Kerze, die an beiden Enden brennt, sagte jemand treffend. Ihrem ständigen Begleiter und Beschützer Gert Bastian, durch einen schweren Autounfall angeschlagen, fiel es schwer, ihr Tempo noch mitzuhalten. Ich hatte ihm ins Krankenhaus geschrieben und eine depressiv gestimmte Antwort erhalten. Dass die beiden isoliert waren und perspektivlos, entsprach nicht meiner Wahrnehmung. Bei einem gemeinsamen Demo-Auftritt zum Weltwirtschaftsgipfel im April 1992 in München versprach ich Petra Kelly Unterstützung für eine Spitzenkandidatur zur Europawahl. Sie wäre mit Sicherheit auf die Liste gekommen. Die Gründe für die Tragödie werden weitgehend im Dunkeln bleiben. Alice Schwarzer kommt in ihrem Buch »Eine tödliche Liebe – Petra Kelly und Gert Bastian« meines Erachtens der Wahrheit am nächsten.

Die Presse missbrauchte den Tod der grünen Symbolfiguren als Omen für den endgültigen Untergang der Partei. Die Grünen erwiesen Petra Kelly in einer würdevollen Trauerfeier die letzte Ehre. Zeremonie und Begräbnis waren dann der Ort, an dem auch die Kontrahenten von einst, die Gegner im Flügelkampf, sich die Hand reichten und auf ein gemeinsames Weiterwirken verständigten. Joschka Fischer und ich waren uns einig, nun gemeinsam das Überleben der Grünen und den Wiedereinzug in den Bundestag zu organisieren. Es begann eine kaum für möglich gehaltene Phase gedeihlicher Zusammenarbeit. Man lernte die Schwächen zu tolerieren und die Stärken zu schätzen. Aus Gegnerschaft erwuchs gegenseitiger Respekt. Es wurde nicht die schlechteste Zeit für die Grünen.

Einer der ersten Besuche führte mich in altes »Feindesland«, nach Hessen, zur Verblüffung der Eingeborenen, die mich freundlich empfingen. Joschka Fischers Agieren gegen die hessische Atomindustrie wurde in der gesamten Partei beifällig beobachtet. Die Partei profitierte von seinem wachsenden Renommee. Auch wenn er sich Seitenhiebe nicht ganz verkneifen konnte und sich der Presse gern als »heimlicher Vorsitzender« präsentierte – er war zu der Überzeugung gelangt, dass Kooperation angebrachter war als ein Verharren im Schützengraben. Neben ihm stieg Jürgen Trittin zur öffentlichen Leitfigur auf. Oft in Bonn präsent, engagiert gegen die Abschaffung des Asylrechts, gegen Ausländerfeindlichkeit und Rassismus, treibende Kraft einer modernisierten grünen Europapolitik, wurde seine Landesvertretung Anlaufpunkt auch für die grüne Parteiführung. Über die Landesverbände bundespolitisches Profil zu gewinnen schien zu gelingen. Dass dies Teil einer Vorstandsstrategie war, wurde gern übersehen. Die Minister schienen in der Wahrnehmung der Öffentlichkeit die Parteiführung zu überspielen. Sie konnten auf Infrastruktur und Ressourcen zurückgreifen, von denen ein grüner Vorstand nur träumen konnte. Auch wenn wir professionell arbeiteten – das Geld reichte hinten und vorn nicht für eine ähnliche Performance. Parteienfinanzierung blieb ein Streitthema. Im April 1992 hatte eine grüne Klage vor dem Verfassungsgericht Erfolg. Regelungen, von denen die Etablierten profitierten, wurden gekippt. Die Grünen wurden dadurch nicht finanzstärker.

Auch der Tagespolitik konnte sich der Vorstand nicht entziehen. Anfang 1991 eskalierte der Zweite Golfkrieg. Das war noch vor meiner Amtszeit als Vorsitzender, aber die Nachwirkungen beschäftigten uns. Denn die Grünen hatten keine überzeugende Figur abgegeben. Der Irak hatte Kuwait überfallen, eine Koalition unter Führung der USA marschierte ein, um die Irakis wieder zu vertreiben. Reflex von Grünen und Pazifisten: Kein Krieg! Großdemonstration gegen die USA. Wie einst gegen die Raketen. »Kein Blut für Öl!« Die erste Demo, bei der mich ein schlechtes Gefühl beschlich. Der Schurke war Saddam Hussein, nicht Bush senior. Der Irak war es, der Blut für Öl vergoss. Die USA agierten im Namen der UNO, befreiten ein angegriffenes Land, stellten die territoriale Integrität im Sinne des Völkerrechts wieder her. Man konnte militärische Mittel ablehnen, aber nur aus prinzipiell pazifistischen Gründen. Nicht wegen eines angeblichen US-Imperialismus. Die Amis waren in diesem Konflikt die Guten. Mir schwante, dass wir präziser werden müssten mit unseren Analysen. Die Tendenz der Demo war falsch. Dann begann der Jugoslawienkrieg. In allen Kreisverbänden Unterstützung für Flüchtlinge und Traumatisierte. Viel persönliche Hilfsbereitschaft an der grünen Basis. Im August 1992 ein Fanfarenstoß: Helmut Lippelt und Claudia Roth forderten öffentlich ein militärisches Eingreifen. Ich war nicht informiert, befand mich im Urlaub. Die Partei in heller Aufregung. Mehr Empörung als Zustimmung. Nur mühsam gelang es mir, die wilde Diskussion wieder einzuhegen. Das Thema wurden wir nicht mehr los. Es dominierte ab sofort die politische Debatte; sie führte bald zu tiefen emotionalen Brüchen in der Partei, zur Zerstörung von Freundschaften und neuen Bündnisbildungen, zu Grundsatzdiskussionen über das Verhältnis von Menschenrechten und Pazifismus. Fast übersehen wurde daneben, dass Beisitzerin Angelika Beer, vom Vorstand dafür »freigestellt«, die Kampagne gegen Landminen mit organisierte. Der deutsche Koordinator der internationalen Initiative, Thomas Gebauer von »medico international«, arbeitete jahrelang in der grünen »BAG Internationales« mit. 1997 wurde die Kampagne, verkörpert durch Lady Di, mit dem Friedensnobelpreis ausgezeichnet.

Bei der Hamburg-Wahl am 2. Juni 1991 stabilisierte sich die GAL bei mäßigen 7,2 Prozent. Die SPD errang die absolute Mehrheit. In Bremen bekam die SPD am 29. September 1991 die Quittung dafür, dass sie den Strukturwandel, besonders im Werftenbereich, verschlafen hatte. Das grüne Spitzenergebnis von 11,4 Prozent war getragen von der zutraulicher werdenden Alternativszene und linksbürgerlichen Gruppen. Enttäuschte Arbeiter verhalfen eher den Rechtsradikalen zum Einzug in die Bürgerschaft. Grünintern war nicht einmal eine rot-grüne Koalition klar, und jetzt stand eine »Ampelkoalition« mit SPD und FDP an. Debatten darüber hatte Spitzenmann Ralf Fücks zwar öfters angezettelt. Aber die Bremer Szene hatte keine Lust auf Gruselthemen. Lange wurde nun gerungen. Durfte man? Musste man? Wenn ja, mit welchem Ziel? Erste Abstimmung: dagegen!

Panik, Rückholantrag. Zweite Abstimmung: Dafür! Aber nur –
so hatten undogmatische Linke gefordert – als Notlösung, wegen des Einzugs der Rechten, eine »BrAmpel« (Bremer Ampel),
ohne Modellcharakter für den Bund. So votierte ich auch als
Bundessprecher. Auf dieser Basis wurden Ralf Fücks Umweltsenator und die Germanistin Helga Trüpel Senatorin für Kultur
und Integration. Eine weitere Stärkung auch der Bundespartei.
Die Wahlen am 5. April 1992 brachten Rückschläge. In
Schleswig-Holstein sah das Schicksal einen weiteren deprimierenden Akt im grünen Trauerspiel vor. 22 Uhr: Der Wahlleiter
verkündet das Endergebnis, das vorläufige amtliche: 5 Prozent!
Geschafft. Endlich, nach zwölf Jahren im Landtag! Jubel über
Jubel, meerumschlungen. Um 23 Uhr die Kollision mit dem Eis-
berg: Der Wahlcomputer hatte wie ein Umfragecomputer aufge-
rundet. Durfte er aber nicht. Die Grünen hatten nur 4,97 Prozent erreicht. Es fehlten 382 Stimmen zum Glück.

In Baden-Württemberg errang die Partei am selben Tag sehr
gute 9,5 Prozent. Es reichte nicht für Rot-Grün. Sofort machte
die Führung um Fritz Kuhn der CDU ein Angebot für »Schwarz-
Grün«. Enormes Medienecho. Aber auch viel Irritation. Ich reiste
nach Stuttgart. Die Freunde waren zu bedauern. Stärkster grüner Landesverband, aber nie eine Chance auf Regierungsbeteiligung wegen der dort notorisch schwachen SPD. Dennoch gelang
es, sie zu überzeugen: Entscheidend ist das Comeback im Bund.
Und das schaffen wir nur mit rot-grünen Wechselwählern, mit
Zweitstimmen der SPD; die aber wenden sich ab, wenn sie be-
fürchten, dass wir ihre Stimmen in »Schwarz-Grün« investieren.
Rot-Grün im Bund – diese Machtperspektive eröffnete Chancen,
die nicht durch Landespolitik beeinträchtigt werden durften. Die
Freunde in Stuttgart nahmen sich zurück.

Die 14. BDK vom 15. bis zum 17. Mai 1992 in Ostberlin verlief
harmonisch. Fast einstimmig wurde für die Umweltkonferenz in
Rio de Janeiro das Programm für eine »ökologisch-solidarische
Weltwirtschaft«, dessen Erarbeitung ich im Zuge der IWF-Weltbank-Kampagne initiiert hatte, angenommen. Unter den Klän-
gen einer Berliner Brass-Band waren auch viele Bürgerrechtler

in die Halle gezogen. Die Stimmung war aufgeräumt und entspannt. Die Grünen hatten sich gefangen. Für den Bundesvorstand brachte ich den Antrag ein, die Vereinigung von Grünen und Bündnis 90 zu betreiben. Nur wenige stimmten dagegen. Bereits im Februar hatten der grüne Länderrat und der geschäftsführende Ausschuss der Bürgerbewegungen ihre Absicht zum Zusammengehen erklärt.

In wochenlangen intensiven Debatten musste der Beschluss mit und an der Basis vorbereitet werden. Nicht alle waren begeistert. Die Realos erhofften sich zwar einen Schub in die bürgerliche Richtung. Und machten das erfolgreiche Management des Fusionsprozesses zum Maßstab für die Güte meiner Arbeit. Aber eigenartig, richtig begeistert schienen sie nicht. Ihre Machtrationalisten hatten mit dem demokratischen Idealismus der Bürgerrechtler ähnliche Probleme wie einst mit dem symbolischen Moralismus vieler Gründungs-Grüner. Auch viele Linke in Nordrhein-Westfalen um Roland Appel und Bärbel Höhn sträubten sich. Sie begriffen nicht den Ernst der Lage, hofften auf die Wiederauferstehung der alten Grünen, wollten ihre Identität nicht aufs Spiel setzen. Monatelang tingelte ich durch Kreisverbände und Strömungstreffen, um unmissverständlich klarzumachen: Ohne weitere Partner in Ostdeutschland sind wir Grünen verloren. Entweder Fusion oder Aus. Verschwunden in den Wirren der Einheit.

Kapitel 21

Fusion und Comeback

Nur mühsam gelang die Zusammenarbeit mit der ostdeutschen Bundestagsgruppe »Die Grünen/Bündnis 90«. Sie war zu heterogen. Der Grüne Klaus-Dieter Feige kooperierte gern; Doppelmitglied Vera Wollenberger spezialisierte sich auf die Beschimpfung der linken Grünen; Werner Schulz vom »Neuen Forum« (NF) und Wolfgang Ullmann von »Demokratie Jetzt« (DJ) waren ansprechbar, bestanden aber auf der Eigenständigkeit der Gruppe gegenüber dem grünen Vorstand. Langsam taute auch der zurückhaltende Gert Poppe von der »Initiative Frieden und Menschenrechte« (IFM) auf. Christina Schenk vom »Unabhängigen Frauenverband« (UFV) hielt Distanz und kehrte später als Christian Schenk für die PDS ins Parlament zurück. Ingrid Köppe (NF) mochte die Parlamentsarbeit nicht und wollte schnell wieder weg. Konrad Weiss (DJ) bildete eine selbstständige politische Einheit, die von der Abgrenzung gegen alles und jeden lebte. Die Bundestagsgruppe hatte Lukas Beckmann als Geschäftsführer und Pfadfinder angeheuert. In Neumünster an den Rand geraten, gab er sich sperrig.

Helmut Lippelt und Friedrich Heilmann, Henry Selzer und Heide Rühle führten zahlreiche Gespräche, um die Beziehungen aufzulockern. Das Orientierungsbedürfnis der Bürgerbewegungen aber verbot eine zu schnelle Annäherung. Auch deren Ideen von Politik in der Demokratie entsprachen ganz und gar nicht der bisherigen westdeutschen Praxis. Sie hatten in der untergehenden DDR über »Runde Tische«, deren Einrichtung sie der SED abgetrotzt hatten, massiven Einfluss gewonnen und die erste demokratische Volkskammerwahl durchgesetzt, bei der sie selbst nur mäßig erfolgreich waren. CDU/CSU/FDP waren längst mit den Blockparteien der DDR, mit Trittbrettfahrern, Wendehälsen und Konjunkturrittern verschmolzen. Die Bürgerrechtler sahen sich quer zu den Parteien. Sie hatten vor allem für die Demokratie an sich gekämpft, nicht für spezifische weltanschauliche Inhalte. Ihr Demokratieverständnis hielt sie zusammen, die Inhalte trennten sie. Deshalb war das Bekenntnis der West-Grünen zu ihnen sehr gewagt. Die Grünen bewunderten und respektierten ihren demokratischen Bekennermut. Aber ob das als Grundlage reichte, wenn sich in Gesamtdeutschland die Parteienstruktur wie in der alten BRD durchsetzen würde? Wir Wessis hatten keinen Zweifel, dass es so käme. Die Bürgerrechtler aber wollten von der Utopie herrschaftsfreier Runder Tische nicht Abschied nehmen. Sympathisch, aber irreal. Die Runden Tische waren Instrumente gewaltfreier Revolution. In einer Demokratie würde ihnen die Legitimation fehlen. Wie konnten wir den Ost-Gruppen unsere Skepsis nahebringen, ohne sie zu verletzen und abzustoßen? Wer im Parteiensystem »quer« blieb, war faktisch draußen. Wer dabei sein wollte, musste sich entscheiden. Und ob dann wirklich alle Bürgerrechtler bei den Grünen am besten aufgehoben waren? Nicht nur ich hatte Zweifel. Im Zögern der Ostdeutschen meinte ich deren Angst davor zu spüren, dass sie ihre in Gefahr und Repression gewachsene gemeinsame Identität aufgäben, wenn sie sich zur Parteiendemokratie bekehrten. Parteien und Runde Tische – situativ konnte beides zusammenpassen, als dauerhaftes Modell waren sie miteinander unvereinbar.

Die Bürgerbewegungen mit ihrem politisch-philosophischen Mentor Wolfgang Ullmann hatten ihren Demokratiebegriff in einen Verfassungsentwurf des Zentralen Runden Tisches gegossen. Dieser sollte das Grundgesetz der BRD ablösen. Die Vereinigung sollte nicht durch Beitritt nach Artikel 23 Grundgesetz über eine Währungsunion und einen technisch-administrativen Einigungsvertrag geschehen, sondern durch gemeinsame ostwestliche Neuaushandlung einer gemeinsamen Verfassung nach Artikel 146 Grundgesetz. Auch die West-Grünen hatten sich ursprünglich diesem Vorschlag angeschlossen. Der Druck der Kohl-Regierung aber und der Wunsch der DDR-Bevölkerung, möglichst rasch harte West-Mark in der Hand zu haben, ließen den Vereinigungszug in eine andere Richtung fahren – Vereinigung durch einfachen Beitritt. Die Initiatoren des Verfassungsentwurfs gründeten noch im Juni 1990 ein Kuratorium für einen »demokratisch verfassten Bund deutscher Länder«, konnten aber keine Wirkung mehr gegen den realen Lauf der Dinge entfalten. Die Grünen gerieten in ein Dilemma: Sollten sie die Visionen der Bürgerrechtler, die oft Illusionen waren, unterstützen oder den westdeutschen Realismus durchsetzen? Anfangs standen alle auf der Seite der Bürgerbewegten. Wer sich aber zu spät von deren Ideen löste, wurde von den Realisten gnadenlos als Einigungsgegner niedergemacht.

Wie um sich in der unübersichtlichen Lage, da jederzeit der politische Untergang drohte, aneinander festzuhalten, gründete sich Bündnis 90 am 21./22. September 1991 in Potsdam formell als Partei. Der Akt wurde von DJ und IFM nahezu vollzählig mitgetragen. Das Neue Forum spaltete sich. Eine Hälfte trat der Partei bei, die andere machte als Bewegung »Neues Forum« weiter, darunter die Gründerin Bärbel Bohley, die Symbolfigur der DDR-Opposition. Der grüne Vorstand – wir waren fast komplett anwesend – sah die Parteigründung mit gemischten Gefühlen. Sie erschwerte den weiteren Prozess, weil nun zwei Parteien formell fusionieren mussten. Andererseits fasste sie die Bürgerrechtler zu einem einheitlichen Subjekt zusammen, das strategische Entscheidungen fällen musste und konnte. Werner Schulz und Wolfgang Ullmann versicherten uns: Am Ende steht die Fusion. Ob das alle so sahen?

Am Wochenende darauf gelang in Zwickau die Vorabfusion zu »Bündnis 90/Grüne in Sachsen«. Der grüne Bundesvorstand stellte diesen Schritt, auch wenn nun parteienrechtlich eine dritte Partei im Spiel war, als Modell für das Zusammenwachsen heraus. Am 28./29. Oktober 1991 trafen sich in Berlin Grünen-Vorstand und Bündnis-90-Sprecherrat zur ersten gemeinsamen Beratung. Wir tagten im »Haus der Demokratie«, Ecke

Friedrichstraße/Französische Straße, der ehemaligen Berliner SED-Zentrale, das von der Opposition während der Wende gekapert und ihr vom Runden Tisch offiziell überlassen wurde. Nach langem Rechtsstreit musste es wegen Restitutionsansprüchen aufgegeben werden. Das Gebäude wurde total entkernt, vom ursprünglichen Bau ist heute nur noch die renovierte Fassade erhalten. Innen geht es nicht mehr um Demokratie, sondern um Luxuskonsum. Die Bürgerbewegungen und zahlreiche Initiativen residieren seitdem im »Haus der Demokratie und Menschenrechte« in der Greifswalder Straße.

Der Gesprächsprozess zwischen den Vorständen verlief überaus zäh. Es ging nicht vorwärts. Die Bürgerrechtler waren sich nicht einig. Die einen wollten eine Partei mit uns, die anderen ohne uns, Dritte gar keine. Aus Hessen wurde gemault, der links-grüne Vorstand sei schuld. Nach weiteren unbefriedigenden Treffen verfasste ich ein »Memorandum zu den Perspektiven und Problemen«, vom Vorstand am 10. Dezember 1991 einmütig gebilligt. Der provokative Realismus des Papiers mit seinem strikten Zeitplan, der die Bundestagswahl als Zielpunkt fixierte, führte zu anhaltenden heftigen Kontroversen, da er Illusionen in West wie Ost zerstörte und beide Seiten unter Entscheidungsdruck setzte. Er bahnte den Weg zu ernsthaften Verhandlungen.

Endlich kam es auf Beschluss der beiden Vorstände zum alles entscheidenden Gespräch: Der wertkonservative Theologe und Physiker Hans-Jürgen Fischbeck und ich trafen uns als Unterhändler in der Evangelischen Akademie Mülheim/Ruhr. Wenn wir uns unter vier Augen auf einen Rahmen einigten – so meinten beide Seiten –, dann, und nur dann, würde es klappen. Wir brauchten nicht lange; das Vertrauen war da. Mein Gegenüber ahnte: Als politischer Faktor könnte Bündnis 90 nur in einer Fusion mit uns überleben. Er wollte nicht durch die Forderung nach Selbstauflösung und Neugründung die grüne Existenz gefährden – denn wir hätten unsere Mitgliederschaft nie mehr zusammenbekommen. Fusion musste de jure ein »Beitritt« sein – die einzige realistische Variante. Poltisch aber – so sagte ich

326

ihm zu – sollte eine Assoziation auf Augenhöhe, von Gleich zu Gleich, gestaltet werden, mit Garantien für die zahlenmäßig unterlegenen Bürgerrechtler. Mir war klar: Ohne sie würden auch wir nicht in den Bundestag zurückkehren. Es wäre das endgültige Aus. Aber letztlich ging es nicht um schnöde Strategie. Es ging – sehr emotional – um die innere Einheit, um einen fairen Prozess, eine Alternative zur Einverleibungspolitik der etablierten Parteien. Wir wollten zwei gute Stücke Deutschland zusammenfügen. In der Frühlingsluft, im Garten sitzend, reichten wir uns die Hand.

Beim nächsten Treffen der Vorstände fixierten Christiane Ziller, die vom »Demokratischen Aufbruch« (DA) zu Bündnis 90 gestoßen war, und ich auf dieser Basis eine schriftliche Willenserklärung, die einvernehmlich verabschiedet wurde. Im April 1992 trat die fusionierte bündnis-grüne sächsische Partei dem Bündnis 90 bei, um dort das Gewicht der Assoziationsbefürworter zu stärken. Auf der Delegiertenkonferenz von Bündnis 90 vom 1. bis zum 3. Mai 1992 in Berlin-Hohenschönhausen wurde ein entsprechender Grundsatzbeschluss befürwortet. Werner Schulz und Wolfgang Ullmann verstanden es, auch die Zögerlichen zu überzeugen.

Sperrfeuer kam aus Nordrhein-Westfalen. Dort hatte sich plötzlich ein Landesverband von Bündnis 90 gebildet, angeblich um – den Grünen gleich – einen bundesweiten Anspruch zu demonstrieren. Neben wenigen westwärts gewanderten Bürgerrechtlern machten sich hier Ex-Grüne zu schaffen – »A-Nuller« um Erhard Müller und Leute, die den Landesverband lange hatten versumpfen lassen und gescheitert waren. Nun wollten sie über das Bündnis-Ticket an Posten gelangen. Die NRW-Grünen, deren Zustimmung zur Fusion ich äußerst mühsam hatte herbeidiskutieren müssen, werteten die Gründung als unfreundlichen Akt. Es wurde nicht einfacher. Zumal vor der verlorenen Bundestagswahl Michael Vesper dem Landesverband über Medieninszenierungen, angeblich als Zeichen der Solidarität, zwei Bürgerrechtler als Listenkandidaten reingedrückt hatte. Zwei Plätze weniger für West-Linke war das wirkliche Kalkül. Der fast konsolidierte Verband hatte schwer zu schlucken an Wolfgang Templin und Tatjana Böhm, einer Frauenrechtlerin vom UFV. Und die Mitte-links-Mehrheit war emotional auf Abwehr gepolt. Auch der »Aufbruch« bei den Grünen sperrte sich gegen die Assoziation, so wie sie geplant war. In Neumünster war er an den rechten Rand der Partei gewandert, hatte verloren und witterte jetzt die Chance, seine Pläne mithilfe von Bürgerrechtlern durchzusetzen. Antje Vollmer, Wolfgang Templin, der Brandenburger Bündnis-Mann Günter Nooke und der »Taz«-Journalist Matthias Geis trommelten für die Auflösung der Grünen und eine Neugründung als liberalkonservative ökologische Bürgerrechtspartei. Sie luden sogar die ÖDP ein, die sich – in Verkennung der Gefechtslage – händereibend bei mir für das großzügige Angebot bedankte. Da half nur klare Kante.

Vom 15. bis zum 17. Mai 1992 bekundete auch die 14. grüne BDK in Ostberlin ihren Vereinigungswillen mit großer Mehrheit. Zu klären waren drei Fragen: Welche Gruppen sollten in die Assoziation einbezogen werden? Auf welche programmatische Basis kann man sich verständigen? Wie werden die zugesagten Garantien satzungsmäßig verankert? Alles voneinander abhängige Variablen. Wie weit nach links, wie weit ins konservative Lager sollte ausgeholt werden? Waren die Gespräche mit Bündnis 90 exklusiv, oder konnte daneben mit dem UFV, der »Vereinigten Linken«, der »Grünen Liga«, gar mit PDS-Dissidenten geredet werden?

Ich hätte mir ein breiteres Spektrum gewünscht, um eine bessere Verankerung in der ostdeutschen Gesellschaft zu erreichen. Eindeutig war Bündnis 90 der bevorzugte Partner. Dort aber war die Neigung zur systematischen Ausweitung gering. Gewachsene persönliche Beziehungen wurden höher gewichtet als Breitenwirkung. Zumal die Bürgerrechtler, hoch geschätzt in der Öffentlichkeit, auch den Grünen Glanz verliehen. Wie breit sie wirklich verankert waren, wurde nicht gefragt. Latent wurden Hürden für andere aufgebaut. Die Frage nach dem richtigen Leben in der falschen DDR hielt faktisch viele interessierte und interessante Menschen ab, sich uns zu nähern. Selbst wenn sie jede

Diskussion bestanden hätten – der neu gewonnene Stolz hielt sie ab, sich hochnotpeinlichen Befragungen zu unterziehen. Die meisten Menschen in der DDR sah ich nicht einfach schwarz oder weiß. Sie haben versucht, etwas aus ihrem Leben zu machen, waren weder Schurken noch Helden. Wie die im Westen. Wen wollten wir nun erreichen? Nur die Weißen, die Helden des Widerstands? Oder auch die anderen, die im System mitgeschwommen waren, ohne aber individuelle Schuld – was immer das sein mochte – auf sich zu laden? Ich plädierte für ein weites Herz und Lernprozesse. Aber die denkbaren Zielgruppen winkten bald ab. Wissenschaftler, Journalisten, Künstler, Techniker, die im und vom DDR-System gelebt hatten, mit Halbdistanz, Illusionen, kleinen Opportunismen, Arrangements mit dem scheinbar Unvermeidlichen, keine Helden, aber auch keine Bösewichter – sie hatten ein feines Gespür für Stimmungen. Ich habe viele von ihnen kennengelernt und hätte sie gern gewonnen. Heute sind sie oft dort, wo sie nie hinwollten, im PDS/Linke-Umfeld. Oder verloren im politischen Niemandsland.

Verhandlungsbeginn. Über satzungsmäßig garantierte Quoten für Ostdeutsche in den Führungsgremien, über Entscheidungsabläufe, Finanzen und Statuten bestand bald Einigkeit. Heide Rühle, Henry Selzer, Helmut Lippelt entwickelten viel Geschick im Aufbau einer neuen Architektur. Ein »Grundkonsens« sollte die inhaltliche Basis schaffen. Obwohl ich ihnen weit entgegenkam, reichten den konservativen Bürgerrechtlern um Günter Nooke die Zugeständnisse nicht – zum Verdruss der anderen Bündnis-Freunde. Nooke wollte »seine« konservative Partei. Aus Hessen kam Druck, ihm mehr nachzugeben. Aber weitere Kompromisse hätten – ohne Mehrheitschance auf einer BDK – die grüne Seele zerstört. Schluss, mit ihm ging es nicht. Das sah auch Werner Schulz so. Wenn es irgendwo klemmte, sprachen wir unter vier Augen und zogen die Dinge glatt. Wie würde Marianne Birthler reagieren, mit Nooke im Brandenburger Landtag? Sie stand zu uns. Auch in Wiesbaden wurden wir endlich verstanden. Nooke wanderte zur CDU. Seine Verbündeten vom Grünen-»Aufbruch« blieben bei der Stange. Am 23. November

1992 unterzeichnete die Verhandlungskommission den Assoziationsvertrag. Der »Grundkonsens« wurde beim Bundeswahlleiter an Stelle des Saarbrücker Programms der Grünen aus dem Jahre 1980 hinterlegt. Das Original des Vertrags befindet sich heute im »Haus der Geschichte« in Bonn.

Am 20. Oktober 1992 beschlossen die Partnerlandesverbände in Thüringen ihre Fusion zum Mai 1993. Sie wollten Zeichen setzen. Wie nötig dies war, zeigte Brandenburg, wo Bündnis 90 am 12. Dezember 1992 auf Betreiben Günter Nookes hin trotz Marianne Birthler und Matthias Platzeck die Fusion verwarf. Ende Oktober 1992 war Birthler – mit Nooke einig – wegen der umstrittenen Rolle von Ministerpräsident Manfred Stolpe in der DDR als Ministerin zurückgetreten. Der Streit darum zog sich Jahre hin – bis heute unentschieden. Doch für das Zerbrechen der »Ampel« wurde den Bürgerrechtlern die Schuld gegeben; bei der Neuwahl im September 1994 erhielt Stolpe die absolute Mehrheit. Die bündnis-grüne Assoziation wurde an Brandenburg vorbei betrieben.

Tag der Entscheidung: Am 16./17. Januar 1993 tagten in Hannover beide Parteien parallel in benachbarten Räumen. Sonnenblumen. Emphatische Reden. Euphorische Stimmung. Abstimmung hier: große Mehrheit für die Fusion. Abstimmung dort: ebenso. Feierlich, ein bisschen verlegen, Hände schüttelnd, Schulter klopfend, tränenreich vereinigten sich beide Versammlungen, um in einer Schlussabstimmung das Zusammenwachsen noch einmal zu zelebrieren. Nach emotionsgeladenen Diskussionen – »Grüne« oder »Bündnis« vorn? – wurde die symbolhafte Frage des Namens entschieden. Die neue gesamtdeutsche Partei hieß »Bündnis 90/Die Grünen«, offizielle Kurzform: »Grüne«. Viele sagten jetzt »Bündnisgrüne«. Die einzige gesamtdeutsche Partei, die auf der Basis eines gleichberechtigten Prozesses eigenständiger Partner zusammengekommen war. Schade, dass Rudi Dutschke und Petra Kelly es nicht erlebt haben.

Vereinzelt gab es Bitternis – die Ost-Grünen fühlten sich unter Wert gehandelt. So wie um die Bürgerrechtler hatten sich die West-Grünen um sie nie gekümmert. Da war etwas dran. Christine Weiske trat als Bundessprecherin zurück und verließ die Partei. So war ich nun der letzte Vorsitzende der alten grünen und der erste der neuen Partei. Nicht alle Bündnis-Leute machten den Schritt zur Partei mit. Vorstandsmitglied Heiko Lietz, ein mutiger Oppositioneller gegen die SED, war während der Verhandlungen zum guten Freund geworden, gab uns seinen Segen als Pfarrer, wollte aber selber lieber weiterhin Basisarbeit machen. Bündnis 90 hatte gewünscht, dass sich die Basis noch in einer Urabstimmung wirklich zum Zusammengehen bekannte. Ergebnis im April 1993: 91,8 Prozent der Grünen, 85,7 Prozent von Bündnis 90 stimmten für die Fusion. Auf der ersten gemeinsamen Bundesversammlung vom 14. bis zum 16. Mai 1993 in Leipzig wurden Marianne Birthler und ich ohne Gegenkandidaten zum ersten Sprecherduo gewählt, Heide Rühle wurde Geschäftsführerin, Henry Selzer Schatzmeister. Der Vereinigungsprozess wurde formell in der Schlussabstimmung fast ohne Gegenvotum und mit einem elysäischen Bacchanal in der Moritz-Bastei persönlich besiegelt.

Unser Vorstandsbüro in der Berliner Dircksenstraße am Hackeschen Markt wurde bald offizieller Sitz der Partei. Die Heinrich-Böll-Stiftung richtete sich in den Hackeschen Höfen ein. Beide im wilden Osten, der seinen Aufschwung nahm von der kriegs- und mangelwirtschaftszerfressenen neuen Heimat des Undergrounds zum heutigen Touristenmagneten. Richard Herten entwarf das neue Logo: unten grüne Wiese mit dem Schriftzug der Grünen, darüber blauer Himmel mit dem Bündnis-Namen, beides verbunden durch die Sonnenblume.

Das Logo symbolisierte blühende Landschaften. Abbild der Realität oder Fata Morgana? Der bündnisgrüne Aufbau Ost litt unter Personalschwund. Es stellte sich heraus, dass die Bürgerrechtler nicht die erhoffte Massenbasis einbrachten. Die Formel von den zwei gleichberechtigten politischen Subjekten hatte über erhebliche quantitative Unterschiede hinweggetäuscht. Während die Grünen im Westen 35000 und im Osten knapp 1000 Mitglieder zählten, steuerten die Bürgerbewegungen nur etwa 1000 neue Leute bei. Viele bekannte Oppositionelle gingen zu anderen Parteien. Die Anzahl der Aktivisten ohne formelle Mitgliedschaft blieb gering. Die Bündnis-Freunde repräsentierten offensichtlich nicht die Massen, die montags auf die Straße gegangen, durch ungarische Zäune geschlüpft oder am 9. November über die Mauer geklettert waren. Der politische Widerstand gegen die SED-Herrschaft war auf eine ziemlich kleine Gruppe mutiger Leute beschränkt. Sie hatten das Feld bereitet, Schneisen geschlagen, Anstöße gegeben – die Masse der Menschen aber folgte der Sehnsucht nach der Westmark, hin zu den Etablierten, die den goldenen Westen zu symbolisieren schienen. Sie machten der DDR faktisch den Garaus. Manch ein Jung-Siegfried, der sich der Renitenz gegen die Obrigkeit rühmte, hatte den Drachen erlegt, als dieser schon tot war.

Im Westen kehrte der Erfolg zurück. September 1993: Bei der Neuwahl zur Hamburger Bürgerschaft erkämpfte die GAL ein Traumergebnis von 13,5 Prozent. Schlagartig wurde Spitzenkandidatin Krista Sager bekannt, als sie sich in Koalitionsverhandlungen von der SPD nichts diktieren ließ. SPD-Mann Henning Voscherau, dessen Partei erheblich verlor, versagte der GAL die nötigen Kompromisse beim Streit um die Hafenerweiterung und bevorzugte die neue rechtspopulistische »Statt-Partei« als Koalitionspartner.

Noch ein gutes Jahr bis zur Bundestagswahl. Eine Sonder-BDK in Bonn am 9. Oktober 1993 versuchte den eskalierten Streit um Interventionen auf dem Balkan zu schlichten. Vom radikalen Pazifismus bis zur massiven Militärintervention wurde in der Partei alles Denkbare diskutiert. Immer heftiger, eindringlicher, aggressiver. Verantwortung für die Opfer auf dem Balkan und Verantwortungslosigkeit für die Zukunft der Grünen lagen eng beieinander. Oft wurde die rote Linie überschritten. Um des eigenen Profils im Landesverband willen vertraten Landtagsabgeordnete lauthals Positionen, die außenpolitisch dilettantisch und für die Bundespartei gefährlich waren. Konnte ein grünes Eintreten für militärische Interventionen die Menschen auf dem Balkan wirklich retten oder war es ein nutzloses Bekenntnis, das nur der Partei die eigene Wählerbasis entzog? Konnte man glaubwürdig auf radikalem Pazifismus beharren, wenn man die Menschen auf dem Balkan dem Verderben auslieferte? Mussten wir unsere pazifistischen Ideale einer veränderten Realität anpassen? Oder bedeutete das die Aufgabe von Identität, Profil und Wählersympathien, letztlich das endgültige Scheitern im Bund und als Partei? Länderräte hatten sich darüber zerstritten; die Partei schien in Lagerbildung zurückzufallen. Das war gefährlich. Würden die Grünen vom Zerfall Jugoslawiens mit in den Untergang gerissen?

Elf konkurrierende Anträge standen in Bonn zur Abstimmung. Sie repräsentierten drei Strömungen: Radikalpazifisten, die jede bewaffnete Aktion ablehnten, »Bellizisten«, die für Militärinterventionen plädierten, und »politische Pazifisten«, die jetzt Blauhelme befürworteten. Drei radikalpazifistische und alle vier interventionistischen Anträge schieden im ersten Abstimmungsgang aus. Die »Bellizisten« um Joschka Fischer, Krista Sager, Gert Poppe und Daniel Cohn-Bendit blieben deutlich in der Minderheit. Ich hatte für den Bundesvorstand eine Befürwortung von Blauhelmeinsätzen formuliert, die ich jetzt vortrug, unterstützt von Jürgen Trittin, Claudia Roth, Michael Vesper, Frieder O. Wolf. Dagegen stand ein Antrag von NRWlern um Bärbel Höhn, eigentlich meine innerparteiliche Basis. Er gab sich radikal, enthielt aber in Nebensätzen eine unspezifische Ermächtigung für Militärinterventionen, die er in den Hauptsätzen ablehnte. Pazifistisch und bellizistisch zugleich. Der Vorstandsantrag bekam die deutliche Mehrheit, wurde im pazifistischen Sinne leicht modifiziert und von der Versammlung mit wenigen Gegenstimmen angenommen. Auch die meisten Realos stimmten zu. Zumindest bis zur Wahl sollte die Mehrheit tragen.

Die BDK in Aachen vom 12. bis zum 14. November 1993 zeigte, dass es der integrativen Vorstandspolitik gelungen war, unvermeidbare Kontroversen auf den ihnen zugrunde liegenden sachlichen Kern einzugrenzen. Denn die nun anstehende Europadiskussion verlief harmonisch. Auf der Basis eines Programmentwurfs des Vorstands wurde die grüne Europapolitik neu bestimmt. »Lieber Europa erweitern als Demokratie beschränken.« Vor dem Bundesverfassungsgericht hatten Europaabgeordnete wenige Monate zuvor, unterstützt vom Vorstand, gegen den Maastricht-Vertrag geklagt. Kritikpunkt war vor allem das Demokratiedefizit. Jetzt ging es nicht gegen, sondern um ein besseres Europa. Die Kritik blieb bestehen, doch die Selbsteinbindung Deutschlands in europäische Strukturen war mit der Vereinigung unabweisbar geworden. Europa wurde für die Bündnisgrünen zur Vision einer nicht nationalistischen, friedens- und verständigungsorientierten, integrativen Zivilmacht, am besten nach Osten erweitert. Alte Positionen der Realos und des Linken Forums flossen zusammen.

Claudia Roth, die Links-Grüne aus dem Westen, und Wolfgang Ullmann, der Bürgerrechtler aus dem Osten, wurden zu Spitzenkandidaten gekürt. Prominente der Parteigeschichte folgten: Frieder O. Wolf, Friedrich Wilhelm Graefe zu Baringdorf, Undine von Blottnitz, Daniel Cohn-Bendit. Die Grünen demonstrierten auch personell, dass Europa zum Hauptthema wurde. Die Europawahl am 12. Juni 1994 galt als Testlauf für den Bund. Für den Wahlkampf standen nur knappe Mittel bereit. Der Vorstand musste sich ein wenig darauf verlassen, dass die zwei Jahre während, öffentlich stark beachtete Inszenierung des Fusionsprozesses nachwirkte und die Arbeit in den Ländern, in den Koalitionen von Niedersachsen und Hessen, beeindruckte. Wahlabend. Party im »Haus Wittgenstein«. Als die Stimmen ausgezählt wurden, Jubel bei den Bündnisgrünen: 10 Prozent! Zweistellig auf Bundesebene! Aus dem bundespolitischen »Off« kommend.

Zwei Wochen später brachte Sachsen-Anhalt ein schwieriges Ergebnis. 5,1 Prozent für Bündnis 90/Die Grünen reichten für eine rot-grüne Minderheitsregierung unter SPD-Ministerpräsident Reinhard Höppner. Heidrun Heidecke wurde Umweltministerin. Da sie von den Grünen stammte und viele Ex-Bündnis-Leute die Tolerierung der Regierung durch die PDS nur mühsam ertrugen, fehlte ihr etwas der Rückhalt. Das Regierungsbündnis quälte sich, von allen Seiten angefeindet, über die Runden.

Im Bund aber steigerte sich die Stimmung fast zur Euphorie. Bereits die BDK vom 25. bis zum 27. Februar 1994 in Mannheim hatte meine Wahlprogrammvorlage mit großer Mehrheit verabschiedet. Mitte April trafen Marianne Birthler und ich offiziell mit dem neuen SPD-Chef Rudolf Scharping zusammen. Er hatte nichts dagegen, dass ich mit Generalsekretär Günter Verheugen Koalitionspläne besprach. Trotz der kritischen grünen Haltung zu NATO und Bundeswehr – nach den Unterredungen war klar: Es würde klappen, wenn das Wahlergebnis stimmte. Mitte Juli erläuterte ich in Washington die grüne Politik, einschließlich der außenpolitischen Positionen. In der Administration Präsident Bill Clintons waren keine Ängste vor einer rot-grünen Regierung zu spüren. Im Gegenteil, unsere Gesprächspartner zeigten Wertschätzung für unseren Einsatz gegen eine deutsche Großmachtrolle und für umfassende atomare Abrüstung. Ein positiver Bericht des begleitenden »Spiegel«-Redakteurs wurde von der Zentrale eingestampft (»Nichts Gutes über Volmer!«) – so wurde mir zugetragen.

Die Motivation bei den Grünen war riesig, die Kassenlage bescheiden. Die Realos bestanden dennoch darauf, die bisherige linksgrün-nahe Wahlkampfagentur durch eine »professionelle« zu ersetzen. Einmütig wurde eine interessierte Agentur angeheuert. Unser Etat war nicht gerade üppig – ein Großteil davon ging allein für Reisen wegen des enormen Verständigungsbedarfs drauf. Bald war zu spüren: Sie waren Profis, aber hatten von der grünen Seele keine Ahnung, projizierten die Klischees auf uns, die wir gerade loswerden wollten – Ökos, Müslis, Holz statt Plastik. Henry Selzer verhandelte täglich. Wenige Wochen vor der Wahl musste ich die Notbremse ziehen. Das war ein Flop. Viel Zeit und Geld verloren. Richard Herten, Bernie Woschek, Chefkarikaturist des ZDF und urgrüner Sympathisant aus meiner Heimatstadt, entwarfen nun unter meinen neugierigen Blicken nächtens Plakate. Fast schon zu spät. Zum Glück hatten wir noch gute aus der Europakampagne. Trotz aller Widrigkeiten – unser Optimismus ging so weit, dass ich dem Länderrat eine Verhandlungskommission für den Fall einer rot-grünen Mehrheit vorschlug. »Zehn Projekte und ein Finanzierungsvorschlag« – mit diesem einstimmig verabschiedeten Kurzprogramm traten wir an. »Ein Land reformieren« – dieses Ziel sollte unser Comeback einleiten.

Wahlkampf heißt vor allem Körpereinsatz. Bis zur physischen Grenze und darüber hinaus. Die grünen Minister gaben alles. Aber sie hatten auch einiges in petto, konnten auf die Amtsressourcen zurückgreifen. Da lässt es sich leicht über die angeblich unprofessionelle Vorstandsarbeit mokieren. Es waren schließlich ihre Landesverbände, die die Zentrale finanziell knapphielten. So fuhr ich als Parteivorsitzender ohne Begleitung, ohne festes Sekretariat im Rücken, mit dem Großkunden-Aboblock der Bahn ausgestattet, zu meinen Wahlkampfauftritten.

Mittags von Bonn nach Rostock, abends Veranstaltung, am nächsten Morgen über Cuxhaven – Kurzbesprechung – weiter nach Hamburg, zwischendurch Münztelefon suchen – Handys waren gerade erst auf den Markt gekommen und sündteuer –, um Einzelheiten zu klären und die Tagespolitik zu besprechen, in Hamburg Veranstaltungsort suchen, dann Auftritt, anschließend in eine Art Jugendherberge ins Mehrbettzimmer, das die Parteifreunde ausgesucht hatten (»alternatives Projekt – unterstützen wir«), vergebliche Bitte nach einem Telefon (»haben wir nicht, damit du auch mal deine Ruhe hast«), um den Block streunen auf der Suche nach einem Münztelefon, nur Kartentelefone vorhanden, aber keine Karte, also am nächsten Morgen ohne Abklärung nach Bremen, abends Veranstaltung, im Hotel um Mitternacht Anruf von Joschka Fischer (»Wir schaffen das nicht, wir schaffen das nicht! Ich mache morgen mit Antje Vollmer eine Bundes-Pressekonferenz, nur damit du es weißt« – das war ein gezielter Affront, Fischer war im Vorstand wegen seiner Panikattacken gefürchtet), morgens um sechs Uhr aufstehen für ein Radiointerview, plötzlich schwere Herzrhythmusstörungen, nichts geht mehr, Notruf an die Rezeption (»nein, einen Notarzt haben wir nicht«), erneuter Anruf (»nein, wir können keinen Krankenwagen bestellen«), angstvolles Warten auf die Kollegin, die mich abholen will, sie versteht sofort, Notarzt, Rettungswagen, Krankenhaus, Stromschock unter Vollnarkose, um die

Pumpe in den richtigen Rhythmus zu bringen (nicht lebensgefährlich – zu viel Kaffee, zu viel Bier, zu wenig Magnesium, typischer Stress-Breakdown), einen Tag ruhen, dann nach Bonn zurück, zwei Tage darauf in Mainz große Wahldiskussion im ZDF zur Außenpolitik gegen Kinkel, Rühe ... Wahlkampagne – das ist Marathon und Zehnkampf in einem!

Die großen Themen der späten 8oer-Jahre waren durch die Einheit überrollt worden: Ost-West-Konflikt, internationale Schuldenkrise, drohende Klimakatastrophe, Atomausstieg. Das Land diskutierte über Währungsunion, die Angleichung der Lebensverhältnisse, die Treuhand und den Aufbau Ost, den deutschen Bauchnabel. Die Euphorie im Osten wich der Ernüchterung. Der globalen wirtschaftlichen Konkurrenz konnte die marode ostdeutsche Wirtschaft nicht standhalten, zudem waren mit der Einführung der West-Mark auch ihre traditionellen Märkte in Osteuropa weggebrochen. Mit Werner Schulz und Eberhard Wagner, Betriebsratschef der Deutschen Seereederei Rostock, jetzt Beisitzer im Grünen-Vorstand, initiierte ich einen Beratungsprozess zu wirtschaftlichen Perspektiven für die neuen Länder: »Entwickeln statt abwickeln«. Experten entwarfen Konzepte für eine gezielte regionale Wirtschaftspolitik. Dadurch sollte, anknüpfend an alte industrielle Kerne, durch regionale Entwicklungsgesellschaften, die wie Runde Tische funktionierten, gezielt Wiederaufbau organisiert werden: maritime Verbundwirtschaft an der Küste, Altlastensanierung im Chemiedreieck. Anstatt alles dem blinden Walten des freien Marktes auszuliefern. Diese Ideen machten wir zum Thema des Wahlkampfs. Umrahmt vom erprobten Programm des ökologisch-solidarischen Gesellschaftsvertrags. Strategische Perspektive: Rot-Grün. Damit punkteten wir. Dennoch schade um die anderen Themen: Dem Klima nutzte es nichts, dass nun auch die Grünen von Deutschland redeten. Es wurde einfach wärmer.

Für in die Breite zielende Kampagnen hatte der Vorstand kein Geld. So organisierten wir den ersten grünen Zielgruppenwahlkampf: für alleinerziehende Mütter (»Deutschlands Elite«), Jugendliche (»Wenn wir nichts ändern, wird nichts bleiben, wie es ist«), rot-grüne Wechselwähler (»Wer Rot-Grün will, muss grün wählen«). Henry Selzer gewann Rock- und Heavy-Metal-Gruppen, für die Grünen eine CD zu produzieren. »Der große Lauschangriff« schreckte grüne Kids auf. Und Filmemacher stellten ihre Clips gegen Rassismus und Rechtsradikalismus als Fernsehwerbung zur Verfügung. Die Grünen – so unsere Botschaft – waren unverzichtbar: »Wer, wenn nicht wir – wann, wenn nicht jetzt?« Antwort: »Nur mit uns!«

Wichtige Journalisten unterstützten uns. »Wir schreiben euch wieder hoch«, sagten einige, die uns vorher runtergeschrieben hatten, nicht ohne uns kluge Ratschläge zu geben, die alle miteinander inkompatibel waren. So viele Bundestrainer wie Fußballfans! Ihnen war es im Bundestag ohne Grüne zu langweilig. Die PDS kandidierte und sammelte den Frust von Ex-Grünen ein. Sie machte auf Ossitrotz und versuchte, sich ein Outlaw-Image, wie es den Grünen in den Gründerjahren aufgedrückt worden war, anzueignen. Gregor Gysi biederte sich als denkbarer Koalitionspartner an. Meine Antwort im Fernsehduell: Rot-Grün ist die einzig reale Chance, Kohl nach zwölf Jahren abzulösen. Die objektive Funktion der PDS liegt darin, durch Neutralisierung linker Stimmen SPD und Bündnisgrüne zu schwächen und die CDU/CSU an der Macht zu halten. Das Argument zog. Die Westausdehnung der PDS konnte verhindert werden.

16. Oktober 1994, Bundestagswahl: Bündnis 90/Die Grünen kommen auf 7,3 Prozent. Comeback geschafft. Exitus vermieden. Noch nie zuvor in der deutschen Parteiengeschichte war so etwas gelungen. Es reichte nicht ganz für Rot-Grün. Aber mit 49 Abgeordneten kehrten die Grünen in den Bundestag zurück. Als drittstärkste Kraft.

Kapitel 22

Regierungspartei im Wartestand

Einige MdB-Veteranen der 8oer-Jahre gehörten der neuen Fraktion an: Marieluise Beck, Uschi Eid, Christa Nickels, Halo Saibold, Helmut Lippelt, Angelika Beer, Waltraud Schoppe und Gerald Häfner. Zudem Antje Vollmer, die – in Nordrhein-Westfalen nicht mehr gelitten – in Hessen gewählt worden war. Und ich selber als unangefochtener Spitzenkandidat in Nordrhein-Westfalen. Der Kreisverband Düsseldorf hatte mir die Direktkandidatur angeboten. Obwohl die grüne Hochburg beste Chancen zur weiteren Eigenprofilierung und großes Gewicht bei Verhandlungen mit anderen Kreisverbänden um Spitzenplätze gebracht hätte, blieb ich in der grünen Diaspora Gelsenkirchen. Lieber den Freunden dort über 5 Prozent als denen in der Metropole über 15 Prozent helfen, auch wenn es den Glanz der Landeshauptstadt kostete. Joschka Fischer gab sein Ministeramt an Rupert von Plottnitz ab und ging nach Bonn. Wichtige Landespolitiker wie Rezzo Schlauch, Franziska Eichstädt-Bohlig, Christine Scheel, Rainder Steenblock und Christian Sterzing wechselten auf die Bundesebene. Mit Manfred Such waren die »kritischen Polizisten« vertreten. Bekannte Köpfe waren gescheitert oder nicht angetreten, wie Hubert Kleinert, Eckhard Stratmann und Willi Hoss. Durch die Parteiaustritte vieler Linker hatten sich die Gewichte in der Fraktion deutlich zum Realo-Flügel verschoben.

Die Wahl zum Fraktionsvorstand ließ nicht viele Freiheiten. Frau – Mann, West – Ost, links – rechts – eine multiquotale Struktur musste unter zwei Sprechern und drei Parlamentarischen Geschäftsführern abgebildet werden. Eine Realo-Frau trat nicht an zur Wahl der Sprecherin. So wurde die Juristin Kerstin Müller aus Nordrhein-Westfalen, die sich als linke Frau anbot, Fraktionssprecherin, gefolgt von Joschka Fischer. Die dritte Hauptrolle, der Erste Parlamentarische Geschäftsführer, ging an den ostdeutschen Bündnis-Mann Werner Schulz. Entsprechend der Quote fielen die restlichen Posten an Frauen. Das Spitzentrio wurde zwei Jahre später bestätigt. Ich brauchte mir wegen dieser Konstellation keine Gedanken über eine eigene Kandidatur zu machen. Kein Platz für den noch amtierenden Parteivorsitzenden, der die Formation integriert, fusioniert und als drittstärkste Kraft in den Bundestag zurückgeführt hatte. Auch das dürfte einmalig sein in der deutschen Parteiengeschichte. Ich setzte mich auf die Hinterbank.

Lukas Beckmann blieb Fraktionsgeschäftsführer, jedoch ausdrücklich ohne politisches Mandat. Die Fraktion hatte formell keinen Anspruch auf einen Platz im Bundestagspräsidium. Weil die SPD nicht bereit war, einen ihrer beiden Vizepräsidentenposten abzutreten, fragte Fischer bei der CDU an. Ob Wolfgang Schäuble sich mehr ausrechnete? Jedenfalls bekam die Presse Stoff und Antje Vollmer als erste Grüne den Posten der Stellvertreterin im zweithöchsten Amt der Republik.

Böse hatte es meine Kovorsitzende Marianne Birthler erwischt. Kein Bundestagsmandat. Das Ergebnis von Bündnis 90/ Die Grünen in Brandenburg war zu schlecht. Birthler übernahm die ständige Vertretung der Bonner Fraktion in der designierten Hauptstadt Berlin und avancierte später als Nachfolgerin des Bündnis-Mannes Joachim Gauck zur Leiterin der Stasi-Unterlagenbehörde. Alle Ost-Landesverbände hatten schwächer abgeschnitten als erhofft. Die Ergebnisse waren eine einzige Enttäuschung. Bei der BDK am 5. November 1994 in Köln machte ich dafür die Beschränkung der Fusion auf den engen Kern der Bürgerrechtler verantwortlich. Ähnlich wie in der Sowjetunion habe es auch im SED-System »tausend kleine Gorbatschows« gegeben, keine Widerständler, aber Reformer, die wir hätten ansprechen müssen, um sie aus dem PDS-Kontext zu lösen und unsere eigene Basis im Osten zu verbreitern. Die Bürgerrechtler reagierten empört. Die meisten Wessis verstanden nicht. Der Osten war noch Terra incognita.

Mit der BDK am 3./4. Dezember 1994 in den Filmstudios von Potsdam-Babelsberg lief mein Engagement als Vorsitzender ab. Zur neuen Hauptdarstellerin wurde Krista Sager gekürt; knapp stach sie Christiane Ziller aus, die im DDR-Oppositionsensemble »Demokratischer Aufbruch« (DA) eine bedeutsamere Rolle gespielt hatte als eine blasse Aktrice namens Angela Merkel. Unangefochten bekam Jürgen Trittin, auf den Joschka Fischer und ich uns hinter den Kulissen verständigt hatten, die männliche Hauptrolle. Rot-Grün war in Hannover vom Spielplan abgesetzt worden. Henry Selzer wurde als Hauptkassierer, Heide Rühle als Parteiregisseurin bestätigt.

Eigentlich also lief alles gut. Aber Fraktionschef Joschka Fischer meißelte sofort an einem neuen grünen Profil. Statt Entscheidungsschlachten zu verlieren, betrieb die Realo-Führung nun in der Fraktion eine inhaltliche Rechtsverschiebung. Ziel war es, die Grünen anstelle der FDP zwischen den beiden Volksparteien zu platzieren, mit zwei Koalitionsoptionen. Grüne als Partei der Mitte, der Mittelschichten, des Mittelstands – oder des Mittelmaßes. Wieder mal – wie so oft bei Joschka Fischer – begründet mit Auschwitz. Die zivilisatorische Katastrophe sei Ergebnis auch der Deklassierung der Mittelschichten in der Weimarer Republik gewesen. Wer wollte sich schon auf solch haarsträubende Diskussionen einlassen? Die Ideologie der Entideologisierung, getarnt als Antifaschismus. Also: grüner Kurswechsel zur Vermeidung erneuter Barbarei. Zur Bekämpfung der Massenarbeitslosigkeit setzte Joschka Fischer in seiner Bewerbungsrede für den Fraktionsvorsitz wie die etablierte Politik auf pauschales Wirtschaftswachstum. Das war nachgerade die Negation des wichtigsten Grundsatzes der politischen Ökologie, der grünen Gründungsidee. Auf linke Stimmungen und Stimmen wurde verzichtet; die Mitte bringt mehr, hoffte man. Folgerichtig überließ die Fraktionsführung den Öko- und Neoliberalen die wirtschaftspolitische Themensetzung. Folge: ein tiefgreifender grüner Profil- und Substanzverlust. Grün drohte zu vergilben.

Der Finanz- und Haushaltsexperte Oswald Metzger aus Baden-Württemberg – ein flinker Zahlenjongleur – durfte seinen neoliberalen Ideen zur Gesellschaftspolitik freien Lauf lassen, bis die Partei vor Entsetzen kreischte. Metzger wurde erst als Lieblingsgast von Talkshows zum Kronzeugen gegen seine Partei, um später der CDU beizutreten, wo er aber nichts wurde. Die Jugendhoffnung Matthias Berninger aus Hessen durfte – scheinbar Jung gegen Alt – gegen alles Linke ätzen. Später nutzte er sein Image für einen Relaunch in der Zentrale eines Süßwarenkonzerns, während grüne Verbraucherschützer gegen Dickmacher ankämpften. Die Hessin Margarete Wolf, zuständig für Wirtschaft, entließ erst einmal den langjährigen gewerkschaftsnahen Wirtschaftsreferenten Wolfgang Bayer, grünes Urgestein aus den Bochumer Basisgruppen, der an allen grünen Wirtschaftsprogrammen mitgearbeitet hatte. Nach ihrer späteren Bestallung zur Parlamentarischen Staatssekretärin im Wirtschafts-, dann im Umweltministerium tauschte sie den Bundestag gegen eine Beratungsfirma, zu deren Kunden auch die Atomwirtschaft zählt. Wenn es linksrum nicht geht, dann eben rechtsrum.

Eigentlich Außen- und Friedenspolitiker, versuchte ich als Ruhrgebiets-MdB dagegenzuhalten: »Wer die FDP beerben will, wird selbst zum Möllemann.« Der undogmatisch linke Transformationsbegriff musste vor dem Innovationsbegriff der Realos ebenso gerettet werden wie vor der orthodox-linken Verteidigung einer historisch überholten Form von Sozialstaatlichkeit, die sich pauschal auf die Verteilung von Wachstumsgewinnen stützte, welche angesichts der wirtschaftlichen Lage weder zu erwarten noch ökologisch ohne Weiteres wünschenswert waren.

Aber die neoliberalen Modernisierer behielten Oberwasser. Einige Landtagswahlen später, bei denen sich die FDP – von der grünen Fraktion derart belobigt – gut behauptete, war der Plan einer grünen FDP gescheitert. Niemand in der Fraktion übernahm die Verantwortung für den Holzweg und den Profilverlust gegenüber der PDS. Im Gegenteil: Als die grünen Neoliberalen maximale Lautstärke erreicht hatten, trat Joschka Fischer, der sie von der Realo-Leine gelassen hatte, als Bewahrer der Sozialstaatlichkeit auf und inszenierte sich als neue Mitte der Partei. Die Grünen sollten ihre mittelschichtige Interessenpolitik – in Abgrenzung zur FDP – mit einer charmanten sozialstaatlichen Selbstverpflichtung garnieren. Wenn die FDP die Zahnärzte umwarb, dann sollten wenigstens die Zahnarztgattinnen zu den Grünen kommen. Als Bürgerliche, aus der Zweidrittelgesellschaft heraus, sollten Grüne das untere Drittel nicht so hängen lassen, wie es die Liberalkonservativen taten. Wir waren die Besserverdienenden, die auch den Armen gaben. Die Grünen als FDP mit menschlichem Antlitz. Viele linkere Grüne, in die Defensive gedrängt, zeigten sich froh darüber, dass Joschka Fischer die Partei vor den Neoliberalen, die er selbst scharfgemacht hatte, zu bewahren schien. Aber es ging nicht mehr um die Beseitigung von struktureller Armut, sondern um Positionen, die stark vom ideologisch zwiespältigen Subsidiaritätsgedanken durchdrungen waren. Immerhin konnte er durchsetzen, dass die Fraktion von der Regierung neben einem »Armutsbericht« auch einen »Reichtumsbericht« forderte.

Die links-gewerkschaftliche Position wurde von der Bielefelder Sozialarbeiterin Annelie Buntenbach, grünem Urgestein, vertreten, die für den Bundesvorstand, dem ich angehörte, eine bemerkenswerte Expertise zum Rechtsradikalismus verfasst hatte. Bald wurde sie zur Außenseiterin in der Fraktion, regelrecht gemobbt von den Jüngern der aufkommenden New Economy. Ihr sozialpolitischer Traditionalismus machte es auch undogmatischen Linken nicht leicht mit der Solidarität. Gleichmütig lächelnd, höflich, aber frustriert gab sie am Ende der Wahlperiode ihr Engagement für die Grünen auf und wechselte in den DGB-Bundesvorstand.

Seit Anfang der 90er-Jahre war der Begriff »Globalisierung« in aller Munde. Eigentlich grünes Kernthema: Schuldenkrise und »ökologisch-solidarische Weltwirtschaft« waren fast grüne Klassiker. Auch diesen Schwerpunkt opferte Joschka Fischer der neuen Linie. Es gelang mir zwar, die Idee einer Transaktionssteuer, der »Tobin-Steuer« – später zentrale Forderung von Attac –, im Bundestag auf die Agenda zu setzen und im nächsten Wahlprogramm zu verankern. Die Fraktionsmehrheit jedoch entschloss sich zu einer affirmativen Haltung zur Globalisierung und deutschen »Standortpolitik«. Sie sah im globalen Freihandel die Chance auf eine Universalisierung von Demokratie und Wohlstand. Statt einen aussichtslosen Abwehrkampf zu führen, sollten die Grünen Deutschland helfen, sich fit für die verschärfte Weltmarktkonkurrenz zu machen – grüne Standortpolitik.

Der größte Teil der Basis, wie die Aktivisten der IWF-Weltbank-Kampagne, stand der Fraktionslinie äußerst kritisch gegenüber. Mir gefiel die falsche Entgegensetzung von Globalisierungskritik und Standortpolitik nicht. Man konnte das eine tun, ohne das andere zu lassen. Ökologische Investitionen konnten tatsächlich die deutsche Wettbewerbsfähigkeit verbessern. Hier hatte Deutschland komparative Vorteile. Aber es gab keine Notwendigkeit, sich positivistisch auf den neuen Rahmen einzulassen. Die Politik musste versuchen, so meine Gegenposition, die Steuerungsfähigkeit über die entfesselten Märkte und über ihre Monopolisierung durch Megabanken zurückzugewinnen, um den Kasinokapitalismus einzudämmen. Aber in meiner alten Nord-Süd-Domäne wischte der nun zuständige Ökoliberale Wolfgang Schmidt, zuvor NRW-Landesvorsitzender, die kritischen Leitideen der 8oer-Jahre beiseite. Dafür wurde er – vom Landesverband für die nächsten Wahlen nicht wieder aufgestellt – auf Fischers Betreiben mit der Geschäftsführung der GTZ belohnt. Die Grünen verloren die globalisierungskritische Meinungsführerschaft an Attac.

Dass es auch anders gehen konnte, dass ökologische Modernisierer bei den Realos und linke Streiter für umfassende gesellschaftliche Transformation sich einigen konnten, wenn sie wollten, zeigte die Debatte über Ökosteuern. Im Prinzip waren diese in Fraktion und Partei Konsens. Die Diskussion schwankte jedoch zwischen dem liberalen Bekenntnis zur Marktsteuerung und dem sozialen zur Umverteilung. Was sollte das Ziel von Steuern auf Benzin sein? Den Leuten das Autofahren verleiden? Geld einnehmen? Wofür? Für Investitionen in eine ökologischere Verkehrsinfrastruktur? Oder um Arbeit billiger zu machen und den Verbrauch von Umweltgütern zu verteuern? Alles klang grün, und alles widersprach sich. Aber Partei und Fraktion hatten gelernt – dies war kein Punkt für ideologische Grundsatzstreitigkeiten. Kurzerhand wurde geteilt: Aus dem Ökosteueraufkommen sollte eine Hälfte für ökologische Investitionen verwendet werden, die andere dazu, die Lohnnebenkosten herunterzusubventionieren. Beides konnte helfen, die Arbeitslosigkeit zu bekämpfen. Der Kompromiss – ausgedrückt im ökologischen Investitionsprogramm vom März 1995 – machte ein gutes Gefühl: Grün funktionierte, wenn alle wollten.

Die BDK in Mainz vom 1. bis zum 3. März 1996, die Dietmar Strehl zum neuen Finanzchef wählte, setzte mit großer Mehrheit den neoliberalen Tönen in der Fraktion ein Ende. Die Debatte entwickelte sich anhand der Steuer- und Finanzpolitik. Ein Leitlinienentwurf von MdB Christine Scheel wurde, an seinen – unsozialen – Auswirkungen gemessen, zunächst verworfen. Aber auch die Kritiker konnten Scheel nicht einfach als neoliberal abtun. Vieles an ihren Gedanken war einfach neu für Grüne und bedurfte einer tieferen Durchdringung. Die BDK forderte beide Seiten zu konstruktiver Zusammenarbeit auf. So brachte die Fraktion im Juni 1997 ein modifiziertes Konzept für eine umfassende Steuerreform ein, das die Forderung der Pädagogin Scheel nach systemischer Klarheit und Vereinfachung ebenso enthielt wie die sozialen und feministischen Komponenten – Senkung des Eingangssteuersatzes, Erhöhung von Freibeträgen und Kindergeld, Freistellung eines Existenzminimums – finanziert durch Abschaffung des Ehegattensplittings. Kurz vor der Wahl 1998 nahm Joschka Fischer die längst formulierten Ideen des »ökologisch-solidarischen Gesellschaftsvertrags« auf und veröffentlichte sie in Buchform als »neu«.

Eine Kurskorrektur war in der Innenpolitik fällig. Anfang der 90er-Jahre hatten die Grünen unter Federführung von Claudia Roth und Roland Appel bei der Verteidigung des Asylrechts »offene Grenzen« propagiert – offen nicht nur für Kapital, Güter und Dienstleistungen, sondern auch für Menschen. Für Demokratieidealisten und Menschenrechtsaktivisten eine paradiesische Vorstellung, für alle, die sich mit Struktur-, Finanz- und Wirtschaftspolitik befassten, ein Albtraum. »Macht hoch die Tür, die Tor' macht weit«, höhnte der christdemokratische Gegner. Auch innerparteilich verbreitete sich ein mulmiges Gefühl. Man konnte den Exjungdemokraten nicht einfach die Innenpolitik überlassen. Jürgen Trittin trotzte zwar: »Das Boot ist nicht voll«, doch der Wunsch nach Lenkung der Zuwanderung wuchs auch bei den linkeren Grünen. Noch als Vorsitzender hatte ich darauf gedrungen, zwischen Flucht, Asyl, Arbeitsimmigration und Familienzusammenführung zu unterscheiden. Auf dieser Basis wurden nun Konzepte entwickelt.

»Multikulti« – das war ein sehr optimistisches Konzept vom Zusammenleben der Menschen. Langsam aber dämmerte es vielen, dass dies in Alternativmilieus, Ladenzeilen und Schicki-micki-Gegenden bereichernd wirken kann, dort aber, wo sich ärmere Schichten mit all ihren Bildungsmängeln, Lebensnöten und Alltagsängsten durchschlugen, auch Feindseligkeiten auslöste. Um Rassismus und Fremdenhass zu bekämpfen, konnte man nicht alle beschimpfen, die sich durch »offene Grenzen« und Multikulti überfordert fühlten. Man musste neben der Steuerung der Zuwanderung gezielt mühsame Integrationsarbeit ohne falsche Romantisierung betreiben. Die Debatte resultierte in grünen Forderungen nach einem neuen Staatsangehörigkeitsrecht und im Juli 1996 in einem Fraktionsentwurf für ein Zuwanderungsgesetz mit Quoten für Fachkräfte.

Als die Grünen sich neu sortierten, gewann auch die Frauenpolitik – jetzt repräsentiert durch Irmingard Schewe-Gerigk – neue Gestalt. Der Konflikt zwischen den Frauengruppen, der in der Vergangenheit durch die Strömungskämpfe aufgeladen war, verflüssigte sich und mündete in einen Diskurs über Geschlechterpolitik. Nach der deutschen Vereinigung und der Fusion waren Frauen aus den neuen Ländern hinzugekommen, die ihre spezifischen DDR-Erfahrungen einbrachten. Grundlage des frauenpolitischen Denkens bildete nun die freie Entscheidung über die Lebensform. Die Grundgesetzformel vom Schutz von Ehe und Familie wurde modern interpretiert: Jede selbst gewählte

Form des Zusammenlebens, insbesondere diejenige mit Kindern, sollte unter den besonderen Schutz der Verfassung gestellt werden. Diese Formel schloss nicht aus, dass eine Frau sich dafür entschied, aus dem Job auszusteigen und zu Hause für die Kinder zu sorgen, erklärte dieses Frauenbild jedoch nicht subtil zur Norm. Und gab Männern nicht das geringste Recht, Frauen an den Herd zu verbannen.

Die schwierigsten Debatten ergaben sich in der Außen- und Friedenspolitik. In Bosnien-Herzegowina war es zu einem brutalen Sezessions- und Bürgerkrieg gekommen. Aus pazifistischen Gründen die Gräueltaten hinnehmen oder aus humanistischen Gründen militärisch eingreifen? Diese Frage begann Partei und Fraktion und auch Einzelne zu zerreißen. Viele Freunde verdrängten die Realitäten und krallten sich an die alten Gewissheiten der Friedensbewegung – Gewalt löst keine Probleme. Andere legten angesichts der Gräuel ihre pazifistische Gesinnung ab wie eine schlecht sitzende Maske. Wieder andere sahen sich in ihrer alten Sieg-im-Volkskrieg-Ideologie bestätigt. Fast alle bekannten Köpfe der Partei bezogen öffentlich Stellung. Menschenrechtler um Marieluise Beck, die sich beispielgebend für Flüchtlinge einsetzte, forderten massive Militärschläge. Aus Claudia Roth wurde man nicht klug: Einerseits verlangte sie im moralisierenden Fortissimo Militär, sofort und effektiv. Andererseits angesichts der Opfer ein Ende der Gewalt. Die Illusion vom chirurgischen Schnitt? Während Joschka Fischer anfangs Militär noch ablehnte, verlangte Daniel Cohn-Bendit bereits »Bomben auf Belgrad«. Ich versuchte den Pazifismus zu retten – durch vorsichtige Modifikationen.

Nach dem Massaker von Srebrenica eskalierte der grüne Disput zum offenen Streit. Fundis und Linke um Bärbel Höhn verharmlosten den Massenmord als beliebiges Element allgegenwärtiger Gewalt. Joschka Fischer wendete sich nun um 180 Grad und erklärte im August 1995 in einem Brief an die Partei, dass nur Kampfeinsätze realistische Aussicht auf Erfolg böten. Vom ethischen Standpunkt, Massenmorde als solche zu stigmatisieren, stimmte ich ihm, nicht den Fundis, zu. Dennoch hielt ich dagegen: Militär wäre auf jeden Fall zu spät gekommen, weil keiner den Massenmord voraussah. Und hätte man ihn geahnt, dann hätte man ihn anders vermeiden können: Im Rahmen von Teilungsplänen wurde – die »ethnischen Säuberungen« teilweise akzeptierend – ein Gebietsaustausch verabredet. Serben sollten ihr Siedlungsgebiet in der Krajina verlassen, das bosnischen Kroaten zufallen sollte, und dafür das noch muslimisch bewohnte Srebrenica erhalten. Hätte jemand geahnt, dass es zum Massenmord kommen würde, hätte man diesen einfach und nicht militärisch verhindern können – indem man den Gebietsaustausch dann nicht vornahm. Joschka Fischers abrupter Kurswechsel, den er wie gewohnt mit verletzender Rhetorik vortrug, erstickte den vorsichtigen Wandel, den ich bei Linken – dort wieder mal der Rechtsabweichung verdächtigt – erreicht hatte, und trieb viele in eine Trotzhaltung.

Nach intensiven Gesprächen in Staaten, die von Nazi-Deutschland überfallen worden waren, war in mir die Überzeugung gewachsen, dass wir unseren Beitrag leisten müssten, ohne aber eine Führungsrolle zu beanspruchen. Die selbstgenügsame Passivität, für viele Linke Ausdruck von Friedfertigkeit, wurde von den Nachbarn Deutschlands mit Argwohn betrachtet. Ein Deutschland, das sich nicht um die Probleme der Welt, sondern um die eigene Befindlichkeit kümmerte und andere in die Brennpunkte schickte, war ihnen nicht geheuer. Auch nicht ein Deutschland, das die Kriegsverbrechen der Nazis funktionalisierte, um sich aus dem internationalen Krisenmanagement herauszuhalten. Damit war ein Großteil der »linken« Einwände abgeräumt.

Zunehmend geriet ich in eine zwiespältige Lage. Pazifisten setzten auf mich. Einerseits. Als Sozialwissenschaftler hatte ich andererseits verinnerlicht, Theorien und Konzepte an der Realität zu messen und notfalls zu modifizieren. Das galt auch für die angewandte Philosophie des Pazifismus. Man musste ihr nicht entsagen, aber sie von Mythen reinigen und an die neue Lage anpassen. Sonst wäre sie vollends verloren, davon war ich überzeugt. Die Hinterbank ließ mir Raum, in einer Promotionsschrift über »die Grünen und die Außenpolitik« zu reflektieren – nicht ohne Rückwirkung auf meine aktuelle politische Haltung. Die Dissertation, die 1998 kurz vor der Wahl von Rot-Grün erschien, versuchte zu markieren, wie weit Deutschland bei seinem internationalen Engagement gehen könne. Die Haltung der Grünen im Spannungsfeld von Antimilitarismus und Antifaschismus war dabei ein wichtiges Kriterium. Gegen den radikalen Gesinnungspazifismus und den pragmatischen Interventionismus setzte ich einen verantwortungsethisch gelenkten »politischen Pazifismus«.

Jetzt, Mitte der 90er-Jahre, versuchte ich in Positionspapieren Reichweite und Grenzen pazifistischer Politik auszuloten. Man musste sie behaupten gegen eine Remilitarisierung der Außenpolitik als Normalisierungsprozess eines wiedervereinigten Nationalstaats. Man musste sie modifizieren, wenn unter dem Dach der UNO humanitäre Missionen entsandt wurden. Es gelang, eine Position plausibel zu machen, die bei klarer Anerkennung der grauenhaften Realität darauf beharrte, primär zivile Lösungsmittel einzusetzen. Hätten auch die Grünen als Opposition nur noch über die Ultima Ratio geredet, wer hätte dann die Prima Ratio, den Primat des Politischen, die Instrumente und Strategien zur zivilen Krisenprävention und -bearbeitung, entwickelt? Zivile Alternativen zum Militäreinsatz aber mussten sich an der Wirklichkeit messen lassen. Wenn sie sich als nicht handlungsmächtig erwiesen, durfte man nicht in der selbstgerechten Pose der Verweigerung stecken bleiben. Die UNO als Zivilorganisation konnte dem Militärbündnis NATO nur dann den Geltungsanspruch streitig machen, wenn sie über effektive Instrumente verfügte. Das hieß für mich zu dem Zeitpunkt: robuste Blauhelme.

Auf dem Bonner Strategiekongress vom 30. September bis zum 1. Oktober 1995 prallten die Gegenpositionen, personifiziert durch Joschka Fischer und mich, aufeinander. Eigentlich ging es dem Kontrahenten – mit Blick auf Koalitionschancen – eher um die NATO als um den Balkan. Er wollte, dass sich die Partei endlich zu ihr bekannte. »Risiko Deutschland« – 1994 hatte er seine Bewerbungsschrift für das Amt des Außenministers veröffentlicht. Ich dagegen verteidigte – wie viele SPDler – die Vision einer gesamteuropäischen Friedensordnung, eines kollektiven Sicherheitssystems, »von Vancouver bis Wladiwostok«. Die Parteistimmung war eindeutig auf meiner Seite. Auf der BDK in Bremen vom 1. bis zum 3. Dezember 1995 erhielt mein Antrag gegen je ein Papier von Realos und Radikalpazifisten, die mich danach aggressiv beschimpften, eine deutliche Mehrheit. Die Fraktion akzeptierte nicht; sie blieb gespalten. Bei einem Besuch in Sarajevo im Oktober 1996 machte Joschka Fischer Journalisten gegenüber den Pazifismus für die vergangenen Gräuel mitverantwortlich – wie einst Heiner Geißler. Der mitgereiste Parteisprecher Jürgen Trittin vermutete koalitionsstrategische Motive.

In der Partei begann es wieder zu brodeln. Mehrheiten und Beschlüsse waren eindeutig, doch Realos versuchten weiterhin mit Macht, über die Medien die Positionen nach rechts zu verschieben. So kam es am 12. Oktober 1997 auf dem Podium eines »Programmratschlags« zur Friedenspolitik in Bonn erneut zum direkten Schlagabtausch zwischen Joschka Fischer und mir, der eindeutig zu meinen Gunsten ausging. Misslich, dass ausgerechnet wir beide zu den öffentlichen Antipoden der Debatte wurden – Anreiz für die Presse zu falscher Personalisierung. Sie nutzte den Dualismus, um mich in die Fundi-Ecke zu schreiben, quasi als Nachfolger von Jutta Ditfurth – eine Rolle, die mir überhaupt nicht zu Gesicht stand. Mit der Folge allerdings, dass die Restfundis genau das von mir erhofften. Und Fischers Leute streuten, dass ich lediglich »aus Neid« gegenüber seiner größeren Bekanntheit gegen ihn Position bezöge.

Bereits vor dem Bonner Termin hatte die Presse begonnen, Joschka Fischer, der entgegen des von ihr verbreiteten Mythos die Grünen nicht im Griff hatte, in den Keller zu schreiben. Stars zu stürzen ist jeden Artikel wert, der Markt will seine Opfer. Blut und Spiele. Nachdem Fischer lange hochgeschrieben wurde, jetzt der Absturz – würde das nicht die ganze Partei mit nach unten reißen? Sprecher Jürgen Trittin, Pressesprecherin Anne Nilges und ich saßen zusammen – bei allen Differenzen mit Joschka: Wir würden nicht tatenlos zusehen, seinet- und unseretwegen.

Während die Realos zuvor jede Positionsverschiebung zu ihren Gunsten zum Gesichtsverlust der Linken hochgejazzt hatten, spielten wir nun Joschka Fischers Bonner Niederlage herunter. Auf den folgenden BDKs animierten wir Delegierte zu Sonderapplaus, wenn er redete. Bis er selbst und alle Welt glaubten, er sei die unangefochtene Führungsperson. Mir wurde von Linken – zu Recht – fehlender Machtwille vorgeworfen. Bernd Ullrich, einst Antje Vollmers Einflüsterer beim »Aufbruch«, jetzt wieder Zeitungsfeuilletonist, haute mich in die Pfanne, weil ich Fischer nicht richtig in die Pfanne gehauen hatte. Er sympathisierte mit dem Fundamentalismus, um daraus Schwarz-Grün abzuleiten. Etwa so: Wenn man mit den Sozis nichts durchsetzen kann, dann kann man genauso gut mit der CDU nichts durchsetzen. Wer dieser Logik nicht folgte, wurde als Fischer unterwürfig porträtiert. Jürgen Trittin aber gefiel meine Zurückhaltung. Sie sollte ihm nützen, sich selbst als linke Leitfigur zu inszenieren.

Haben die Grünen den Streit um Bundeswehreinsätze stellvertretend für die gesamte Gesellschaft geführt? In der Tat war die Frage nach der neuen Rolle des vereinten Gesamtdeutschland in der Welt zu beantworten – und kaum einer, außer den Grünen, diskutierte sie. In Ermangelung einer nennenswerten politischen Führung im Auswärtigen Amt durch Klaus Kinkel versuchte Verteidigungsminister Volker Rühe über die Ausweitung von Bundeswehreinsätzen das konzeptionelle Vakuum in der Regierung zu füllen.

In optimistischer Sichtweise kann man den Disput zwischen Joschka Fischer und mir als Zusammenspiel zweier Oppositionsstrategien interpretieren. Beide zielten auf eine rot-grüne Koalition als Alternative zur Regierung Kohl/Kinkel. Die Realos sahen die Grünen als Regierungspartei im Wartestand und versuchten, ihre Regierungsfähigkeit durch inhaltliche Anpassung und die Demonstration persönlicher Reputierlichkeit unter Beweis zu stellen. Wir undogmatischen Linken sahen in der Opposition die Aufgabe, ein klares inhaltliches Profil zur Regierungspolitik zu entwerfen und als Alternative dagegenzuhalten. Die Realo-Strategie hatte den Nachteil, durch Profil- und Visionsverlust die Motivation der eigenen Leute zu untergraben und die PDS zu stärken. Die linke Perspektive hatte den Nachteil, bei rotgrünen Regierungsverhandlungen deutlichere Abstriche machen und Enttäuschungen auslösen zu müssen. Vom Ergebnis her, der rot-grünen Koalition 1998, wirken beide Optionen komplementär, weil sie unterschiedliche Mentalitäten und Zielgruppen ansprachen.

Es gab aber nicht nur Kontroversen – die Partei arbeitete auch harmonisch an unstrittigen Projekten. Ein Energiewendeszenario – Schwerpunkt der Naturwissenschaftlerin Michaele Hustedt – rückte die Förderung alternativer Energien ins Zentrum der Energiepolitik. Windkraft, Solaranlagen, Biogas, Kraft-Wärme-Kopplung, Energieeinsparung – mit zukunftsfähigen Alternativen zu Atomkraft und Kohle betonten die Grünen, immer noch gegen die Übermacht, Arroganz und Ignoranz von Etablierten und Wirtschaft, ihr ökologisches Alleinstellungsmerkmal. In der Verkehrspolitik rückte die Fraktion, eingestimmt vom Musiklehrer Ali Schmidt, von der Verteufelung des Autos ab, zugunsten eines integrierten ökologischen Verkehrskonzepts, einschließlich besserer, das heißt spritsparender, abgasarmer Autos. Bald kam es sogar zu konstruktiven Gesprächen mit dem Erzgegner ADAC.

Die Suhler BDK vom 29. November bis zum 1. Dezember 1996 bestätigte Jürgen Trittin, Heide Rühle und Dietmar Strehl als Vorstandsspitze. Für Krista Sager, die als Spitzenkandidatin bei der Hamburg-Wahl als Sprecherin ausscheiden musste, wurde die sächsische Realpolitikerin Gunda Röstel gewählt. Die Kasseler BDK vom 14. bis zum 16. November 1997 demonstrierte Geschlossenheit in der Europapolitik und leitete aus einer Kritik des ersten Weltklimagipfels in Berlin im Jahre 1995 Anforderungen an die anstehende Klimakonferenz von Kyoto ab.

Auf der BDK vom 6. bis zum 8. März 1998 in Magdeburg wurde mit großer Mehrheit das Bundestagswahlprogramm verabschiedet. Im Vorfeld hatten Joschka Fischer, Helmut Lippelt, Angelika Beer und ich die lange schwelende Streitfrage von Bundeswehreinsätzen entschärft: Außer an »friedenerhaltenden« Maßnahmen nach Kapitel VI der UN-Charta sollte die Bundeswehr sich unter besonderen Umständen auch an »frieden-erzwingenden« Einsätzen nach Kapitel VII beteiligen. Hintergrund: Wichtige Truppensteller wie die USA waren angesichts der Erfahrungen auf dem Balkan nicht länger bereit, gefährliche Einsätze nach Kapitel VI einzugehen, sondern nur noch mit Deckung des Kapitels VII, das robustere Selbstverteidigungsmöglichkeiten einräumte. Manche nannten diesen Typus Mission auch »Kapitel VI-einhalb«. Ohne diese Öffnungsklausel wären wegen des dann erfolgenden Abzugs der USA realistischerweise noch mehr Aufgaben auf die Europäer einschließlich der Bundeswehr zugekommen. Die Delegierten brachten unseren Kompromiss, der noch genügend Restriktionen gegenüber entgrenzten »Kampfeinsätzen« enthielt, mit einer Stimme Mehrheit zum Scheitern. Joschka Fischer schob sofort den Linken das Desaster in die Schuhe. Doch während Angelika Beer und ich uns aktiv für die Formel stark und uns damit links unbeliebt machten, war es der Realo Reinhard Bütikofer, der aus Profilierungslust gegenüber seinem Häuptling den Kompromiss zerdepperte und uns in den Regen stellte. Die Parteimehrheit folgte ihm, sie wollte pazifistische Positionen gegen jegliche Anpassung verteidigen – für meinen Geschmack etwas dogmatisch.

Dass die Partei wenig Neigung zeigte, zum Zwecke koalitionspolitischer Kompatibilität das eigene Profil abzuschleifen, lag auch an der durchwachsenen Performance neuer rot-grüner Landesregierungen. Die Hessenwahl am 5. April 1995 brachte eine Fortsetzung der rot-grünen Koalition mit Rupert von Plottnitz und Iris Blauel als Ministern unter Hans Eichel. Bereits am 19. September 1995 musste Blauel wegen des Vorwurfs der Ämterpatronage zurücktreten. Ihr folgte die Anwältin Margarethe Nimsch nach, die drei Jahre später aus ähnlichen Gründen zugunsten von Priska Hinz zurücktrat. Am 14. Mai 1995 verlor die SPD in Nordrhein-Westfalen die langjährige absolute Mehrheit. Ausgerechnet der alte Grünenfresser Johannes Rau ging nun eine rot-grüne Koalition ein. Bärbel Höhn und Michael Vesper kamen für die Grünen, die mit 10 Prozent ein Traumergebnis erzielten, ins Kabinett. Während Michael Vesper auf seinem Gebiet, Stadtentwicklung und Sport wenige Probleme hatte, musste Umweltministerin Bärbel Höhn schmerzhafte Entscheidungen hinnehmen. Gegen ihren Widerstand betrieb Wirtschaftsminister Wolfgang Clement den Plan zur Erweiterung des Braunkohletagebaus Garzweiler, den die Grünen bekämpften. Nur mit Mühe konnte die Basis abgehalten werden, Höhn den Rücktritt nahezulegen. Hier in Düsseldorf erwies sich Rot-Grün als Konfliktbündnis ohne jeden Charme.

Überraschend reichte es am 24. März 1996 in Schleswig-Holstein, wo die Partei so lange im Modder gesteckt hatte, mit nun 8,1 Prozent für Rot-Grün. Heide Simonis ernannte Rainder Steenblock und Angelika Birk zu Kabinettsmitgliedern. Sofort begann man mit Hamburg, das von der SPD und der rechtspopulistischen Statt-Partei regiert wurde, einen spannenden Streit um das symbolträchtige AKW Brokdorf und das AKW Krümmel, das für eine ungewöhnliche Häufung von Leukämiefällen verantwortlich gemacht wurde, konnte aber Stilllegungen nicht durchsetzen. Parallel entstanden Hunderte von Windkraftanlagen. Am 21. September 1997 bekam auch Hamburg endlich seine rot-grüne Koalition. Ortwin Runde verdrängte die konservativen Kräfte der Sozialdemokratie und ernannte Krista Sager, Willfried Maier und Alexander Porschke zu Senatsmitgliedern. Die GAL hatte ihre Zerstrittenheit längst überwunden, allerdings auch die prinzipielle Gegnerschaft zum Hafenausbau, und genoss das Spitzenergebnis von 13,9 Prozent.

Weniger erfreulich lief es in anderen Ländern. Bereits im Februar 1995 war die Ampelkoalition in Bremen wegen der »Piepmatzaffäre« zerbrochen. Die FDP wollte gegen den grünen Umweltsenator Ralf Fücks ein Vogelschutzgebiet industrialisieren. Das grüne Ergebnis bei der Neuwahl im Mai war zwar gut, aber die »BrAmpel« als Modell erledigt. Obwohl die AL in Kreuzberg stärkste Kraft wurde, verpasste das Volk Gesamtberlin am 22. Oktober 1995 eine Große Koalition. Am Tag der Schleswig-Holstein-Wahl, also am 24. März 1996, gelangten die Grünen in Rheinland-Pfalz und Baden-Württemberg trotz ansprechender Ergebnisse erneut in die Opposition. In Niedersachsen erhielt Gerhard Schröder am 1. März 1998 die Lizenz zum Allein-regieren, und am 26. April machten die Wähler der tolerierten Minderheitsregierung in Magdeburg den Garaus, indem sie die Grünen aus dem Landtag warfen.

Auf dem linken Flügel entstanden tiefe Risse wegen der umstrittenen Landeskoalitionen. »Regierungslinke«, die trotz aller Rückschläge im Bündnis mit Realos an den Koalitionen festhielten, und »Basislinke«, die in die innere Opposition gingen, konnten nur noch mühsam im »Babelsberger Kreis« zusammengehalten werden. Der Kreis, der das »Linke Forum« abgelöst hatte, entpuppte sich als monströse Fehlkonstruktion. Der Versuch, in ihm neben undogmatischen Linken die Restfundis einzubinden, die nicht ausgetreten waren, führte nicht zu deren pragmatischerer Einstellung, sondern zum Substanzverlust der politischen Diskussionen. In der Partei entstand ein neues Koordinatensystem. Wir undogmatischen Regierungslinken waren inhaltlich-programmatisch mit den Basislinken verbunden, lehnten aber deren Neigung zur Refundamentalisierung ab. Auf der koalitionsstrategischen Ebene sahen wir vieles ähnlich wie die Realos.

Diese Umstände – der Mangel an Vorstrukturierung – mögen eine Rolle gespielt haben, dass die Magdeburger BDK einen weiteren fatalen Beschluss fasste. Zu vorgerückter Stunde ließ sie die Forderung nach fünf Mark für den Liter Sprit durchgehen, die alte suizidale Vision der Ökos. Schrittweise umzusetzen und verknüpft mit der Hoffnung, dass die Industrie dann wegen der veränderten Nachfrage bessere Autos baut. Die politische Rechnung dafür wurde uns umgehend präsentiert. Die Presse goss Kübel von Jauche über uns aus. Wer hatte das wieder ins Programm geschrieben? Die Linken aus heimlicher Koalitionsgegnerschaft, wie Joschka Fischer behauptete? Die Ökos, die von Gesellschaftspolitik nichts verstünden, wie viele Linke meinten? Die Realos, die den Ökofundis diesen Punkt geschenkt hätten, um als Ergebnis eines Deals mit diesen die eigene Position zur NATO durchzubekommen? Die »Basis«, die den »mediengeilen Promis« eins auswischen wollte? Eigentlich war die Debatte nur dahingeplätschert, kaum einer hatte das Thema richtig beachtet. Kurz danach bekam Joschka Fischer seinen großen Auftritt. Demonstrative Zustimmung zum Fünf-Mark-Beschluss: So viel Radikalität müssten die Grünen sich leisten. Einige Straßen weiter wurde gerade Gerhard Schröder bei einem Treffen von SPD-Granden als Kanzlerkandidat ausgeguckt. Gut inszeniert. Der Sender »Phönix« schaltete hin und her. Aufbruchsignale. Aber der Spritpreis machte den Grünen vieles kaputt. Nicht die Linken, alle, einschließlich Joschka Fischer, hatten den Punkt vermurkst. Manche wähnten: Hätte Fischer das Thema in seiner Rede nicht herausgestellt, keiner hätte es beachtet. Oder waren es sogar, wie so oft, seine Spin-Doctors, die der Presse frühzeitig den Wink gegeben hatten, wo Fundis und Linke wieder Mist bauten und man dreinschlagen müsse? Egal, eine konstruktive BDK hinterließ im Mediengeätze über die fünf Mark für den Liter Sprit eine fatale Wirkung.

Trotzdem wuchs die Hoffnung auf einen Machtwechsel in Bonn. Die CDU versank erneut in einem Parteispendensumpf, Parteichef Helmut Kohl tat alles zur Verschleierung. Kronprinz Wolfgang Schäuble war angeschlagen. Die Umfragewerte für die Regierung sanken. Und schon wurden die Fragen lauter: Hatte es nicht schon in den 8oer-Jahren einen enormen Reformstau gegeben, der nach Wechsel förmlich schrie? Hatte nicht allein die deutsche Einheit Kohl gerettet? Die Einheit – hatte er sie gut gemanagt? War der Umtauschkurs von Ost- in Westmark richtig, waren die Wahlgeschenke für die Ostrentner nicht unbezahlbar? Hätte nicht jeder andere Kanzler die Einheit genauso bewältigt? War ihm nicht ein historisches Ereignis ohne Zutun in den Schoß gefallen? War es nicht eher ein spätes Resultat sozialdemokratischer Entspannungs- und linksalternativer Friedenspolitik?

Sicherlich waren die europäische Währungspolitik und die Osterweiterung der EU Verdienste von Helmut Kohl. Das meinten auch die Grünen. Es war richtig, den ostmitteleuropäischen Staaten – nicht mehr eingebunden in den Sowjetblock – eine Entwicklungsperspektive anzubieten. Innenpolitisch aber hatten sich Kohls Ankündigungen als heiße Luft erwiesen. Heiße Luft statt blühender Landschaften. Die Sozialdemokratie hatte nach langem Siechtum eine neue Wählerschicht entdeckt, die »Neue Mitte«. Tony Blair und Gerhard Schröder entwickelten – eher noch als der SPD-Vorsitzende Oskar Lafontaine – daraus eine politische Strategie. All die Akteure der New Economy, die Modernisierer und Innovationspioniere, die Start-up-Unternehmer, die Internet-Freaks und IT-Yuppies, konnten als Neue Mitte, als neue technische Intelligenz angesprochen werden, als Reservoire einer renovierten Sozialdemokratie. Auch wenn die SPD sich vordergründig um ihr Führungspersonal stritt – die Idee der Neuen Mitte schien die richtige Antwort auf das abgewirtschaftete System Kohl zu bieten.

Die Aufsteigermentalität vieler Sozialdemokraten und einiger Grüner avancierte zum kulturellen Führungs-, persönlichen Geltungs- und politischen Machtanspruch. Die »Toskana-Fraktion« samt ihrer Koketterie mit edlem Zwirn, italienischer Pasta und Spitzen-Chianti begann das Regierungsviertel in Bonn milieumäßig zu prägen. Es stand eine Renaissance bevor, die Wiedergeburt des Republikanismus aus der Finsternis Kohl'scher Feudalherrschaft. Andere drückten sich bescheidener aus. Modernisierer der SPD und grüne Propagandisten ökologischer Transformation begannen, Konzepte abzugleichen. Kollegen der »Parlamentarischen Linken« von SPD und einer vergleichbaren grünen Gruppe, die ich ins Leben gerufen hatte, trafen sich ebenso wie Realos und Vertreter des SPD-Mainstreams. Die Grünen seien nicht koalitionsfähig wegen ihrer außenpolitischen Positionen, höhnte die konservative Presse.

Sie irrte. Auch Joschka Fischer begründete seine Zustimmung zum Benzinpreisbeschluss in Magdeburg später damit, er habe, um Realismus in der Außenpolitik durchsetzen zu können, den Wahnsinn in anderen Bereichen hingenommen. Das wäre höchst überflüssig gewesen. Denn bereits am 29. November 1997 lud die linksgerichtete grüne »BAG Frieden« Günter Verheugen, damals SPD-Experte für Außen- und Sicherheitspolitik, und mich ein, um außenpolitische Positionen abzugleichen. Wir alle wa-

357

ren uns danach sicher: Es geht. Moderiert vom Friedensforscher Dieter Lutz, trafen in der Landesvertretung von Hamburg Mitte 1998 mehrmals die Außenpolitiker beider Parteien zusammen. Egon Bahr, Karsten Voigt, Gerd Poppe und ich sollten einen gemeinsamen Rahmen aushandeln. Die Verständigung mit der SPD war für mich weniger schwierig als die mit Poppe. Besonders strittig war grünintern die Osterweiterung der NATO gewesen. Die Fraktion war gespalten. Ich gehörte zu den Gegnern. Mancher Sozi auch. Aber nun war die Sache gelaufen, irreversibel. Den Grünen schlug ich die Formel vor: »Pacta sunt servanda« (endlich war das Schullatein mal für etwas zunutze) – Verträge sind einzuhalten. Grüne würden die international beschlossene NATO-Osterweiterung bei Koalitionsverhandlungen nicht wieder zur Disposition stellen. An der Außenpolitik würde eine Koalition nicht scheitern.

Wahrscheinlicher war jedoch, dass sie wieder nicht zustande kam. Denn die PDS lag in den Umfragen gut im Rennen. Sie galt Linken, denen die soziale Frage besonders am Herzen lag, als Alternative – und sei es aus Protest gegen die ehemalige Protestpartei, deren Fraktion mit neoliberalen Tönen nervte. Jürgen Trittin versuchte, mit ungeschickten linkspopulistischen Aktionen – wie Verbalattacken gegen öffentliche Soldatengelöbnisse – dagegenzuhalten. Statt die Fraktion zur Linksprofilierung zu bewegen, musste er dort jedoch um seinen Kopf fürchten. Die Realo-Politik realisierte sich: Linke wendeten sich von den Grünen ab, doch die von den Realos ersehnten Zahnarztgattinnen kamen schon deshalb nicht massenweise, weil es nicht so viele davon gab.

27. September 1998, Bundestagswahl. Auszählung: Die Grünen verlieren deutlich an Stimmen – und das als Oppositionspartei! 6,7 Prozent. Immerhin noch drittstärkste Kraft. 47 Abgeordnete. Die PDS ist drin! Ganz schlecht für uns! 5,1 Prozent. Damit ist Rot-Grün wohl kaputt. Wieder einmal. Doch dann die Sensation: Schröders Neue Mitte bringt 40,9 Prozent zusammen! Und eine Menge Überhangmandate. Das könnte reichen. Und es reicht! Es reicht für Rot-Grün! Nach 16 Jahren wird Hel-

mut Kohl abgelöst. Das allein ist eine Erlösung. Die Freude über die Mehrheit übertönte den Gram über das suboptimale eigene Ergebnis, das nie richtig aufgearbeitet wurde. War Magdeburg schuld? Der Kurs der Fraktion? Jetzt hieß es nach vorne schauen. Was machen wir aus der Lage? Lafontaine erklärte sich für Rot-Grün, der grüne Vorstand auch. Noch am Abend trafen sich die Spielführer, um die Wimpel auszutauschen.

Teil VI
Rot-Grün (1998–2005)

Kapitel 23

Die rot-grüne Koalition I: Aufstieg

Im Eilschritt, das Kinn nach vorne gereckt, stürmte Joschka Fischer vom Bundestag in Bonn hinüber zur Landesvertretung Nordrhein-Westfalen. Wir anderen im Pulk neben- und hinterher. Nur keinem Journalisten in die Hände fallen, der die richtigen Fragen zur falschen Zeit stellt. Es ging zu den Koalitionsverhandlungen. Wer würde bei den Sozis das Sagen haben? Parteichef Oskar Lafontaine oder Kanzler in spe Gerhard Schröder? Wortführer der grünen Verhandlungskommission war Parteivorsitzender Jürgen Trittin. Koalitionen werden von Parteien geschlossen, nicht von Fraktionen. Trittin hatte aus Hannoveraner Zeiten Verhandlungsroutine mit Schröder, erwies sich als kenntnisreich, vielseitig und zielgerichtet. Hinter den Kulissen zog Fischer mit Schröder und Lafontaine die Strippen – Ressortverteilung, Personaltableau, Führungsstil, Spielregeln – Training für das Amt des Vizekanzlers? Auf der anderen Seite des Tisches redete Lafontaine, bis Schröder knurrte. Der Parteichef wurde vom Kandidaten bereits bei den Verhandlungen regelmäßig ausgebremst.

Die Sozis waren eine Enttäuschung. Lafontaine und Schröder, die sich im Wahlkampf ergänzt hatten, passten in der Regierungspraxis nicht zusammen. Wir Grünen mussten ziemlich verdattert zur Kenntnis nehmen, dass die Sozis nichts Konkretes vorbereitet hatten. Lafontaines links-keynesianische Globalsteuerung, für die gerade wir linkeren Grünen viel Sympathie hatten, war nicht operationalisiert. Umsetzbare Maßnahmen im nationalen Rahmen – sie widersprachen dem Theorieansatz geradezu. Gerhard Schröder, »Genosse der Bosse«, demonstrierte hingegen eine pragmatische Macherpose, die sich gegen jede Theorie sträubte. Die SPD schien zu hoffen, mit den sozialdemokratisch regierten großen europäischen Staaten – mit Tony Blair im Vereinigten Königreich, Romano Prodi in Italien, Lionel Jospin in Frankreich, der mit Dominique Voynet, später ersetzt durch Yves Cochet, auch Grüne in die Regierung holte – in einem übernationalen Gleichklang Rahmen und Regeln des Wirtschaftens verändern zu können. Waren die vier gemeinsam wirklich stark? Oder hoffte einer auf den anderen?

Wenn Lafontaines Konzept nicht trug – und das tat es nicht einmal beim Kandidaten –, was würde dann übrig bleiben? Reförmchen im Einzelnen, aber nicht die große gesellschaftspolitische Wende. Schröder hatte die Senkung der Arbeitslosenzahlen zum Hauptziel erklärt, sein politisches Schicksal damit verknüpft, und wir alle hatten gehofft, dass der Reformstau in der Arbeitsmarktpolitik nun dank einer SPD-Offensive beseitigt würde. Als die SPD außer der Theorie des Vorsitzenden und einem inhaltlich noch nicht fassbaren Pragmatismus des Kandidaten nichts vorlegte – kein Konzept zur Arbeitsmarkt- und Sozialpolitik, keine Ideen dazu, wie ihre »ökologische Modernisierung« mit den Bedürfnissen des wachsenden Prekariats verbunden werden könne –, wurde ausgerechnet die umstrittene, noch unbegriffene grüne Ökosteuer das Leuchtturmprojekt einer neuen rot-grünen Arbeitsmarktpolitik. Vielen Sozis passte das nicht. Demonstrativ wiesen sie weitere grüne Projekte zurück; der kleinere Partner durfte nur ja nicht den Spielplan bestimmen. Schröder war Koch, Fischer Kellner.

Wie intensiv hatten dagegen die Grünen an Programmen gearbeitet! Strategische und inhaltliche Machbarkeit immer wieder, oft streitig, gegeneinander abgewogen, »Konzepte mittlerer Reichweite« finanzpolitisch durchgerechnet. Technisch und handwerklich musste alles sauber sein. Wie aber sollte die Verbindung von »Neuer Mitte«, linksökologischem Bürgertum, traditioneller Arbeiterschaft und Sozialhilfeempfängern – der ökologisch-solidarische New Deal – klappen, wenn von der SPD nichts kam? Konnte man von Rot-Grün dann eigentlich als

»Projekt« reden oder war es eine x-beliebige Koalition? Sechzehn Jahre lang hatten Grüne auf den Wechsel hingearbeitet, hatten sich nach harten internen Kämpfen für Koalitionen mit der SPD geöffnet. Für viele würde die kommende Regierung die einzige sein, die sie mitgestalten konnten. Ist es in so einer Situation möglich zu sagen: Real ist Rot-Grün eine Enttäuschung? Hatten die Fundis etwa doch recht? Oder war es richtig, weil unvermeidlich, die Chance beherzt zu ergreifen und das Beste daraus zu machen?

In der Verhandlungskommission waren wir uns einig: Die Realo-Linke-Differenz spielte keine Rolle mehr. Was mit der SPD zu vereinbaren war, lag noch diesseits der Realo-Erwartungen. Ein radikaleres, linkeres Auftreten hätte nicht ein Mehr an grünen Erfolgen eingebracht – weder bei den Verhandlungen noch später bei der Umsetzung. Es kam nicht darauf an, wie links jemand redete, sondern ob er gut war, der Situation, der historischen Dimension gewachsen. Für mich jedenfalls war der Flügelstreit Vergangenheit. Das Ziel meiner integrativen Vorstandspolitik war erreicht – eine halbwegs geschlossene, schlagkräftige Partei in einer Situation, die von den einen gewünscht und von den anderen als unvermeidlich prognostiziert worden war. Jetzt galt Teamplay, wie ich es im Mannschaftssport gelernt hatte. Doch nicht alle dachten so. Es gab selbst auf dieser Ebene noch Politik als Egotrip.

Mir fiel die Rolle zu, die Außenpolitik zu verhandeln. Mit Rudolf Scharping. Mein Positionspapier war bald fertig und mit dem Fraktionsarbeitskreis um Helmut Lippelt abgestimmt. Scharping lieferte nicht. Die SPD ersetzte ihn durch Günter Verheugen. Wir brauchten gerade zwei Stunden, um auf einen gemeinsamen Nenner zu kommen. Natürlich ging es nicht darum, die Bundeswehr abzuschaffen oder die NATO aufzulösen. Unsere Idee einer Zivilmacht Deutschland integrierte das Militär auf der Basis eines »erweiterten Sicherheitsbegriffs« in eine aktive Friedenspolitik, die primär auf die neuen Konzepte von ziviler Krisenprävention und Konfliktbearbeitung setzte und eine erweiterte EU, OSZE und UNO als zivile Agenturen zur Regulierung globaler und regionaler Konflikte stärken wollte. Die Erben der Friedensbewegung fanden sich in ihr wieder, die Integration in den Westen und der Brückenschlag nach Osten wurden auch bei den dortigen Regierungen wohlwollend registriert. Doch über allem lag ein Schatten: die drohende Eskalation im Kosovo. Günter Verheugen und ich wussten, dass sie unsere Pläne überrollen könnte.

Bei der Ministeriumsverteilung bestanden wir Grünen außer auf dem Umweltministerium auf einem »klassischen« Ressort, um nicht als minderer Partner dazustehen, als den die SPD uns hinstellen wollte. Joschka Fischer begehrte das Außenministerium. Ich gab zu bedenken, dass damit sein persönliches, nicht aber das inhaltliche Profil der Grünen gestärkt würde, und plädierte für ein um Infrastrukturthemen erweitertes Wirtschaftsministerium. Doch eine Mehrheit wollte und konnte Fischers Anspruch nicht zurückweisen, es hätte nach all dem Medienzauber im Vorfeld wie eine persönliche Demontage gewirkt. Zweite Ministerin, für Gesundheit, wurde die Berliner Sozial- und Gesundheitsexpertin Andrea Fischer, die das Linke Forum als Sprungbrett genutzt hatte, um zielstrebig bei den Realos zu landen. Die grüne Finanzexpertin Michaele Schreyer wurde deutsche EU-Kommissarin, Antje Vollmer, diesmal mit Unterstützung der SPD, als Vizepräsidentin des Bundestags bestätigt.

Jürgen Trittin, mein langjähriger Mitarbeiter Frithjof Schmidt und ich hatten in der Kneipe beratschlagt, welcher Linke Umweltminister werde sollte. Trittin war nervös, er wollte unbedingt ran. Ich ließ ihm den Vortritt. Als Parteivorsitzender hatte er den Zugriff wie ich vier Jahre zuvor. Meinen Platz in der Koalition, die ich so lange mit vorbereitet hatte, sah ich als Staatsminister im Auswärtigen Amt. Jürgen Trittin unterstützte mich, Joschka Fischer stimmte sofort zu. Sonst wäre das bisherige Personaltableau aufgeflogen. Seinen Realos, die für ihre Gefolgschaft mit Positionen belohnt werden wollten, erzählte er, er habe mich ins Amt geholt, um mich in die Koalitionsloyalität einzubinden und politisch zu neutralisieren – ein Mythos, der bis heute durch die Presse geistert. Diese Deutung unterstellt, dass ich sonst gegen die Koalition gearbeitet hätte. Aber warum, nachdem ich zehn

Jahre lang darauf hingewirkt hatte? Umgekehrt wollte ich die Position nicht, um Fischer zu kontrollieren, wie manche Linke mutmaßten. Ich war mit Leib und Seele Außenpolitiker und bot Joschka Fischer vertrauensvolle Zusammenarbeit an. Meine Basis in Nordrhein-Westfalen billigte meine Entscheidung für die internationale Politik nicht; sie hätte mich lieber als Vorkämpfer für höhere Sozialhilfe gesehen. Aber genau diese Rolle wollte ich nicht mehr spielen. Auch hatte ich nicht länger Lust, wegen meiner Dispute mit den Realos nach dem Abgang der Fundis in der öffentlichen Wahrnehmung deren Rolle einzunehmen. Der Anspruch vieler Realos, die Koalition sei allein ihr Ding, weil sie schon immer dafür standen, war vermessen. Die Koalition war mindestens ebenso sehr Projekt und Erfolg der undogmatischen Linken. Ohne die Stimmen des linken Flügels hätte es keinen rot-grünen Kanzler gegeben. Eine rein arithmetische Mehrheit allerdings hätte Linken nicht genügt. Eine Koalition durfte nicht nur neue Köpfe, sie musste eine neue Politik präsentieren. Ohne jahrelange intensive inhaltliche, theoretische und strategische Debatten, ohne gesellschaftspolitische Perspektive, die mehr bot als Realo-Reformen – Transformation nämlich, zumindest tendenziell –, hätte die Linke nicht geschlossen für eine Koalition optiert. Entscheidend war es, die linken Diskussionen undogmatisch aufzulockern, mehrere Optionen denkbar zu machen und die Koalition im entscheidenden Moment als die richtige Wahl zu vermitteln. Das war gewiss der schwierigere Job bei der Vorbereitung von Rot-Grün.

Trotz allem verliefen die Koalitionsverhandlungen erfolgreich – was auch sonst in einer solchen historischen Lage. So stimmte die grüne BDK am 23./24. Oktober 1998 in Bonn dem Koalitionsvertrag fast einstimmig zu. Er enthielt grüne Klassiker wie Atomausstieg, Energiewende und Klimaschutz, Antidiskriminierungs- und Integrationskonzepte, Armutsbekämpfung und Bildungsförderung.

Für Jürgen Trittin, der als Minister nicht Vorsitzender sein konnte, wurde auf der Leipziger BDK vom 11. bis zum 13. Dezember die Hamburger Pädagogin Antje Radcke in den Vorstand

gewählt. Mit Gunda Röstel bildete sie nun ein Frauenduo –
wieder ein grüner Akzent in der Parteienlandschaft. Neuer politischer Geschäftsführer wurde der gemäßigte Realo Reinhard
Bütikofer, langjähriger Fraktionschef in Baden-Württemberg.
Zugleich wurde der »Parteirat« als Steuerungsgremium geschaffen. Mit dem Regierungsumzug im Spätsommer 1999 verlegten
die Grünen ihr Hauptquartier an den Platz am Neuen Tor in
Berlin; die Heinrich-Böll-Stiftung, die bereits in den Hackeschen
Höfen residierte, errichtete acht Jahre später neben dem Deutschen Theater in Berlin-Mitte ein eigenes Domizil.

Die Europawahl am 13. Juni 1999 zeigte, dass nicht alle Anhänger mit der Koalitionspolitik einverstanden waren. Besonders der Kosovokrieg drückte die Stimmung. Die Grünen mit
den Spitzenleuten Heide Rühle und Friedrich Wilhelm Graefe zu
Baringdorf kamen auf nur 6,4 Prozent – ein herber Rückschlag,
gefolgt von einer Serie schlechter Landtagswahlergebnisse mit
dem Ausscheiden aus allen ostdeutschen Parlamenten. Ein Strategiekongress in Kassel vom 19. bis zum 21. November 1999
sollte den Stimmungsabschwung auffangen. Die Landtagswahl
in Schleswig-Holstein am 27. Februar 2000 brachte den Grünen 6,2 Prozent und zwei Ministerposten – der Bonner Ökonom
Klaus Müller, MdB, wurde Umwelt- und die Kölner Anwältin
Anne Lütkes Ministerin für Justiz und Frauen – in einer rot-
grünen Koalition. In Nordrhein-Westfalen konnten die Grünen
nach der Wahl am 14. Mai 2000 mit 7,1 Prozent die rot-grüne
Koalition mit ihren Ministern Bärbel Höhn und Michael Vesper
fortsetzen. Die rot-grüne Mehrheit in Hamburg ging im September 2001 hingegen verloren, nachdem die GAL auf 8,5 Prozent
abgestürzt war. Nach der Wahl zum Berliner Abgeordnetenhaus
am 21. Oktober 2001 ging SPD-Spitzenmann Klaus Wowereit
mit der PDS eine rot-rote Koalition ein. Die BDK am 23./24. Juni
2000 in Münster ersetzte Antje Radcke, die sich mit der Koalition sichtlich schwer tat, durch Renate Künast und Gunda Röstel, die in die Wirtschaft wechselte, durch Fritz Kuhn. Auf der
BDK vom 9. bis zum 11. März 2001 in Stuttgart schließlich be-
erbte Claudia Roth Renate Künast, die ins Ministeramt wech-

selte, als Sprecherin. Ein längerer Diskussionsprozess endete mit der BDK in Berlin am 17. März 2002: Die Partei gab sich das neue Grundsatzprogramm »Die Zukunft ist grün«.

Der neuen Bundestagsfraktion 1998 gehörten neben der Ministerriege weitere bekannte Gesichter an: Marieluise Beck, Angelika Beer, Uschi Eid, Christa Nickels, Rezzo Schlauch, Werner Schulz, Hans-Christian Ströbele. Ich selbst war erneut als Spitzenkandidat in Nordrhein-Westfalen gewählt worden. Von den Älteren waren Gerald Häfner, Waltraud Schoppe, Halo Saibold und Gerd Poppe ausgeschieden. Bundessprecher Jürgen Trittin, MdEP Claudia Roth und eine Reihe erfahrener MdLs wechselten in den Bundestag. Zudem fanden sich neue Leute ein, die bald eine zentrale Rolle spielen würden, wie die Kirchenreferentin Katrin Göring-Eckardt und der Umweltökonom Reinhard Loske. Kerstin Müller und Rezzo Schlauch wurden als Fraktionssprecher gewählt. Mit dieser Aufstellung gingen die Grünen das große Abenteuer der Koalition ein. Am 27. Oktober 1998 wurde Gerhard Schröder durch die Abgeordneten der SPD und der Grünen zum deutschen Bundeskanzler gewählt.

Ein Sozialdemokrat sollte ein halbes Jahr später auch Bundespräsident werden. Am 23. Mai 1999 wählte Rot-Grün Johannes Rau in das höchste Staatsamt. Erstmals war damit ein von den Grünen unterstützter Bewerber erfolgreich – nach den gescheiterten Symbolkandidaten Luise Rinser und Jens Reich.

So offensichtlich die Medien im Wahlkampf für einen Wechsel plädiert hatten, so beckmesserisch wurde jetzt von Beginn an der neuen Regierung jede Unsicherheit, jeder kleine Fehler vorgehalten. Die linksliberalen Medien mussten ihre Unabhängigkeit auch von dieser Regierung durch besonders kritische Features unter Beweis stellen. Jeder wusste es besser als die Gewählten. Die Hitliste der Kritikaster führte bald der Begriff »Nachbesserung« an. »Nachbessern« – das war das Blamabelste, was eine Regierung tun konnte. In der Tat wirkte anfangs einiges etwas grob zusammengezimmert. Wie auch anders, da die SPD einen offensichtlichen Konzeptmangel durch improvisierte Entscheidungen kompensieren musste.

Aber ist »Nachbessern« nicht eigentlich ein Zeichen für »Good Governance«, gute Regierungsführung? Jede Politik beruht auf – meist umstrittenen – Zukunftserwartungen. Ihre Entscheidungen können immer nur auf möglichst gut kalkulierten Thesen beruhen. Und Thesen müssen an der Realität gemessen werden. Wenn Maßnahmen sich als nicht passgenau erweisen, müssen sie adjustiert, »nachgebessert« werden. Das ist gutes Regierungshandeln. Doch von der Regierung Schröder wurden die göttlichen Eigenschaften der Allwissenheit, Allmächtigkeit und Allgegenwart erwartet. Leitkolumnisten hatten jedes menschliche Maß verloren und wollten einen Kanzler, der alles voraussah und ohne zu zögern Entscheidungen traf, die sich mit der mathematischen Genauigkeit technologischer Rationalität der Gesellschaft einritzten. Die Macherpose des Kanzlers, der sich gern mit Brioni-Anzügen und Cohiba-Zigarre inszenierte, wurde bestärkt, solange sie die verlangten Managementqualitäten zu spiegeln schien, und als Eitelkeit karikiert, wenn der Chef nicht alles egomanisch an sich riss.

Zugegeben: Am Anfang war das Chaos. Bis der »kreative« Kanzleramtschef Bodo Hombach durch den zuverlässigen Strategen Frank-Walter Steinmeier ausgewechselt wurde. Und Finanzminister Lafontaine erfuhr mit seinem Links-Keynesianismus nicht die erhoffte Solidarität durch Blairs britische New Labour, sondern die Abstempelung zum »gefährlichsten Mann Europas« durch die Londoner City, das Finanzzentrum Europas. Er kapitulierte im Frühjahr 1999 – nicht nur vor dem Kapital. Auch vor Schröders Pragmatismus. Die Visionen seines Nachfolgers Hans Eichel, der Verkörperung finanzmathematischer Korrektheit, kulminierten in der Konsolidierung des Staatshaushalts. Er hatte sich bei den Grünen als Chef der kurz zuvor abgewählten rot-grünen Koalition in Hessen einen guten Ruf erworben.

Die Grünen hatten inzwischen auf Betreiben von Katrin Göring-Eckardt das Politikziel der »Generationengerechtigkeit« entwickelt, das es ausschloss, Probleme der heutigen Gesellschaft durch höhere Staatsverschuldung zukünftigen Generationen aufzubürden. Das bedeutete – nicht in der Theorie, aber in der Praxis – den Abschied vom Keynesianismus. Die von Keynes geforderte staatliche Sparpolitik in Boomzeiten, die das *Deficit Spending* der mageren Jahre refinanzieren sollte, war in der Praxis regelmäßig ausgefallen. Jedes staatliche Konjunkturprogramm vergrößerte die Schuldenlast der nachwachsenden Generationen. Die Grünen unterstützten deshalb Eichels Sparkurs. Doch bald wurde durch die Neoliberalen um Oswald Metzger verunklart, weshalb die Grünen dies taten. Generationengerechtigkeit oder nicht vielmehr Senkung der Staatsquote und Forcierung von Angebotspolitik, wie es die FDP forderte? Am Ende erschien Sparsamkeit als reine Sekundärtugend, ohne gesellschaftspolitische Zielsetzung. Ein bisschen mager für Weltveränderer, die sich so die Möglichkeit verbauten, Eichels entscheidenden Fehler zu korrigieren.

Denn der Finanzminister begann sein Amt nicht, wie von den Grünen gefordert, mit einem Kassensturz. Er legte nicht die Sonderbelastungen dar, die durch die Finanzierung der deutschen Einheit aufgelaufen waren, etwa durch die großzügigen Wahlgeschenke Helmut Kohls gegenüber den Ostrentnern, die ihm den Wahlsieg sicherten. Eichel vermied den politischen Diskurs, an dem sich Lafontaine beizeiten die Finger verbrannt hatte, und inszenierte die SPD als die bessere Finanzelite, das effektivere Management. Er suggerierte, man brauche nur bessere Köpfe, als die Regierung Kohl sie hatte. Die vielleicht größte Chance für Rot-Grün, auf einer schonungslosen Analyse der alten Gesellschaftspolitik eine neue aufzubauen, wurde verspielt. Die Sparpolitik zeigte erste gute Ergebnisse. Aber das visionäre Projekt Rot-Grün verdünnte sich zu einer technokratischen Koalition ohne Ausstrahlung.

Zur politischen Katastrophe wurde Hartz IV, Kern der Agenda 2010. Die SPD wollte zunächst nicht wahrhaben, dass der Sozialstaat in der bekannten Form nicht mehr aufrechtzuerhalten war. Zu stark war ihre Klientelbindung an Gewerkschaften und Sozialverbände. Verringerte Verteilungsspielräume aufgrund sinkender Wachstumsgewinne, veränderte Altersstruktur, höhere Lebenserwartung, Anpassungsdruck durch die Globalisierung –

all das ließ die Grünen über eine Neudefinition von Sozialstaatlichkeit nachdenken. Über ihre alte Forderung nach einer
Grundsicherung, um Arbeitslosen, Kranken, Alleinerziehenden
der Menschenwürde entsprechende gesellschaftliche Teilhabe zu
ermöglichen. Über den Abbau von Steuerprivilegien als Gegen-
finanzierung. Über die Verwendung von Ökosteuern zur Verbil-
ligung des Faktors Arbeit durch Senkung von Lohnnebenkosten.
Über eine kostenneutrale Finanzierung der Gesundheitspolitik,
die mit den auf Druck der FDP eingeführten privaten Versiche-
rungen das Solidarprinzip verlassen hatte. Über einen demogra-
fischen Faktor bei der Rentenversicherung.

Während die Grünen dabei waren, aus diesen und anderen
Einzelbausteinen eine neue soziale Architektur und ein moder-
nes Gesellschaftsbild zu entwerfen, versuchte die SPD, die maro-
den alten Fundamente zu retten. Nur langsam öffnete sie sich für
neue Ideen. Kein Wunder, dass aus dem Stückwerk keine Kanz-
lerrede komponiert werden konnte, die den Menschen die Notwendigkeit des Wandels und die Umrisse einer zukünftigen Ge-
sellschaftsstruktur plastisch und einsichtig vermittelte. Nachdem
Lafontaines Ideen abgewickelt waren, gab es keinen neuen Kon-
densationskern für die hadernde SPD. Wir Grünen saßen oft mit
verkrampften Händen und angespannten Gesichtern im Plenum,
hoffend, dass wir endlich einmal herzhaft losklatschen könnten.
Auch unsere Vorleute blieben oft blass in ihren Reden angesichts
der Verzagtheit unserer Partner.

Mangels etablierter parteiinterner Diskurse verfiel der Kanzler darauf, für alles und jedes eine externe Expertenkommission
einzuberufen. Die grünen Vertreter im Koalitionsausschuss mo-
serten zwar, aber verhindern konnten sie die Entmachtung der
gewählten Parlamentarier auch nicht. Im Gegenteil, Fraktionssitzungen mutierten zur Akklamationsmaschine für die im kleinen Kreis ausgehandelten Kompromisse. Der Vorstand erteilte
Joschka Fischer das Wort, der gab die neue Linie vor. Vereinzelte Widerworte wurden begütigend beiseitegewischt, Abstimmungen fanden kaum noch statt. Der Frust derer wuchs, die im
Plenum an der richtigen Stelle die Hand heben und sich ansons-

ten zurückhalten sollten. Die Perversion der grünen Diskurskultur hieß jetzt Führungsstärke. So kam es, dass kaum eine Diskussion über die Hartz-Vorschläge stattfand.

Gegen Ende der ersten rot-grünen Periode wurde es für Schröder Zeit, die Einzelposten zumindest vordergründig miteinander zu verbinden. Von der »Riester-Rente« bis zur »Praxisgebühr«. Auch das eher ein Obligo des Pragmatismus als der Ausdruck eines halbwegs kohärenten Deutungsangebots für den beabsichtigten gesellschaftlichen Wandel. »Agenda 2010« stand nun auf dem Paket. Sein Kerninhalt: Hartz I bis IV. Der »Autokanzler« hatte den Automanager Peter Hartz beauftragt, eine neue Arbeitsmarktpolitik zu operationalisieren – Maßstab für den eigenen Erfolg. Hartz I bis III klangen gut. Die Arbeitslosenverwaltung durch aktive Jobcenter ersetzen, private Arbeitsvermittler, Ein-Euro-Jobs und Ich-AGs einführen. Zudem sollten Kinderbetreuungseinrichtungen und Ganztagsschulen so ausgebaut werden, dass Frauen wirklich frei zur Erwerbsarbeit waren. Doch niemand wusste, ob die Maßnahmen praktisch klappten. Davon aber hing ab, ob die Kernidee von Hartz IV als gerecht oder als Schikane empfunden würde.

»Fordern und fördern« – auch aus grüner Sicht ein richtiger Ansatz. Wer Transfereinkommen erhalten wollte, musste nachweisen, dass er alles getan hatte, einen ordentlichen Job zu finden. Hartz I bis III sollten »fördern«, die Chancen dafür signifikant erhöhen, die Arbeitslosigkeit auf etwa die Hälfte reduzieren. Wer dann noch keinen Job ergattert hatte wie »gefordert«, der sollte Arbeitslosengeld (ALG) II, das mit der Sozialhilfe zusammengelegt wurde, erhalten, bis die anderen Maßnahmen griffen. Was aber, wenn Hartz I bis III floppten? Dann waren Arbeitslose massenhaft betroffen. Sie würden nach kürzerer Zeit als zuvor in die niedrigeren Sätze von ALG II absteigen. »Hartz« war nicht die Antwort auf Globalisierung, die Ersetzung menschlicher Arbeit durch Maschinen, den Niedergang der ostdeutschen Wirtschaft und das Verschwinden industrieller Arbeitsplätze allerorten. Aber nur Populisten von links und rechts konnten behaupten, für Langzeitarbeitslose und bisherige Sozialhilfeempfänger sei Hartz IV eine Verschlechterung. Das waren Sprüche von Leuten, die jegliche Sozialreform ablehnten und struktur-konservativ und finanzpolitisch irreal ein überholtes System retten wollten. Und ihren eigenen Nimbus, angeblich die letzten Kämpfer für soziale Gerechtigkeit zu sein.

Nein, ein wesentliches Problem von Hartz IV schien ein emotionales. Wer zuvor vom Arbeitslosengeld in die Arbeitslosenhilfe abrutschte, konnte sich dennoch als Arbeitsmarktreserve empfinden, als Profi auf der Ersatzbank, und erhielt eine Unterstützung, abhängig vom früheren Einkommen. Jetzt – zusammengelegt mit Sozialhilfeempfängern, die nicht alle nur wegen Pech und Schicksalsschlägen nicht zurande kamen – war das wie die Versetzung vom Spielfeldrand auf die Tribüne. Ausschluss aus dem Kader, Abstieg. Hinzu kam, dass der bisherige Ertrag des Lebenswerks zunächst aufgezehrt werden musste. Eine Regelung, die der schwarz-gelb dominierte Bundesrat noch verschärfte. Es war in hohem Maße das Gefühl des eigenen Wertverlusts, die Entwertung der Lebensleistung, die die Älteren unter den Betroffenen bedrückte. Es war nicht nur ein Problem des Geldes, sondern mindestens in gleichem Maße eines der Menschenwürde. Selbst wenn sie in der Arbeitsförderung blieben – in ihrer Wahrnehmung waren sie ausrangiert. Ich saß jedenfalls mit mulmigen Gefühlen in Vertretung von Vizekanzler Joschka Fischer in der ersten Reihe, als die SPD mit großem Brimborium die Hartz-Vorschläge der Öffentlichkeit vorstellte. Als Claqueur für Maßnahmen, die schon auf den ersten Blick Fragen aufwarfen, aber für die PR-Strategie der SPD entscheidend wurden. Die Grünen: mitgefangen, mitgehangen!

Hartz und die Agenda 2010 – für die Sozis waren sie ein Pyrrhussieg über die Kritiker, die ihnen mangelnde Zukunftsfähigkeit vorgeworfen hatten. Die geplanten Maßnahmen standen für das überfällige Aufbrechen des sozialpolitischen Traditionalismus. Unabhängig davon, ob Hartz funktionierte. Das Wissen um den eigenen Mut und das Erlebnis, die Neuerungen oft gegen Kritik verteidigt zu haben, machten Hartz-Befürworter bald unflexibel in die andere Richtung: nämlich nachzudenken darüber, ob nicht der Ansatz an sich richtig, die Methoden aber falsch waren. So wurde verteidigt, was längst »nachgebessert« gehörte. Der Effekt war dramatisch. Massenhaft wendeten sich deklassierte Arbeitnehmer von der SPD ab, ohne dass die ehemaligen Bezieher von »Stütze«, nun in die Arbeitsförderung einbezogen, sich plötzlich als engagierte Aktivbürger entdeckten. »Hartz IV-Empfänger« wurde bald zum Schmähwort, Synomym für »Looser«. Die Populisten von der PDS profitierten – und ein SPD-Dissident namens Lafontaine ersann neue Pläne.

Auf der Regierungsbank trafen die grünen Minister und Staatssekretäre ihren alten Freund Otto Schily wieder. Schröder hatte ihn als Rechtsverteidiger aufgestellt, um die offene Flanke gegenüber den Law-and-Order-Strategen der CSU zu decken. Obwohl er, arrogant und grimmig wie eh und je, den grünen Innen- und Rechtspolitikern das Leben schwer machte, verteidigten diese tapfer ihre Bekenntnisse zu Bürgerrechten und Liberalität. Doch es wurde auch ein gravierendes Defizit grüner Innen- und Rechtspolitik aufgedeckt: Sie war immer noch einseitig auf Abwehr ausgerichtet. Während auf anderen Feldern aus Reaktion Aktion geworden war, blieb man hier in der Defensive. Kein positives Konzept zur inneren Sicherheit! Warum war es für Grüne kein Thema, Leute vor Kriminalität zu schützen? Warum zettelten sie nicht endlich die Debatte über eine große Strafrechtsreform an? Die Gestaltungsmacht und Hoheit über die Innen- und Rechtspolitik wurde den herkömmlichen Parteien überlassen, Grüne beschränkten sich auf das liberale Korrektiv. Um sich auch hier von den Etablierten zu emanzipieren, brauchte es den Willen, nicht immer Rechts-, sondern auch mal Staatsanwalt zu sein.

Was Liberalität und Bürgerrechte anging, verbuchten die Grünen trotz Otto Schily manchen Erfolg. Etwa im Bereich der informationellen Selbstbestimmung. Der Hamburger Grüne Peter Schaar wurde 2003 Bundesdatenschutzbeauftragter. Erfolge auch in der Ausländerpolitik: Durch ein moderneres Staatsbürgerrecht sollten künftig in Deutschland Geborene die deutsche Staatsangehörigkeit erhalten; übergangsweise hatten manche Altersstufen

Anrecht auf doppelte Staatsangehörigkeit. Aber immer noch krankten die Grünen an einer starken Romantisierung von Multikulti, die den Blick auf die realen Integrationsprobleme, etwa das Nichtbeherrschen der deutschen Sprache, verstellte. Obwohl sie mit Marieluise Beck das Amt der Integrationsbeauftragten innehatten. Die CDU des Roland Koch mobilisierte gegen die rotgrüne Ausländerpolitik in Hessen mit einer rechtspopulistischen Unterschriftenkampagne. Ergebnis: Bei der Landtagswahl am 7. Februar 1999 kamen die Grünen nur auf 7,2 Prozent. Rot-Grün verlor die Regierungsmehrheit in Wiesbaden.

Endlich, am 1. August 2001, hatte auch der von Volker Beck angeführte Kampf von Schwulen und Lesben für ein Gleichstellungsgesetz Erfolg. Fünfzehn Jahre zuvor hatten wir beide in der Kantine im Hochhaus im Tulpenfeld zusammengesessen und über ein »Modulkonzept« geredet: keine nicht durchsetzbare völlige Gleichheit mit Heteroehen, aber eine Addition möglichst vieler Gleichstellungsmerkmale. Nun war der Plan Wirklichkeit geworden. Auch dank des internationalen Einsatzes von Claudia Roth, die dafür mehrfach ausgezeichnet wurde. Würden die Schwulen und Lesben, die die Grünen gewählt hatten, nun, da ihr Hauptanliegen erfüllt war, treu bleiben oder sich anderen Themen und Parteien zuwenden? »Long running is better than arriving«, besagt eine britische Politikerregel. Traf sie auch hier zu? Abwarten. Zunächst herrschte Freude, und ich nahm gern eine Einladung meiner schwulen Berliner Wohnnachbarn zur Feier ihrer »eingetragenen Lebensgemeinschaft« an.

Daneben wurde der politisch-kulturelle Überbau renoviert. Das Mandat der Stasi-Unterlagenbehörde wurde verlängert. Opfer des Nationalsozialismus wurden entschädigt. Nach wegweisenden amerikanischen Gerichtsurteilen wurde, ausgehandelt durch den wieder zu Ehren gelangten Otto Graf Lambsdorff, eine Stiftung eingerichtet, die überlebenden Zwangs- und Sklavenarbeitern der Nazis wenigstens eine symbolische Entschädigung zahlte. Wehrmachtsdeserteure, die bislang als Rechtsbrecher galten, wurden als Akteure des Widerstands gegen die Stimmen von CDU/CSU und FDP vollständig rehabilitiert.

Was leisteten die grünen Ministerien? Den schwierigsten Job hatte Gesundheitsministerin Andrea Fischer. Es ging nicht nur um die grünen Klassiker, wie präventive und ganzheitliche Gesundheitspolitik, Aufwertung von Naturheilkunde und deren Abgrenzung gegen Scharlatanerie und Quacksalberei, Patientennähe und Abschaffung der Zweiklassenmedizin. Eine der veränderten gesellschaftlichen Struktur angepasste Gesundheitsfinanzierung gegen die Lobbys von Ärzteschaft, Pharmaunternehmen, Krankenkassen, Beitragszahlern und Klinikchefs durchzusetzen – da hatte es selbst Herakles leichter mit dem Ausmisten des Augiasstalls. Andrea Fischer tat das einzig Richtige und legte sich mit allen gleichzeitig an. Auch mit der Fraktion, wo sie allerdings mit ihrer unzugänglichen Art viel Rückhalt verspielte. Kernthese: kein frisches Geld ins System – die haben genug, es muss besser verteilt werden.

Doch bevor der Streit hinreichend eskalieren konnte, um Bewegung zu erzeugen, wurde die Ministerin aus dem Verkehr gezogen. Der Umgang mit der BSE-Seuche war zum öffentlichen Skandal geworden. Eigentlich war es der SPD-Landwirtschaftsminister Karl-Heinz Funke, der die Anzeichen abgetan und Konsequenzen für die Landwirtschaft verhindert hatte. Er war nicht mehr haltbar. Aber durften die Sozis allein die Schuld haben? Das ging nicht. Da fand sich eine kleine Kommunikationspanne auch im Hause Andrea Fischer. Sie war etwas spät über die genaue Dimension von BSE informiert worden. Am 9. Januar 2001 musste auch sie gehen, weil sie nicht »den Laden im Griff hatte«. Als wäre dies bei einem größeren Ministerium überhaupt möglich. Eine Unsitte in der deutschen Politik. »Die politische Verantwortung übernehmen« heißt die zeitgenössische Guillotine, die bei der kleinsten Fehlleistung des Apparats – einer absichtsvollen? – die Möglichkeit bietet, ungeliebte Minister zu dekapitieren. War es auch bei Andrea Fischer so? Jedenfalls wurde sie im wahrsten Sinne des Wortes ein Bauernopfer.

Der Kanzler nahm ein Revirement vor: Verbraucherschutzkompetenzen aus verschiedenen Ministerien wurden nun mit den Ernährungs- und Agrarzuständigkeiten zusammengelegt.

Die Grünen besetzten das neu zugeschnittene Ministerium mit Renate Künast. Die Berliner Anwältin, im Ruhrgebiet geboren, wirkte mit ihrer Schnodderschnute, die sie zu ihrem Markenzeichen machte, etwas görenhaft, wenig entzückend für Schwerstintellektuelle. Gegenüber der konservativen, antiökologischen Bauernlobby aber traf sie den richtigen Ton – sie ließ sich nicht übers Maul fahren. Gegen starke Widerstände setzte sie die »Agrarwende« durch, die stärkere Orientierung landwirtschaftlicher Produktion an Verbraucherinteressen sowie einen verschärften Tierschutz. Wie ihr der Schnabel gewachsen war, zog sie über zu fette, zu süße, zu giftige Nahrungsmittel her, entfernte jugendgefährdenden Limo-Schnaps aus Supermarktregalen und tat alles, um sich bei der Lebensmittelindustrie unmöglich und bei den Bürgern beliebt zu machen – handfest und erfolgreich. Im September 2001 führte sie das Biosiegel ein (»Künast-Siegel«), seitdem in jedem gut sortierten Lebensmittelgeschäft zu besichtigen. Es zertifizierte Produkte aus kontrollierter ökologischer Landwirtschaft, machte der Nischenökonomie der Bioläden zwar Konkurrenz, eröffnete dadurch aber breiteren Schichten den Zugang zu Bioprodukten. Auch die Inhaltsstoffe von Lebensmitteln wurden transparenter dokumentiert. Die Lebensmittelkontrolle samt Risikobewertung wurde umstrukturiert und intensiviert.

Die Einführung des Dosenpfands schien Umweltminister Jürgen Trittins Image als Bürgerschreck zu bestätigen, obwohl sie dem Spaziergänger den Blick auf überquellende Abfalleimer und Weißblechlawinen ersparte. Freundlicher wurde hingegen sein Einsatz für den Klimaschutz aufgenommen. Zusammen mit MdB Michaele Hustedt erarbeitete er das Gesetz zur Förderung erneuerbarer Energien, das im April 2000 in Kraft trat – nicht nur ein ökologischer Beitrag zur Einsparung fossiler Brennstoffe, sondern auch ein Kunstgriff, um Deutschland zu einem der Weltmarktführer in Sachen Umwelttechnologie zu machen und in diesem Bereich Arbeitsplätze zu schaffen. Die Bonner Klimakonferenz im Juli 2001 wurde dank Jürgen Trittins Einsatz nicht zum Begräbnis eines international abgestimmten Klimaschutzes. Die Genugtuung über die Rettung des Kyoto-Protokolls täuschte jedoch darüber hinweg, dass der Inhalt mager war – zu mager, um die Welt zu retten. Ausgerechnet der marktmäßige Handel mit CO_2-Zertifikaten – von Grünen und Umweltverbänden lange als »Verschmutzungsrechte« abgelehnt – wurde der Schlüssel zum notwendigen Konsens bei der Verlängerung des Protokolls. Die Grünen mussten lernen: Man mag als Partei auf der besten Lösung bestehen – international lässt sich die nötige Übereinstimmung oft nur mit der zweitbesten erreichen. Dann nicht auszuscheren ist kein Verrat, sondern im internationalen Rahmen wahrgenommene Verantwortung.

Geschichte schrieb Jürgen Trittin mit dem »Atomkompromiss«. Grüne in der Regierung – wenn jetzt nichts Entscheidendes gegen die AKWs geschähe, wann dann? Aber eine Regierung ist immer nur so stark wie die gesellschaftlichen Kräfte hinter ihr. Die Anti-AKW-Bewegung war abgeflaut, eine Bevölkerungsmehrheit gegen neue, aber für einen Weiterbetrieb der alten Anlagen. Die Energiewirtschaft wollte ihre gefährlichen Gelddruckmaschinen weiterbetreiben, aber auch Planungssicherheit. Eine Lösung der Endlagerproblematik war nicht in Sicht. In Gorleben und gegen den Transport von Atommüll in Castoren wurde weiter demonstriert, mit hohen öffentlichen Kosten für Sicherheit und Ordnung. Kurz: Zwischen Gegnern und Befürwortern herrschte ein Patt. Protestbewegung und Grüne waren gerade so stark, um der Wirtschaft den organisierten Ausstieg mit langen Übergangsfristen abzuverhandeln. Rührend der Gedanke an alte grüninterne Schlachten um »Abschalten sofort« oder »in zwei Jahren«. Verbliebene Aktivisten, gerade im Wendland, einer grünen Keimzelle, fühlten sich nun verraten.

In der Tat konnte man kritisieren, dass die vereinbarten Restlaufzeiten der AKWs zu lang waren, um von einem »Ausstieg« zu sprechen. Eher von einer Betriebsgarantie. Doch mehr war nicht drin. Trittin und die Fraktion um Reinhard Loske hatten erreicht, was das Kräfteverhältnis hergab. Auch ein Moratorium für Gorleben hatten sie durchgesetzt. Die BDKs in Karlsruhe vom 17. bis zum 19. März und in Münster am 23./24. Juni 2000 jedenfalls billigten das Ergebnis. Auch wenn die grüne Regierungsbeteiligung nicht zum heroischen Endpunkt des Anti-AKW-Kampfes werden konnte, so bewirkte sie doch: Atomkraft hatte in Deutschland keine Zukunft mehr – irreversibel. Keine neuen AKWs, jede zukünftige Energiepolitik musste anders ansetzen. Und noch zu rot-grüner Regierungszeit ging 2003 das erste AKW (Stade) vom Netz.

Erste Amtshandlung von Joschka Fischer war eine Erklärung, er mache nicht grüne, sondern deutsche Außenpolitik, mit mehr Menschenrechten und Ökologie. Der Amtseid verpflichte auf das Wohl des ganzen deutschen Volkes, nicht auf das grüne Programm. Seine Kalkulation ging auf. Das Ausland war beruhigt, zumal er die Konstanten deutscher Politik betonte. Das hörte sich nicht nach einem dramatischen Kurswechsel im Zentrum Europas an, nicht nach Neuerungen, Pazifismus, Friedensbewegung. Die Grünen regten sich ein wenig auf, behelligten ihn dann aber nicht länger mit Ansprüchen, sonnten sich lieber im Glanz seines Außenminister- und Vizekanzleramts, lauschten andächtig, wenn er mit wolkigen Andeutungen die Weltlage erläuterte, und empfingen seine Äußerungen gleichsam als Verkündigung. Eine Überhöhung, die mit der antiautoritären Gründeridee nicht mehr viel gemein hatte.

Er hatte es geschafft. »ER«, wie die Grüne Jugend karikierte. Vom Outlaw in den Schoß der bürgerlichen Gesellschaft. Die Bürger, die Saulus-Paulus-Geschichten mochten, erkoren ihren Joschka zum beliebtesten Politiker, retteten ihn, als »Spiegel« und Opposition seine alte Karriere als Straßenkämpfer ans Licht zerrten, um ihn zu Fall zu bringen. Hat er Polizisten mit Steinen beworfen? Die Anschuldigungen trafen Fischer hart. Nicht wegen des dürftigen Wahrheitsgehalts, sondern weil sie seinem neuen Selbstbild widersprachen. Warum wollte man ihn stürzen, ausgerechnet jetzt, da er perfekt den ideellen Gesamtbürger verkörperte? Völlig aufgelöst saß er mir gegenüber. Zwei ganze Bundestagsfragestunden lang musste ich Joschka Fischer gegen die Anwürfe verteidigen. Dann hatte er es geschafft.

Im ersten Halbjahr 1999 hatte Deutschland die EU- und G7/G8-Doppelpräsidentschaft inne. Ganz zu Beginn von Rot-Grün.

Für Joschka Fischer hieß dies Feuertaufe in Diplomatie, oft – frei nach Clausewitz – die Fortsetzung des Krieges mit anderen Mitteln. Er bestand sie mit Bravour. Mehr noch: Er passte sich nicht nur ein, er stieß die längst überfällige Diskussion über eine Reform des diplomatischen Dienstes an. Von ihm, der sich in der Partei immer für die Anerkennung der EU stark gemacht hatte, wurden zudem europapolitische Impulse erwartet, ein Durchbruch bei der vertrackten Frage nach dem Verhältnis von Vertiefung und Erweiterung der Union, nach einer neuen Machtverteilung in Europa. Er lieferte. Der G7/G8-Gipfel in Köln und der EU-Gipfel wurden Adressaten seiner Vorschläge. Als die französische EU-Präsidentschaft sie in Nizza im Dezember 2000 implementieren sollte, war es Joschka Fischers verdeckte Assistenz, die den vermurksten Gipfel noch rettete und Europa mit dem Vertrag von Nizza halbwegs praktikable Mechanismen gab. Für Fischer Ansporn, mehr zu wollen: eine europäische Verfassung. Doch europäische Staaten mit ihren eigenen bis eigenwilligen politischen Kulturen waren nicht wie die Grünen und die Öffentlichkeit mit Rhetorik herumzukriegen. Der Kampf um die Verfassung, später abgespeckt zum Verfassungsvertrag, wurde zur Hängepartie – bis heute. Aber der notwendige Versuch und viele einzelne Elemente bleiben mit dem Namen Joschka Fischer verbunden. Seine Anfrage, statt Christoph Zöpel, der Günter Verheugen abgelöst hatte, nun Staatsminister für EU-Fragen zu werden, schlug ich aus.

Europapolitisch bekannte Joschka Fischer sich zur Seelenverwandtschaft mit Helmut Kohl. Manche Parteifreunde gingen weiter und erkannten im »System Fischer«, seiner Vorstellung von Parteistruktur und »innerer Führung«, Ähnlichkeiten mit dem ehemaligen Patronage-»System Kohl«, ohne dessen Neigung natürlich, sich über das Gesetz zu stellen. Joschka Fischer tat viel für sein Image. Aber ob seine diplomatischen Erfolge auch den Grünen zugeschrieben wurden? Zumindest konnte niemand einfach behaupten, die Partei sei nicht regierungsfähig, mit ihr könne man keinen Staat machen. Fischers Kalkulation, mit der Besetzung eines klassischen Ministeriums die Grünen nicht nur aufzuwerten, sondern zur staatstragenden Kraft zu machen, war aufgegangen. Dass »staatstragend«, einst die übelste Verleumdung unter Grünen, nun zum grünen Tugendbegriff wurde – ein zwiespältiges Erbe des Realos Joschka Fischer. Bald liefen seine Fans im Dreiteiler umher. Ich fühlte mich als Staatsminister für das Grüne in der Außenpolitik zuständig. Auch wenn die Themen nicht tagesschaufähig waren – und wenn doch, dann wurden sie vom Außenminister verkündet –, konnte auf dieser Ebene eine Menge erreicht werden. Ohne direkte Weisungsbefugnis gegenüber den Beamten baute ich in vielen Gesprächen – quer zu den Hierarchien – eine »Hausmacht« auf. Viele Diplomaten hatten nur darauf gewartet, das »Amt« richtig durchzulüften. Abteilung für Abteilung ging ich durch, immer im Bunde mit Progressiven und Modernisierern, vom Staatssekretär bis zur Protokollassistentin. Es gelang, eine Vielzahl von strukturellen, operativen und inhaltlichen Reformen durchzusetzen, die die grüne Amtszeit überdauerten.

Es begann mit neuformulierten »Regionalkonzepten« zur deutschen Politik gegenüber Afrika, Lateinamerika, Asien. Reisen in »schwierige Staaten« – Libyen, Algerien, Kolumbien, Kambodscha, Jemen –, Verhandlungen in Indonesien um Osttimor, die erste offizielle Reise eines Regierungsmitglieds nach Nordkorea und die Initiierung der diplomatischen Beziehungen zu diesem Land durch Deutschland und EU betonten die grüne Vorstellung einer »integrativen Außenpolitik«.

Mit der Implementierung von Konzepten, Strategien und Institutionen zur zivilen Krisenprävention und Konfliktbearbeitung einschließlich der Anregung des EU-Sondergipfels in Helsinki brachte ich Kernideen der Friedensbewegung in die staatliche Sicherheitspolitik ein. Anlass war der Kosovokrieg Anfang 1999. Die OSZE war beim Versuch, ihn zu verhindern, gescheitert. Mitursache war der Mangel an geeignetem Personal, die Unfähigkeit, die geforderten zweitausend zivilen Missionsteilnehmer zur Beobachtung des bestehenden Waffenstillstands entsenden zu können. Es gab zwar die »Zivilen Friedensdienste«, aber diese arbeiteten in Eigeninitiative auf Projektbasis, eingebunden in die

Entwicklungspolitik, und waren für das akute Krisenmanagement ungeeignet. Die Außenpolitik brauchte eigene Spezialisten, die auf der Basis völkerrechtlicher Mandate für UNO, OSZE oder EU in Krisengebiete gehen konnten. Kurzerhand setzte ich im Auswärtigen Amt (AA) alles in Bewegung, um für deren Rekrutierung, Ausbildung und Einsatzplanung ein eigenes Institut zu gründen. Eine Machbarkeitsstudie, die ich bei Winrich Kühne von der »Stiftung Wissenschaft und Politik« (SWP) in Auftrag gab, verlieh Rückendeckung, um den Plan gegen manchen Widerstand durchzusetzen. Gegen Ende meiner Amtszeit hatte ich es geschafft und konnte am 24. Juni 2002 zusammen mit Winfried Nachtwei und Christian Sterzing das »Zentrum für internationale Friedenseinsätze« (ZIF) am Ludwig-Kirch-Platz in Berlin einweihen. Bald wurde das ZIF mit Winrich Kühne als Direktor internationaler Anlaufpunkt und Modell ähnlicher Projekte in aller Welt. Seine Experten sind in allen Krisenregionen der Erde zu finden.

Um den zwanglosen Austausch der staatlichen Außenpolitik mit Experten aus Wirtschaft, Wissenschaft und NGOs zu organisieren, gründete ich das »Forum globale Fragen«. Mit den zuständigen Beamten erarbeitete ich den Vorschlag eines »Global Compact«, eines Verhaltenskodex für Unternehmen, den die UNO offiziell übernahm. Zudem wurde auf meine Initiative hin eine Infrastruktur für Not- und Katastrophenfälle eingerichtet, wie das ständige Lagezentrum, eine Hotline für Betroffene und gemeinsame Krisenstäbe von AA und Tourismuswirtschaft – Konsequenzen aus der Befreiung der Geiseln auf der philippinischen Insel Jolo, die auch mich monatelang gefordert hatte.

Einmal konzentrierte sich die Weltpolitik in einer bayerischen Gemeinde. Bei Holzkirchen war – noch aus der Zeit des Kalten Kriegs – ein amerikanischer Militärsender in Betrieb. Die Anwohner klagten seit Langem über massive Gesundheitsstörungen. Von den Vorgängerregierungen waren sie abgewimmelt worden. Mir kamen sie, als ich sie im AA empfing, glaubwürdig vor. Weil das Amt für den Vertrag mit den USA zuständig war, gab es eine Handhabe. Den Leuten musste geholfen werden. Im Zusammenspiel mit Diplomatie und dem Petitionsausschuss gelang es mir, die Vertragskündigung und Stilllegung einzuleiten. Drei Jahre später durfte ich zur Siegesfeier in Valley bei Holzkirchen die »Musi« dirigieren. Von der Autobahn München – Salzburg aus sieht man das Ergebnis: nämlich nichts mehr, außer grünen Wiesen mit glücklichen Kühen. Ein gelungenes grünes Konversionsprojekt. Ein »Lorbeerkranz«, geschmiedet aus dem Kupferdraht des Senders, hängt über meinem Schreibtisch.

Heikel waren Reformen, für die das AA zuständig war, die aber die Innenpolitik berührten. Die Gleichstellung von Schwulen und Heteros im diplomatischen Dienst bereits vor Inkrafttreten des allgemeinen Gleichstellungsgesetzes war vergleichsweise einfach. Schwieriger war die realitätsadäquate Überarbeitung aller asylrelevanten »Lageberichte« des AA, gemeinsam mit dem Regierungsbeauftragten für Menschenrechte, Gerd Poppe. Menschenrechtsorganisationen hatten nicht zu Unrecht geklagt, die Berichte der Vorgängerregierung seien oft schöngefärbt, um nicht zu viele Asylbewerber und Flüchtlinge aufnehmen zu müssen. In einem systematischen Dialog feilschten wir nun mit Menschenrechtlern, dem UN-Flüchtlingskommissar und zuständigen Beamten um eine realistische Darstellung. Nicht zuletzt verlangten massenhaft eingegangene Beschwerden die Inspektion und Modernisierung von Konsulaten und eine Reform der Vergabepraxis von Besuchervisa, im Einklang mit den Erfordernissen von Sicherheit und Reisefreiheit in einem modernen Grenzmanagement, das der erweiterten EU Rechnung trug. Aus dem letzten Punkt sollte mir der politische Gegner später einen Strick drehen, und die meisten Menschenrechtler, die – gegen meine Mahnung – auf noch mehr Liberalität drängten, sollten mich dann im Stich lassen. Aber das ahnte ich noch nicht.

Nach drei Jahren hatte ich alle internen Reformen, die mit Bordmitteln des AA zu erreichen waren, erledigt. Mir blieb, in Sitzungswochen dem Auswärtigen Ausschuss das aktuelle Geschehen zu erläutern, was ich intensiv betrieb und gern übernahm. Es gab ein Stück Definitionsmacht über die Außenpolitik. Aber sonst? Empfänge, Festreden, Grußworte, Interviews – ganz nett, das gehörte dazu. Aber mein Eigenanspruch verlangte: Entweder mache ich den Job ganz oder gar nicht. Auch politische Reisen mit den Bundespräsidenten Roman Herzog und Johannes Rau und zahllose Begegnungen mit den bedeutendsten Männern und Frauen der Zeit konnten den nun empfundenen Mangel an Aufgaben nicht überdecken.

Mein Lieblingsfeld, der Nord-Süd-Bereich und die globalen Fragen, war für Joschka Fischer anfangs nicht zentral, bis mit den Terroranschlägen auf die USA sich 2001 der Brennpunkt der Sicherheitspolitik von der Ost-West-Achse in den Dritte-Welt-Bereich verschob. Um hier nach der Erledigung meiner »Hausaufgaben« aktiver werden zu können, hätte man über eine Erweiterung der Kompetenzen eines Staatsministers nachdenken müssen. Dann anders als die meisten Kollegen Vizeaußenminister, denen er auf zahlreichen Konferenzen gegenübersaß, war ein deutscher Staatsminister nicht in die direkte Entscheidungslinie integriert, sondern konnte nur seine begleitenden Diplomaten bitten, seine Auffassung umzusetzen oder als Anregung in eine Ministervorlage zu schreiben. Auch wenn die Beamten es gern und überzeugt taten – das war für mich keine befriedigende Situation.

Aber Joschka Fischer wollte keinen Kompetenz- und damit Machtzuwachs für einen alten Rivalen. Manches, was wir hätten anpacken können, blieb deshalb liegen. Der Steuerzahler hätte mehr bekommen können für sein Geld. Lieber schaute der Minister sich, wie ich zufällig erfuhr, nach einer bequemeren personellen Alternative um. Die Minister- und Staatssekretärsposten waren zu Beginn der Koalition grünintern ausgehandelt worden. Jetzt verständigten sich Joschka Fischer und Jürgen Trittin darauf, dass in der nächsten Periode jeder »seine« Staatssekretäre frei bestimmen dürfe. Im »System Fischer/Trittin« war kein Platz mehr für mich. Sollte ich dagegen ankämpfen? Nein, Kämpfe nach innen hatte ich satt. Zum Ende der Wahlperiode gab ich meinen Verzicht bekannt.

Kapitel 24

Zerreißprobe Kosovokrieg

März 1999: Zehn Tage vor Ostern fielen die ersten NATO-Bomben auf Belgrad. Der Kosovokrieg begann! Der erste Krieg mit deutscher Beteiligung seit dem Zweiten Weltkrieg. Quasi als Entree der Rot-Grünen in der internationalen Politik. Hatten die Grünen versagt? Ihre Prinzipien verraten? Oder angesichts der Situation die praktisch klügste Politik gemacht? Darüber begann eine zersetzende Parteidiskussion, an deren Ende eine neue interne Machtarchitektur stand.

Am 8./9. Oktober 1998 flog der designierte Bundeskanzler Gerhard Schröder, begleitet von Joschka Fischer, Günter Verheugen, der neben mir als Staatsminister im AA vorgesehen war, und mir, nach Washington. Antrittsbesuch im Weißen Haus. Noch hatte offiziell Helmut Kohl die Regierungsgewalt inne. Er hatte sich hinter die USA gestellt, als diese der Regierung Milošević in Belgrad ultimativ Luftschläge androhten, wenn die Drangsalierung und gewaltsame Vertreibung der Kosovo-Albaner aus ihrer Heimat nicht aufhörten. Für die NATO galt die »Activation Order« (ActOrd), die Bereitschaft zum Losschlagen. Auch für Deutschland, vorausgesetzt der Bundestag stimmte zu.

Konnte die neue rot-grüne Mehrheit die Vorentscheidung der Regierung Kohl/Kinkel zurücknehmen? Wollte sie das überhaupt angesichts der völkermörderischen Politik der Serben im Kosovo? Vertreter pazifistischer Zurückhaltung und humanitärer Intervention stritten seit Jahren, besonders heftig bei den Grünen, um Gesinnung und Verantwortung. Diese Grundsatzfrage war noch nicht geklärt. Eine abstrakte Diskussion hätte die neue Koalition zerrissen, kaum dass sie gebildet war. Durfte sie den Wählerauftrag, den Reformstau der Ära Kohl aufzulösen, zurückweisen, indem sie angesichts einer eskalierenden außenpolitischen Situation wieder auseinanderstob? Zumal der Bevölkerung die Dramatik auf dem Balkan gar nicht bewusst war. Rot-Grün gescheitert, bevor es richtig begann? Vor der Verantwortung davongelaufen, vor der Geschichte versagt?

Die alte Regierung abgewählt, die neue noch nicht im Amt – wer hatte eigentlich politisch zu entscheiden? Im Flugzeug über dem Nordatlantik wurde überlegt. Konnten wir nicht – wegen des Interregnums – Bill Clinton vorschlagen: ActOrd mag gelten, aber ohne die Deutschen? Einen Tag später vermittelte Gerhard Schröder nach einem Vieraugengespräch den Eindruck, der amerikanische Präsident habe Verständnis für die deutsche Lage. Kaum in Bonn zurück, zirkulierte die Nachricht, die Amis bestünden doch auf einer klaren Haltung! Irgendwer hatte angeblich in Washington angerufen: NATO ohne Deutsche ginge nicht. Und so billig dürfe man Rot-Grün nicht davonkommen lassen. Das zumindest war die offizielle Gerüchtelage. In seinen Memoiren offenbarte Schröder später eine andere Wahrheit: Er habe sich unmittelbar nach der Wahl Kohl gegenüber festgelegt auf eine »begrenzte Teilnahme an einer militärischen Intervention«. Sein Parteivorsitzender Oskar Lafontaine war dabei wie auch Joschka Fischer. Und auch Clinton habe er das Gleiche versprochen. Darüber habe er die Koalition anschließend informiert. Informiert? Ich habe nichts gehört. Hat das Trio Rot-Grün hinters Licht geführt?

Der bereits abgewählte Bundestag hatte zu entscheiden. In der Debatte am 19. Oktober 1998 erklärte Joschka Fischer den geplanten NATO-Einsatz für legal und legitim, weil er geltende UN-Resolutionen durchsetze, die den Rückzug der serbischen Militärs aus dem Kosovo forderten. Der zweite grüne Redebeitrag fiel mir zu. Ich hielt den Einsatz ohne Beschluss des UN-Sicherheitsrats für völkerrechtswidrig. Auch seien nicht alle präventiven Maßnahmen zur Verhinderung des Kriegs ergriffen worden. Fischer plädierte für »Ja« zu ActOrd. Ich hielt dagegen, sprach mich aber für eine geschlossene Enthaltung der Grünen aus, damit die Katastrophe auf dem Balkan nicht auch noch die Partei zerlegte. Die Fraktion votierte gespalten. Rot-Grün hätte keine eigene Mehrheit gehabt. Die alten Mehrheiten legten die neue Regierung fest. ActOrd galt. Es gab kein Entrinnen mehr aus der nun in Gang gesetzten Logik.

Auf der Basis des Ultimatums schien Milošević in Verhandlungen mit dem US-Sondergesandten Richard Holbrooke einzulenken und erklärte sich bereit, serbische Truppen und Sonderpolizei aus dem Kosovo abzuziehen. Die OSZE sollte mit zweitausend Leuten die verabredete Deeskalation überwachen. Die Grünen hatten seit dem Ende des Kalten Kriegs gefordert, die OSZE statt der NATO zur zentralen sicherheitspolitischen Organisation auszubauen. Endlich war sie im Spiel. Aber konnte sie die Aufgabe erfüllen? Ohne hinreichendes Personal für dieses Mandat? Schon Anfang 1999 eskalierte die Lage wieder. Nachdem die Mahnungen des kosovarischen Friedenskämpfers Ibrahim Rugova, der auf Autonomie bedacht war, aber auch auf Deeskalation, überhört worden waren, kam die »Nationale Befreiungsarmee des Kosovo« (UÇK) zur Geltung – mit blutigen Anschlägen. Die anarcho-mafiosen Rebellen schienen einen Krieg provozieren zu wollen, um die NATO zu zwingen, auf ihrer Seite einzugreifen. Die NATO als Luftwaffe der UÇK. Die Übergriffe serbischer Einheiten nahmen an Häufigkeit und Brutalität zu. Die OSZE hatte keine Chance, den Waffenstillstand durchzusetzen. Der Westen stand bald vor der Frage, welches von zwei düsteren Szenarien er hinnehmen sollte: den Kampf der UÇK für staatliche Unabhängigkeit oder die serbische Vertreibungspolitik gegen die Albaner? Oder sollte er sich heraushalten, die schwärende Wunde im europäischen Körper sich selbst überlassen?

Die Stimmung im rot-grünen Kabinett war gedrückt. Niemand hier hatte Interesse an einer Kriegsbeteiligung. Es widersprach aber auch niemand, als es so weit war – auch Oskar Lafontaine nicht, der sich später als »Kriegsgegner« aufspielte. Im Januar 1999 lud Joschka Fischer die Spitze des AA auf den Petersberg bei Bonn, um die Grundlinien der Außenpolitik festzulegen. Das Klima war offen, keine Aversion der altgedienten Diplomaten, der Genscheristen, gegen die jungen Grünen zu spüren. Im Gegenteil, Aufbruchstimmung, raus aus dem Duckmäusertum der Kinkel-Ära, Selbstbehauptung der sicherheitspolitischen Richtlinienkompetenz des AA gegenüber der Hardthöhe, wo das Verteidigungsministerium residierte.

Mitten in die Konferenz hinein platzte die Nachricht von einem erneuten Massaker der Serben an Albanern. In Račak. Die USA verlangten das sofortige Eingreifen der NATO. Zufällig auf der Redeliste, plädierte ich dafür, die krisenhafte Zuspitzung endlich für den Versuch zu nutzen, auf einer internationalen Balkankonferenz die Konflikte grundlegend zu bearbeiten und so den Krieg zu vermeiden. Schon lange forderten die Grünen für alle Nachfolgestaaten Jugoslawiens eine EU-Perspektive, um dem Nationalismus die Spitze zu brechen und eine zivile Entwicklung entgegenzusetzen. Politische statt militärische Krisenintervention. Allgemeine Zustimmung der Versammlung. Außenminister Joschka Fischer machte sich sofort ans Werk, als Repräsentant der EU und der G7-Präsidentschaft im ersten Halbjahr 1999. Nach zwei Tagen hatte er es geschafft: Alle westlichen Staaten machten mit. Die Konferenz stand.

Die Amerikaner verlangten für ihre Zustimmung einen Preis: Falls die Konferenz scheitere, müsse Deutschland die militärische Konsequenz mittragen. Andernfalls hätten USA und NATO sofort losgeschlagen – unter Beteiligung auch von Deutschland, das durch den alten Bundestag darauf festgelegt war. Die Konferenz – von Rot-Grün initiiert – sollte im französischen Rambouillet stattfinden. Denn Deutschland wurde wegen der Anerkennungspolitik Genschers gegenüber Kroatien und Slowenien von westlichen Freunden, die anderer Meinung waren, misstrauisch beäugt. Zudem sollte statt Deutschland die vorhergehende EU-Präsidentschaft Österreich, das als Nachbar viel vom Balkan verstand, verhandeln. Deutschland war als Beobachter und Ratgeber dabei.

Rambouillet scheiterte. Nach meiner Beobachtung an Belgrad. Obwohl der Vertragsentwurf die Entwaffnung der UÇK und die territoriale Integrität des Staatsverbandes Serbien-Mon-

tenegro einschließlich des Kosovos festschrieb, blockte Milošević. Die UÇK stimmte unter Druck zu, obwohl ihr Kriegsziel,
die staatliche Unabhängigkeit, verweigert wurde. Fast panikartig
musste nach dem Scheitern der Verhandlungen die unbewaffnete
OSZE-Mission abgezogen werden, bevor sie – wie die UN-Blauhelme zuvor bei der Belagerung von Sarajevo – von serbischen
Kräften als Geisel genommen werden konnten.

Nach dem Scheitern von Rambouillet machte, ausgelöst
durch einen »taz«-Artikel, bei »Friedensbewegung« und linken Grünen die Theorie die Runde, die Amerikaner hätten die
Konferenz torpediert, weil sie unbedingt Krieg wollten. Den Serben seien unzumutbare Bedingungen auferlegt worden. Der »Annex B« des Friedensabkommens – Bestimmungen zur Stationierung von NATO-Truppen auf jugoslawischem Gebiet – sei ein
inakzeptabler Oktroi für Belgrad gewesen, eine Sollbruchstelle.
Von mir darauf angesprochen, versicherten unserer Diplomaten,
es ging nur um den Modus der Stationierung von Friedenstruppen im Kosovo nach dem ausgehandelten Friedensschluss. Man
legte die Stationierungsregelung von Bosnien-Herzegowina als –
verhandelbare – Blaupause zugrunde. Die Friedenstruppen sollten über Belgrad verlegt werden statt über Albanien oder Mazedonien. Also kein Einmarsch aus dem Ausland, sondern geradezu
die Anerkennung Belgrads als Hauptstadt auch für den Kosovo.
Ein Zugeständnis an die jugoslawische Seite, ein Unterstrei-
chen seiner territorialen Integrität! Man habe den Annex erst
auf Nachfragen hin veröffentlicht, weil er eben keine zentrale
Bedeutung gehabt habe. Oft habe ich mich über die defensive
Informationspolitik des AA geärgert.

Dass ein russischer Kompromissvorschlag bei Nachverhand-
lungen in Paris nicht durchkam, war für die Kritikerseite der
endgültige Beweis für ein falsches Spiel des Westens. Dabei
wurde er von der serbischen Seite ignoriert, die zudem Zugeständnisse der ersten Verhandlungsrunde zurückzog. Zwischenzeitlich versuchten zahlreiche Missionen in Belgrad ihr Glück,
auch Joschka Fischer, und blitzten ab. Milošević wollte keinen
Frieden. Er konnte sich – so unser Eindruck – politisch nur noch

als Warlord an der Macht halten, auf einen massiven Konflikt zwischen NATO und Russland spekulierend.

Viele Linke stürzten sich bevorzugt auf die USA. In der Tradition der Imperialismuskritik suchten die einen nach der bösen Absicht der Supermacht. Was hatte diese in Europa zu suchen? Weil sie den Totalitarismus Milošević' nicht wahrhaben, sondern den Konfliktparteien gleichermaßen Schuld zuschreiben wollten, witterten sie eine Teufelei. Sie sahen nicht, dass die USA des Bill Clinton als ethisch argumentierende Garantiemacht der Menschenrechte auftreten konnten, weil die Europäer es nicht schafften, in ihrer Region Massaker und Völkermord zu verhindern. Und dass sie der EU zugleich zeigten, dass diese auch nach dem Kalten Krieg sicherheitspolitisch ohne die Führung des transatlantischen Partners nicht auskommen könne. Andere Linke hatten genau das gefordert: Wenn es zur Militärintervention kommen sollte, dann könnten das doch die Amis machen. Ohne uns. Mitten in Europa. Die Linke verirrte sich heillos in alten Denkschemata, die nicht mehr passten.

Ein zweites Srebrenica muss verhindert werden, ein Völkermord wie in Ruanda darf nicht noch einmal geschehen – darin waren sich alle einig. Wenn nicht der Westen das Leben der europäischen Muslime im Kosovo rettete, so befürchteten Sicherheitsexperten, dann würden – wie in Bosnien – Islamisten einfliegen und für ihre Hilfe die Rechnung in Form von Machtansprüchen und Ideologietransfer präsentieren. Man konnte sich nicht darüber hinwegtäuschen, dass die Stärke der USA vor allem in der europäischen Schwäche lag. Dazu trug auch eine Linke bei, die sich in Problemverweigerung flüchtete.

Jahrelang war ich Wortführer der Parteilinken gewesen, gerade im Disput mit Joschka Fischer über die Balkanpolitik. Nun waren es viele meiner alten Freunde, deren Beiträge mich verstörten. Gegen den Krieg zu sein war die eine Sache – die andere, welche »Argumente« jetzt herbeigezogen wurden, um eine »neutrale Position« zu retten! Hier bahnte sich ein schwerer Konflikt innerhalb der Linken an. Ich hatte im Bundestag für etwa die Hälfte der Grünen gegen die deutsche Kriegsteilnahme argumentiert und im AA einen Anstoß für Verhandlungen gegeben. Nach deren Scheitern war ich mit meinem pazifistischen Latein am Ende. Noch während Rambouillet suchte mich der Botschafter Belgrads auf: Wenn die Grünen »Nein« sagten, könnte Schröder nicht mitmachen. Der Zweck dieser Intervention war klar. Eine deutsche Weigerung hätte die NATO erheblich geschwächt. Milošević hätte sich militärisch behaupten und seine Vertreibungspolitik fortsetzen können. In Belgrad kalkulierte man strategisch mit der pazifistischen Gesinnung der Grünen. Sie galt als Schwachpunkt in der westlichen Phalanx. Die Grünen herauszubrechen hieß die NATO-Strategie zu torpedieren. Der grüne Pazifismus sollte in perverser Weise funktionalisiert werden, um einen Völkermord begehen zu können.

Solch ein Spiel durften Grüne nicht mitmachen. Ich fühlte mich versetzt in die Gesinnungsprüfung für Kriegsdienstverweigerer, dreißig Jahre zuvor. »Was tun Sie, wenn der Feind Ihre Freunde töten will und Sie eine Waffe haben, um das zu verhindern?« Die richtige Antwort damals: »Ich weiß es nicht. Ich verweigere den Kriegsdienst, weil mein Gewissen mich in einer solchen Situation handlungsunfähig machen würde.« Jetzt war diese Situation Realität, nicht für den potenziellen Soldaten, sondern für den aktuellen Politiker.

Die individuelle Weigerung, zur Waffe zu greifen, wandelte sich bei radikalen Pazifisten oft zur politischen Weigerung, zwischen Angriff und Gegenwehr zu unterscheiden. Dabei ist Selbstverteidigung als Naturrecht in der UN-Charta ausdrücklich festgeschrieben. Die Frage nach der Bewertung der Landung der Alliierten 1944 in der Normandie, um Europa militärisch vom Hitler-Faschismus zu befreien, wurde bei den Grünen in der Breite nie ernsthaft reflektiert. Pseudophilosophische Sprüche wie »Es gibt keine gerechten Kriege« oder »Krieg löst keine Probleme« töteten nötige Debatten ab. Die völkerrechtliche Unterscheidung von »Recht *zum* Krieg« und »Recht *im* Krieg« wurde gänzlich übersehen, die Differenzierung von Angriff und Verteidigung durch den Pauschalbegriff »Krieg« verhindert und zugleich moralisch verurteilt. So wurde die Erkenntnis vermieden, dass Völker- und Massenmorde manchmal nur durch den Einsatz von Waffen zu beenden waren. Jüngere Beispiele: Idi Amin in Uganda, die Roten Khmer in Kambodscha.

Der Kosovo stellte die Grünen vor die Entscheidung: Wollten sie den drohenden Völkermord verhindern, mussten sie den Militäreinsatz zumindest tolerieren. Wollten sie den Waffeneinsatz verhindern, mussten sie den Völkermord hinnehmen. Zwei Grundwerte – Pazifismus und Antifaschismus – gerieten in Widerspruch. Ein Konflikt, der die Partei zerriss. Joschka Fischers Vergleich mit Auschwitz jedoch erdrückte den Wertekonflikt. Ein moralischer Overkill. Hier wird ein Totschlagargument gebraucht, dachten viele. »So schlimm wie Auschwitz ist der Kosovo nie und nimmer…« Als ob nur die Dimension des Holocaust ein Eingreifen rechtfertigt! Dabei war der Waffeneinsatz längst unausweichlich. Es gab keine Abstimmungen mehr. Es galt die Activation Order der NATO, und Deutschland war dabei.

Der Krieg begann. Mit ihm der Kampf um Informationen. Deutsche Kampfjets flogen Begleitschutz. Doch die Bundesregierung hatte keine Kenntnis von der konkreten Zielplanung der Luftangriffe. Die Amerikaner ließen sich nicht in die Karten schauen. Hier spiegelte sich das klassische deutsche Sicherheitsdilemma, angewiesen zu sein auf den Partner, aber keinen Einfluss auf den Kern seiner Strategie zu haben. Rot-Grün zog die Konsequenz, an einer »Europäischen Sicherheits- und Verteidigungspolitik« (ESVP) als Teil der »Gemeinsamen Außen- und Sicherheitspolitik« (GASP) zu arbeiten.

Zeichnete man die serbischen Übergriffe im Kosovo auf einer Karte ein, so ergab sich eine systematische Umzingelung der Kosovaren, offen nach Mazedonien hin, dem Ziel der Vertreibung. »Plan Hufeisen« hatte jemand auf eine entsprechende Karte geschrieben. Rudolf Scharping, in der Kommunikation ungeschickt, schrieb diese Etikettierung Milošević zu. Sofort wütende Proteste von »Kriegsgegnern« – aus Belgrad informiert? »Einen Hufeisen-Plan gibt es nicht! Alles Propaganda der rot-grünen Kriegshetzer.« Möglicherweise war der Titel auf der Hardthöhe auf die Karte geschrieben worden, um Milošević' Absichten besser zu illustrieren. Ein grober Fehler. Die Kritiker aber stritten mit der fragwürdigen Bezeichnung zugleich die richtige strategische Analyse ab.

Eine Woche nach Beginn der Bombardements schwanden die Gewissheiten der NATO. Belgrad behauptete sich, falsche Ziele wurden getroffen, Zivilisten kamen zu Tode, wie immer in Kriegen. Die Erklärungen der NATO waren zu nassforsch. Sie hatte Milošević sträflich unterschätzt. Zu Beginn der Osterwoche fragte ich in einem Radiointerview als erstes Regierungsmitglied nach einer überprüfbaren Zieldefinition der NATO-Operation. Das war hart am Rande. Denn die eigenmächtige Frage bedeutete: So kann es nicht weitergehen. Diplomatisch, aber deutlich. Die Ostermärsche der Friedensbewegung standen an. Ziel der Kritik war der »NATO-Luftkrieg gegen Serbien«. Darin steckte viel alte DKP-Rhetorik. Doch die Frage nach dem Ziel der Bombardierungen und ihrem Ende war berechtigt.

Die Regierung musste eine einleuchtende Antwort geben. Am besten vor den Demonstrationen. Die Grünen, entstanden aus der Friedensbewegung, wären sonst deren Zielscheibe geworden. Am Mittwoch vor Ostern ging ich zum Außenminister, um eine plausible Perspektive anzumahnen, eine »Exit Option«, einen Weg zum Frieden. Wie kommt der Westen raus aus dem Dilemma, die Bombardierungen zu beenden und damit zu bewirken, dass Milošević sich als Sieger fühlen kann? Joschka Fischer hatte ein Papier mit einigen Stichworten in der Schublade, die den richtigen Weg wiesen. Wir beschlossen, einen synchronen Prozess auf den Weg zu bringen, der gleichzeitig die Vertreibungen der Kosovaren durch Belgrad und die NATO-Bombardierungen stoppte. Die Geburtsstunde des Friedensplans, der erst Fischer-Plan hieß und dann UNO-Plan. Der einzige realistische Ausweg, der – wie die Entwicklung zeigen sollte – letztlich Erfolg hatte. Fischer begann sofort zu telefonieren. Ich deutete noch in den Ostertagen in Interviews diese Wendung an, um dem Protest ein positives Ziel zu bieten. Bundeskanzler und Kabinett unterstützten unsere Linie. Der Außenminister brachte die EU hinter sich, holte – ein entscheidender Schritt – die vergrätzten Russen ins Boot, gewann die Amerikaner. Schließlich adaptierte Kofi Annan den Plan für die UNO.

Die NATO-Bombardierungen verstießen gegen das Völkerrecht, so wie es geschrieben stand. Das war ein gewichtiger Vorwurf. Doch wie entsteht Völkerrecht? Es gibt keinen zentralen Gesetzgeber. Das meiste ist Vertragsrecht. Oder Gewohnheitsrecht. Widersprechen Staaten einer Praxis nicht, gilt sie als gebilligt. Deutschland erklärte den Kosovokrieg zur Ausnahme. Das war keine dahergeredete Floskel, sondern bedeutete, dass daraus kein Gewohnheitsrecht und keine weiter reichende völkerrechtliche Legalität entstehen könnten. Es reflektierte darauf, dass das »Völkerrecht« eigentlich kein Recht der und für Völker war, sondern Staatenrecht, das deren Beziehungen untereinander regelte. Es schützte nicht Völker gegen Übergriffe des eigenen Staates, der nach innen hin das Gewaltmonopol besaß. Hier galt die Formel von der »Nichteinmischung in die inneren Angelegenheiten«. Unbefriedigend, dass das Völkerrecht, eine Konsequenz aus dem Holocaust, ausgerechnet den Fall eines internen Massenmords durch die Staatsmacht nicht regelte. Zugeständnis an die Despoten Stalin und Tschiang Kai-shek bei der Formulierung der UN-Charta. Formal war der NATO-Akt der Angriff eines Staatenbündnisses gegen den Bundesstaat Jugoslawien und damit völkerrechtswidrig. Aber Belgrad war offensichtlich dabei, einen Teil seines Staatsvolks zu ermorden und zu vertreiben. UN-Resolutionen zu Bosnien-Herzegowina hatten bereits die Lebensrechte ethnischer Minderheiten gegenüber dem staatlichen Gewaltmonopol betont, ohne jedoch eine neue völkerrechtliche Systematik zu konstituieren. Die Frage war aufgeworfen, aber noch nicht beantwortet.

Wie sollte die internationale Gemeinschaft damit umgehen? Sie hatte die hilflosen UN-Blauhelme in Bosnien-Herzegowina erlebt, den achttausendfachen Mord von Srebrenica. Sollte Politik, bei drohender Wiederholung, dem positiven Recht folgen oder ihrer Ethik? Welches Prinzip galt hier, das der Legalität oder das der Legitimität? Offensichtlich fiel beides auseinander. Der Versuch Russlands, den NATO-Angriff in der UNO verurteilen zu lassen, schlug fehl. Ein Zeichen dafür, dass diese den Widerspruch im Völkerrecht selber sah. Auch das Bundesverfassungsgericht wies später eine Klage der PDS gegen die Bundesregierung wegen Führens eines Angriffskriegs zurück. Die UNO betonte danach wiederholt die »Verantwortung, zu schützen«, eine Nothilfepflicht, ergänzend zum Selbstverteidigungsrecht. Die Debatte über »responsibility to protect« wurde jedoch wieder abgewürgt, als George W. Bush dies zum Vorwand für den Angriff auf den Irak nahm.

Über quälende Wochen zog sich der Krieg hin. Die Grünen wurden immer unruhiger. Auf der BDK von Erfurt vom 5. bis zum 7. März 1999 stimmten sie der Regierung zu. Doch unter dem Eindruck von Tod und Zerstörung, von bagatellisierten Kollateralschäden, befeuert durch einen bizarren Auftritt von Gregor Gysi in Belgrad, wurden die Rufe nach einem sofortigen Stopp der Bombardierungen immer lauter. Kaum einer reflektierte, was dies in der Praxis hieß. Sollte Deutschland seine Beteiligung beenden? Hätte dann der Krieg wirklich aufgehört? Wäre er nach einer Schwächung der NATO vielleicht schlimmer geworden, aber Grüne hätten ein gutes Gewissen gehabt? Wollten sie den Völkermord hinnehmen? Sollte Milošević als Sieger dastehen? Auffällig wieder der zwiespältige Kurs von Menschenrechtlern. Christa Nickels, Claudia Roth – seit Jahren forderten sie, man müsse »etwas tun« gegen die serbische Kriegspolitik. »Tun«, das war militärisch gemeint. Jetzt gehörten sie zu denen, die am lautesten »aufhören, aufhören« riefen. Sie hatten eine Militärintervention gefordert, also Waffengewalt, wollten sich jetzt aber vor den Konsequenzen davonstehlen.

Die Linke in der Partei war gespalten – eine Spaltung, die sie nie mehr überwinden würde. Der Großteil der undogmatischen Linken – wie Angelika Beer, Winfried Nachtwei, Christian Sterzing – teilte meine Haltung in der Kosovo-Frage. Andere wie Annelie Buntenbach oder Bärbel Höhn forderten rigoros das sofortige Ende des Kriegs. Mit welcher Konsequenz auch immer. Linke entdeckten plötzlich das Völkerrecht. Lange Zeit hatten sie es ignoriert oder als amerikanisches Herrschaftsinstrument

»entlarvt«. Jetzt plötzlich klammerten sie sich an das geschriebene Wort, legten es, ohne Rücksicht auf seine Entstehungsgeschichte, möglichst eng aus. Vom »Linksanwalt« zum Rechtspositivisten. Wie der Völkermord anders gestoppt werden könnte nach dem Scheitern der »zivilen Konfliktbearbeitung« in Rambouillet – diese Frage fand keine Antwort. Die Antikriegspose kam in der völlig verunsicherten Partei gut an. So mancher hatte auch schon die Aufstellung der nächsten Landeslisten im Blick. Die Partei war nicht mehr zu halten. Sonder-BDK!

13. Mai 1999, Bielefeld, Stadthalle. Von Demonstranten belagert, von der Polizei geschützt. Pfeifkonzerte und Rempeleien gegen grüne Mandatsträger. Einige Gesichter aus dem pazifistischen Spektrum, alte Freunde. Viele Unbekannte, Autonome, auch Schläger – serbische Provokateure? Joschka Fischer wurde ein Farbbeutel ins Gesicht geschleudert – das Bild des Parteitags nach außen. Im hinteren Saalteil hatte sich Jutta Ditfurth mit ihren letzten Getreuen postiert.

Joschka Fischer eröffnete die Redeschlacht, ehrlich, schonungslos, ohne die übliche Effekthascherei. Der Beifall war zurückhaltend. Annelie Buntenbach hielt dagegen. Angelika Beer verteidigte Fischer. Die Debatte verlief auf des Messers Schneide. Dann zog Bärbel Höhn blank. Gegen die deutsche Beteiligung, gegen die Militäraktion überhaupt, gegen die USA, gegen das falsche Feindbild Serbien, gegen die da oben in Bonn. Frenetischer Jubel im Saal, grüne Gründungsmythen feierten Auferstehung, eine Erweckungsmesse für den Widerspruchsgeist. Ich kannte Bärbel Höhns Einstellung. Sie hatte intern für Neutralität plädiert gegenüber Serben und Kosovaren, für Äquidistanz. »Es sind immer beide Seiten schuld.« Diese Phrase kam bei vielen Linken gut an, weil sie vom genauen Hinsehen und Nachdenken suspendierte. In Wirklichkeit goss die UÇK zwar Öl ins Feuer, aber die Schuld für die Verbrechen lag, strategisch betrachtet, eindeutig aufseiten Belgrads.

In Düsseldorf hatte Bärbel Höhn Niederlagen beim Thema Braunkohletagebau einstecken müssen. Die Kosovodebatte gab die Gelegenheit zum Punktgewinn bei der linken Basis: Krieg und Frieden auf dem Balkan – Stoff für landespolitische Taktik! Ich fand, ein Konzept musste sich angesichts schwierigster Herausforderungen beweisen! Taugte es etwas, oder musste man es revidieren? Hier nun stand der Pazifismus vor seiner schwierigsten Herauforderung. Sich ihr mit selbstberauschender Rhetorik zu entziehen traf nicht das geforderte Niveau. Wäre nach Höhns Rede abgestimmt worden, Rot-Grün wäre am Ende gewesen, und für den Balkan hätte man nichts erreicht! In diesen Stunden vollzog sich mein emotionaler und intellektueller Bruch mit »meiner« Parteilinken, meiner alten Basis.

Hinter den Kulissen zirkulierte Joschka Fischers Rücktrittsdrohung. Kein Bluff, hier ging es um politische Substanz. Er hätte mit einer Niederlage seine Basis als grüner Minister verloren. Als parteiloser Minister von Schröders Gnaden weitermachen zu wollen, wie manche Linke ihm unterstellten, war weder sein Ziel noch tragfähig. Rot-Grün hätte die Kanzlermehrheit verloren. Mancher Linke glaubte, dass ich als Außenminister einspringen könnte. Auf der Basis von Illusionen und Verdrängungen? Nein. Zudem machte Joschka Fischer in der Kosovofrage einen exzellenten Job. Bei allem alten und zukünftigen Zwist – in dieser Lage stand ich hinter ihm. Auch weil ich überzeugt war: Unser Friedensplan war der einzig realistische Ausweg.

Es gab auch andere Szenarien: eine Invasion mit Bodentruppen, um den Sieg zu erzwingen. NATO-Planer arbeiteten daran. Hätten sich die Radikalpazifisten – »sofort Schluss mit der deutschen Beteiligung« – in Bielefeld durchgesetzt, wäre dies nicht das Ende des Kriegs gewesen, sondern das Ende von Rot-Grün, das Ende des einzig realistischen Friedensplans, der zur Umsetzung aber noch einige quälende Wochen brauchte. Zum Zuge gekommen wäre dann wohl die andere Option, die Eskalation durch Bodentruppen. Und eine Große Koalition. Mit ungewissem Ende. Die »Sofortisten« hätten das Gegenteil dessen erreicht, was sie rhetorisch anstrebten. Und die Grünen wären historisch erledigt gewesen. Dagegen stand in Bielefeld ein Antrag des Bundesvorstands, formuliert von Christian Sterzing, mitgetragen von den namhaften Sicherheitspolitikern. Auch er setzte sich kritisch mit Begründung und Verlauf des Kriegs auseinander, nahm die Stimmung der Partei auf, aber er stärkte der Regierung den Rücken für den Friedensplan, hielt sie im Amt und sprach das Vertrauen aus.

Nach der hitzigen, von spontanen Stimmungen beherrschten Debatte sollte ein verabredetes Rededuell den Abschluss bilden. Hans-Christian Ströbele für die Sofort-Schluss-Position, ich für die Vorstandslinie. Ströbele redete unsicher, als spürte er, wenn er die Mehrheit bekäme, hätte die Linke gewonnen, aber ansonsten wäre alles vorbei, Ende der Geschichte der Grünen als ernst zu nehmende Kraft. Die latente Stimmung im Saal war nach Bärbel Höhns Rede aufseiten der »Ausstieg-sofort«-Fraktion. Ich griff die Kollegin in meiner Rede frontal an. Dass ich damit meine Basis in Nordrhein-Westfalen verprellte, war mir egal: gegen den Krieg, für den Friedensplan und deshalb für die Regierung! Abstimmung: Mehrheit für die Vorstandslinie. Joschka Fischer blieb im Amt. Der Friedensplan wurde weiterverfolgt.

Die Presse meldete einen Sieg der Kriegsbefürworter über die Kriegsgegner. Das war falsch, entsprach aber in unterhaltsamer Weise der »bipolaren Störung« der Medien. Zur Abstimmung gestanden hatten in Wirklichkeit zwei Friedenspläne: Der realistische hatte sich gegen den illusionären durchgesetzt. Doch die Deutung setzte sich fest: Wer Fischer unterstützt hatte, »war für den Kosovokrieg«. Selbst wenn man – wie ich – im Bundestag die Gegenrede gehalten hatte. Die Ablehnung des sofortigen Ausstiegs war ausschlaggebend. In Wirklichkeit wäre dessen Konsequenz die Eskalation gewesen, während die angebliche Kriegsbefürwortung zum Frieden führte. Die Paradoxie von Bielefeld.

Die Grünen mussten lernen, dass nicht die Gesinnung, sondern die Konsequenzen entscheidend sind – Verantwortungs- statt Gesinnungsethik. Nicht überall fand der Lernprozess statt. Ich verlor meinen innerparteilichen Rückhalt. Die Hälfte der Linken lehnte mich nun ab. Auch in meiner Heimatregion Ruhrgebiet. Dort wollte man ohnehin lieber Sozialpolitiker. Die Oberhausenerin Bärbel Höhn tat alles, um meine Position zu untergraben. Auf dieser Basis weiterzumachen verlangte eine gehörige

Portion Frustrationstoleranz. Enttäuschend war auch die Haltung mancher Regierungslinken, die hinter dem obsiegenden Antrag standen, wie Claudia Roth und Jürgen Trittin. Obwohl sie ahnten, dass mein Auftritt die Partei vielleicht vor dem Exitus bewahrt hatte, ließen sie mich die Wut der Radikalpazifisten alleine abwettern und holten sich ihrerseits dort ihre Streicheleinheiten.

Die Gleichung des UNO-Friedensplans ging auf. Nach quälenden Wochen das ersehnte Ergebnis: Ende der Vertreibung und Ende der Bombardierungen. Anderthalb Jahre später – subversiv betrieben auch von SPD-Beauftragten in Serbien – Sturz des Milošević-Regimes, Neubeginn in und mit Belgrad, Entwicklungspläne für den Kosovo. Der Konflikt war nicht wirklich gelöst, aber unter die militärische Eskalationsschwelle gedrückt worden. Mehr hatte der Militäreinsatz auch nicht bezweckt. Viel, aber nicht genug. Den Abzug der serbischen Truppen nahmen nun zuvor unterdrückte Albaner zum Anlass, die serbische Minderheit, Roma und Juden im Kosovo zu drangsalieren, orthodoxe Kirchen niederzubrennen. Auf rot-grüne Initiative hin richtete die EU den Stabilitätspakt für Südosteuropa ein, der endlich die »Einladung nach Europa« – von den Grünen seit Jahren gefordert – ökonomisch flankierte.

Das Elend auf dem Balkan eskalierte, als sich für die Integrationsprobleme des hochverschuldeten Jugoslawien nationalstaatliche Lösungsmuster durchsetzten, in immer kleineren Einheiten. Es begann mit dem serbischen Größenwahn und Drang nach Beherrschung der anderen Teilrepubliken und autonomen Provinzen, als diese ihr Heil im Wettlauf nach Europa suchten und Serbien mit dem wenig entwickelten Kosovo als Bremsklotz abzuhängen drohten. Es ging weiter mit der von Deutschland durchgesetzten Anerkennung Sloweniens und Kroatiens, ohne Lösung für Restjugoslawien. So verlangten auch Mazedonien und Bosnien-Herzegowina die Eigenstaatlichkeit, gefolgt von Kosovo und Montenegro. Wird eine endgültige Unabhängigkeit des Kosovo nicht die Republika Srpska innerhalb Bosniens zu sezessionistischen Ambitionen verleiten? Wird das interne Bündnis von Kroaten und Bosniaken dann halten? Die serbische Minderheit im Nordkosovo könnte den Anschluss an Serbien suchen. Und die neuen Machthaber im Kosovo: Wollen sie wirklich die Transformation von der mafiosen Drogenökonomie zur rechtsstaatlichen Marktwirtschaft nach EU-Muster? Stabil ist die Lage noch lange nicht. Der Urheber des Elends, Slobodan Milošević, ist unterdessen im Gefängnis des UN-Tribunals von Den Haag verstorben.

Hat Rot-Grün seine Prinzipien verraten? Rot-Grün hat den Kosovo-Konflikt geerbt, konnte die Zeit nicht zurückdrehen und die Verantwortung nur bei Strafe der eigenen Bedeutungslosigkeit ausschlagen. Rot-Grün hat jederzeit versucht zu deeskalieren: Initiative zur Konferenz von Rambouillet, Reintegration Russlands in den Friedensprozess, Initiativen zu Friedensplan und Stabilitätspakt. Die grüne Partei aber wollte die genauen Hintergründe nie wissen. Eine spätere »friedenspolitische Kommission« zur angeblichen Aufarbeitung erlaubte sich, Joschka Fischer und mich, die dabei waren, nicht einmal anzuhören. Nur die Grüne Jugend zeigte Interesse. »Bielefeld« begründete die zukünftige interne Machtarchitektur der Partei. Im Bund wurde aus Mitte-links Mitte-Realo. Auf dem linken Flügel hatten nun die Verbalradikalen die relative Mehrheit. Meine Zeit dort war vorbei.

Der Kosovo-Krieg hatte markante Auswirkungen auf Programmatik und Profil der Grünen. Keine Waffe, von niemandem, zu keinem Zweck – die alte Radikalität war obsolet. Aus dem Kampf gegen Atomraketen fast zwanzig Jahre zuvor stammte eine programmatische Reihung: gegen die Nuklearstrategie, gegen die Blockkonfrontation, gegen das Militär überhaupt, also gegen die Bundeswehr, gegen Wehrdienst, gegen Waffenproduktion, gegen Waffenexporte, gegen den Rüstungshaushalt, gegen Truppenübungsplätze, für Kriegsdienstverweigerung, für Rüstungssteuerboykott... Wenn man aber ein einziges Mal Militär als Teil der Konfliktlösung anerkannte – wie im Falle Kosovo –, dann musste man notwendigerweise auch anerkennen: Man brauchte Militär, die Bundeswehr, Waffen und deren Beschaffung, auch durch Importe, was Exporte implizierte, einen Rüstungshaushalt, Soldaten ...

Wegen dieser Konsequenzen lieber das Problem zu verdrängen – die Rückkehr atavistischer Konflikte in der Postmoderne –, war intellektuell unredlich. Humanitäre Interventionen zu fordern und bei der überkommenen Militärkritik zu bleiben – das funktionierte nicht. Die Grünen spürten ihr Dilemma, waren verunsichert und vermieden Grundsatzdebatten zugunsten pragmatischer Ad-hoc-Entscheidungen, wenn im Bundestag eine Abstimmung anstand. Ein »politischer Pazifismus« hätte trotz Anerkenntnis der Grenzen des Zivilen an der systematischen Ersetzung militärischer durch zivile sicherheitspolitische Strategien arbeiten können. Doch der »Toolbox«-Ansatz, der sich beliebig jedes Instruments bedient, ohne normativ auf die zivilen zu setzen, wurde mehrheitsfähig. Die Partei verspielte ihr friedenspolitisches Profil.

Kapitel 25

Terror – Afghanistan und Irak

11. September 2001: Gerade erläuterte ich dem Korrespondenten des »Wall Street Journal« im AA die deutsche Politik, als die Nachricht hereingereicht wurde: Ein Jet ist ins New Yorker World Trade Center geflogen. Entsetzen! Das musste ein Terroranschlag sein! Im Fernseher sah ich den zweiten Einschlag. Den Einsturz der Gebäude. Krisensitzung bei Joschka Fischer: Angriff auf die scheinbar unverwundbaren USA, die Supermacht. Die Welt würde sich dramatisch verändern, die gesamte Geopolitik. Unsere politische Reserviertheit gegenüber Präsident George W. Bush spielte jetzt keine Rolle mehr. Unmissverständlich galten Solidarität und Mitgefühl dem amerikanischen Volk.

Der Außenminister sinnierte düster: »Der erste Huntington-Krieg. Das Ende Israels.« War dies wirklich der »Kampf der Kulturen«, vor dem der amerikanische Politikwissenschaftler Samuel P. Huntington gewarnt hatte? Jemand wolle ihn provozieren, wandte ich ein, wir müssten ihn verhindern. In diesen Minuten wurde unsere Strategie des Kampfes gegen den internationalen Terrorismus umrissen: Es war kein Angriff der arabisch-islamischen Welt gegen die christlich-jüdische. Sondern irgendjemand, ein eingrenzbares Subjekt, hatte nicht den Westen, sondern alle Zivilisationen angegriffen. Einschließlich der arabisch-islamischen. Gerade diese mussten wir als Verbündete gegen die Zivilisationsfeinde gewinnen. Es kam darauf an, diese Deutung sofort durchzusetzen. Medien spekulierten schon über die Täter. Palästinenser? Im AA war klar: nicht deren Handschrift, einige Nummern zu groß. Nicht auszudenken, was geschähe, wenn sich die Kulturkriegsthese breitmachte! Die ganze

Nacht Recherchen. Morgens wagte ich im Radio die These: Bin Laden und Al-Qaida. In Deutschland wenig bekannt, in den USA seit Langem auf dem Bildschirm. Bundeskanzler Gerhard Schröder bekannte sich zur »uneingeschränkten Solidarität« mit den USA. In dieser Lage war unmissverständliche Klarheit gefordert. Haarspalterisch wurde sein »uneingeschränktes« Bekenntnis später seziert – besonders in Kreisen, die halblaut räsonierten, ob »die Amis« an der Apokalypse nicht selbst schuld seien. Andere sahen schon jetzt den Versuch der Opposition voraus, aus diesem Adjektiv die Verpflichtung herzuleiten, jede amerikanische Maßnahme mitzutragen. Kaum zu glauben, in welchem Ausmaß diese Megakatastrophe für geschmäcklerische und taktische Kleinkariertheiten herhalten musste. Der grüne Parteirat verständigte sich am 5. November auf die Kompromissformel »kritische Solidarität«.

Die Anschläge auf New York und Washington waren ein aus dem Ausland vorgetragener bewaffneter Angriff, ein kriegerischer Akt im Sinne des Völkerrechts, wie der UN-Sicherheitsrat feststellte. Die USA hatten das Recht auf Selbstverteidigung nach Artikel 51 der UN-Charta. Mit den USA war auch das NATO-Bündnis angegriffen worden. Zum ersten Mal trat dessen Artikel 5, der Verteidigungsfall, in Kraft. Würden die USA militärisch reagieren? Unsere Solidarität wäre auch dann verlangt.

Bald war klar, dass Bin Laden und Al-Qaida von den Taliban »beherbergt« wurden, die in Afghanistan die Bevölkerung tyrannisierten. Sie hatten de facto die Staatsmacht inne, von afghanischem Boden war die Planung des Terrors ausgegangen. Die USA verlangten von der Taliban-Regierung ultimativ, Täter und Drahtzieher auszuliefern. Vergeblich. Völkerrechtlich hatten die USA nun jedes Recht, sich militärisch gegen einen erneuten Angriff durch die Zerschlagung der Infrastruktur des Terrors zu wehren. Ob die folgenden Militärschläge effektiv, ob sie klug waren, ist eine andere Frage.

Die UNO billigte die militärische »Operation Enduring Freedom« (OEF). Wieder ein Militäreinsatz! Wieder eine harte Prüfung für die grüne Friedenspolitik. Was musste Deutschland tun, damit die USA es als Solidarbeitrag anerkannten? Was war der deutschen Bevölkerung zuzumuten? Wie viel würde Rot-Grün mittragen, ohne dass die Koalition platzte? Joschka Fischer und ich suchten die Linie zwischen Bündnissolidarität und Sentiment der eigenen Leute. Das Kabinett legte die Vorschläge dem Bundestag zur Bestätigung vor: keine Beteiligung an Luftangriffen und Kampftruppen, dafür Kommando-Spezialkräfte (KSK) zur Aufklärung, Rückraumsicherung im Indischen Ozean, Lazarettflugzeuge, ABC-Spürpanzer am Golf. Alles – außer die KSK – weit weg vom Schuss, wenn auch nicht ungefährlich. Wir hofften, das würde den USA reichen. Der NATO-Verteidigungsfall hätte uns mit Erwartungen konfrontieren können, deren Erfüllung zahlreiche Opfer unter unseren Soldaten gekostet hätte. Die USA wollten keinen größeren Beitrag, auch um Deutschland – wie im Kosovo – nicht an der Strategieplanung beteiligen zu müssen.

Die grüne »Partei des Lebens«, Pazifisten, mich eingeschlossen, musste lernen, dass es nicht nur falsche Feindbilder gab, sondern richtige Feinde, Todfeinde. Angelika Beer, Christian Sterzing, Winfried Nachtwei sahen die Dinge wie ich. Nicht jeder machte diesen Schritt mit. Jürgen Trittin hielt sich wieder mal heraus. Einzelne Schlaumeier kalkulierten die geringe Wahrscheinlichkeit, vom Terror getroffen zu werden, um so das gesamte Thema abzutun. Andere sahen Bin Laden als Rächer der ausgebeuteten Dritten Welt. Man verdrängte die Realität, um das eigene Weltbild zu retten. Kein bewaffneter Angriff von außen, sondern ein beliebiger Terroranschlag sei es gewesen: Die Täter hätten innerhalb der USA Flugzeuge bestiegen, nur mit Messern bewaffnet, erklärte der Sport- und Umweltpolitiker Winfried Hermann, auf der Suche nach eigenem Profil. Vielleicht alles ein Komplott der CIA?

Und mancher »wusste«: Panzer am Golf! Das ist die Vorbereitung einer Irakinvasion. Rot-Grün – Kriegstreiber! Dabei waren die Spürpanzer für nichts nutze, außer den deutschen Beitrag größer erscheinen zu lassen. Aus umstrittenen Maßnahmen zudem rückzuschließen auf mangelnde Legalität wurde eine der typischen linken Verrenkungen. Nicht eine Minute dachten die Kritiker nach, wie Terrorstrukturen zu zerschlagen seien. Während andere Verantwortung übernahmen, saß man ein paar Wochen aus, um sich dann wieder in die Lieblingspose zu werfen: Widerstand! Nicht den Tätern galt der Zorn, sondern den Opfern, die bei der Gegenwehr Fehler machten. Das Weltbild stimmte wieder. Ich war für sie nicht mehr »links«. Die neuen Interpreten des Begriffs desavouierten ihn nach Kräften. Wir, Joschka Fischer, Angelika Beer, ich und wenige andere, führten unzählige – oft nervtötende – Diskussionen in der Partei, um die neue Realität samt Konsequenzen rüberzubringen.

Die Bundestagsentscheidung am 16. November 2001 über die deutsche Beteiligung an OEF verband der Bundeskanzler mit der Vertrauensfrage. Denn am 29. August hatte er für den Bundeswehreinsatz in Mazedonien keine eigene rot-grüne Mehrheit bekommen. Dabei sollte die Bundeswehr nur die Entwaffnung von potenziellen Bürgerkriegsparteien überwachen und so die Implementierung einer friedenschaffenden Verfassung garantieren – ein Friedenseinsatz par excellence. Ich hatte mich als Staatsminister dafür ins Zeug gelegt. Dennoch stimmten linke Grüne dagegen, weil sie eine »Salamitaktik« zur Remilitarisierung der Außenpolitik witterten. Nur mit Stimmen der Opposition bekamen Schröder/Fischer die Mehrheit. Manche Grüne fanden »wechselnde Mehrheiten« cool. Die meisten aber dachten: Rot-Grün abhängig von Schwarz-Gelb – nicht noch einmal!

Für den Afghanistan-Einsatz wollte der Kanzler Klarheit, eine eigene Mehrheit. Für die meisten Grünen, auch viele linke, eine klare Sache. Gegen den Terror musste man – wenn nötig – auch militärisch vorgehen, ohnehin galt die NATO-Verpflichtung. Aber auch wenn man wegen des Waffeneinsatzes Gewissensbisse hatte – das Gewissen erstreckte sich ebenso auf strategische Fragen wie das Überleben der Koalition als Voraussetzung etwa für die geplanten Sozialreformen. Deshalb wollten die meisten Gerhard Schröder in der Abwägung gewissenhaft das Vertrauen aussprechen. Doch einige linke Grüne führten ein Schauspiel auf, wie es im Bundestag wohl einmalig war. Sechs bis acht Leute hatten lautstark ein »Nein« zur deutschen Beteiligung angekündigt. Das hätte Schröder gestürzt. Nur vier Nein-Stimmen waren zu verkraften. In einer Simulation von Verantwortungsbewusstsein delegierten die Neinsager ihr Gewissen nun an das Los. Es wurde geknobelt, wer mit »Nein« stimmen durfte und wer den Kanzler retten musste. Hans-Christian Ströbele erwischte ein »Nein« und konnte seinen Rebellennimbus in Kreuzberg retten. Der Jugendvertreter Christian Simmert musste mit »Ja« stimmen, verkraftete sein Schicksal nicht und trat bald aus. Die Dissidenten galten links als Helden; wer dagegen von vornherein verantwortlich entschieden hatte, weil er die Konsequenzen seines Handelns bedachte, dem wurde ein Gewissen abgesprochen und Taktik unterstellt. Verantwortungsethik galt dort weniger als eine Gesinnungsethik, die sich aufplusterte, um dann zu kollabieren. Oder ging es nicht um das Gewissen, sondern um Imagepflege? Schröder gewann die Vertrauensabstimmung. Dass er später eine Vertrauensfrage verlieren wollte – das hatte auch mit diesen unsäglichen Vorgängen zu tun. Ein Teil der Links-Grünen trug Mitschuld an der Schwächung des Kanzlers und dem Ende von Rot-Grün. Am 24./25. November 2001 bestätigte die grüne BDK in Rostock jedoch erst einmal die Regierungslinie, flankiert von friedenspolitischen Forderungen.

Entscheidend war nicht die Befindlichkeit einer deutschen Kleinpartei, sondern die Strategie der internationalen Gemeinschaft. Die Erfolge der Bombardierungen in Afghanistan waren begrenzt. Sie löschten einige Wüstencamps der Terroristen aus, konnten die logistische und personelle Basis aber nicht völlig zerschlagen. Zudem forderten Cluster- und Ärosolbomben erhebliche Opfer unter der Zivilbevölkerung, ein Umstand, der völkerrechtliche und ethische Fragen aufwarf sowie die nach dem politischen Resultat. Hier war massive Kritik angebracht, die Frage nach dem »Recht im Krieg«. Wer aber – wie Annelie Buntenbach – daraus wieder rückbezüglich das »Recht zum Krieg« anzweifelte, machte einen klassischen Fehler.

Die USA des George W. Bush glaubten den Terror im Wesen des Islam und der arabischen Lebenswelt entdecken zu können.

Das ließ Böses ahnen. Wollte Bush etwa nach Afghanistan andere Staaten ins Visier nehmen? Als »Phase zwei« im »Krieg gegen den Terror«? Irak? Iran? Syrien? Der Pietist im Weißen Haus redete von »Schurkenstaaten«, von der »Achse des Bösen«. Außenminister Fischer warnte vorsichtshalber bereits Ende 2001 im Bundestag vor solchen Abenteuern. Die USA zerbombten bald nicht nur die Macht der Taliban, sondern auch die Sympathien der Zivilbevölkerung für den Westen. Schnell sank in Europa die öffentliche Zustimmung für den amerikanischen Kurs. Polizeiliche und geheimdienstliche Methoden, Wirtschafts- und Finanzsanktionen seien effektiver, lautete die Schlussfolgerung der EU. Ein intensiver Dialog der Kulturen sollte ein Bündnis von Abend- und Morgenland schmieden und den Terroristen die Basis entziehen. Als hätten wir es geahnt, hatten Günter Verheugen und ich den »Dialog der Kulturen« als eigenes Kapitel in den Koalitionsvertrag geschrieben.

Die USA machten einem Solidarität immer schwerer. Guantánamo, das rechtlose Gefangenenlager auf Kuba, wurde zum Inbegriff von Hybris und Willkür, zum Symbol amerikanischer Unfähigkeit, die psychologischen Folgen des eigenen Handelns abzuschätzen. Es gab den Kritikern der USA nicht nur in der arabisch-islamischen Welt ein anschauliches Beispiel für »Double Standards«, die Doppelmoral des Westens. Wenn es eine weltweite Allianz im Kampf gegen den Terror gegeben hatte, Guantánamo – und später der Irakkrieg – zersetzte sie. Es war nicht nur Fehlsichtigkeit, wenn die Augen der Welt sich bald auf Guantánamo wie auf den »Ground Zero« richteten. Die Grünen beharrten bei allen Notwendigkeiten der inneren Sicherheit auf Rechtsstaatlichkeit. Die Terroristen wollten die offene Gesellschaft treffen, unseren demokratisch-liberalen Lebensstil. Wir durften jetzt nicht aus Angst selber das zerstören, was die Aggressoren im Visier hatten. Sehr genau passte die grüne Fraktion um die Innen- und Rechtspolitiker Rezzo Schlauch, Volker Beck und Cem Özdemir auf, dass bei den Sicherheitsmaßnahmen nicht Freiheit und Liberalität geopfert wurden.

Die Bundesregierung tat alles für ein politisches Konzept zur

Lösung der Afghanistankrise. Sie lud im November 2001 die Wortführer des geschundenen Landes auf den Petersberg bei Bonn ein, damit diese über eine »Loya Jirga«, die Große Versammlung der Stammesführer, Friedensperspektiven entwarfen. Vieles hing vom unermüdlichen Einsatz Joschka Fischers ab. Ich selber machte mich dafür stark, Frauen endlich prominente Rollen einzuräumen. Doch viele Hoffnungen auf Demokratie mussten Illusion bleiben. Arrangements zwischen Warlords bedeuteten noch nicht Demokratie. Zudem musste die Bundesregierung ihre militärische Beteiligung innenpolitisch mit nachgeschobenen Zielen legitimieren. Bomben auf Afghanistan akzeptierte die Öffentlichkeit nur noch, wenn auch dem afghanischen Volk geholfen würde – mit Entwicklung, Menschenrechten, Demokratie. Kampf gegen den Terror – das Hauptziel verblasste, obwohl weitere Anschläge die Welt erschütterten, auf Bali, in Casablanca, Madrid, London, Istanbul, auf Djerba. Auch strategisch schienen Partizipation und Entwicklung zunächst die Funktion zu haben, von Taliban befreite Gebiete zu sichern: »Regional Reconstruction Teams« sollten durch eine »Internationale Sicherheitsunterstützungstruppe« (ISAF) der UNO flankiert werden. Am 22. Dezember 2001 gab es im Bundestag eine klare Entscheidung für ISAF.

Bald aber verselbstständigte sich das nachgeschobene Ziel umfassender Entwicklung. Alles in eine mustergültige Demokratisierung zu investieren, lautete nun die vorherrschende Devise. Menschenrechtler um Christa Nickels erarbeiteten detaillierte Entwicklungsprogramme. Wir gelernten Entwicklungs- und Sicherheitspolitiker hatten Zweifel an deren Sinn. Westliche Standards – schon oft hatten fremde Mächte versucht, dem Land ihren Stempel aufzudrücken. Briten, Sowjets. Der Konflikt zwischen archaischer Beharrung und Modernisierung war von außen kaum zu lösen, schon gar nicht per Oktroi. Warum sich nicht langsam wieder zurückziehen und das Land seinen Bewohnern übergeben? Als halbwegs friedliche Despotie. Unterstützt mit klassischer Entwicklungshilfe. Es war schwer, bei den gutwilligen Helfern überzogene Erwartungen an den deutschen Einsatz zu dämpfen.

Wenn es schlecht läuft, welche Konsequenz ist dann angebracht: aufhören oder noch mehr investieren? Jahrzehntelang mit hohen Verlusten an der falschen Baustelle arbeiten? Es gibt Grenzen des Interventionismus, ob militärisch oder zivil. Der Westen muss einsehen, dass er auch nach der Globalisierung von Dollar, Euro und Yen nicht allmächtig ist. Supermachtinteressen sind ebenso relativ wie aufopferndes humanitäres Engagement. Nicht nur große Reiche können unter Überdehnung leiden, auch große Herzen. Der Westen ist nicht für alles zuständig und verantwortlich. Selbst wenn er an seine Werte glaubt: Er muss nicht missionarisch an ihrer Universalisierung arbeiten.

Der Grüne Tom Koenigs müsste davon Zeugnis ablegen können: Joschka Fischers Freund aus Streetfightertagen wurde für die UNO nacheinander Sonderbeauftragter für den Kosovo (1999), Guatemala (2002) und Afghanistan (2006), bevor er 2009 in den Bundestag einzog. Zerfallende und zerfallene Staaten – eine Herausforderung für die internationale Politik. Aber muss das Vakuum unbedingt mit westlichen Vorstellungen gefüllt werden? Mein früherer Bundestagsmitarbeiter Lars Brozus begann später an der Freien Universität Berlin »Steuerungsmöglichkeiten in Räumen begrenzter Staatlichkeit« zu erforschen. Ergebnis offen. Schnell klar aber wurde, dass jede Region ihren eigenen Weg gehen muss.

Deshalb war ich skeptisch, als Joschka Fischer bei Amtsantritt Demokratie und Menschenrechte als seine spezifische Zugabe zur »deutschen« Außenpolitik annoncierte. Konnte es nicht auch legitime Partizipationsmuster geben, die nicht dem westlichen Demokratiebegriff entsprachen? War Demokratie, historisch gewachsen als Regierungsform der bürgerlichen Gesellschaft, einfach transplantierbar? In eine vorindustrielle Welt? Schließlich war Deutschland zu Beginn seiner Industrialisierung nicht Nation, Einheitsstaat und Demokratie, sondern eine Ansammlung einer eigenen Art von »Stammesfürsten« und »Warlords«. Die deutsche Wohlstandsentwicklung wurde eingeleitet nicht durch Demokratien, sondern durch modernisierungsoffene milde Despotien.

Um die Menschenrechte war es auch nicht überall im Westen optimal bestellt. Was war an der barbarischen Todesstrafe in den USA besser als an der Scharia im Iran? Nicht alle Welt wartete wirklich darauf, die westliche Lebensweise zu übernehmen, nur weil die Marktwirtschaft globalisiert war. Die Schattenseiten westlicher Moderne stießen vielerorts ab: Entsolidarisierung, überzogener Individualismus, Missachtung des Alters. Die grünen Individualisten waren nicht ganz frei von dem Selbstbetrug, sie könnten als Mr. und Mrs. Universum Modell stehen. Die eigenen Werte und Stile – sollen sie Norm sein, oder sind sie relativ? Ernsthaft haben die Grünen sich der Debatte nicht gestellt.

Die Phase eins des Antiterrorkampfes war Mitte 2002 abgeschlossen. Wie sollte es weitergehen? Vom Dialog der Kulturen, davon, die Seelenlage fremder Völker verstehen zu lernen, hielt die Bush-Regierung wenig. Es dominierte die einfache Rasterung nach Gut und Böse. Rechtsgerichtete Intellektuelle, die »Neocons«, hatten schon im Januar 1998 in einer Denkschrift von Präsident Bill Clinton verlangt, Saddam Hussein im Irak zu entmachten, notfalls militärisch, waren aber abgeblitzt. Ihnen passten die Ergebnisse des Zweiten Golfkriegs von 1990/91 nicht. Sie wollten stattdessen mit Feuer und Schwert im Nahen Osten Despoten stürzen und Demokratien erzwingen. Aberwitzige Kreuzzügler des 21. Jahrhunderts! Nun waren sie engste Vertraute von Präsident Bush. Dick Cheney Vizepräsident, Donald Rumsfeld Verteidigungsminister, Paul Wolfowitz dessen Vize, Richard Armitage Militärplaner, John Bolton UN-Botschafter, Richard Perle Pentagon-Berater. Ihre schriftliche Forderung an Bush am 20. November 2001, kurz nach den Terrorangriffen: Auch ohne eine Verbindung zum Terrorismus müsse Saddam Hussein auf jeden Fall im Rahmen des Antiterrorkampfes gestürzt werden.

Im AA kannten wir die Papiere dieser Leute. Unsere Botschaft in Washington teilte die Besorgnis, dass Weißes Haus, Pentagon und CIA eine Invasion des Irak planten. Im Radio warnte ich bereits am 2. Januar 2002 davor – als Erster aus der Bundesregierung. Auf der Münchener Sicherheitskonferenz am 3. Februar 2002 wagten Wolfowitz und Senator John McCain einen Vorstoß Richtung Irak. Richard Perle assistierte und wiederholte seine Forderung nach dem Sturz von Saddam Hussein, auch gegen den Willen der Europäer. Tags darauf wies ich im ZDF diese Äußerungen scharf zurück und betonte – für alle Fälle: keine deutsche Beteiligung an einem Irakkrieg. Ähnlich äußerte sich Sprecherin Claudia Roth. Unsere Ansage war eindeutig: Mit den Grünen war so etwas definitiv nicht zu machen. Meine Interviews waren intern nie abgesprochen. Das AA würde – so war es üblich – die geäußerte Linie berücksichtigen. Kanzler und Außenminister jedoch wiegelten jetzt erst einmal ab. Sie hätten Vertrauen in Präsident Bush, dass er keine verhängnisvollen Entscheidungen treffen würde. Der Außenminister suchte hier und jetzt die Bedrohung zu bannen, indem er die USA bei ihrem Wort nahm, Saddam nur zur Kooperation bewegen zu wollen. Doch der Disput war nun in der Öffentlichkeit. Er würde in einem deutschen »Nein« zum Krieg gipfeln.

Die Falken im Weißen Haus gewannen die Oberhand. Im AA fragten wir uns, wie sie die unsägliche Wendung des Geschehens begründen würden. Aha: Saddam solle über Massenvernichtungswaffen verfügen und den Weltfrieden gefährden. Das also war die Legitimationsfigur. Der Auswärtige Ausschuss verlangte im März 2002 einen Bericht der Regierung. Die Berichterstattung fiel mir zu. Mit allen verfügbaren Erkenntnissen der westlichen Aufklärung präsentierte ich eine möglichst genaue Bedrohungsanalyse, differenziert nach Planung, Produktion und Einsatzfähigkeit von Trägersystemen wie von atomaren, biologischen und chemischen Gefechtsköpfen. Fazit: Am bösen Willen des Diktators gab es keinen Zweifel. Aber eine unmittelbare Bedrohung existierte nicht, weder für die Nachbarn noch für den Weltfrieden. Weiterhin aber musste der Irak inspiziert werden.

Der Ausschuss teilte mehrheitlich diese Einschätzung. Auch nachdem ein Aufklärungsdienst in geheimer Sitzung Luftbilder und bunte Grafiken über mobile Labore für Biokampfstoffe in LKWs beigesteuert hatte. Ohne wirklichen Beweis ihrer Existenz. Er konnte nur eine einzige Quelle benennen. Als gesichert galten Fakten aber erst bei zwei unabhängigen Informanten. Also: reine Spekulation. Vielleicht sogar gezielte Desinformation? Später entpuppte sich die Quelle als Wichtigtuer. Friedbert Pflüger, CDU-MdB und außenpolitischer Einflüsterer von Angela Merkel, aber rannte zur Presse, um zu behaupten, wir hätten den Beweis für Saddams mörderische Absicht, gewissermaßen den »rauchenden Colt«. Wir anderen – unter Geheimhaltungszwang – konnten nicht dezidiert dagegenhalten. Genau die bunten Grafiken, die der Ausschuss verworfen hatte, präsentierte US-Außenminister Colin Powell der UNO am 5. Februar 2003 als »Beweis« für Gefahr im Verzug und als Legitimation für den Angriff auf den Irak. Scharlatanerie! Auch der Leiter der UN-Inspektion, Hans Blix, zeigte sich später entsetzt. Wir hatten Powell für unseren Verbündeten gehalten. Demütigte der Präsident den verdienten General des Zweiten Golfkriegs deshalb auf solche Weise? Im AA war klar, hier wurde eine Art Tongking-Zwischenfall – 1964 Vorwand für das Eingreifen der USA und den Beginn des Vietnamkriegs – konstruiert.

Volker Rühe von der CDU, Vorsitzender des Auswärtigen Ausschusses nach der Bundestagswahl 2002, zeigte Sympathie für die rot-grüne Sicht. Vormann Pflüger jedoch triumphierte nach Powells Märchenstunde. Die CDU schlug sich auf die Seite der USA, gegen den »Antiamerikanismus von Rot-Grün«. Den Willen der USA zum Angriff unterstellend, vertrat sie implizit einen Pro-Kriegs-Kurs. Dabei hatten Entwicklungspolitiker der CDU/CSU ein Jahr zuvor, kritisch gegenüber Rot-Grün, die Lockerung der Wirtschaftssanktionen gefordert, weil der Irak keine Gefahr mehr darstelle und Unterstützung brauche! Ich hatte sie damals im Ausschuss gebremst. Wolfgang Schäuble philosophierte jetzt über Erstschläge. Angela Merkel umschmeichelte Bush in Washington: Deutsche Nibelungentreue im Tausch gegen bevorzugte Partnerschaft, lautete der peinliche Deal.

Mitte Dezember 2002 fragte ich – nun außenpolitischer Sprecher der Fraktion – den Außenminister im Ausschuss, ob die USA eine Desinformationskampagne betrieben. Joschka Fischer wies die Frage nicht als Verschwörungstheorie zurück, sondern grummelte wolkig, was alle als Zustimmung verstanden. Powell hat sich später entschuldigt. George W. Bush und Tony Blair beriefen sich darauf, von der CIA falsch informiert worden zu sein. Wie das? Andere Dienste hatten dieselben Informationen wie der deutsche. Wenn Abgeordnete und UNO auf dieser Informationsbasis Zweifel an den Biowaffenlabors hegten und von Desinformation ausgingen, wie konnte dann das Weiße Haus behaupten, es sei getäuscht worden? Es war umgekehrt: Die Führung verlangte von der CIA – ob wahr oder unwahr – belastendes Material. Bereits im Sommer 2002 zogen die USA eine Invasionsarmee zusammen. Alle Signale deuteten darauf hin, dass sie – ungeachtet der Nebelkerzen – zum Angriff entschlossen waren. Genauso entschieden war Rot-Grün dagegen. Der arabische Nationalismus, den Saddam Hussein repräsentierte, und der religiöse Islamismus des Bin Laden hatten nichts, aber auch gar nichts miteinander zu tun. Sie standen sich antagonistisch gegenüber. Im Bundestag drückte ich die Befürchtung aus, dass die amerikanische Strategie zwei Rivalen zu einer antiwestlichen Bündnisbildung provozierten. Die Bundesregierung konnte die USA nicht öffentlich der Lüge zeihen, zumal Saddam ohne militärischen Druck erneute UN-Inspektionen verweigerte. Stattdessen begann ein zähes diplomatisches Ringen um Informationen und ihre Deutung, Verfahrensweisen und ihre Konsequenzen, Mandate und ihre Ermächtigungen.

Das Tauziehen mündete am 8. November 2002 in die UN-Resolution 1441. Die Resolution verhinderte zwar die sofortige Selbstermächtigung der USA zum Angriff, indem sie erneut eine UN-Inspektion einsetzte. Zugleich aber drehte sie auf amerikanischen Druck hin die Beweislast um: Nicht der Ankläger musste belegen, dass Saddam Massenvernichtungswaffen besaß, sondern dieser musste seine Unschuld beweisen. Wenn nicht – dann würden »ernsthafte Konsequenzen« folgen. Das hieß notfalls Waffengewalt. Aber wer hatte zu entscheiden, ob der Irak gegen das Kooperationsgebot »materiell verstieß«? Der UN-Sicherheitsrat mit einem offiziellen Feststellungsbeschluss oder eine Supermacht?

Die deutsche Haltung war klar: Die offene Frage nach chemischen und biologischen Kampfstoffen musste geklärt werden.

Durch UN-Inspektoren. Unter der Beweislastumkehr aber schlugen die Bewertungen der Inspektionen durch die USA nun in Willkür um: Wenn Saddam keine Waffen herausgab – hatte er dann keine, oder log er? Wenn er keine Verzeichnisse über Kampfstoffe aushändigte, wollte er dann täuschen, oder gab es einfach keine? Wenn die Inspektoren keine Biowaffenlabors fanden, existierten dann keine, oder waren sie besonders gut versteckt? Musste man auch Saddams Paläste durchsuchen, wie die Amerikaner forderten, weil dort die Giftküchen verborgen seien? Sein Schlafzimmer? Und damit Saddam bis aufs Blut reizen, weil man von ihm den totalen Gesichtsverlust verlangte? Der politische Grenzwert solcher Fragen lief auf das Extremszenario hinaus: War die Tatsache, dass nichts gefunden wurde, nicht der Beweis dafür, dass man das Land militärisch besetzen musste, um es richtig auf den Kopf stellen zu können? Mit 1441 hatte Bush das »Alte Europa«, wie Rumsfeld die Kriegsgegner dort verhöhnte, in die Falle laufen lassen.

Kanzler und Außenminister mahnten Saddam eindringlich, zu kooperieren, um den Krieg zu vermeiden. Dahinter stand das Wissen um den unbedingten Angriffswillen der USA, der nicht durch gute europäische Worte, sondern nur noch durch die weiße Fahne in Bagdad abzuwenden war. Bush musste innenpolitisch beweisen, dass er im Kampf gegen den Terror nicht nachließ. Im Januar 2003 fragte ich den Außenminister im Ausschuss, ob die USA ihren Aufmarsch noch rückgängig machen könnten. Etwas um den heißen Brei herumredend, verbarg Joschka Fischer seine Resignation. Wir wussten, es würde bald losgehen!

Und die Europäer? Hätte Schröder sich für einen »gemeinsamen Standpunkt« einsetzen können, um die USA einzubinden? Bush hatte längst den Partikularismus der europäischen Nationalstaaten ausgenutzt, Staatschefs angerufen und die jeweils besondere bilaterale Freundschaft beschworen. Die EU-Präsidentschaft brachte keine integrative Kraft auf. Noch bevor der Kurs der Bundesregierung fixiert war, gab es kein »Europa« mehr. Ein Anruf aus Washington bei den Staatschefs bewirkte mehr als alle Aufrufe zur Gemeinsamkeit. Mitte 2002 schien Rot-Grün mit seiner Kriegsgegnerschaft sogar isoliert. Unverhohlene Häme schlug uns aus den Medien entgegen. Ein halbes Jahr später befanden wir uns in bester Gesellschaft – und in der Mehrheit. Und alle wollten es immer schon gewusst haben. Besonders verwerflich fand die CDU die »Achse« Berlin – Paris – Moskau. Der Begriff war grob beleidigend gemeint. Aber was war falsch daran, den G8-Partner Russland in die Verhinderung eines unsinnigen Kriegs einzubinden? Weil dies die guten Beziehungen zu Washington störte? Sollte man einen falschen Krieg mit dem richtigen Partner einem richtigen Frieden mit dem falschen Freund vorziehen? Moskau war zudem NATO-Vertragspartner. Und mit Frankreich feierten wir gerade in Versailles das fünfzigjährige Jubiläum des Freundschaftsvertrags. War die aktuelle Übereinstimmung nicht ein Segen? Die Einheit des Westens war an diesem Punkt durch die USA zerstört worden, durch deren unilaterale Entscheidung zum Krieg, deren Spaltungspolitik mit bilateralen Sonderangeboten und deren Verhöhnung der multilateralen Ebene.

Als die US-Propaganda mit Saddams Massenvernichtungswaffen und Terrorunterstützung immer weniger zog, schob sie eine Legitimationsfigur nach. Jetzt sollte es aus menschenrechtlichen Motiven um »Regime Change« gehen – wie die Neocons 1998 gefordert hatten. Mit Bezug auf den ein oder anderen deutschen Dichter und Denker, der es 1991 intellektuell reizvoll fand, in Saddam den neuen Hitler zu sehen, räsonierte auch jetzt mancher, bar jeder konkreten Kenntnis der Lage, dass man dreinschlagen solle. Aber warum gerade auf Saddam? Es gab vergleichbare Despoten in der Welt. Warum jetzt, da die anderen Gründe für eine Militärintervention obsolet wurden? Und hatte man nicht durch Sanktionen, das Öl-für-Nahrungsmittel-Programm, die Kontrollflüge über das schiitische und kurdische Gebiet und die UN-Inspektoren die Lage halbwegs unter Kontrolle? Musste nicht die Nuklearpolitik des Irans mehr Sorge machen? Würde eine Schwächung des Iraks nicht zwangsläufig die Stärkung der iranischen Mullahs bedeuten? Sturz des Regimes – das lief der ursprünglichen Zielsetzung genau entgegen! Die Ansage bedeutete, dass Saddam nun alle

Mittel einsetzen müsste, um nicht weggeputzt zu werden. Hätte er wirklich die Massenvernichtungswaffen gehabt, jetzt wäre die Zeit gekommen, sie einzusetzen. Der amerikanische Begründungswechsel bedeutete nichts weniger, als dass der »Schurke« gar keine hatte. Die Neocons führten alle an der Nase herum. Was wäre ein Sieg der USA eigentlich wert? Präsident Bush senior und General Colin Powell hatten 1991 den Marsch auf Bagdad vermieden, weil die Frage nach dem »Danach« nicht zu beantworten war. Würde der Irak nicht zerfallen in seine drei großen ethnisch-religiösen Gruppen: Kurden, Sunniten und Schiiten? Würden Saddams besiegte Sunniten sich integrieren oder den Guerillakrieg aufnehmen? Würden großkurdische Visionen beflügelt werden, und wie reagierte dann darauf die Türkei? Bekämen wir dann ein Problem an einer NATO-Grenze? Was, wenn nach freien Wahlen die Schiiten die Regierung stellten – verbündet mit dem Iran, dem amerikanischen Erzfeind? Wer würde überhaupt für Ordnung sorgen? Gäbe es Bürgerkrieg? Wann könnte eine Besatzungsarmee wieder abziehen? Würde ein »Krieg für Demokratie« wirklich nachhaltig Stabilität schaffen oder am Ende sogar die Existenz Israels bedrohen? An der Situation hatte sich grundsätzlich nichts geändert. Als neue Frage kam hinzu: Wäre ein militärischer Sieg wirklich ein effektiver Schlag gegen den Terrorismus, oder würde er diesem neue Sympathisanten zutreiben? All diese Fragen stellte ich in Bundestagsreden. Auch ein Sieg gegen den Irak würde mehr Probleme schaffen als lösen.

Januar 2003, Münchener Sicherheitskonferenz. Außenminister Fischer im Gespräch mit Donald Rumsfeld. Der Amerikaner wollte die versammelte Community zum Krieg überreden. Fischers lakonische Antwort: »Ich bin nicht überzeugt.« Doch der Rubikon war längst überschritten. Die USA konnten und wollten nicht mehr zurück. Der Wahnsinn nahm seinen Lauf – ohne uns. Er stürzte Saddam. Er tötete viele Menschen, auch unschuldige, zerlegte Bagdad, zerlegte den Irak, zerlegte die Glaubwürdigkeit der USA und zerlegte politisch das zerstrittene Europa. Er trieb Massen von enttäuschten arabischen Jugendlichen in die Arme von Brandstiftern. Der Krieg für Menschenrechte gab mit seinen Folterszenen im Gefängnis von Abu Ghraib den Islamisten einen eindrucksvollen Beleg für die »doppelten Standards« des Westens. Er vergeudete Zeit und Ressourcen und förderte den Terrorismus, den er zu bekämpfen vorgab.

Bis zum Schluss berichtete Ulrich Tilgner mit preisgekrönten Reportagen für das ZDF aus Bagdad. Zwanzig Jahre zuvor war er Berater der grünen Fraktion für Nahostpolitik, vermittelte er ein differenziertes Bild der arabisch-islamischen Welt. Seine Haltung passte denen nicht, die einseitige Bekenntnisse zu Israel verlangten. Die aktuelle grüne Position zum Irakkrieg jedoch gründete nicht zuletzt in Tilgners früherem Wirken.

Zu Kriegsbeginn berieten grüne Vorstandsleute, Außenpolitiker und Joschka Fischer vertraulich die grüne Haltung. Uns war klar: Beim Krieg machen wir nicht mit. Aber wir tun in Deutschland nichts, was die USA unnötig vergrätzen und die NATO zerstören würde. Wir mussten zwischen Skylla und Charybdis durch: Brüskierung der Amerikaner und Brüskierung unserer Friedensfreunde und Parteibasis. Es würde auf beiden Seiten Schrammen geben. Rot-Grün musste seine Schritte bis ins Einzelne plausibel machen. Unsere Kritiker brauchten die Logik ihrer Haltung ja nicht zu beweisen.

Großdemo gegen den Krieg. Die gesamte grüne Spitze nahm teil. »Kein Blut für Öl«, lautete ein verbreitetes Motto. Aber ging es wirklich um Öl? Indirekt und in letzter Instanz vielleicht auch darum. Es war eher ein ideologischer Krieg, ein Kulturkampf, von den Neocons vom Zaun gebrochen. Eine weitere Erklärung drängte sich auf. Al-Qaida war ein Netzwerk, eine Bande, kein Staat. Doch es war vom Staat Afghanistan »beherbergt« worden. Der Militärschlag gegen Afghanistan erfüllte den Anschein eines symmetrischen Kriegs – Staat gegen Staat. Dafür stand das Militärarsenal zur Verfügung. Doch wie den Terrorismus in Phase zwei bekämpfen, als die Taliban vertrieben waren? Besaßen die USA Mittel und Methoden für den asymmetrischen Kampf gegen ein schwer definierbares internationales Netzwerk? Statt diese Frage ernsthaft mit den Europäern zu beraten, wollten die USA – so schien es – ihren Supermachtstatus nicht in Zweifel ziehen lassen, sich nicht dem Multilateralismus zuwenden und funktionierten einen asymmetrischen Konflikt kurzerhand in einen symmetrischen um. Sie hatten keine Waffen für den wirklichen Feind. Also erfanden sie einen Feind, gegen den sie Waffen hatten. Der Irak als staatlicher Feind – man hatte wieder einen symmetrischen Konflikt. Und Waffen.

Die Bundesregierung verfolgte drei Ziele: den Krieg verhindern, zumindest Deutschland heraushalten und sich mit dieser Position nicht international isolieren. Ziel eins wurde verfehlt, wir hatten keine Chance. Die anderen Ziele wurden erreicht. Ohne das Selbstbewusstsein von Rot-Grün hätten deutsche Truppen sicher mitgekämpft. Unsere Weigerung war kein Nationalismus, wie die CDU uns vorhielt, die sich in Vasallentreue Bush unterwarf. Selbstbewusstsein hieß für uns, bei allem Dank, den wir den USA aus historischen Gründen schulden, die deutsche Rolle in der Welt selber zu definieren, nach eigenen Interessen und Werten. Der Irakkrieg verstieß gegen beides.

Gleichzeitig hat die Bundesregierung den Konflikt mit den USA auf möglichst kleiner Flamme gehalten. Wir Regierungs-Grünen lieferten uns heftige Diskussionen mit den radikalen Friedensfreunden. Sie wollten aktiven Widerstand gegen die USA. Strittig waren die Überflugrechte, die Bewachung von Kasernen, die Nutzung der Airbase. Eine wunderbare Möglichkeit für Linkspopulisten, sich in Szene zu setzen! Aber: Was hätte Widerstand bedeutet? Den USA die Nutzung verbieten? Wie das Verbot durchsetzen? Deutsche Polizei gegen amerikanisches Militär? Wahnsinn! Diese jeder Rationalität enthobene Radikalität desavouierte den Pazifismus, verlieh ihm sektiererische Züge. Politischer Pazifismus nach meinem Verständnis versuchte, den Krieg zu verhindern, eine deutsche Teilnahme zu vermeiden und zugleich den transatlantischen Schaden zu begrenzen. Denn ohne die USA hat Europa nicht weniger Probleme, sondern mehr.

Einen Krieg nicht mitzumachen, den man für falsch hielt, war die eine Sache, einem Verbündeten, der ihn für richtig hielt, in den Arm zu fallen, die andere. Es mochte Situationen geben, in denen das geboten war. Aber in dieser Situation hätte es den politischen Selbstmord Deutschlands bedeutet. Der Krieg wäre dadurch nicht verhindert worden. Die Amerikaner hätten ihre Stützpunkte in andere Länder verlagert. Polen war schon lange begierig darauf. Deutschland wäre als bedeutender Pfeiler der transatlantischen Brücke weggefallen. Das Bündnis wäre auf Dauer zerstört gewesen. Nun hielten manche Abenteurer – auch bei den Grünen – das für wünschenswert und verbargen ihren Antiamerikanismus hinter einem angeblichen Pazifismus. Plausible Antworten aber auf die Frage nach einer europäischen Sicherheitspolitik ohne Bündnis mit den Amerikanern vermochten sie nicht zu geben.

Jedes rot-grüne Argument gegen den Irakkrieg hatte entschiedene Vertreter in den USA selbst. Wenn auch lange als Minderheitsmeinung. Öfters habe ich von US-Abgeordneten – und von CDU-Dissidenten – gehört:»Haltet bloß durch! Lasst euch nicht kleinkriegen!« Nicht zuletzt der alte Realist Samuel Huntington wandte sich vehement gegen den Angriff. Seine Theorie vom »Clash of Civilisations« war bisher als Voraussage eines unabwendbaren Schicksals interpretiert worden. Nun stellte er klar: Dazu komme es nur, wenn der Westen andere Kulturen nicht in ihrer Verschiedenheit zu respektieren lerne. Ein harter Einwand gegen den fundamentalistischen Gotteskrieger aus Texas.

Als Bush Mitte 2003 den »Sieg« ausrief, vertrat ich in einer Fernsehdiskussion die These, dass der Krieg jetzt nur sein Gesicht verändern würde, vom Staatenkrieg zum Guerillakampf. Die USA könnten ihn nicht gewinnen. Bei aller Kritik aber hatten auch wir Deutschen ein Interesse, dass die USA aus dem Schlamassel herauskämen. Schlimm, wenn sie einen unsinnigen Krieg beginnen, noch schlimmer, wenn sie ihn verlieren, war meine Meinung. Paradoxie der westlichen Welt, in der sich auch das deutsche Sicherheitsdilemma spiegelte: Eine globale »Pax Americana« ist nicht gut. Aber eine Ordnung ohne oder mit einem aus Schwäche und Frustration introvertierten Amerika ist nicht besser. Besser in einer multipolaren Welt ist die partnerschaftliche Kooperation. Dazu gehört das Selbstbewusstsein, das Rot-Grün der deutschen Außenpolitik verlieh.

Kapitel 26

Die rot-grüne Koalition II: Niedergang

Die meisten seiner Reformen setzte Rot-Grün in der ersten Amtsperiode durch. Die Grünen konnten bei allen Kompromissen stolz sein auf die Ergebnisse ihrer Arbeit. Die SPD haderte mit der Agenda 2010. Die Meinungsumfragen waren für sie eher trüb. Bundeskanzler Gerhard Schröder stand drei Jahre nach Regierungsübernahme mit dem Rücken zur Wand. Jetzt bewies er sein Talent als Kämpfer. Gegner – als Kanzlerkandidat von CDU/CSU – war Edmund Stoiber. Angesichts der Katastrophenbilder von der Oderflut zeigte sich Schröder als entschlossener Krisenmanager. Hinzu kam seine eindeutige Haltung zum Irakkrieg. Nicht um Punkte zu sammeln lehnte er ihn ab. Umgekehrt: Die Überzeugung, George W. Bush nicht in das absehbare Desaster folgen zu dürfen, verschaffte Respekt. Der 22. September 2002 brachte den kaum noch erhofften Erfolg bei der Bundestagswahl: Mit 8,6 Prozent und 55 Sitzen, ihrem besten Bundestagswahlergebnis bis dahin, leisteten die Grünen ihren Beitrag zur Fortsetzung von Rot-Grün. Wieder als drittstärkste Kraft. Hans-Christian Ströbele holte in Berlin in Kreuzberg-Friedrichshain das erste grüne Direktmandat. Die PDS scheiterte trotz – oder wegen? – ihrer populistischen Kritik an Rot-Grün an der Fünf-Prozent-Hürde. Am 18./19. Oktober stimmte die grüne BDK von Bremen einer erneuten Koalition mit der SPD zu.

Die BDK am 7./8. Dezember 2002 in Hannover wählte Angelika Beer und Reinhard Bütikofer zu neuen Vorsitzenden und Ex-MdB Steffi Lemke, die bereits in der DDR Raufutter verzehrende Großvieheinheiten gemanagt hatte, zur politischen Geschäftsführerin. Beer wurde auf der BDK in Kiel am 2./3. Oktober 2004 durch Claudia Roth abgelöst, für die die traditionelle Trennung von Amt und Mandat per Urabstimmung nun auch auf der Sprecherebene abgeschwächt worden war. Fast alle bekannten grünen Veteranen der letzten Periode waren wieder im Bundestag, neu dabei Renate Künast, Fritz Kuhn und Krista Sager, die neben Katrin Göring-Eckardt zur Fraktionssprecherin gewählt wurde. Die drei grünen Minister wurden bestätigt. Kerstin Müller folgte mir als Staatsministerin im AA. Antje Vollmer blieb Vizepräsidentin des Bundestags. Kristin Heyne fehlte. Am 30. Januar 2002 war die grüne Finanzexpertin als aktive Abgeordnete nach langer Krankheit verstorben. Ausgeschieden waren mit Helmut Lippelt, Angelika Beer und Christian Sterzing erfahrene Außen- und Friedenspolitiker. Friedenspolitiker auf Landeslisten wurden immer rarer.

Vor der Listenaufstellung in Nordrhein-Westfalen hatte die Presse meinen Untergang prophezeit. Wegen des Kosovo- und Afghanistaneinsatzes. In der Tat, der Job des Staatsministers erwies sich als ziemlich undankbar. Besonders meine linken Freunde luden ihren Frust wegen der Bundeswehreinsätze auf mir ab. Dem Spitzenkandidaten Joschka Fischer gegenüber bestand Loyalitätszwang. Also hatte ich zu büßen, auch wegen meiner freiwilligen Loyalität zum Außenminister. Keiner fragte nach Hintergründen für die schwierigen Entscheidungen. Was ich an grünen Positionen im AA durchgesetzt hatte, interessierte niemanden. Zudem wurde Bundespolitik – nach der Aufteilung des Landesverbands in Bezirksverbände – aus enger regionaler Sicht abgeleitet. Ein Manko besonders für Außenpolitiker. Denn ihr Tätigkeitsfeld ist die Hauptstadt und die Welt, und so können sie nicht oft in ihren Regionen Klinken putzen gehen. Ohne Unterstützung meiner alten Basis – Linke und Ruhrgebiet – setzte ich auf Persönlichkeitswahl – und gewann: Nach einer einkalkulierten Niederlage um den Spitzenplatz gegen den Ökologen Reinhard Loske bekam ich hinter dem Rechtspolitiker Volker Beck – wie vorhergesehen – als dritter Mann den sicheren Platz 6.

Die Hoffnung, dass es nach dem Wahlerfolg mit neuem Mut

und neuen Ideen offensiv weitergehen würde, trog. Die SPD-Anhängerschaft, die Schröder und Lafontaine vier Jahre zuvor zusammengetrommelt hatten, stob auseinander. Traditionalisten kamen mit dem Modernisierungskurs von Kanzler und Parteichef Schröder nicht klar, konnten auch von seinem Nachfolger als SPD-Vorsitzendem, Franz Müntefering, nicht aufgefangen werden, traten scharenweise aus, gründeten 2004 die »Wahlalternative Soziale Gerechtigkeit« (WASG) und umwarben Oskar Lafontaine. Der Verlust war schmerzhaft für die SPD, weil er tief in das Selbstverständnis und das identitätsstiftende gewerkschaftliche Lager einschnitt.

Aber auch auf der anderen Seite, in der »Neuen Mitte«, ereignete sich für die SPD ein Desaster. Das Platzen der Dotcom-Blase, der Börsencrash der IT-Aktien am Neuen Markt im März 2001, machte der New Economy ein Ende. Ihre Helden, die Schröder eingemeindet hatte, büßten Firma, Stellung und Nimbus ein. Viele galten nun als Blender und Looser. Der Börsencrash brachte Marktgläubige um ihre private Altersvorsorge, ihr Urvertrauen in die Wirtschaft und den Glauben an die Segnungen einer globalisierungsaffinen Modernisierung. Und er entzog der Ökonomie kaufkräftige Nachfrage. Die Globalisierung brachte nur anfangs einen Exportboom. Bald traten Brasilien, Russland, Indien, China nicht nur als Kunden auf, sondern als Konkurrenten auf den Weltmärkten. Die unregulierte Globalisierung schaffte keine Win-win-Situation. Ganze Weltregionen wie Afrika wurden zu Globalisierungsverlierern. Und in Westeuropa kam es zur Nivellierung nach unten. Überspitzt: Globalisierung nahm Geld von den Armen in der reichen Welt und gab es Reichen in der armen Welt. Die Arbeitslosenzahlen stiegen wieder – eine unverschuldete, aber vernichtende Entwicklung für Gerhard Schröder und die europäischen Führer von New Labour.

Den Grünen schien es gut zu gehen. Bei den Landtagswahlen im Umfeld der Irakentscheidung schnitten sie bestens ab: Am 2. Februar 2003 steigerten sie sich in Hessen enorm auf 10,1 Prozent, am 25. Mai in Bremen gar auf 12,8 Prozent, am 21. September in Bayern auf dort beachtliche 7,7 Prozent und am

29. Februar 2004 in Hamburg auf 12,3 Prozent. Während sie in Thüringen und Brandenburg an der Fünf-Prozent-Hürde scheiterten, zogen sie am 5. September 2004 mit 5,6 Prozent wieder in den saarländischen Landtag ein. Noch unter dem Eindruck des deutschen »Nein« zum Krieg nominierte die BDK in Dresden vom 28. bis zum 30. November 2003 das grüne Team für die kommende Europawahl: Rebecca Harms, Daniel Cohn-Bendit, Heide Rühle, Friedrich Wilhelm Graefe zu Baringdorf, Angelika Beer und Cem Özdemir führten die Liste an, die mit weiteren bekannten Namen gespickt war. Milan Horáček, Veteran der ersten Bundestagsfraktion, feierte sein Comeback.

»Europa« war längst zur grünen Herzensangelegenheit geworden. Im Europaparlament hatten sich nach jeder Wahl zahlreiche grüne, ökologische und kleine undogmatische linke Parteien zur grünen Fraktion – die meist einen anderen offiziellen Namen trug – zusammengeschlossen. Sie bildeten neben den etablierten ideologischen Grundströmungen eine neue Tendenz. Zwischenzeitlich hatten sie auch regionalistische Parteien aufgenommen, die für mehr Unabhängigkeit der von ihnen vertretenen Regionen oder Völker vom jeweiligen Zentralstaat kämpften, doch passten diese Bestrebungen nicht immer zusammen. Nach dem Ende des Ost-West-Konflikts entstanden zahlreiche grüne Parteien in Ostmitteleuropa, die in den bestehenden Kreis integriert wurden. Bald schloss man sich zu einem lockeren Bund zusammen, der »Europäischen Föderation Grüner Parteien« (EFGP). Helmut Lippelt und Frithjof Schmidt vertraten die deutschen Grünen. Auf ihrem 4. Kongress am 21. Februar 2004 in Rom machte die »Föderation« einen historischen Schritt: 32 grüne Parteien aus 29 europäischen Ländern gründeten die Europäische Grüne Partei (EGP). Nicht als Dachorganisation, sondern als eine integrierte gesamteuropäische Struktur mit gemeinsamem Programm. Die bisherigen nationalen Parteien, wie Bündnis 90/Die Grünen, wurden Untergliederungen der europäischen Formation. Grüne als postnationale, echte Europäer.

Eines der Hauptthemen des Europawahlkampfs bildete der EU-Beitritt der Türkei. Die Grünen waren dafür, dem NATO-

Land die Tür zu öffnen. Europa als Werte-, nicht als Religionsgemeinschaft. Wenn die Türkei den EU-Acquis übernähme, den Katalog der EU-Standards – was sollte dann dagegen sprechen, dieses Land, das eine Brücke zwischen Okzident und Orient schlagen konnte, aufzunehmen? Noch als Staatsminister hatte ich den ersten öffentlichen Akzent in dieser Richtung gesetzt und diese Idee während der deutschen EU-Präsidentschaft 1999 dem Europaparlament gegenüber vertreten, unterstützt von meiner Bundestagsreferentin Ulrike Dufner, einer der besten deutschen Kennerinnen der Türkei. Nachdem Grüne aus menschenrechtlichen Gründen lange Zeit Sanktionen gegen das Land gefordert hatten, schien eine Integrationsstrategie aussichtsreicher, um dort die Modernisierung voranzutreiben. Die klare Haltung der Grünen wurde belohnt: Mit 11,9 Prozent und 13 Sitzen verdoppelten sie bei der Europawahl am 13. Juni 2004 fast ihr altes Ergebnis. Das bisher beste Resultat. In Frankfurt/Main und Berlin lagen sie sogar vor der SPD!

Im Bundestag brachte die Kampagne »Weg vom Öl« der grünen Energiepolitiker um Reinhard Loske und Michaele Hustedt 2005 noch einmal Schwung mit einem ökologischen »Konzept mittlerer Reichweite«, so gut, dass die SPD es für ihren Wahlkampf 2009 übernahm. Auch bei der Gesetzgebung stellten sich noch einzelne Erfolge ein: Der Bundestag verabschiedete im Juni 2004 das Gentechnikgesetz, das die Verunreinigung von ökologischer und konventioneller Landwirtschaft durch gentechnisch veränderte Organismen untersagte. Ein grüner Klassiker. Gentechnik in der Medizin aber blieb umstritten. Auch das Zuwanderungsgesetz, von den Grünen lange gefordert, trat zum 1. Januar 2005 in Kraft. Endlich wurde anerkannt: Deutschland ist Einwanderungsland. Hinter der Einigungsformel lauerte ein ungelöster Streit: Es wurde von niemandem bestritten, dass es Einwanderung gegeben hatte. Aber hieß dies auch, dass sie weiterhin stattfinden sollte? Anerkennung der Realitäten: ja. Aber weiter Weichenstellung in dieser Richtung? Für fehlende IT-Experten hatte der Kanzler die Grenzen durchlässig machen wollen. Es kamen aber nur wenige. Zu unattraktiv schienen Spitzentechnikern die restriktiven Bedingungen. Grüne plädierten für mehr Offenheit.

Trotz der Erfolge, nicht alles wurde gut. Subkutan hatten auch die Grünen zu kämpfen. Der Kosovokrieg hatte zahlreiche Mitglieder verunsichert und Anhänger vergrault, der Kampf gegen den Terrorismus, der in Afghanistan unerträgliche Bilder produzierte, verstärkte die Absetzbewegung. Auch das klare »Nein« zum Irakkrieg konnte viele Radikalpazifisten und Semifundis, die sich ohnehin nur mühsam durch die erste Koalition geschleppt hatten, nicht aufhalten. Zudem konnte die Partei, die sich am 14./15. Juni 2003 auf der BDK von Cottbus ausdrücklich zur »Agenda 2010« bekannte und Harz IV mittrug, enttäuschten SPD-Genossen keine Alternative mehr bieten. Viele landeten bei WASG und PDS.

Schleichend war die Fraktion in der Koalition eine Maschine zur bürokratischen Bewältigung des Normalvollzugs geworden. Wie auf der Realo-Seite alles auf Joschka Fischer fixiert war, hatte auf der linken Seite Jürgen Trittin die führende Rolle übernommen. Durch seine Politik hatte sich langsam die Architektur der Partei verschoben. Er setzte anders als ich zuvor mit meiner Integrationsstrategie wieder stärker auf Eigenprofilierung des linken Flügels. Zugleich ging er mit der anderen Seite zunehmend oberflächliche, fast geschäftsmäßige Arrangements ein, wie bei der flügelparitätischen Besetzung von Spitzenpositionen. Das System Fischer/Trittin, das sich zu Beginn des neuen Jahrhunderts durchsetzte, implementierte das Modell zweier Flügel mit verflachten Inhalten, einer schwachen Mitte und zwei komplementären Machtpragmatikern.

Anfang 2005 standen vorentscheidende Landtagswahlen an. Am 20. Februar verpasste Rot-Grün in Schleswig-Holstein knapp die Mehrheit. Ministerpräsidentin Heide Simonis spekulierte auf eine Minderheitsregierung mit Tolerierung der »Südschleswigschen Wählervereinigung« (SSW). Nach vier quälenden Wahlgängen das »Aus«. Ein Dolchstoß aus rot-grünen Reihen. Ein Omen für Düsseldorf? Experten waren sich einig: Die anstehende NRW-Wahl hatte Pilotcharakter für den Bund. Statt sich dem Kampf richtig zu stellen, räsonierten des Kanzlers Küchenkabinett und die grüne Regierungsnomenklatura heimlich über Endzeitszenarien. Der Schritt, den Schröder Monate später tun würde, stand für einen kleinen Kreis schon fest.

Durch eine statistische Änderung der Zählweise stieg die Zahl der Arbeitslosen Anfang 2005 auf über fünf Millionen. Die Opposition konstruierte aus diesem mathematischen Effekt den Vorwurf der politischen Tatenlosigkeit in Sachen Bekämpfung der Arbeitslosigkeit. Die rot-grüne Empörung über dieses unwahrhaftige Vorgehen half nichts: Schröder hatte bei Amtsübernahme verlangt, an der Zahl der Arbeitslosen gemessen zu werden – und wurde jetzt daran gemessen. Sein Stern sank rapide, trotz verstärkter Solidarität auch seiner Kritiker bei den Grünen, die langsam begriffen, was sie zu verlieren und stattdessen sich einzuhandeln drohten. Ohne dass die Öffentlichkeit anfangs davon Notiz nahm, fädelte die CDU/CSU eine weitere Kampagne ein, die auf führende Grüne zielte, auf Außenminister Joschka Fischer und mich, als bekannten Grünen aus dem umkämpften Nordrhein-Westfalen: die sogenannte »Visaaffäre«.

Schmutzkampagnen waren mir nicht neu. Vier Jahre zuvor wollten Medien mich in die »Bonusmeilen-Affäre« verwickeln. Einige MdBs hatten dienstlich erworbene Bonusmeilen privat verflogen. Was für jeden Wirtschaftsmenschen selbstverständlich ist, gilt für Politiker als Sündenfall. Gregor Gysi trat als Wirtschaftssenator von Berlin zurück. Rezzo Schlauch entschuldigte sich und zahlte nach. Cem Özdemir, belastet zudem durch fragwürdige Gefälligkeiten eines bekannten Kommunikationsberaters, gab sein Bundestagsmandat auf. Ich wurde beschuldigt, 14 Reisen meiner damaligen Ehefrau und eine meines Sohnes über Bonusmeilen gesponsert zu haben. Zwei Wochen lang musste ich die Medienhetze über mich ergehen lassen. Dabei hatte meine Frau ehrenamtliche Tätigkeiten wahrgenommen, wie die Fusionierung der Diplomatenclubs von Bonn und Berlin, die gute Dienste bei der Betreuung von Diplomaten und ihren Familien leisteten – im ausdrücklichen Auftrag und Interesse des AA. Zudem folgte sie Einladungen des Bundespräsidenten. Das war zur

Zeit des Regierungsumzugs unweigerlich mit Flügen von Bonn nach Berlin verbunden. Da ich anders als der Minister nicht über einen Repräsentationsfonds verfügte und das AA solche Kosten nicht im Umzugsetat eingeplant hatte, fanden auch Staatssekretär Wolfgang Ischinger und der Finanzchef des AA, es sei eine gute Idee, die Flüge unbürokratisch mit »meinen« Bonusmeilen zu finanzieren – sehr im Interesse des Steuerzahlers. Für den Flug meines minderjährigen Sohnes, den ich mangels Betreuung einmal notgedrungen auf eine Dienstreise mitnehmen musste, hatte ich genügend private Bonusmeilen, wie ich aber erst Wochen später nachweisen konnte. Rufmordkampagnen funktionieren einfach: Anklage oder Vorwurf werden in Riesenschlagzeilen mit maximaler Lautstärke hinausposaunt, Freispruch oder Widerlegung dann im Kleingedruckten versteckt.

Nun also das Visaproblem. Beim Amtsantritt als Staatsminister fand ich massenhaft Beschwerden von Bürgern und Abgeordneten wegen abgelehnter Visaanträge vor, eine oft schikanöse, im Einzelfall an Menschenrechtsverletzung grenzende Praxis. Also ergriff ich die Initiative, die konsularische Entscheidung über dreimonatige Besuchervisa transparenter zu gestalten und zu liberalisieren. Auf der Basis der geltenden Gesetze, dem Anspruch eines modernen europäischen Grenzmanagements folgend, im Sinne der Ermöglichung von Familienbesuchen und des Vertrauensschutzes von Mehrfachreisenden, die sich bisher an die Regeln gehalten hatten. Im März 2000 stellte ich die neue Visaregelung des AA der Presse vor. Seitdem galt sie als »Volmer-Erlass«.

In einigen Konsulaten, besonders in der Ukraine, kam es indes zu massenhafter Visaerteilung, die den Verdacht des Missbrauchs erweckte. In Kiew waren die Verträge einiger Ortskräfte, die unsere Diplomaten bei ihrer Arbeit unterstützten, wegen Korruptionsverdachts nicht verlängert worden. Doch das erfuhr ich erst Jahre später. Schon von der Regierung Kohl/Kinkel waren – aus guten Gründen – Maßnahmen zur Entbürokratisierung eingeführt worden, wie das »Reisebüroverfahren« und die »Reiseschutzversicherung«. Sie ermöglichten die pauschale Antragstellung für Reisegruppen und erleichterten den Nachweis der Finanzierung des Aufenthalts in Deutschland. Der Missbrauch stützte sich letztlich auf diese beiden Mechanismen. Das hinderte einen Kölner Richter nicht, in einem Schleuserprozess der rot-grünen Regierung einen »kalten Putsch« gegen die Gesetze vorzuwerfen – bejubelt von Rechtsradikalen der lokalen »Bürgerbewegung pro Köln« und vom WDR, der meinte, für den Wahlkampf ein Skandalthema gefunden zu haben.

Statt demokratisch gewählte Abgeordnete vor einem solchen Justizübergriff zu schützen, wie sie etwa in den frühen 30er-Jahren des letzten Jahrhunderts gang und gäbe waren, entdeckte nicht nur die CSU das Thema schnell als Angriffswaffe. Der »Spiegel« berichtete am 30. April 2001, ich habe bei einem »Vortrag vor Grenzschützern« die »Maxime« ausgegeben: »In dubio pro libertate (Im Zweifel für die Freiheit). In der Vergangenheit habe man die Einreise zu stark kontrolliert, jetzt vertraue man lieber darauf, dass die Gäste freiwillig wieder heimreisen.« Ich war nie auf einem solchen oder ähnlichen Kongress. Das »Nachrichtenmagazin« verweigerte die brieflich verlangte Richtigstellung. Die grünen Vorstände, die ich – die Kampagne ahnend – alarmierte, stärkten mir inhaltlich den Rücken – besonders wohltuend Hans-Christian Ströbele –, wollten das Thema jedoch nicht hochspielen. Die Nationalkonservativen von CDU/CSU ließen nicht locker; Fraktionschefin Angela Merkel musste ihnen den Spielraum lassen, nachdem einer ihrer Gesellen wegen antisemitischer Äußerungen aus der Fraktion geworfen worden war. Staatsministerin Kerstin Müller begegnete den Angriffen in den Bundestagsfragestunden schlecht vorbereitet. Sie hatte meine Handakten im Ministerium, aus denen viele Vorwürfe hätten widerlegt werden können, aufgelöst.

Einmal im Visier, wurde mein gesamtes Umfeld durchwühlt. Gefunden wurde eine Nebentätigkeit und bösartig mit der Visafrage verknüpft. Seit Mitte 2003 beriet ich die privatisierte Bundesdruckerei bei ihrem Versuch, sich durch Erschließung von Auslandsmärkten zu behaupten. Die Honorare waren so gering, dass sie nach den »Verhaltensregeln für Abgeordnete« dem Bundestagspräsidenten nicht mitgeteilt werden mussten. Weil die Grünen aber schärfere Regeln forderten, veröffentlichte ich sie trotzdem. Hätte ich es nicht getan, wäre mir vieles erspart geblieben. Die Grünen diskutierten, ob einer von ihnen denn dürfe, was die anderen durften. Die Union konstruierte einen Zusammenhang mit der Visareform. Hatte nicht die Bundesdruckerei die »Reiseschutzpässe«, die nichts waren als Versicherungspolicen, gedruckt? Flugs wurde konstruiert, ich hätte massenhaft illegal Leute aus Osteuropa einschleusen lassen, damit die Bundesdruckerei mehr Aufträge bekäme, was mir mit der Nebenbeschäftigung vergolten worden sei. Eine aberwitzige Konstruktion, wie jeder hätte merken können, denn so teuer ist der Druck von Versicherungspolicen wirklich nicht.

Doch jeden Tag schlug ein Berliner Leitmedium in dieselbe Kerbe – »Spiegel online«, »Welt«, »Stern«, alles in allem nicht mehr als vier, fünf miteinander verbandelte Journalisten. Ich hätte alles widerlegen können, doch meine Möglichkeiten der Richtigstellung waren sehr begrenzt. Der Fraktionsvorstand bat mich um öffentliche Zurückhaltung, er wolle mich verteidigen. Teil eins fand statt, Teil zwei fiel aus. Selbst die ARD lief mit der Meute. Aus einem längeren Interview mit mir sendete sie nur einen Halbsatz, der in einen vormontierten vernichtenden Beitrag passte. Fast täglich standen Schlagzeilen gegen den grünen Spitzenmann nun auch in allen Regionalzeitungen von Nordrhein-Westfalen. »Wir wissen doch, dass dein Bruder keine krummen Touren macht«, wurde meinem Bruder Wolfgang Volmer, Journalist im Ruhrgebiet, beschieden, »aber wenn die in Berlin das alle schreiben, müssen wir das auch.« So funktioniert Hinrichtungsjournalismus.

Die NRW-Grünen gerieten in Panik. Mein frühzeitiges Angebot, ihnen alles im Detail zu erläutern und per Pressekonferenz öffentlich meinen Kopf hinzuhalten, hatten sie ausgeschlagen, damit ihre Wahlkampfplanung nicht zurückstehen musste. Sie begriffen die Gefechtslage nicht. Seit Jahren inszenierte die Union vor jeder strategisch wichtigen Wahl eine Anti-Ausländer-Kampagne. Die »Visaaffäre« war die aktuelle Version. Die deutsche Rechte schoss aus allen Rohren auf mich in der Hoffnung, ich würde den Kopf einziehen und Außenminister und Vizekanzler Joschka Fischer, der hinter mir stand, die volle Ladung abbekommen. Statt den Kampf anzunehmen und in die Offensive zu gehen, duckte die grüne Landesspitze sich weg und versuchte, mit ihren landespolitischen Nebenthemen gegen die diskursmächtigen Bundesthemen zu bestehen. Die alte NRW-Crux: Es wimmelte von guten Fach- und Kommunalpolitkern, aber politische Strategen waren Mangelware.

Nun, unter dem Trommelfeuer der Negativschlagzeilen, brach der Landesverband nervlich zusammen. Ganz Schlaue diskutierten grob beleidigend meine Nebentätigkeit vor der Folie ihres Programms zur Bekämpfung von Korruption in der mittelständischen Wirtschaft, das sie für einen Wahlkampfknüller hielten. Bundessprecher Bütikofer riet, das Problem der antigrünen Medienkampagne »dezentral« zu lösen. Gemeint war mein Kopf. Die »Einladung« zum »Gespräch« nach Düsseldorf kam am 21. Januar 2005 – Wochen, nachdem ich es vorgeschlagen hatte, und zu spät. Während ich Hintergründe erläuterte, drehten die versammelten Landeshäuptlinge die Augen zur Decke. Sie wollten nur meinen Skalp, um endlich wieder Ruhe zu haben. Um den Landesverband zu entlasten, legte ich Sitz und Sprecheramt im Auswärtigen Ausschuss nieder. Damit war der letzte Außenpolitiker, der auf Bundesebene die ununterbrochene Kontinuität zur Friedensbewegung der Gründerjahre repräsentierte, erledigt. Die Rechten jubelten.

Dass sie einen ihrer Vorleute opferten, nutzte den NRW-Grünen nicht das Mindeste. Verzagt, ängstlich, defensiv fuhren sie am 22. Mai 2005 mit 6,2 Prozent ein miserables Ergebnis ein. Wie die Wahlauswertung zeigte, nicht wegen der »Visaaffäre« und meiner Nebentätigkeit, sondern wegen der allgemein miesen Stimmung für Rot-Grün, zurückzuführen auf die schlechte Arbeitsmarkt-Performance und die bizarren Vorgänge in Schleswig-Holstein, in Verbindung mit der verzagten Binnenfixierung der NRW-Grünen. Rot-Grün unter Peer Steinbrück war erledigt. Sportminister Michael Vesper wechselte als Geschäftsführer zum

»Deutschen Olympischen Sportbund«. Die halbe Landesspitze wurde einige Monate später in den Bundestag befördert.

Am 21. April 2005 fand die erste live übertragene Sitzung eines Bundestagsuntersuchungsausschusses statt: meine Anhörung im »Visa-Untersuchungsausschuss«. Fast zehn Stunden lang. Das Protokoll ist nachzulesen. Meine einzige Chance, die Dinge unmanipulierbar darzustellen. Fast. Die »Süddeutsche Zeitung«, eigentlich ein seriöses Blatt, in dem Claudia Roth verteidigende Worte für mich gefunden hatte, schmiedete in der Ausgabe für den Postversand Blech. Ich sei eingemacht worden. In der zweiten Auflage für den Handverkauf war der vorfabrizierte Nonsens verschwunden. Auch Medien, die mich mit ihrer Art der »Berichterstattung« erst in die Bredouille gebracht hatten, attestierten mir einen Punktsieg. Was sollten sie auch anderes tun: Viele Leser hatten die Fernsehübertragung verfolgt und konnten vergleichen.

Am Tag danach Gratulationen im Plenum, als Erster kam der Bundeskanzler zu mir in die Hinterbank, dann auch die grünen Vorstände, SPD-Kollegen und Joschka Fischer, der sich zwei Tage später vor dem Untersuchungsgremium ebenfalls behauptete. Die Ausschussmehrheit sprach mich in ihrem Bericht explizit auf ganzer Linie frei. Selbst die oppositionelle CDU/CSU/ FDP erhob in ihrem Sondervotum keinen persönlichen Vorwurf gegen mich. Von den Anklagen der Rechten blieb nicht viel übrig, außer dass sie wie üblich die Regierung als Ganzes der Unfähigkeit ziehen.

In der Sache war klar: Es hatte massenhaften Visamissbrauch in Kiew gegeben, aber nicht der »Volmer-Fischer-Erlass«, wie er jetzt hieß, war verantwortlich dafür, sondern die kriminelle Energie von Schleuserbanden, die das »Reisebüroverfahren« ausnutzten. Die Panne im AA bestand darin, dass man mich nicht über die kritischen Entwicklungen informierte. Ich wäre der Erste gewesen, der sie eingedämmt hätte – schon um meine Reform nicht kaputt machen zu lassen. Wirklicher Schaden ist Deutschland nicht entstanden. Es kamen nicht massenhaft Schwarzarbeiter, Zwangsprostituierte, Kriminelle – wie der

Ausschussvorsitzende Hans-Peter Uhl, CSU, seit Monaten unter dem Beifall rechtsradikaler Propagandaorgane gehetzt hatte. Die meisten hatten das Visum erschummelt, um nach Portugal, das kein leistungsfähiges Konsulat in Kiew besaß, durchzureisen. Dieses Land suchte dringend Arbeitskräfte. Der portugiesische Präsident bedankte sich bei der Ukraine für die solidarische Hilfe. Bereits nach den Terroranschlägen von 2001 war die Visapraxis – übrigens mit meiner ausdrücklichen Zustimmung – im sicherheitspolitischen Sinne erneut modifiziert worden.

Trotz der Entlastung an der Visafront: Das Wahlergebnis in Nordrhein-Westfalen bedeutete den GAU für Rot-Grün im Bund. Mancher spekulierte: Könnte nicht ein Sommermärchen, eine wunderbare Fußballweltmeisterschaft im darauffolgenden Jahr 2006, dem Kanzler neue Sympathien bringen? »Acker« mit »Klinsi« unter der Dusche? Könnte Schröder, der Kämpfer, nicht noch einen Konterangriff über den linken Flügel einleiten, wenn sich zeitverzögert positive Arbeitsplatzeffekte der Agenda 2010 und der Ökosteuerreform einstellten? Aber nun stand eine Zweidrittelmehrheit im Bundesrat gegen Rot-Grün. Die Bundesregierung hätte nichts mehr dagegen durchsetzen können. Und der Kanzler hatte keine Lust mehr, besonders nicht auf das ständige interne Genörgle. Die Mehrheit links der CDU war keine linke Mehrheit. Es war eine Mehrheit unter Einschluss der Linken bei den Grünen. Doch diese zersetzten das fragile Bündnis, weil sie in ihrer rigoristisch-moralisierenden Art und erfüllt von ihrer historischen Mission die realen gesellschaftlichen Kräfteverhältnisse ausblendeten und mit der rechten Mitte haderten, die Schröder zur Mehrheitsbeschaffung einsammeln musste und die nun ihren Preis verlangte. So euphorisch Rot-Grün sieben Jahre zuvor begonnen hatte, so banal ging es zu Ende. Es verläpperte einfach.

Am 2. Juli 2005 stellte der Bundeskanzler die am NRW-Wahlabend angekündigte Vertrauensfrage, im Vertrauen darauf, dass die Leute, die ihm vertrauten, ihm das Misstrauen aussprechen würden. Eine personelle Alternative hatte die SPD nicht. Könnte Joschka Fischer nicht...? Unsinn, Rot-Grün ging unausweichlich zu Ende. Ein Kanzler, der nicht mehr wollte – dagegen war nichts zu machen, auch wenn das Verfahren fragwürdig war. Werner Schulz, der brillanteste grüne Redner, hielt in einer weithin beachteten persönlichen Erklärung dagegen – unter dem Stirnrunzeln der Fraktion, die inhaltlich seine Auffassung teilte, aber wusste, dass man dennoch eine andere Konsequenz ziehen musste, und derlei persönliche Profilierung nicht mehr mochte. Abstimmung: Die Mehrheit der Grünen, die den Kanzler gerade in Krisenzeiten schätzen gelernt hatten, entzog ihm wie gewünscht das Vertrauen. Ich sprach ihm, an keine Loyalitätspflicht mehr gebunden, mein Vertrauen aus, verließ den Plenarsaal und wusste: Dies war mein letzter offizieller politischer Akt.

Und Nordrhein-Westfalen? Nach dem Auftritt im Visaausschuss hatte ich erwartet, dass die Landesspitze mich zur Aufarbeitung der Geschehnisse erneut einlädt. Aus der positiven Wendung der Visafrage hätte man eine Offensive gegen Ausländerfeindlichkeit, die Niedertracht der Union und für europäische Integration machen müssen! Nichts. Kein Ton. Individuell wurde ich wieder umschmeichelt, jeder wollte mein Freund sein. Aber: »Keinen Sonderauftritt vor der Listenaufstellung«, forderten Konkurrenten um die Bundestagsplätze. Linke, Außenpolitiker, Ruhrgebietler – sie wollten nicht ihren aus der Rufmordkampagne der Rechten gegen mich erwachsenen eigenen Vorteil preisgeben. Mein Verschwinden löste den Beförderungsstau. Sollte ich trotzdem kandidieren? Zwar hatten sich die meisten Linken hinter meinen Papieren und Entscheidungen versammelt, auch zu den strittigen Fragen Kosovo, Mazedonien, Terror, Afghanistan und Irak, aber gern profilierten sich hinter meinem Rücken alte Freunde als die konsequenteren linken Leitfiguren. Nun, die Opposition vor Augen, unbelastet von wirklicher Entscheidungsverantwortung, war das nicht allzu schwer. Meine Chancen einer Persönlichkeitswahl standen dennoch nicht schlecht. Aber nach meinen Erlebnissen wollte ich nicht mehr. Ich habe nach Schröders Vertrauensfrage keine einzige grüne Versammlung mehr besucht.

Zudem war eine ganze Ära abgelaufen: Gründung der Partei, 16 Jahre Opposition, sieben Jahre Regierung. Dieser Zyklus war durch. Sollte man als Akteur einen neuen beginnen? Immer deutlicher hatte ich gespürt, dass ein Bundestagsmandat ohne besondere Funktion, das Absitzen von Debattenzeiten im Plenum, zugleich ein Zerrinnen von Lebenszeit bedeutete. Die Nebentätigkeit hatte ich aufgenommen, weil ich nicht abhängig werden wollte vom Politikbetrieb. Zu lange auch war das Private zu kurz gekommen. Der Gedanke an die Sitzungsroutine einer zukünftigen Oppositionspartei und mittelmäßige Auseinandersetzungen über Fischers Nachfolge verschreckten zusätzlich. Über 25 Jahre im grünen Dschungelkampf, davon 23 hauptamtlich, waren genug. Ich würde nicht in ein tiefes Loch fallen, sondern in den Alpen wieder auf Viertausender steigen.

Die Profilierung für die vorgezogene Bundestagswahl war für die Grünen ein Ding der Unmöglichkeit. Sollten sie die Ergebnisse der Koalition, die gerade abgewirtschaftet hatte, verteidigen? Oder sich als Opposition gegen die eigene Politik der letzten Jahre gebärden? Reinhard Bütikofer hatte als Vorsitzender die Koalition solide begleitet, war aber keiner, der die Partei neu inspirieren konnte. Da halfen auch nicht Bussis und Tränen, mit denen Kosprecherin Claudia Roth das Betriebsklima hochzuhalten suchte. Das alte Schlachtross Joseph »Joschka« Fischer legte noch kämpferische Wahlkampfauftritte hin, um sein Werk zu verteidigen. Doch weder Charisma noch Programmatik konnten angesichts fehlender machtpolitischer Perspektive den Grünen den nötigen Auftrieb geben. Zentrale Persönlichkeiten, die über Jahrzehnte Partei und Fraktion mit geprägt hatten, stiegen aus, wie Rezzo Schlauch, Ali Schmidt, Michaele Hustedt, Antje Vollmer, die sich noch von den Irrungen und falschen Beratern ihres alten »Aufbruchs« distanzierte, oder fielen bei Listenaufstellungen durch wie Christa Nickels und Werner Schulz.

Einen steilen Aufschwung nahm die PDS. Seit 2001 regierten die SED-Nachfolger bereits in der Hauptstadt mit. Nachdem Oskar Lafontaine sich zur WASG bekannt und dort einen bundespolitischen Machtanspruch formuliert hatte, kam es im Juni

2005 in beiden Formationen zu Grundsatzbeschlüssen über eine gemeinsame Bundestagskandidatur als »Linkspartei/PDS«. Bei der Bundestagswahl am 18. September 2005 behaupteten sich die Grünen trotz knapper Verluste mit 8,1 Prozent und 51 Sitzen ganz ordentlich. Doch sie wurden überholt von FDP und Linkspartei und waren nur noch fünfte Kraft im Bund. Hans-Christian Ströbele konnte sein Direktmandat verteidigen. Einige Ex-Grüne gelangten nun für die »Linkspartei« ins Parlament. SPD-Kandidat Gerhard Schröder hatte in einer bemerkenswerten Aufholjagd die Herausforderin Angela Merkel fast noch abgefangen. Aber es reichte nicht ganz. Das rot-grüne Projekt war beendet. Wahrscheinlich für immer.

Teil VII

Das Fünfparteiensystem (2005 bis heute)

Kapitel 27

Verloren im Fünfparteiensystem

Die Wahlergebnisse nach der verlorenen Bundestagswahl 2005 waren durchwachsen: am 26. März 2006 sehr gute 11,7 Prozent in Baden-Württemberg, in Sachsen-Anhalt trotz Zugewinnen an der Fünf-Prozent-Hürde gescheitert, in Rheinland-Pfalz aus dem Landtag geflogen. Ein »Zukunftskongress« als Ideenwerkstatt vom 1. bis zum 3. September 2006 im Energiezentrum am Berliner Ostbahnhof zog 1500 Interessierte an. Grün war nicht out. Grün war lebendig. Aber Grün hatte ein Strategieproblem. Der Verlust der Regierungsmacht verlangte nach einem Reset und einer Neuprogrammierung grüner Politik. Doch politische Strategen und Visionäre waren rar geworden. Es dominierten Taktiker und Fachpolitiker. Kompetent und motiviert. Aber wer war in der Lage, langfristige Perspektiven zu entwerfen? Wer konnte auf der Basis von Gesellschaftsanalyse neue Bündnisse organisieren?

Nach dem Ausscheiden alter Führungsfiguren begann das Gerangel um die wenigen Plätze am Licht. Am 18. Oktober 2005 wählte die Fraktion Renate Künast und Fritz Kuhn zu Sprechern. Katrin Göring-Eckardt, auch in die Synode der Evangelischen Kirche Deutschlands (EKD) berufen, wurde nun Vizepräsidentin des Bundestags. Joschka Fischer gab sein Mandat auf, um – nach einem Intermezzo an der Princeton-Universität in den USA – bei Großkonzernen anzuheuern. Befangen im Mythos, er habe die Partei im Griff gehabt, interpretierte die Öffentlichkeit das nun einsetzende Geschachere als Diadochenkampf um die Nachfolge in der Rolle des großen Zampanos. Den meisten Mitgliedern schien die führende Gruppe, die sich zur binnenbezogenen Nomenklatura verdichtet hatte, weniger an einer strategi-

439

schen Debatte interessiert zu sein als an persönlichem Positionsgewinn.

Zwei, drei Jahre brauchte die Fraktion, um wieder Tritt zu fassen. Anfangs trat sie auf, als wäre sie noch an der Macht, müsste konstruktiv die Agenda 2010 verteidigen. Das Umschalten von Abwehr auf Angriff fiel schwer. Und wenn angegriffen wurde – hatte sie dann den richtigen Gegner im Visier? Wie sinnvoll war es, einen Untersuchungsausschuss ausgerechnet zum Thema Irak und Kampf gegen den Terror zu beantragen, da dies doch ein Markenzeichen der zurückliegenden rot-grünen Außenpolitik war? Das entschiedene deutsche Nein zum Irakkrieg wurde dekonstruiert durch die Frage, ob nicht zwei BND-Agenten in Bagdad den USA militärisch genutzt haben. Indiz dafür, dass auch Rot-Grün mitgemacht hatte? Die Frage spielte der CDU in die Karten: Wenn diese schon nicht den Mut gehabt hatte, sich Bush zu widersetzen, dann sollten es die anderen auch nicht getan haben. Ungeschickter konnte man mit der eigenen Historie kaum umgehen.

Das Grundproblem der Grünen konnte durch fleißige Fraktionsarbeit nicht behoben werden: Über welche Strategie könnten die Gehalte des ökologischen Humanismus machtpolitisch wieder zur Geltung gebracht werden? Die Ansage von Reinhard Bütikofer, der wie Claudia Roth auf der BDK in Köln am 3. Dezember 2006 als Sprecher bestätigt wurde, die Grünen seien die intelligenteste der drei Oppositionsparteien, entsprach zwar dem bildungsbürgerlichen Selbstbild, konnte aber nicht über den realen Bedeutungsverlust hinwegtäuschen. Mitte 2006 waren die Grünen in keiner Landeskoalition mehr vertreten, hatten in den neuen Ländern fast nur Leerstellen zu verzeichnen und rutschten an die fünfte Stelle hinter FDP und PDS.

Mit Al Gore schien der Retter zu nahen. Ein grandioser internationaler Medienwirbel um ihn setzte die abgeflaute Klimadebatte unter Hochdruck. Das vielleicht wichtigste grüne Thema war wieder »angesagt«. Die Parteispitze reagierte sofort: Am Jahrestag von Tschernobyl, dem 26. April 2007, startete sie eine Klimakampagne. Kongresse, Aktionstage, Internetauftritte, de-

zentral, stufenweise, integriert. Alles professionell aufgemacht –
vielleicht ein bisschen seelenlos – und mit guten Argumenten versehen. Ihr Problem: Das tat inzwischen mehr oder weniger jede
Partei. Kaum noch einer wusste, dass die Grünen die Urheber
der Klimadebatte zumindest in Deutschland waren und samt
diesem Thema 1990 von der Wiedervereinigung überrollt wurden. Selbst vielen geschichtsvergessenen Grünen war dies nicht
mehr präsent. Und wer die alten Verdienste würdigte, der fragte
nach der heutigen politischen Relevanz der damaligen Akteure.
Rot-Grün war erledigt. Musste man jetzt nicht auf Angela Merkel setzen? Konnte sie nicht eher als Jürgen Trittin ihren alten
Freund »George Dabbelju« herumkriegen?

Rot-Grün, um das Realos und undogmatische Linke zwanzig Jahre lang gerungen hatten, war als Leitidee für Reform und
Transformation out. Sicher, in einigen Bundesländern schien
eine Mehrheit noch in Reichweite. Aber im Bund? Nach dem
Machtverlust in Berlin und dem Rückzug von Gerhard Schröder
zerfiel die SPD zusehends. Das Mitregieren in der Großen Koalition bekam ihr nicht. Angela Merkel gerierte sich als die »bessere Sozialdemokratin«, besetzte Räume links der Mitte, wie es
Schröder einst rechts der Mitte getan hatte, grenzte die SPD ein
und die Linke aus und stärkte die FDP als ordoliberale Alternative zur Union. Eine Hegemonialstrategie. Das Projekt »Neue
Mitte« hingegen, mit dem Schröder seiner Partei Identität und
Richtung verliehen hatte, war obsolet geworden. Der Kern der
Neuen Mitte war mit dem Platzen der IT-Blase und dem Absturz der New Economy zerfallen. Ohne Gravitationszentrum
verlor die SPD nach links und rechts. Keine neue Philosophie
stand zur Verfügung, um den Abwärtstrend der Sozialdemokratie, der ähnlich in vielen europäischen Staaten zu beobachten
war, aufzufangen. Ihr Kernanliegen, Wachstumsgewinne gerech-
ter zu verteilen, verschwamm, als es kaum Wachstum mehr gab.
Die Globalisierung mit ihren Möglichkeiten der Gewinnverlage-
rung und Steuerhinterziehung entzog den gesellschaftlich produzierten Reichtum den Produzenten und machte dessen private
Aneignung durch Kapitalbesitzer und Spitzenmanagement noch

leichter. Nicht radikal genug, die neue internationale Klassengesellschaft auch beim Namen zu nennen, fehlte der altehrwürdigen SPD ein mobilisierungsfähiger Deutungsrahmen. Die »Heuschrecken«, die Franz Müntefering ins Spiel brachte, gaben nur mehr ein unzureichendes Surrogat ab. Die SPD arbeitete zügig an der Halbierung ihrer Wählerschaft.

Parallel dazu der Aufstieg der PDS. Für die Grünen nicht nur ein komplementäres Problem. Zumindest für die Bürgerrechtler, die in der PDS alte Kader der SED wiedererkannten, auch ein emotionales, identitätsbedrohendes. Formwandel, Konsolidierung und Expansion der SED durch eine gelungene Westausdehnung brachten Bündnis 90/Die Grünen in arge Bedrängnis. Eine Zeit lang hatten diese vom Mythos der gelungenen eigenen Fusion gelebt. Als sie ihre mangelnde Verankerung im Osten schmerzlich registrierten, konnten sie sich zumindest damit trösten, dass die PDS im Westen nicht Fuß fasste. Diese Ära ging zu Ende.

Immer unangenehmer wurde die Konkurrenz der SED-Verwandlungsprodukte. Oft hatten die Grünen davon profitiert, Proteststimmen von SPD-Dissidenten einzusammeln. Alle Zweitstimmenkampagnen bauten darauf. Nun wurde die PDS Zufluchtsort des Sozialprotests. Nach der Wahl zum Berliner Abgeordnetenhaus am 17. September 2006 zog der Regierende Bürgermeister Klaus Wowereit selbst die durch interne Querelen und Konkurrenz der WASG stark dezimierte Linke/PDS der AL vor, die mit einem Ergebnis von 13,1 Prozent etwa gleich stark war. Harald Wolf, einst ein Vordenker des »Linken Forums« bei den Grünen, wurde für die Linke/PDS erneut Wirtschaftssenator. Die alten Hamburger Ökosozialisten Jürgen Reents und Günter Kolodziej, 1990 aus Angst vor einer rot-grünen Koalition von den Grünen zur PDS übergelaufen, waren längst »staatstragende« Säulen des Koalitionssenats – der eine als Chefredakteur der Ex-SED Zeitung »Neues Deutschland«, der andere als stellvertretender Senatssprecher. Auch in den Stadtstaaten Hamburg und Bremen konnte die Linkspartei mithilfe Ex-Grüner in die Bürgerschaft einziehen. Am 24./25. März 2007 fusionier-

ten die Linkspartei/PDS und die WASG in Dortmund zur Partei
»Die Linke«. Oskar Lafontaine, Gregor Gysi und Lothar Bisky
führten sie an. Auch wenn viele orthodoxe, traditionssozialistische, fundamentaloppositionelle, linkspopulistische, DDR-nos-
talgische, männerdominierte Züge zu erkennen waren – die neue
Formation fand auch Anklang im Westen, bei Anhängern ortho-
doxer, traditionssozialistischer, fundamentaloppositioneller, links-
populistischer, DDR-nostalgischer, männerdominierter Politik.
Ungeniert bediente sie sich an der grünen Programmatik. Plötzlich waren auch alte DKP-Kader für den Atomausstieg.

Aber das Anti-AKW-Original schien doch origineller, besonders nachdem wieder zahlreiche Grüne auf den Zufahrtswegen
nach Gorleben hockend gesichtet wurden. Am 13. Mai 2007
fuhren die Grünen in Bremen trotz starker Konkurrenz durch
die Linke mit 16,5 Prozent ein Traumergebnis ein. Grundlage
für eine Koalition mit der SPD unter Jens Böhrnsen. Die Psychologin Karoline Linnert wurde grüne Finanzsenatorin, Reinhard Loske wechselte als Senator für Umwelt aus dem Bundestag
in die Hansestadt. Verzwickter wurde es nach dem 24. Februar
2008 in Hamburg. Mit 9,6 Prozent erzielte die GAL kein be-
rauschendes Ergebnis, aber es reichte zum Regieren – mit der
CDU. Mit großer Spannung wurde der erste schwarz-grüne Feld-
versuch auf Landesebene beobachtet. Am 17. April war es so
weit. Ole von Beust ernannte Christa Goetsch zur Schulsenato-
rin. MdB Anja Hajduk wechselte als Senatorin für Umwelt- und
Stadtentwicklung auf die Landesebene. Obwohl die Koalition
von der GAL-Delegiertenversammlung abgesegnet wurde, blieb
Skepsis spürbar. Die GAL hatte Schwarz-Grün im Wahlkampf
ausgeschlossen – manch ein Sympathisant wendete sich wegen
des »Wortbruchs« nun ab. Auch hatte sie für Verhandlungser-
folge in der Bildungspolitik bei den Infrastrukturfragen, die den
Hafen betrafen, erhebliche Zugeständnisse gemacht. In der Vergangenheit waren daran Gespräche mit der SPD gescheitert. Der
Bundesvorstand unterstützte den Hamburger Kurs. Große Teile
der Bundesbasis reagierten distanziert.

Über die Jahre hatte die gute kommunale Verankerung der

Grünen dezentrale Erfolge in der Fläche eingetragen. Lokale Besonderheiten lösten jegliche Koalitionsdogmatik auf. Es kam zu fast jeder denkbaren Konstellation. Im Rhein-Ruhr-Gebiet etwa wurden seit der Kommunalwahl 2001 angesichts einer schwächelnden, aber immer noch arroganten SPD schwarz-grüne Bündnisse ausprobiert, mit unterschiedlichen Zerfallszeiten. Grüne erlebten in ihren Hochburgen manchen Höhepunkt. In den Innenstadtbezirken von Großstädten wie Köln, Frankfurt, Berlin wurden sie zur stärksten politischen Kraft. Die Republik war inzwischen übersät mit grünen Bürgermeistern und Landräten. Im typischen Milieu mittelgroßer süddeutscher Universitätsstädte konnten Grüne, Alternativszene und Unabhängige grüne Kandidaten sogar als Oberbürgermeister durchsetzen. 1996 wurde als Erster Horst Frank für die »Freie Grüne Liste« in Konstanz gewählt. 2004 konnte er seinen Erfolg wiederholen. Es folgten Dieter Salomon im Mai 2002 in Freiburg und Boris Palmer im Oktober 2006 in Tübingen. Den jüngsten Erfolg landete Michael Korwisi im Mai 2009 als »unabhängiger« Kandidat im hessischen Bad Homburg.

Indes, die Landtagswahlen am 27. Januar 2008 in Hessen und Niedersachsen gerieten für die Grünen zur Katastrophe. Nicht die durchschnittlichen Ergebnisse waren erschütternd. Nein, zum ersten Mal schaffte »die Linke« den Einzug in den Landtag westdeutscher Flächenstaaten. In Hessen führte die neue Konstellation zum Drama. SPD-Spitzenfrau Andrea Ypsilanti hatte vor der Wahl eine Koalition mit der »Linken« ausgeschlossen. Um aber den CDU-Ministerpräsidenten Roland Koch auszuhebeln, suchte sie danach das Bündnis mit Grünen und Linken. Breite Empörung. Für sie das politische Aus. Die Neuwahl am 18. Januar 2009 gewann Roland Koch. Auch wenn die Grünen, angeführt von Tarek Al-Wazir, die Wirren gut meisterten und mit 13,7 Prozent das beste Ergebnis in einem Flächenstaat einfuhren – strategisch war die Entwicklung ein Desaster. Seit Januar 2008 hatte Deutschland nun ein Fünfparteiensystem. Lagerwahlkämpfe – Rot-Grün gegen Schwarz-Gelb – waren passé. Die grüne Lieblingsoption war dahin. Es wurde unübersichtlich und unkalkulierbar.

CDU/CSU und FDP fuhren – mit Sympathie mancher Grüner – seit Jahren erfolgreich den Kurs, die PDS/Linke aus dem Spektrum der koalitionsfähigen Parteien auszugrenzen. Die PDS lebte von der Diskriminierung ebenso gut wie die Grünen in ihrer Gründungsphase. Die SPD geriet in ein unlösbares Dilemma. Wollte sie mit der PDS koalieren, so verlor sie durch den öffentlichen Druck, den die CDU aufbaute, massenhaft Wähler nach rechts. Verzichtete sie auf die PDS-Option, so reichte es – falls die Grünen es nicht ausglichen – nicht zur rot-grünen Koalition. Die PDS, zur Unberührbaren erklärt, neutralisierte einen Teil linker Wähler, die für eine Mehrheitsbildung dann fehlten. Die Bundestagswahl 1998 war eine Ausnahme.

Die Tabuisierung der PDS auf »die Linke« zu übertragen, war allerdings nicht ganz einfach. Ihr gehörte immerhin ein ehemaliger Ministerpräsident, Bundesminister und SPD-Chef an. Schwarz-Gelb versuchte es trotzdem: Mit der Linken durfte Rot-Grün nicht an die Macht, ohne sie ging es nicht. Die Schwarzen wollten die Grünen zugleich blocken und locken. Verführerisch schienen dort nun Debatten über lange abgelehnte Optionen: Ampel, Schwarz-Grün, »Jamaika«. Zwar sperrte sich die grüne Seele gegen derlei Zumutungen. Aber mehr und mehr Machtpragmatiker an der Spitze übten sich in mathematischen Kalkulationen. Für Semi-Fundis, mit der SPD ohnehin nie glücklich, waren die Schwarzen nicht schlimmer. Wenn nur deren Ablehnung von Multikulti nicht wäre! Bildungsbürgerliche fanden deren geschmeidige Verkehrsformen angenehmer als die Trillerpfeifen der Betriebsräte-SPD. Karrieristen witterten Aufstiegschancen. Als Zweitpartei bei Schwarz-Grün bekam man den Außenminister, als Drittpartei in einer Ampel nicht. Oder konnte man die FDP doch wieder zusammenstauchen? Die Fülle von Optionen sei eine Bereicherung, redete man sich ein. Und wurde zugleich Rechengröße in den Machtkalkulationen der Union, die die Grünen in ihre strategischen Überlegungen einbezog, als hätten diese keinen eigenen politischen Willen mehr. Die Grünen – umworben von links und rechts. Angekommen im Zentrum des Parteienspektrums? Als Kleinpartei, nicht, wie Realos einst spekulierten, vollgesogen mit der Kraft der Mitte. Multifunktional, ökotechnokratisch, richtungslos modern – die neue Funktionspartei der Mitte? Bei allem stellte sich die Frage: Was wird aus der grünen Seele?

Das eigentliche grüne Problem lag nicht auf der taktischen, sondern auf der konzeptionell-strategischen Ebene. »Öko« bildete kein Alleinstellungsmerkmal mehr. Alle Parteien hatten auf grünen Druck hin diesen Topos in ihre Programme aufgenommen. Bereits unter Helmut Kohl war ein Umweltministerium geschaffen worden. Ökologie zur zentralen öffentlichen Kategorie zu machen, zum Denkinhalt des Mainstreams, zum regulativen Leitgedanken jeder Politik – das war grüne Gründungsidee. Die Grünen hatten es geschafft. Ein historischer Erfolg. Der nun strategischer Fluch wurde. Wie ging es weiter? Kontrollieren, ob es auch alle ernst genug meinten und konsequent genug handelten? Die eigenen Forderungen radikalisieren, um besser erkennbar zu sein? Oder sie abschleifen, um vom Mainstream geliebt zu werden?

Ganz blutleer war die Partei nicht geworden. Es regte sich Widerstand gegen eine allzu pragmatische Ausdünnung der eigenen Ansprüche. Um Robert Zion, einen Publizisten aus meinem Kreisverband Gelsenkirchen, sammelte sich der Basisprotest. Mit gesellschaftspolitischen Diskussionen durchkreuzte er die Machtpragmatik der Promis. Die Interventionen der neuen Generation undogmatischer Linker blieben nicht folgenlos. Auf der BDK in Nürnberg vom 23. bis zum 25. November 2007 setzten sie ihre Resolutionen zum Grundeinkommen und zu sozialer Gerechtigkeit durch. Den bayerischen Grünen zumindest tat die BDK in ihrem Beritt gut. Bei der Bayernwahl am 28. September 2008, die endlich die absolute Mehrheit der CSU gebrochen hat, konnten sie sich über sehr gute 9,4 Prozent freuen.

Auch das einst markante friedenspolitische Profil der Grünen war verdampft. Nach den Grundsatzentscheidungen für humanitäre Interventionen hatten die neuen grünen Außenpolitiker das systematische Nachdenken über die Ersetzung militärischer durch zivile sicherheitspolitische Strategien, durch Krisenprävention und nicht militärische Konfliktbearbeitung eingestellt. Für mich persönlich enttäuschend, nicht nur weil ich einmal für diesen Ansatz stand. Seit 2006 lehrte ich ihn an der Freien Universität Berlin im Fachbereich Außen- und Sicherheitspolitik. Und die grüne Fraktion gab ihn gleichzeitig auf. Der alte Winfried Nachtwei stand dort allein auf weiter Flur. Statt den politischen Pazifismus zu präzisieren, erwogen einige der neuen grünen Außenpolitiker sogar, die deutschen Stabilisierungskräfte der ISAF zu Kampfeinsätzen im Rahmen der Terrorbekämpfung abzukommandieren. Friedenspolitik als identitätsstiftender Imperativ der Parteigründung schien vergessen worden zu sein. Man überließ kampflos der Linkspartei den Pazifismus, deren SED-Mitglieder erst Pazifisten wurden, als die NATO und nicht der Warschauer Pakt den Kalten Krieg gewonnen hatte.

Doch auch hier korrigierte die verstörte Basis um Robert Zion die Denklähmung der grünen Spitze, indem sie eine Sonder-BDK am 15. September 2007 in Göttingen erzwang. Dort beharrte sie zwar nicht auf dem sofortigen Abzug der Bundeswehr, schloss aber eine Erweiterung auf Kampfeinsätze ausdrücklich aus und mahnte eine überprüfbare, sukzessive Zivilisierung des Mandats einschließlich des militärischen Abzugs an. Die Mehrheit für die Basisresolution scherte die Fraktion im Bundestag indes wenig.

Nach der Westetablierung der Linken im Januar 2008 hatte ich – privat für Freunde, denn aus der aktiven Politik hatte ich mich völlig zurückgezogen – eine Wahleinschätzung geschrieben, die den Weg in die Medien fand. Ich nannte das Ergebnis einen »Super-GAU«, weil es ein für die Grünen nicht mehr beherrschbares, irreversibles katastrophales Szenario auslöste. Die »historische Niederlage« der Grünen führte ich auf die Verschiebung des Parteiprofils vom »sozialökologischen New Deal« zur »ökologischen Bürgerrechtspartei« zurück, mit dem Ausdünnen gesellschaftspolitischer Diskurse. Ausdruck davon war auch die Exklusivfusion mit den Bürgerrechtlern von Bündnis 90, die in ihrem Spektrum zu eng gefasst war und reformerisch engagierte Akteure der ehemaligen DDR-Gesellschaft außen vor ließ. Das alte grüne Thema der Globalisierungskritik hatte man zudem NGOs wie Attac und WEED überlassen. Hinzu kam die intellektuelle Trägheit beim Thema Frieden. Das alles gab Raum für die Linkspartei. Nicht dass die grünen Programme keine soziale Ausrichtung mehr hatten. Auch war der Bürgerrechtsliberalismus bei den Grünen bestens aufgehoben. Nein, das kommunizierte Selbstbild, das propagierte Profil waren entscheidend: die Grünen als Schiedsrichter oberhalb der sozialen Auseinandersetzungen, nicht als solidarischer Teil der gesellschaftlichen Bewegung für soziale Gerechtigkeit.

Mitte 2008 bot die Partei der Kritik an der profilschädigenden Dominanz des Linksliberalismus über die Sozialökologie neuen Stoff: Sie startete im Juni die Bürgerrechtskampagne »Keine Macht dem Schnüffelstaat«. Keine schlechte Idee. Aber ausgerechnet als zeitgleich das Weltfinanzsystem wankte? Kritiker prognostizierten bereits den Kollaps. Wo blieb eine grüne Kampagne gegen verantwortungslose Banker und gierige Manager, die das Bankensystem an die Wand fuhren, die Börse crashen ließen, die private Altersversorgung vieler Menschen vernichteten, massenhaft Angst vor Arbeitsplatzverlust produzierten und zu ihrer eigenen Errettung Steuergelder mobilisierten? Der neue Fachpolitiker Gerhard Schick fand kritische Worte. Aber sonst? Auf der BDK vom 14. bis zum 16. November 2008 in Erfurt wurde neben Claudia Roth Cem Özdemir zum Sprecher gewählt. Nun standen zwei linksliberale Innen- und Bürgerrechtspolitiker an der Parteispitze. Ihre Äußerungen zur Bankenkrise blieben blass. Fraktionschef Fritz Kuhn versuchte zwar, konstruktive Konsequenzen für die Mittelstandspolitik abzuleiten, bemühte sich bei seinen Mahnungen an Industrie und Finanzwirtschaft aber erfolgreich, an einer hörbaren Systemkritik vorbeizukommen.

Doch wie der Zufall so spielt: Ein Jahr nach meiner Philippika wurde vom 23. bis zum 25. Januar 2009 in Dortmund die Liste für die Europawahl aufgestellt. Nach den Spitzenkandidaten Rebecca Harms, Reinhard Bütikofer und Heide Rühle wurde neben der Generalsekretärin von Amnesty International, Barbara Lochbihler, auch der Sprecher von Attac, Sven Giegold, nominiert. Und ein Thema erlebte ein unverhofftes Revival: Inhaltliches Leitkonzept wurde der »grüne New Deal«! Unser Erfolgsmodell von damals. Bei der Europawahl am 7. Juni 2009 erreichten die Grünen 12,1 Prozent, das bisherige beste Ergebnis auf Bundesebene. Vierzehn errungene Sitze boten Platz auch für das Comeback von Werner Schulz und Gerald Häfner. Angelika Beer war nicht wieder aufgestellt worden und trat bald darauf enttäuscht aus. Verdiente Häupter wie Friedrich Wilhelm Graefe zu Baringdorf und Hiltrud Breyer waren abgetreten. Daniel Cohn-Bendit konnte sich wegen seiner Sympathien für die Außenpolitik der US-Neocons einer Unterstützung in Deutschland nicht mehr sicher sein, hatte für die französischen Grünen kandidiert und dort ein buntes Oppositionsspektrum gesammelt. Er kam mit einem triumphalen Ergebnis zurück nach Straßburg und wurde Fraktionsvorsitzender.

Die Bundestagswahl nahte. Plötzlich erlebte das Thema Atomkraft ein ungeahntes Revival. Lange Jahre hatten nur noch die Initiativen im Wendland die Anti-Atom-Sonne hochgehalten. Jetzt provozierte die Aufdeckung des Zustandekommens positiver Gutachten zu Gorleben, die von der Kohl-Regierung gegen Expertenmeinung erzwungen worden waren, die lahm gewordene Öffentlichkeit. Gorleben taugte nichts, und die anderen projektierten Atommülllager, Asse und Morsleben, soffen ab. Die Frage wurde wieder virulent: Sollte man immer mehr jahrtausendelang strahlenden Müll produzieren, von dem niemand wusste, wohin damit? Und in der Umgebung des AKW Krümmel wurden neue Leukämiefälle bekannt. Das Volk wurde wieder unruhig. Am 5. September 2009 kam es in Berlin mit 50 000 Teilnehmern zur größten Anti-AKW-Demonstration seit über zwanzig Jahren. Der Widerstand lebte. Jetzt in der zweiten Generation. Und es wuchs wieder zusammen, was zusammengehörte: die Anti-AKW-Bewegung und die Grünen, zwei Geschwister, die sich zwischenzeitlich ein wenig aus den Augen verloren hatten. Die Demonstration war überweht von Anti-Atom-Fahnen – und von den Fahnen der Grünen. Im neuen Logo. Das alte stumpfe Grün, überwölbt von dem viel zu weiten blauen Himmel von Bündnis 90, war ersetzt worden durch eine hellgrün leuchtende Fläche, eingerahmt von der Sonnenblume, der Parteiname kräftig blau unterstrichen. Das neue Logo: offensiv, optimistisch und nach vorn gewandt. Für die Grünen der dritten Generation. Auch wenn der neue Bewegungsimpuls Rückenwind brachte: Die strategische Lage für die Partei war nicht optimal. Bei den Landtagswahlen am 30. August 2009 trieb das Fünfparteiensystem neue Blüten. Oskar Lafontaine erreichte mit seinen »Linken« in »seinem« Saarland 21,3 Prozent. Mit knappen Ergebnissen zogen die Grünen dort sowie in Sachsen und Thüringen als fünfte Kraft in die Parlamente. Zugleich aber schien ihnen in Erfurt und Saarbrücken die Rolle des Mehrheitsbeschaffers zuzufallen: für Rot-Rot-Grün in beiden Ländern oder eine »Jamaika«-Koalition mit CDU und FDP an der Saar. Was mit maximaler innerparteilicher Toleranz vielleicht hätte pragmatisch gelöst werden können, bekam kurz vor der Bundestagswahl richtungweisende Bedeutung. Grüne Tabus waren bedroht: nicht mit der Union und nicht mit der Linken. Eine Entscheidung für die Schwarzen könnte im Bund rote, eine für die Roten bürgerliche Wechselwähler vertreiben. Also Vertagung bis nach der Bundestagswahl. Danach entschied sich die SPD in Thüringen, um eine »Linke«-Mehrheit in einer rot-rot-grünen Koalition zu vermeiden, für Schwarz-Rot. In Saarbrücken machten die Grünen am 11. Oktober 2009 den Weg frei für die erste »Jamaika«-Koalition. Ihr Hauptargument war Antipathie gegen Oskar Lafontaine. Vielleicht nachvollziehbar in der Enge des Raumes, der sich Saarland nennt. Aber mit Blick auf den Bund? Diese Entscheidung vor der Bundestagswahl – sie hätte das grüne Konto erheblich belastet.

Im Bundestagswahlkampf setzten die Grünen auf eigenes Profil, die Machtfrage wurde von den Spitzenkandidaten Renate Künast und Jürgen Trittin – auch designierte Vorsitzende der kommenden Fraktion – zunächst offengelassen. Auf Druck der Basis wurde zumindest »Jamaika« ausgeschlossen. Einige profilbildende Chancen ließ man ungenutzt: kaum ein Wort zur Finanzkrise und zu den Manager-Boni, die das Volk empörten und die öffentliche Debatte bestimmten. Kein Wort zur alten grünen Forderung nach einer antispekulativ wirkenden »Tobin-Steuer«, die ich einst in den Bundestag brachte und die später von Joschka Fischer weggedrückt wurde. Ohne grünes Zutun wurde sie Thema auf dem G8/G20-Gipfel, vertreten von – Angela Merkel, der Bundeskanzlerin! Reichte die defensive grüne Performance für ein gutes Ergebnis, gar einen Machtwechsel? 27. September 2009, Bundestagswahl: 10,7 Prozent für die Grünen! Zweistellig. 68 Mandate. Das beste Ergebnis im Bund! Hans-Christian Ströbele zum dritten Mal Wahlsieger in Kreuzberg-Friedrichshain. Hier und im Bezirk Mitte die Grünen sogar stärkste politische Kraft. Im Zentrum der Bundeshauptstadt – ein Hammer! Am selben Tag bei der Landtagswahl in Schlewig-Holstein 12,4 Prozent – glatt verdoppelt. Ein Traumergebnis! Ein Traumergebnis? Vordergründig: ja. Aber substanziell? Gegen Große Koalitionen werden kleine Oppositionsparteien immer stark – es wäre sehr ungewöhnlich gewesen, wenn die Grünen nicht auch hinzugewonnen hätten. Aber der Vergleich zu den beiden anderen Kleinparteien ernüchterte: Die Grünen blieben im Bund nicht nur die kleinste Partei, schlimmer noch: Ihr Zuwachs war auch geringer als bei FDP und »Linken«. Die Grünen, auf dem Weg von der halblinken Kleinpartei zur kleinen Volkspartei – komparativ waren sie Verlierer. Ohne Machtperspektive. Ohne Projekt. Opposition gegen eine liberalkonservative Mehrheit, an der Seite der SPD. Wie 1983. Zurück auf »Los«. Stärker als damals, aber mit weniger Charisma und Unterstützung durch Bewegungen, ohne unstrukturierte, offene Räume, in die man sich experimentell hineinentwickeln könnte. Und mit einer starken linken Konkurrenz.

Kapitel 28

Funktionspartei oder Avantgarde?

Dreißig Jahre nach ihrer Gründung haben die Grünen sich als Partei längst etabliert. Haben sich damit aber die Gründungshoffnungen von 1980 erfüllt? Sich überhaupt gegen das frühere Dreiparteiensystem durchgesetzt zu haben, mit einem völlig neuen, anfangs unverstandenen politischen Topos, der Ökologie, macht die Grünen zur bedeutsamsten Parteineugründung der Bundesrepublik. Neben Nationalismus, Konservatismus, Liberalismus, Sozialismus haben sie mit ihrem ökologischen Humanismus eine weitere weltanschauliche Grundströmung etabliert. Die hochfliegenden Erwartungen, ein Siegeszug des ökologischen Denkens würde eine politische Hegemonie der Ökologen nach sich ziehen, wurden jedoch enttäuscht.

Anfang der 90er-Jahre wies die erste Untersuchung über die Struktur der grünen Wählerschaft, die ich als Bundesvorsitzender in Auftrag gab, ein potenzielles Elektorat von etwa 25 Prozent aus. Nur 4 Prozent Stammwähler! Etwa 9 Prozent Rot-Grüne mit der Präferenz Grün, 7 Prozent mit der Präferenz Rot, 3 Prozent FDP-Nahe und 2 Prozent Schwarz-Grüne. Später mochte sich manches verschoben haben. Doch dieses Potenzial konnte nie auf einmal und vollständig ausgeschöpft werden. Es langte zur Hälfte. In den Flächenstaaten weniger, in den Stadtstaaten mehr. Lediglich in den urbanen Zentren von Universitätsstädten erreichte man hier und da relative Mehrheiten. Das Grundproblem: Zwischen Rot und Grün ergab sich fast ein Nullsummenspiel. Aus der schwarz-gelben Welt war wenig zu gewinnen, und wenn, dann auf Kosten zahlreicher roter Sympathisanten. Dieses Dilemma besteht bis heute fort.

Warum? Mit der Verbreiterung des individuellen Umweltbewusstseins – ein zentrales Verdienst der Grünen – war nicht zugleich eine Verschiebung der Parteipräferenz verbunden. Viele Menschen, die umweltpolitisch zu denken begannen, liefen nicht zu den Grünen über, sondern trugen ihren Einstellungswandel in ihre Partei. Die Etablierten griffen das Thema auf und fügten es – entschärft – ihrem Themenkanon hinzu. Sie lösten damit das Thema Umwelt aus dem ökologischen Denken heraus, das weit mehr ist als Umweltpolitik: ein ganzheitliches systemisches Denken, das die Umweltfrage mit globalen ökonomischen, politischen und kulturellen Fragen integriert. Die Grünen selbst trugen zu dieser Entwicklung dadurch bei, dass sie die Gehalte ökologischen Denkens durch ihre Wende zu Pragmatismus und realpolitischer Machbarkeit zerhäckselten. Öko als Alleinstellungsmerkmal wurde blasser. Es zeigte sich, dass Grün nicht von allein aus den Zweigen brach, sondern verbunden werden musste mit einer gesellschaftspolitischen Strategie, damit der Frühling nahte. Genau hier lag das grüne Dilemma.

Die Aufnahme umweltpolitischer Elemente in die Programme der etablierten Parteien korrespondierte mit der Entwicklung der Grünen zur vollständigen Programmpartei. Wählern erschien es, als würden mehrere Parteien ein ähnliches Angebot in graduell unterschiedlicher Zusammensetzung auf den Markt tragen. Den gleichen Kuchen mit leicht variierten Zutaten. Statt gezielte Bündnispolitik zu intensivieren, stellten auch die Grünen immer öfter Programme ins Schaufenster, flankiert von smarten Verkäufern, in der Hoffnung, einen möglichst großen Kundenkreis anzusprechen. Politik als Warenästhetik. Man darf annehmen, dass eine solche Verflachung des politischen Diskurses zur Politikverdrossenheit mit beigetragen hat. Für politische Normalverbraucher wurde die Unterscheidung zwischen den Parteien schwierig. Indiz: Fast das gesamte demokratische Parteienspektrum Deutschlands lässt sich in der Demokratischen Partei des Barack Obama abbilden. »Yes we can« – kein deutscher Spitzenpolitiker, der nicht damit geworben hat.

Wo blieb der gezielte streitige Dialog der Grünen mit den

Verbänden, Vereinigungen, Instituten, Kreisen und Zirkeln, die im Werte- und Interessenkontinuum nahe bei den Grünen liegen? Im Unterschied zu anderen linken Parteien verließen sich die Grünen nicht auf die Gewerkschaften als treibende Kraft der Modernisierung, verstanden sich aber auch nicht als Lobbyisten des Mittelstands. Trotz interessanter Programme für kleine und mittlere Unternehmen (KMU) signalisierten sie in der Praxis zu oft eine Wirtschaftsferne, die als Wirtschaftsfeindlichkeit wahrgenommen wurde.

Ein Versuch Ende der 80er-Jahre, mit der Gründung von »Unternehmens Grün« in der Wirtschaftswelt zu punkten, schlug fehl; zu sehr setzte man damals auf grüne Nischenökonomie. Eigene Leute, die außerhalb der Nische unternehmerisch tätig waren, wurden bis vor wenigen Jahren beargwöhnt. Selbst wenn sie KMUs unterstützten, die der grünen Programmatik als förderungswürdig galten. Als wären alle, die in »der Wirtschaft« Geld verdienen, Gangster. Nach dem Ende von Rot-Grün, da grüne Exhäuptlinge sich bei Großkonzernen verdingen, nichts als Schweigen zum Thema. Immer noch nicht wahrgenommen hat die grüne Praxis das progressive Unternehmertum, das sich den Schumpeter'schen Idealen innovativer und zugleich sozial verantwortlicher Unternehmensführung verpflichtet fühlt. Aber wie will man auf Unternehmer als ökonomisches Kreativpotenzial für eine solidarische Gesellschaft verzichten? Auf Gegenfiguren zu verantwortungslosen Gierschlunden in den Steuerungszentralen des Großkapitals? »Öko« und »links« müssen – auch jenseits von Umwelttechnik – nicht »wirtschaftsfeindlich« bedeuten. Und nicht »marktfeindlich«. Aber dürfen kapitalismuskritisch gemeint sein.

»Risikogesellschaft« – gern nahmen die Grünen die Gesellschaftsanalyse von Ulrich Beck auf. Warum aber haben sie keine ernsthafte Diskussion über das Konzept des »Kommunitarismus« geführt, entwickelt etwa von Amitai Etzioni? Das wäre der Versuch, angesichts leerer öffentlicher Kassen und des Wegbrechens industrieller Arbeitsplätze bezahlte formelle Arbeit, Arbeitszeitverkürzung, Ehrenamt, öffentliche Aufgaben, soziale Sicherung, Alltagskultur und Nachbarschaftshilfe miteinander zu verknüpfen. Eine anspruchsvolle theoretische Anstrengung, den Mittelweg – »Dritten Weg?« – zwischen liberalistischem Individualismus und kollektivem Etatismus zu finden. Ein Gesellschaftskonzept der Postmoderne, das sich »grün« anhört. Ein Angebot, die Herausforderungen der »Risikogesellschaft« nicht individualistisch, sondern solidarisch zu meistern. Entstanden in den USA, zeitgleich mit den deutschen Grünen. In den USA untergegangen, weil zu links. In Deutschland übersehen, weil aus den USA. Vielleicht eine Grundlage, um einen Konvergenzprozess undogmatischer linker Ströme in Gang zu setzen.

Bei der Gründung vor dreißig Jahren hatten sich zwei grundsätzlich verschiedene weltanschauliche Ströme angenähert: der bürgerlich-naturschützerische und der links-alternative. Aus dem Zweistromland flossen beide Ströme in einem bemerkenswerten Konvergenzprozess in den 80er-Jahren zusammen, mäanderten wild dahin und bildeten eine Art grünes Urstromtal. Wenn Klippen auftauchten, die eine Richtungsentscheidung erzwangen – wie Koalitionen, Solidarisierungsfragen oder ein Reformstau –, floss der Urstrom wieder auseinander. Nach der Klippe vereinigten sich die Hauptwasser wieder, in der alten Richtung oder abgelenkt, Rinnsale rannen in andere Richtungen, manches zerrann. Die Quellen versiegten nicht. Das zuletzt etablierte Fünfparteiensystem jedoch veränderte die politische Topografie einschneidend. Es öffnete Fließrichtungen fast wie in einem Delta. Ganz nach links rüber ins rot-rot-grüne Wildwasser oder nach rechts an die seichten Strände von »Jamaika«.

Die strategischen Debatten, die in den 80er-Jahren unter dem euphemistischen Begriff »Streitkultur« noch mit größter Boshaftigkeit geführt wurden, schliffen sich später ab, ohne aber ihre interne Sprengkraft völlig zu verlieren. Überspitzt und frei nach Karl Marx: Alle grüne Geschichte war eine Geschichte von Flügelkämpfen. Vieles wurde in der Alltagspolitik übertüncht, weil bei den Grünen die Linken bürgerlicher und die Bürgerlichen linker waren als in den anderen Parteien. Und manche individuellen Lebenswege kreuzten sich beim Seitenwechsel. Eine zwischenzeitlich erfolgreiche integrative Politik, die Etablierung einer Gravitationskraft, blieb konfrontiert mit starken Zentrifugalkräften, die ihren Vorteil in der Polarisierung suchten. Nach deren Wiedererstarken entschärften oberflächliche Arrangements zwar den Dissens der Pole, vermieden auf diese Weise spalterische Richtungsentscheidungen, verwischten aber die Konturen der Partei. So konnte der Gründungsanspruch, aus den unterschiedlichen philosophischen Denktraditionen das Beste zusammenzufügen, auch nach dreißig Jahren noch nicht vollständig eingelöst werden. Das jedoch unterscheidet die Grünen nicht von manch anderer Partei, die im Streben nach maximaler Breite widerstreitende Tendenzen integrieren muss. Allerdings teilen diese auch nicht den grünen Gründungsanspruch einer ganzheitlichen Weltdeutung.

Die Grünen haben das getan, was nach aller Theorie sozialer Bewegungen notwendig ist, wenn der Bewegungsimpuls nicht verloren gehen soll. Sie haben sich von der Bewegung zur Partei gewandelt. Denn Bewegungen unterliegen Konjunkturen – rauf und wieder runter. Ob wieder rauf, bleibt offen. Das Beste, was ihnen passieren kann, ist die Institutionalisierung auf dem Höhepunkt. Die Grünen haben die Bewegungsimpulse der 60er-, 70er- und 80er-Jahre umgesetzt in langfristige institutionelle Arbeit. Das heißt aber auch: Der starke gesellschaftliche Rückenwind, der sie in der Gründungshase trieb, ist weitgehend abgeflaut. Heute ist die Partei auf andere Energielieferanten angewiesen, auf selbst produzierte erneuerbare Energie.

Angelehnt an die etwas martialischen Worte des großen politischen Philosophen der italienischen Linken, Antonio Gramsci: Die Grünen mussten vom Bewegungskampf in den Stellungskampf übergehen. Statt theoretischer Diskurse über einen neuen Politikbegriff und neue Gesellschaftsentwürfe ging es bald darum, im Gerangel mit den Etablierten kleine und kleinste Positionen zu verschieben. Personell ersetzten Spezialisten nun die Visionäre. Sich in einer solchen Situation zu behaupten, ist nicht schlecht. Man hätte auch untergehen können. Aber entspricht das den Aufbruchsvisionen der Gründerphase? Frei nach Wolf

Biermann: »Das kann doch nicht alles gewesen sein, das bisschen Regieren und Wichtigsein.«

Können die Grünen einen neuen Drive gewinnen? Gibt es einen Impuls, der ihnen zu einem neuen Aufschwung verhilft, von der Kleinpartei zur Mittelpartei, bei 15 bis 20 Prozent? Einen Impuls, mit dem sie im progressiven Spektrum die Führung übernehmen können? Sie können nicht einfach zurück zu ihren Ursprüngen, »back to the roots«. Die Lern- und Erfahrungsprozesse von dreißig Jahren sind irreversibel. Die Welt ist eine andere. Die Pioniergeneration hatte einen offenen Raum vor sich, eine unstrukturierte Zukunft. Sie konnte alle denkbaren Wege gehen, experimentieren, irren, scheitern und neu beginnen. Aber nun sind die meisten Irrtümer begangen, die meisten Holzwege verlassen. Für die alte wie für die neue Generation sind die Pfade weniger geworden, die gangbar sind und weiterführen.

Und wenn die Grünen wachsen würden – noch größer wäre dann die Verpflichtung zur internen Verständigung und Toleranz. Verfolgt man die Biestigkeit, mit der auch heute noch intern Diskussionen geführt werden, so kann man daran Zweifel haben. Die Partei hat zweifellos Talente. Vom showroomtauglichen Boris Palmer bis zum New-Underground-nahen Robert Zion. Statt aber das Beste aus jedem herauszuholen, ihm dort einen Platz zu geben, wo seine Stärken zur Geltung kommen, und über die kleinen Schwächen hinwegzusehen, zieht man in Internet-Blogs übereinander her, als wäre der andere das Schweinegrippevirus. Es war immer schon Kennzeichen der Linken, Gehalt und Wertigkeit anderer Meinungen nicht zu erkennen, sondern deren Vertreter mindestens als Verräter, wenn nicht gar als Dummköpfe hinzustellen. Folge: Die Linken hatten die Meinung, die Rechten die Macht.

Neben der Ökologie haben sich viele andere Gründungsideen verflüchtigt. Das revolutionäre Projekt der »Basisdemokratie« hat sich in eigenen, alternativen Ungerechtigkeiten verfangen und in der Illusion, ständig einen maximalen Mobilisierungsgrad der Menschen als politischer Subjekte aufrechterhalten zu können. Was sich als belastbar und brauchbar erwies, etwa Volksbegehren, wurde vom politischen System zu Modernisierungszwecken absorbiert. Nicht mehr linksalternative »Bunte Listen« entzogen sich nach der Gründung der Grünen als Partei der Parteiförmigkeit, sondern eher rechtsbürgerliche »Freie Wähler«. Die Geschlechterquote mag für die Grünen noch relevant sein für die interne Machtverteilung und Personalrekrutierung – als Knüller bei Frauen hat sie an Wirksamkeit eingebüßt, seit ausgerechnet die CDU mit der Bundeskanzlerin »die mächtigste Frau der Welt« stellt.

Auch die Vorstellung vom »alternativen Leben« taugt nicht mehr recht als profilbildendes Gegenmodell. Was davon brauchbar war, vom Bioprodukt bis zur Mülltrennung, ist allenthalben Alltagspraxis, ohne dass viele Menschen überhaupt wissen, dass am Anfang davon die Grünen standen. Ehemalige Gegner nehmen den Mund nicht mehr voll mit Lästereien gegen die Ökos, sondern mit Müsli. Angetan mit Klamotten aus dem Secondhandladen, ist kaum einem bewusst, dass er die Idee der grünen Recycling- und Kreislaufwirtschaft realisiert. Das zweitschönste aller Models führt Gesundheitslatschen vor. Aber alternatives Leben in seiner Extremform, quasi eine vorindustrielle Existenz – das will auch kein Grüner mehr. Vieles, was vor dreißig Jahren als alternativ galt, ist aufgehoben in der modernen linksbürgerlichen Kultur- und Modewelt. Von der studentischen WG bis zur urbanen Schickeria leben bildungsbürgerliche Schichten von Impulsen der Alternativbewegung. Das »gute Leben«, Stil, Qualität, Vitamine, frische Luft, fremde Kulturen, eine postmaterielle Orientierung, die ausreichend materiell abgesichert ist, macht im neuen Jahrtausend das grüne Lebensgefühl aus. Der Unterschied zum Liberalismus? Man weiß, dass es anderen schlechter geht, und ist bereit, etwas dagegen zu tun.

Die Grünen als Partei des aufgeklärten, politisch interessierten, sozial engagierten und ökologisch bewussten Bürgertums – sie sind keine Außenseiter mehr, sie sind Teil der Mehrheitsgesellschaft. Der Teil allerdings, der immer noch einen solidarischen Blick hat für alle, die sozial oder kulturell ausgegrenzt sind oder zu werden drohen. Aber ihr bürgerliches Selbstverständnis lenkt auch ihren Blick ab von grundlegenden Strukturdefekten der Gesellschaft. Selten noch findet man die Attitüde, den Kapitalismus Kapitalismus zu nennen, in pejorativer Absicht, und über Alternativen zu diskutieren. »Der Kapitalismus hat die Systemkonkurrenz gegen den real existierenden Sozialismus gewonnen, aber er ist nicht die Lösung für die Menschheit«, war mein Lieblingssatz als grüner Vorsitzender direkt nach der Wende. Eineinhalb Jahrzehnte lang waren dann Illusionen stärker. Bis die Blender, Bluffer, Blödiane des Kasinokapitalismus ihre pseudorationale Wirtschaftswelt selbst zerdepperten. Und zu rekonstruieren begannen. Das musste für Postmaterialisten nicht unbedingt das Signal sein: Auf zum letzten Gefecht. Aber am Rotweinregal in der Edelküche der luxusrenovierten Jugendstilaltbauwohnung, neben dem Übungszettel für die »fünf Tibeter«, hätte ruhig das Memo kleben dürfen: Grundsatzdebatte!

Ist es nicht angebracht, Ökologie wieder mit Gesellschaftspolitik zu verknüpfen? »Politische Ökologie« statt »ökologische Modernisierung«? Zukunftsfähige Lebensmodelle zu entwerfen, die den gesamten Stoffwechsel des Menschen mit der Natur neu organisierten und das Verhältnis der Menschen zueinander auch? Wird es nicht Zeit, nach einer Phase des Pragmatismus sich wieder auf die paradigmatischen Gehalte des ökologischen Humanismus zu besinnen? Auf die Kritik am quantitativen Wachstum, an der Beschleunigung aller Prozesse, an der Steigerung des Stoffdurchsatzes, an der Dominanz betriebswirtschaftlicher Kalküle über das wirkliche Leben, an der Ausbeutung des Menschen durch den Menschen? Reicht es, zufrieden damit zu sein, dass man alternative Technologien markt- und exportfähig gemacht hatte? Muss man den Wohlhabenden nicht sagen: Es reicht! Genug ist genug! Und für Ausgleich bei denen sorgen, die bisher zu kurz gekommen sind?

Alle konventionelle Politik fuße auf der Idee und den Erträgen pauschalen Wirtschaftswachstums. Pauschales quantitatives Wachstum ist nicht die Lösung, sondern das Problem – so lautete das Urbekenntnis der Grünen, die Gründungsidee, das erste Gebot der Politischen Ökologie. Ein grüner New Deal, ein Gesellschaftsvertrag zwischen alten Unter- und neuen Mittelschichten zugunsten von Existenzsicherung der einen und verbesserter Lebensqualität für alle, kann nicht mehr auf dem Postulat pauschalen Wachstums gründen. Wenn aber keine Wachstumsgewinne mehr zu verteilen sind – das Problem der SPD –, dann stellt sich die Frage nach der nötigen Umverteilung viel radikaler. Muss man nicht doch ran an die Reichtumssubstanz? Läuft die ökologische Modernisierung nicht Gefahr, lediglich ein Additiv zu sein, das die Realisierungsbedingungen für pauschales Wachstum zeitgemäß verbessert und zugleich eine Wirtschaftselite in Funktion hält, die sich jenseits der Betriebswirtschaft als zutiefst ungebildet erweist?

Was bedeutet der Postindustrialismus für die Zukunft der Arbeit und der Existenzsicherung? Ist es akzeptabel, dass in einer reichen Gesellschaft strukturelle Armut herrscht, während einige wenige den Hals nicht voll genug bekommen? Muss man nicht die Entkopplung von Arbeit und Einkommen, die für Banker, »Spitzen«-Manager und manch schmarotzende »Elite« von Zig-Millionen-Erben längst gilt, nicht auch für das einfache Volk einführen? Wird nicht das alte grüne Projekt einer Grundsicherung wieder aktuell, finanziert durch rigorose Abschöpfung von Spitzenvermögen? Es geht nicht um Neid. Soll der Geldadel so viel Trüffel, Kaviar und Gummibärchen in sich stopfen, wie er kann, und täglich zwischen Yacht, Landsitz und Stadtvilla hin und her jetten. Es geht darum, die Geldmengen, die er auch bei krankhaftestem Konsumwahn nicht verprassen kann, im Sinne der Sozialpflichtigkeit des Eigentums demokratisch kontrolliert in den Wirtschaftskreislauf zu recyceln. Und darum, nicht länger das »nutzenmaximierende Wirtschaftssubjekt« zu vergöttern, sondern die zu achten, die Gesellschaft als Verantwortungsgemeinschaft postulieren.

Das Fünfparteiensystem zwingt die Grünen, ob sie wollen oder nicht, zu noch mehr Taktik und Pragmatismus. Zu einer Überlebensstrategie nach dem Super-GAU der PDS-Westausdehnung, den sie selber mit ausgelöst haben. Wird der Eigenanspruch deshalb fürderhin auf die politische Taktik reduziert? Auf das spieltheoretische Herumhantieren mit Optionen und Optiönchen? Mit »Inhalten« als Vorwand und »Öko« als Ablass? Selbstdeterminierung durch Funktionsbestimmung im Fünfparteiensystem? Werden die Grünen eine von Inhalten weitgehend entleerte Mehrheitsbeschafferin welcher Koalition auch immer? Steht die Sklerose der »Grünen« zur »Grünen Partei Deutschlands« (GPD) an? So weit muss es nicht kommen. Wenn ein Strukturproblem akut nicht zu beheben ist, dann – so ein politischer Lehrsatz – muss man auf die Veränderung der Rahmenbedingungen warten. Das kann dauern. Aber man kann sie vielleicht mit herbeiführen helfen. Drei Parteien auf der linken Seite des Spektrums – ist da nicht Dynamik zu erwarten? Kann die SPD sich fangen, oder hat sie die kritische Masse, die zu einem Führungsanspruch nötig ist, bereits unterschritten? Wird die »Linke« durch Regierungsbeteiligungen stabilisiert oder in ihre ideologischen Teilströme zerlegt? Wenn ihre Fundis, wie einst bei den Grünen, vor der Notwendigkeit zum Kompromiss davonlaufen in Richtung Niemandsland, die Altstalinisten und DDR-Fossile wegsterben und ihre sozialdemokratische Mehrheit sowie linksökologische Minderheitsströmung übrig bleiben – ist das dann nicht eine neue Lage? Ansatzpunkt für Kooperationen, die weit über Koalitionen hinausgehen? Für Fusionsgedanken? Diesmal die richtigen? Die Existenz von drei Oppositionsparteien gegen Schwarz-Gelb muss nicht die endgültige Antwort auf die »Organisationsfrage« sein.

Im Zuge der Globalisierung gilt es in längeren Zeiträumen und weiteren Horizonten zu denken. Wie definieren sich Deutschland und Europa, wenn sie in zwei, drei Dekaden von China und Indien hinsichtlich der Wirtschaftskraft überholt werden? Wie gehen sie damit um, wenn die neuen Wirtschaftsmächte ihre Kulturen universalisieren wollen, wie es heute der Westen tut? Wie wollen sie Demokratie aller Welt als Erfolgsmodell verkaufen, wenn milde Formen von Despotie für Milliarden Menschen Entwicklung und Wohlstandsgewinn bedeuten? Wenn in einer multipolaren Welt erstarkte Regionen gegenüber Europa auftrumpfen? Wenn absteigende Mächte und abgehängte Regionen aggressiv um sich schlagen? Wenn der Pazifik und nicht Mittelmeer oder Atlantik zum »Mare Nostrum« neuer Hegemonialmächte wird? Wenn der Zwang zu vertiefter europäischer Integration – Regionalisierung als Antwort auf Globalisierung – den deutschen Föderalismus völlig ad absurdum führt? Wenn nach dem Ende industrieller Massenproduktion formelle Arbeitnehmertätigkeit für immer weniger Menschen ein existenzsicherndes Einkommen bietet? Wenn eine »nachholende Entwicklung« in den Schwellenländern im Stile der Industrienationen die ökologischen Probleme zur globalen Überlebenskrise zuspitzt? Wie soll die Politik die Steuerungsfähigkeit über entfesselte Märkte zurückgewinnen? Welcher ökologische Ökonomiebegriff soll das quantitative Wachstumsdenken ersetzen? Durch welchen Indikator, der umweltkonforme Lebensqualität abbildet, kann die münchhausenhafte Rechnungsweise in Bruttosozial- oder -inlandsprodukt abgelöst werden? Manche dieser Fragen haben die Grünen in der Vergangenheit angerissen. Und wieder vergessen.

Für die Grünen ist nicht entscheidend, ob sie aktuell diese oder jene Koalition mehr oder weniger eingehen. Für sie ist entscheidend, ob sie den grundsätzlichen gesellschaftlichen Veränderungsanspruch aufrechterhalten. Ob sie den globalen Blick behalten und ihre politische Ethik, Lebenschancen und Lebensqualität aller Menschen unter Achtung des globalen ökologischen Gleichgewichts auf möglichst hohem Niveau anzugleichen. Aus dieser Perspektive lässt sich die Antwort auf die Frage ableiten: Wer oder was wollen die Grünen in Zukunft sein? Funktionspartei der Mitte oder der avantgardistische Ausdruck eines globalen ökologischen Humanismus?

Verzeichnis der im Text verwendeten Abkürzungen

AA .... Auswärtiges Amt
ABM .... Anti Ballistic Missile
AG .... Arbeitsgruppe (der Fraktion)
AK .... Arbeitskreis (der Fraktion)
AKW ...... Atomkraftwerk
AL .... Alternative Liste Berlin für Demokratie und
            Umweltschutz
ALB .... Alternative Liste Bremen
ALG .... Arbeitslosengeld
ANC .... African National Congress
APO .... Außerparlamentarische Opposition
ASF .... Arbeitsgemeinschaft sozialdemokratischer
            Frauen
AUD .... Aktionsgemeinschaft Unabhängiger Deutscher

BAG .... Bundesarbeitsgemeinschaft (der Grünen)
BBU .... Bundesverband Bürgerinitiativen Umweltschutz
BDK .... Bundesdelegiertenkonferenz
            (= Bundesversammlung)
BDKJ ...... Bund Deutscher Katholischer Jugend
BGL .... Bremer Grüne Liste
BHA .... Bundeshauptausschuss (der Grünen)
BI .... Bürgerinitiative
BKA .... Bundeskriminalamt
BOA .... Bundesrepublik ohne Armee
BRD .... Bundesrepublik Deutschland

BSZ .... »Bochumer Studenten-Zeitung«
Buko ...... Bundeskongress entwicklungspolitischer
            Aktionsgruppen
BUND ...... Bund für Umwelt und Naturschutz Deutschland
BUS .... Bund Unabhängiger Sozialisten
BWK .... Bund Westdeutscher Kommunisten

CCC .... Chaos Computer Club
CGB .... Christlicher Gewerkschaftsbund

DA .... Demokratischer Aufbruch
DFP .... Deutsche Freiheitspartei
DG .... Deutsche Gemeinschaft
DGB .... Deutscher Gewerkschaftsbund
DJ .... Demokratie Jetzt
DJO .... Deutsche Jugend des Ostens
DKP .... Deutsche Kommunistische Partei
DS .... Demokratische Sozialisten
DVP .... Deutsche Volkspartei

EFGP ...... Europäische Föderation Grüner Parteien
EGP .... Europäische Grüne Partei
EKD .... Evangelische Kirche Deutschlands
ESG .... Evangelische Studentengemeinde
ESVP ...... Europäische Sicherheits- und
            Verteidigungspolitik

FCKW ..... Fluor-Chlor-Kohlenwasserstoff
FIU .... Freie Internationale Universität

GAJB ...... Grün-Alternatives Jugendbündnis
GAL .... Grün-Alternative Liste (Hamburg)
GASP ...... Gemeinsame Außen- und Sicherheitspolitik
GAU .... größter anzunehmender Unfall
GAZ .... Grüne Aktion Zukunft
GEW ...... Gewerkschaft Erziehung und Wissenschaft

GIM . . . . Gruppe Internationaler Marxisten
GLH . . . . . . Grüne Liste Hessen
GLSH . . . . . Grüne Liste Schleswig-Holstein
GLU . . . . Grüne Liste Umweltschutz
GTZ . . . . Gesellschaft für Technische Zusammenarbeit
GVP . . . . Gesamtdeutsche Volkspartei

HT . . . . Hochhaus im Tulpenfeld

ICC . . . . Internationales Congress Centrum (Berlin)
IFM . . . . Initiative Frieden und Menschenrechte
IM . . . . Informeller Mitarbeiter (der Stasi)
INF . . . . Intermediate-Range Nuclear Forces
ISAF . . . . International Security Assistance Force
              (Afghanistan)
ISP . . . . Initiative Sozialistische Politik
IWF . . . . Internationaler Währungsfonds

KABD . . . . . . Kommunistischer Arbeiterbund Deutschlands
KB . . . . Kommunistischer Bund
KBW . . . . . . Kommunistischer Bund Westdeutschland
KGB . . . . Komitee für Staatssicherheit (der Sowjetunion)
KMU . . . . . . Kleine und mittlere Unternehmen
KOFAZ . . . . . Komitee für Frieden, Abrüstung und
              Zusammenarbeit
KP . . . . Kommunistische Partei
KPD . . . . Kommunistische Partei Deutschlands
KPD/AO . . . . Kommunistische Partei Deutschlands/Aufbau-
              organisation
KPD/ML . . . . Kommunistische Partei Deutschlands/
              Marxisten-Leninisten
KPdSU . . . . . Kommunistische Partei der Sowjetunion
KSK . . . . Kommando-Spezialkräfte
KSZE . . . . . . Konferenz für Sicherheit und Zusammenarbeit
              in Europa
KV . . . . Kreisverband (der Grünen)

LDU . . . . Liste für Demokratie und Umweltschutz
LiFo . . . . Linkes Forum (bei den Grünen)

MdB . . . . Mitglied des Bundestags
MdEP . . . . . . Mitglied des Europaparlaments
MdL . . . . Mitglied des Landtags
ML . . . . Marxismus-Leninismus
MLPD . . . . . . Marxistisch-Leninistische Partei Deutschlands
MoZ . . . . »Moderne Zeiten« (Zeitschrift)
MSB . . . . Marxistischer Studentenbund (Spartakus)

NF. . . . . Neues Forum
NGO . . . . . . Non-Governmental Organisation
NPD . . . . Nationaldemokratische Partei Deutschlands
NRW . . . . . . Nordrhein-Westfalen

ÖDP . . . . Ökologisch-Demokratische Partei
OECD . . . . . . Organisation for Economic Cooperation and
                 Development
OEF . . . . Operation Enduring Freedom (in Afghanistan)
OSZE . . . . . . Organisation für Sicherheit und Zusammen-
                 arbeit in Europa
ÖTV . . . . (Gewerkschaft) Öffentlicher Dienst, Transport
                 und Verkehr

PDS . . . . Partei Demokratischer Sozialisten

RAF . . . . Rote Armee Fraktion
RCDS . . . . . . Ring Christlich-Demokratischer Studenten

SALT . . . . . . Strategic Arms Limitation Treaty
SB . . . . Sozialistisches Büro (Offenbach)
SDI . . . . Strategic Defense Initiative
SDS . . . . Sozialistischer Deutscher Studentenbund
SED . . . . Sozialistische Einheitspartei Deutschlands
SEF . . . . Stiftung Entwicklung und Frieden

SEW .... Sozialistische Einheitspartei Westberlins
SHB ...... Sozialistischer Hochschulbund
SPÖ ...... Sozialdemokratische Partei Österreichs
SPV .... Sonstige Politische Vereinigung »Die Grünen«
SSW .... Südschleswigscher Wählerverband
START ..... Strategic Arms Reduction Treaty
Stasi ...... Staatssicherheit (der DDR)
SWP .... Stiftung Wissenschaft und Politik

TOES ...... The Other Economic Summit

UÇK .... Nationale Befreiungsarmee des Kosovo
UFV .... Unabhängiger Frauenverband (der DDR)

VCD .... Verkehrsclub Deutschland
VDNV...... Vereinigung Deutsche Nationalversammlung
VDS .... Verband Deutscher Studentenschaften
Verdi ...... Vereinigte Dienstleistungsgewerkschaft
VL .... Vereinigte Linke (der DDR)

WASG ...... Wahlalternative Soziale Gerechtigkeit
WEED ...... World Economy, Ecology and Development
WSL .... Weltbund für den Schutz des Lebens

Z (Gruppe) .. Zentristen (des KB)
ZIF .... Zentrum für internationale Friedenseinsätze
Berlin

Personenregister

Al-Wazir, Tarek 444
Altun, Cemal 209
Altvater, Elmar 260
Amery, Carl 95, 170
Ammon, Herbert 156
Appel, Roland 210, 316,
    322, 345
Armitage, Richard 411
Auhagen, Hendrik 238

Backhaus, Renate 310
Bahr, Egon 193, 358
Bahro, Rudolf 66, 97, 113,
    115 f., 157, 185, 187,
    236, 266, 268, 270 f.,
    275
Bard, Sabine 273
Barg, Michael 125
Bastian, Gert 112, 120,
    143, 189, 193, 197,
    199 f., 209, 256, 317 f.
Baumgärtner, Ulf 252
Bause, Margarete 171
Bayer, Wolfgang 342
Beck(-Oberdorf),
    Marieluise 125, 175,
    182, 193, 229, 242,
    281, 284 f., 316, 339,
    347, 369, 376
Beck, Ulrich 454
Beck, Volker 212, 376,
    408, 422
Becker-Schaum, Christoph
    286
Beckmann, Lukas 64, 109,
    112, 116 f., 126, 185,

197, 256, 259, 271,
    273, 276, 278 f., 287,
    308, 313, 317, 323, 340
Beddermann, Carl 62
Beer, Angelika 198, 256,
    310 f., 320, 339, 352 f.,
    369, 396 f., 405 f.,
    421 f., 424, 449
Bernbacher, Christine 174
Berninger, Matthias 342
Beust, Ole von 443
Beuys, Joseph 63, 121, 125
Biermann, Wolf 32, 46,
    209, 456
bin Laden, Osama 200,
    404 f., 414
Birk, Angelika 354
Birthler, Marianne 298,
    304, 329 ff., 335, 340
Bisky, Lothar 443
Blauel, Iris 305, 353
Bloch, Ernst 29, 75, 113
Blottnitz, Undine von 81,
    169, 310, 334
Bock, Thea 292
Bohley, Bärbel 325
Böhm, Tatjana 328
Böhrnsen, Jens 443
Böll, Heinrich 75, 183, 313
Borgmann, Annemarie
    202, 267, 274, 276
Börner, Holger 163 f.
Brandt, Peter 156
Brandt, Willy 27, 30, 83 ff.,
    88, 115, 122, 132, 156,
    162, 182, 193, 220, 260

Breyer, Hiltrud 289, 449
Bricke, Dieter 263
Briefs, Ulrich 215 f., 277
Brozus, Lars 410
Bruckmann, Wolfgang 202
Brüggen, Willi 248
Brumlik, Micha 315
Bubis, Ignaz 315
Bueb, Eberhard 256
Buntenbach, Annelie 343,
    396 f., 407
Burgmann, Dieter 105,
    113, 116, 120, 170,
    181
Bush, George W. 396, 403,
    407 f., 415, 417, 420 f.,
    440 f.
Bütikofer, Reinhard 79,
    353, 368, 411 ff., 421,
    431, 435, 440, 448

Calderón, Hugo 254
Cheney, Richard »Dick«
    411
Clement, Wolfgang 354
Clinton, Bill 335, 387,
    391, 411
Cohn-Bendit, Daniel 68,
    81, 165, 265, 333 f.,
    347, 424, 449
Creutz, Helmut 63

Damus, Renate 297, 309
Dann, Heidemarie 120
Demba, Judith 304
Dinné, Olaf 94, 173 f.

Ditfurth, Jutta 67, 122,
    162, 164–167, 171,
    198, 206, 239, 245,
    263, 265, 271 f., 276,
    283 f., 286, 295 f., 303,
    307 f., 310 f., 350, 397
Dohnanyi, Klaus von 160
Dörfler, Ernst 298
Drabiniok, Dieter 121,
    123, 244
Dräger, Klaus 286
Drautzburg, Friedel 132
Dufner, Ulrike 425
Düllmann, Gina 246
Dutschke, Rudi 20, 22, 27,
    30, 65, 87, 94, 97, 125,
    174, 209, 330
Duve, Freimut 255
Dziobek, Claudia 263

Ebermann, Thomas 78,
    117, 159, 187, 239,
    265, 273, 277, 279,
    281 f., 284, 286, 296
Eichel, Hans 353, 370 f.
Eichstädt-Bohlig, Franziska
    339
Eid, Uschi 143, 251, 256 f.,
    267, 281, 339, 369
Engels, Friedrich 33, 40,
    77 f.
Engholm, Björn 316
Eppler, Erhard 115, 182
Erler, Gisela 228
Etzioni, Amitai 454

Feige, Klaus-Dieter 323
Fischbeck, Hans-Jürgen
    326
Fischer, Andrea 366, 377
Fischer, Joschka (Joseph)
    12, 68, 122, 125 f.,
    133, 163–166, 176,
    183, 198 ff., 202, 211 f.,
    238 f., 244 f., 265 f.,
    269, 271, 276, 283 f.,
    289, 292 f., 296 f.,
    305, 309, 315, 318,
    333, 336, 339–345,
    347–353, 355 ff., 363 f.,
    366 f., 374, 380 ff.,
    385–391, 393 f., 397 ff.,
    401, 403, 405 ff., 413,
    415, 417 f., 422, 426 f.,
    431 ff., 435, 439, 451
Fischer, Ulrich 200, 256
Flinner, Dora 281
Franck, Norbert 314
Frank, André Gunder 259
Frank, Horst 444
Fries, Siggi 237
Fücks, Ralf 79, 81, 174 f.,
    249, 269, 287, 290,
    296 f., 308, 313 f.,
    320 f., 354
Fues, Thomas 261
Funke, Karl-Heinz 377

Galinski, Heinz 315
Galtung, Johan 259
Gauck, Joachim 298, 340
Gebauer, Thomas 320
Geis, Matthias 328
Geißler, Heiner 183, 229,
    350
Genscher, Hans-Dietrich
    193, 257, 389
Gesell, Silvio 63
Giegold, Sven 448
Goetsch, Christa 443
Gollwitzer, Helmut 20
Göpfert, Rebekka 11
Gorbatschow, Michail 33,
    133, 200 ff., 262, 294
Gore, Al 247, 264, 440
Göring-Eckardt, Katrin
    369 f., 422, 439
Gorz, André 243, 248
Gottwald, Gaby 120, 200,
    251–254
Graefe zu Baringdorf,
    Friedrich Wilhelm 267,
    289, 334, 368, 424, 449
Gramsci, Antonio 456
Grewer, Arnd 304
Groß, Marina 285 f., 289

Gruhl, Herbert 15, 57 ff.,
    92, 100, 105, 109, 116
Grunert, Harald 132
Guevara, Ernesto »Che«
    37, 45
Gysi, Gregor 338, 396,
    427, 443

Häfner, Gerald 144, 171,
    211, 272, 339, 369, 449
Hajduk, Anja 443
Hammerbacher, Ruth 290
Härlin, Benny 268
Harms, Rebecca 169, 424,
    448
Hasenclever, Wolf-Dieter
    101, 117, 166, 238
Haußleiter, August 61, 92,
    100, 105, 170
Heidecke, Heidrun 334
Heilmann, Friedrich 304,
    310 f., 323
Heinemann, Gustav 20, 62
Hennings, Lars 173
Hermann, Winfried 405
Herten, Richard 132, 331,
    335
Heyne, Kristin 422
Hickel, Erika 267
Hinrichs, Rainer 169
Hinz, Priska 353
Höhn, Bärbel 322, 333,
    347, 353 f., 368,
    396–399
Holbrooke, Richard 388
Hombach, Bodo 370
Honecker, Erich 186
Hönes, Hannegret 256,
    273, 276
Höppner, Reinhard 334
Horáček, Milan 122, 144,
    162, 200, 256, 424
Hoss, Willi 65, 121, 241 f.,
    247, 256, 277, 281,
    292 f., 339
Hummel, Dieter 167
Huntington, Samuel P.
    403, 420

Hürten, Marianne 237
Hüser, Uwe 285
Hussein, Saddam 319, 411–417
Hustedt, Michaele 352, 378, 425, 435

Ischinger, Wolfgang 428

Jordan, Carlo 303, 309
Jungk, Robert 49

Kaminski, Ulrich 24
Kelly, Petra 13 f., 47, 64, 65, 83, 92 f., 98, 101, 112 f., 116, 118, 120, 125, 134, 143, 170, 182, 185 ff., 189, 193, 197, 200, 209, 219, 221, 226, 251, 256 f., 267, 272 f., 275, 281, 309, 317 f., 330
Kerschgens, Karl 92
Kinkel, Klaus 337, 351, 386, 389, 428
Klein, Anne 158
Kleinert, Hubert 122, 126, 163, 166, 238 f., 241, 279, 281 ff., 285, 290, 297, 305 f., 309, 339
Knabe, Wilhelm 62, 116, 247, 277
Knapp, Udo 81, 202, 297
Knäpper, Marie-Theres 12, 221
Koch, Roland 376, 444
Koenigs, Tom 276, 410
Kohl, Helmut 15, 114, 119, 136, 181 f., 191, 210, 212, 218, 315 f., 338, 351, 356 ff., 371, 381, 386 f., 428, 446, 449
Kolodziej, Günter 442
Köppe, Ingrid 323
Köppl, Bernd 157
Kretschmann, Winfried 138, 167, 238

Krieger, Verena 220 f., 290 f., 296
Kuhn, Fritz 167 f., 238, 283, 307 f., 321, 368, 422, 439, 448
Kühne, Winrich 383
Kuhnert, Jan 162, 165, 266
Künast, Renate 368, 378, 422, 439, 450
Kurras, Karl-Heinz 21

Lafontaine, Oskar 113, 115, 176, 182, 298, 357, 359, 363 f., 370 ff., 375, 387 f., 423, 435, 443, 450
Lambsdorff, Otto Graf 134, 213, 376
Lange, Torsten 202
Langer, Alexander 87
Lehnardt, Karl-Heinz 36, 38, 66, 92
Leinen, Jo 182
Lemke, Steffi 421
Lengsfeld (ehem. Wollenberger), Vera 306, 317, 323
Lenin, Wladimir Iljitsch 31, 40, 59, 77 f.
Leyen, Ursula von der 230
Liebrenz, Viktor 304
Lietz, Heiko 331
Linnert, Karoline 443
Lippelt, Helmut 168, 198, 281, 285, 309 f., 320, 323, 329, 339, 352, 365, 422, 424
Lochbihler, Barbara 448
Loske, Reinhard 369, 379, 422, 425, 443
Lütkes, Anne 368
Lutz, Dieter 358

Maaßen, Boje 173
Maier, Jürgen 167, 261, 283, 296
Maier, Willfried 79, 354

Mandela, Winnie 256
Mann, Norbert 92, 101, 120
Mao Tse-tung 31–34, 40, 78 f.
Marcuse, Herbert 25, 40
Maren-Griesebach, Manon 113
Marx, Karl 27, 33, 36, 40, 45, 76 ff., 125, 165, 242, 455
Mechtersheimer, Alfred 198, 281
Meneses Vogl, German 251
Meng, Richard 12
Merkel, Angela 151, 341, 413, 429, 441, 451
Merkel, Michael 66, 125
Metzger, Oswald 342, 371
Meulenbelt, Anja 78
Meyer, Heinz-Werner 314
Michalik, Regina 220 f., 283
Mielke, Klaus 260
Mies, Maria 227
Milošević, Slobodan 386, 388, 390–393, 396, 400 f.
Mitscherlich, Margarete 227
Modrow, Hans 304
Möllemann, Jürgen 342
Momper, Walter 158
Montag, Jerzy 171
Müller, Erhard 327
Müller, Jo(achim) 174, 269, 274, 285
Müller, Kerstin 340, 369, 422, 429
Müller, Klaus 368
Müntefering, Franz 423, 442

Nachtwei, Winfried 383, 396, 405, 447
Neddermeyer, Helmut 92
Nessing-Stranz, Dorit 304

Nickels, Christa 120, 193, 198, 205, 226, 228, 267, 279, 281, 284 f., 339, 369, 396, 409, 435
Niehoff, Hubert 278
Nilges, Anne 132, 350
Nimsch, Margarethe 353
Nooke, Günter 328 ff.

Obama, Barack 453
Oesterle-Schwerin, Jutta 230, 290
Offe, Klaus 175
Ohnesorg, Benno 21 f.
Olms, Ellen 255
Otto, Georg 92
Özdemir, Cem 408, 424, 427, 448

Palmer, Boris 444, 457
Partsch, Karl 289
Pflüger, Friedbert 413
Piermont, Dorothee 289
Pinl, Claudia 227
Pinochet, Augusto 46, 254 f.
Platzeck, Matthias 298, 304, 330
Plogstedt, Sibylle 221
Plottnitz, Rupert von 204, 316, 339, 353
Poppe, Gerd 323, 333, 358, 369, 384
Porschke, Alexander 354
Poulantzas, Nicos 208
Powell, Colin 413, 417
Preuß, Ulrich 175

Quistorp, Eva 219 f., 289

Radcke, Antje 367 f.
Ratzmann, Volker 262
Rau, Johannes 353, 369, 385
Reagan, Ronald 51, 181, 183, 189 ff., 193, 200 f., 251
Reents, Jürgen 78, 120,

126, 159, 187 f., 212, 273, 281, 283, 286 ff., 290, 294, 296, 442
Reich, Jens 369
Reich, Wilhelm 225
Renner, Wolfgang 304
Rinser, Luise 369
Röstel, Gunda 368
Roth, Claudia 132, 210, 256, 289, 311, 316, 320, 333 f., 345, 347, 368 f., 376, 396, 400, 412, 422, 432, 435, 440, 448
Rubin, Jerry 68
Rugova, Ibrahim 388
Rühe, Volker 337, 413
Rühle, Heide 79, 168, 288 f., 297, 310, 323, 329, 331, 341, 352, 368, 424, 448
Rumsfeld, Donald 411, 415, 417
Runde, Ortwin 354
Rusche, Herbert 211 f.
Rust, Bärbel 282

Sager, Krista 79, 161, 292, 332 f., 341, 352, 354, 422
Saibold, Halo 144, 281, 339, 369
Salomon, Dieter 444
Sauermilch, Walter 127
Schaar, Peter 375
Scharping, Rudolf 305, 335, 365, 393
Schata, Martin 126
Schäuble, Wolfgang 340, 356, 413
Scheel, Christine 339, 345
Scheel, Walter 27
Schenk, Christian/ Christina 323
Schewe-Gerigk, Irmingard 346
Schick, Gerhard 448
Schily, Otto 13, 63, 104 f.,

121, 125 f., 136, 143, 156, 182, 186, 188, 190 f., 193, 198, 204, 212 f., 269, 272, 277, 279, 281–284, 289 ff., 317, 375
Schlauch, Rezzo 167 f., 339, 369, 408, 427, 435
Schmeißner, Ali 66, 167
Schmid, Thomas 165
Schmidt, Ali 352, 435
Schmidt, Christian 144, 237, 274, 281, 283, 296
Schmidt, Frithjof 366, 424
Schmidt, Helmut 47, 51, 84 f., 88, 109, 111, 113 ff., 118 f., 132, 134, 136, 166, 172, 176, 181 f., 188, 190, 193, 201, 237, 265
Schmidt, Martin 161
Schmidt, Rebecca 192
Schmidt, Wolfgang 344
Schmidt-Bott, Regula 281 f., 285, 296
Schmierer, Joscha 79
Schnappertz, Jürgen 81, 202
Schneider, Bernd 309
Schneider, Dirk 121, 317
Schoppe, Waltraud 169, 191, 218 f., 224, 267, 281 ff., 289, 292, 296 f., 339, 369
Schramm, Henry 304
Schreyer, Michaele 158, 366
Schröder, Gerhard 12, 132, 169, 231, 355–358, 363 f., 369 f., 373, 375, 386 f., 392, 398, 404, 406 f., 415, 421, 423, 427, 433 f., 436, 441
Schubarth, Alexander 162
Schulte, Dieter 314
Schulte, Stefan 244
Schulz, Hermann 133, 271, 285

Schulz, Werner 298, 323, 325, 327, 329, 337, 340, 369, 434 f., 449
Schwalba-Hoth, Frank 184
Schwarzer, Alice 221, 225, 231, 318
Schwenninger, Walter 120, 193, 251, 256
Sellin, Peter 241, 263, 281, 285
Selzer, Henry 310, 314, 323, 329, 331, 335, 338, 341
Semler, Christian 79
Senft, Hans-Werner 244
Senghaas, Dieter 175, 260
Seyfried, Gerhard 38
Simmert, Christian 407
Simonis, Heide 354, 426
Springmann, Baldur 61, 100, 172
Staiger, Dorothea 310
Stalin, Josef 31, 59, 81, 395
Stamm, Michael 77, 159, 187, 286 f., 294, 296
Stänner, Franz 132
Statz, Albert 157
Steenblock, Rainder 339, 354
Steinbrück, Peer 431
Steiner, Rudolf 63, 125
Steinmeier, Frank-Walter 370
Sterzing, Christian 339, 383, 396, 398, 405, 422
Stoffregen, Thilo 66
Stoiber, Edmund 171, 421
Stolpe, Manfred 330
Stratmann(-Mertens), Eckhard 91, 116, 120, 156, 170, 225, 237, 240 ff., 263, 274, 277 f., 284, 339
Strauß, Franz Josef 109 ff., 118, 171
Strehl, Dietmar 345, 352

Ströbele, Hans-Christian 121, 144, 158, 204, 281, 289, 297 f., 305, 369, 399, 407, 421, 429, 436, 451
Strohm, Holger 78, 158
Such, Manfred 339
Süssmuth, Rita 151, 229 f.
Telkämper, Wilfried 289
Templin, Wolfgang 293, 328
Thadden, Adolf von 59
Theweleit, Klaus 133, 226
Tiefenbach, Paul 175
Tilgner, Ulrich 418
Tischer, Udo 121
Tost, Uli 66, 167
Trampert, Rainer 78, 116, 159, 185, 187, 239, 265, 268, 270 f., 273, 276 f., 279, 286, 290, 296
Traube, Klaus 49
Trenz, Erika 282
Trittin, Jürgen 168 ff., 257, 296, 316, 319, 333, 341, 346, 350 ff., 358, 363, 366 f., 369, 378 f., 385, 400, 405, 426, 441, 450
Tritz, Marianne 169
Trüpel, Helga 321
Tschiche, Hans-Jochen 298
Tschikowani, Tamara 173

Uexküll, Jakob von 260
Uhl, Hans-Peter 433
Ullmann, Wolfgang 298, 323 ff., 327, 334
Ullrich, Bernd 297, 351
Ulrich, Hubert 176 f.
Unmüßig, Barbara 247, 261, 263, 314
Unruh, Trude 281

Vennegerts, Christa 168, 241, 284 f., 289, 297

Verheugen Günter 335, 357, 365 f., 381, 386, 408
Verheyen, Hans 120, 123 ff., 156, 237, 241, 256, 274, 278
Vesper, Michael 126, 216, 256, 327, 333, 353, 368, 431
Vogel, Axel 144, 289, 304
Vogel, Hans-Jochen 119
Vogel, Werner 122
Vogl, Helmut 246
Vogt, Roland 47, 64, 92 f., 98, 112, 118, 120, 175 f., 185, 193, 197, 272 f., 304
Voigt, Karsten 132, 358
Volkholz, Sybille 158
Vollmer, Antje 120, 198, 205 f., 224, 226, 249, 267, 279, 281, 284 f., 290, 292, 296 f., 306, 308 f., 315, 328, 336, 339 f., 351, 366
Volmer, Günter 109, 205
Voscherau, Henning 332

Waechter, Antoine 83
Wagner, Eberhard 337
Wahl, Peter 263
Walde, Eberhard 197, 271, 305
Weber, Elisabeth 81, 199
Weber, Max 75
Wehner, Herbert 119, 132
Weiske, Christine 304, 309, 311, 315, 330
Weiss, Konrad 323
Wendt, Michael 157
Werlhoff, Claudia von 228
Wetzel, Dietrich 283
Wieland, Wolfgang 157, 205, 209, 316
Wiesenthal, Helmut 117
Willers, Peter 94, 174
Wischnewski, Hans-Jürgen 193, 253

Wolf, Frieder O. 114,
157 f., 237, 262, 286,
297, 311, 333 f.
Wolf, Harald 158, 242,
262, 286, 294, 296,
442
Wolf, Margarete 342

Wolf, Udo 262
Wolfowitz, Paul 411
Woschek, Bernie 335
Wowereit, Klaus 368, 442

Ypsilanti, Andrea 444

Zieran, Manfred 162,
164 f., 265, 296, 310
Ziller, Christiane 327, 341
Ziller, Peter 125, 306
Zimpel, Sabine 263
Zion, Robert 446 f., 457
Zöpel, Christoph 381

Orts- und Sachregister

68er(-Bewegung) 19 ff., 23,
29, 31, 34, 40 f., 114,
135, 175
78er(-Generation) 19

Abu Ghraib 418
Achberger Kreis 63, 91 f.,
136
»Agenda 2010« 371, 373 f.,
421, 426, 433, 440
AL (Alternative Liste
Berlin für Demokratie
und Umweltschutz)
121, 129, 156 ff., 187,
192, 261 f., 298, 305,
317, 354, 442
Al-Qaida 89, 404, 418
ALB (Alternative Liste
Bremen) 94
ALKEM (Brennelemente-
fabrik) 244
Alternativbewegung/-szene
42, 44, 68, 95, 320,
444, 458
Alternativökonomie 64,
145, 147
Anarchie/Anarchismus/
Anarchisten 29 f., 51,
81, 157, 170, 208
ANC (African National
Congress) 256
Anthroposophen 63, 121,
193

Anti-AKW-Bewegung 39,
46 f., 77, 207, 245, 379,
449
Antiamerikanismus 413,
420
Antifaschismus 118, 341,
349, 393
Antimilitarismus 118, 195,
349
Anti-Parteien-Partei
(Grüne) 90, 98, 119,
134, 153, 196, 210,
272, 312
Antisemitismus 315
Apartheid 250, 256 f.
APO (Außer-
parlamentarische
Opposition) 19–22,
25 ff., 29 f., 36, 41,
60, 68, 81, 88, 92, 97,
113 f., 132, 170, 211,
278
Arbeiterbewegung 28, 35,
87, 102, 219, 237
»Arbeiterkampf«
(Zeitschrift) 35, 78
Arbeiterklasse 27, 37, 47,
49, 76 ff., 87, 139, 160,
216, 224, 277
Arbeitszeitverkürzung 117,
242, 454
Archiv Grünes Gedächtnis
12, 286

Arenatheorie 306
Asse (Atommülllager) 449
Atomausstieg 138, 337,
367, 443
Atomkompromiss 245,
379
Atomkraftwerke/AKW 40,
44, 46 f., 49–52, 62,
85 ff., 114, 138, 163,
166, 169, 171 f., 182,
210, 245, 252, 314,
354, 379 f., 449
Atomstaat 49, 77, 214
Attac 259, 263 f., 343 f.,
448
AUD (Aktionsgemeinschaft
Unabhängiger
Deutscher) 59–62, 91 f.,
95, 105, 120, 154, 167,
198
»Aufbruch 88« 249, 285,
387
Auswärtiges Amt (AA)
351, 366, 383 f., 386,
388 ff., 392, 403,
411 ff., 422, 427 f., 432
Autonome 30, 255, 397

»Babelsberger Kreis« 311,
355
Basisdemokratie 100,
134 f., 138, 141, 191,
210 f., 457

Basisgruppen
(undogmatische Linke)
36 f., 39, 42, 57, 65 ff.
69, 77, 91 f., 113, 125,
135, 167, 175, 221,
278, 342
BBU (Bundesverband
Bürgerinitiativen
Umweltschutz) 46 f., 64,
92 f., 109, 182
Befreiungsbewegungen 42,
206 f., 250–253, 260
Bewegung 2. Juni 29
BGL (Bremer Grüne Liste)
62, 94, 173 f.
Bonusmeilen-Affäre 427
Bophal 232
»BrAmpel« (Bremer
Ampel-Koalition) 321,
354
Brokdorf 51 f., 172, 354
»BSZ« (Bochumer
Studenten-Zeitung)
36, 38
Buko (Bundeskongress
entwicklungspolitischer
Aktionsgruppen) 259 f.
BUND (Bund für Umwelt
und Naturschutz
Deutschland) 57
»Buntstift« (Stiftung) 313
Bürgerbewegung der DDR
81, 294, 298, 303 f.,
322 ff., 326, 331
Bürgerrechtspartei,
ökologische (die
»Grünen« als) 217,
291, 328, 447
BWK (Bund Westdeutscher
Kommunisten) 79

CCC (Chaos Computer
Club) 216
»Charta 77« 89, 182
Club of Rome 43, 236
Contras (Nicaragua) 252 f.
»Courage« (Zeitschrift)
221, 227

Cruise Missiles (US-
Marschflugkörper) 48,
188, 190

»Demokratie Jetzt« 323,
325
»Demokratische
Sozialisten« 114
»Demokratischer
Aufbruch« 327, 341
Deutsche Freiheitspartei 59
»Deutsche Gemeinschaft«
59
Deutsche Jugend des
Ostens 34
DGB (Deutscher
Gewerkschaftsbund)
65, 109, 242, 314, 343
DKP (Deutsche
Kommunistische Partei)
21, 32 f., 35 f., 49 f., 66,
85 ff., 112 f., 122, 174,
186, 199, 216, 257,
271, 279, 394, 443
Dosenpfand 378
Dritte-Welt-Bewegung/
-Gruppen 42, 120, 167,
250, 260, 313
DVP (Deutsche
Volkspartei) 61

Emanzipation
– der Frauen 41 f., 72,
89, 206, 211, 220,
233, 230, 243, 257
– persönliche 21, 30,
33, 36, 38
»Emma« (Zeitschrift) 221,
227
Energien, erneuerbare 246,
378
Energiewende 246, 352,
367
Etablierte (Parteien) 14,
91 f., 100 f., 119, 128,
134–138, 142, 148,
153, 173, 196, 210,
212 f., 220, 222, 233,

327, 332, 352, 375,
453, 456
Eurokommunismus 86 f.
Europäische Föderation
Grüner Parteien (EFGP)
424
Europäische Grüne Partei
(EGP) 424
Exterminismustheorie 185

Faschismus/Faschisten 23,
35, 37 f., 74, 89, 105,
392
Feminat 224, 267
Feminismus/Feministinnen
45 f., 50, 65, 69, 100,
147, 149, 151, 218 bis
225, 226–231, 285, 313
Finanzkrise 450
FIU (Freie Internationale
Universität) 63, 91,
125, 154, 211
Flick-Untersuchungs-
ausschuss 143, 212
»Forum globale Fragen«
383
Frankfurter Schule 271
»Frauen-Anstiftung«
(Stiftung) 313
Frauenbeauftragte 219
Frauenbewegung 42, 120,
219, 221 f., 227, 230
Frauenpartei 230
Frauenquote 150
Frauenstatut 219
»Freie Heide«
(Bürgerinitiative) 304
Freiwirtschaftslehre 63
Friedensbewegung 21, 32,
48, 60, 63, 66 f., 80,
92, 112 f., 115, 118,
120, 155, 157, 181 f.,
184–193, 198–201,
220, 227, 250, 259,
347, 366, 380, 382,
390, 394, 431
Friedensdienste, zivile 382
»Friedensliste« 279

474

Fundamentalopposition 67, 116 f., 153, 162, 164, 235, 266

Fundis 116 f., 162–165, 173 f., 196, 239, 241, 245, 247 f., 262 f., 266, 268–272, 274–277, 279, 282–286, 288 f., 292, 295, 306 ff., 347, 350, 355 f., 365, 367, 416, 461

Funktionspartei (die Grünen als) 446, 452, 462

GAJB (Grün-Alternatives Jugendbündnis) 312

GAL (Grün-Alternative Liste Hamburg) 159 bis 162, 164, 265, 275, 320, 332, 354, 368, 443

Gattungsfrage 47, 58, 77, 103 f., 115

GAU (größter anzunehmender Unfall) 44, 46, 49, 52, 111, 228, 241, 252, 433, 447, 460

GAZ (Grüne Aktion Zukunft) 57 ff., 61 f., 78, 80, 90 ff., 94, 97, 100, 162

»Gelsenkirchener Kreis« 156, 275

Gender Mainstreaming 231

Generationengerechtigkeit 72, 370 f.

Gerechtigkeit, soziale 71 f., 241, 247, 250, 374, 446, 448

Geschlechtsrollenklischees 45, 73, 151

Gesinnungsethik 399, 407

Gewaltfreiheit 38, 99, 103, 204, 207

Gewaltmonopol 204, 208, 395

Gewerkschaften 73, 117, 154, 235, 241, 243, 248, 261, 314, 371, 454
– christliche 109

GIM (Gruppe Internationaler Marxisten) 286

GLH (Grüne Liste Hessen) 69, 90, 162, 211

»Global Compact« (UN-Verhaltenskodex für Unternehmen) 383

»Global Governance« 231, 263

Globalisierung 264, 343 f., 371, 373, 410, 423, 441, 447, 461 f.

Globalisierungskritik/ Globalisierungskritiker 264, 344, 423, 447

GLSH (Grüne Liste Schleswig-Holstein) 62, 91, 172 f.

GLU (Grüne Liste Umweltschutz) 62, 90 ff., 95, 162, 165, 168

Golfkrieg, Zweiter 297, 308, 319, 411, 413

Gorleben (atomares Endlager) 50, 81, 169

Graswurzelmedien 64, 141

»Graue Panther« 281

Greenpeace 240

Grundrente/-sicherung 240, 372, 460

Grüne Partei (der DDR) 303 f.

»Grüne Tulpe« (grünes Fraktionsfußballteam) 133

Guantánamo, Lager von 408

Guerillakampf 420

GVP (Gesamtdeutsche Volkspartei) 62

Hamm-Uentrop (Hoch-temperaturreaktor) 245

Harrisburg (USA) 49

»Hartz-IV«-Gesetze 371, 373 ff.

Hausbesetzerszene 174

Heinrich-Böll-Stiftung 263, 313, 331, 368

Hippies 27, 73

Holocaust 393, 395
– atomarer 48, 118, 192

Humanismus, ökologischer 104, 440, 452, 459, 462

Humanistische Union (HU) 213, 285

IM (der Stasi) 14, 21, 317

Imperialismus 35, 42, 187, 250, 257, 320, 391

Industrialismus(-kritik) 115, 117, 153

Industriegesellschaft 43, 115, 117, 215, 232, 235 f., 240

INF (Intermediate-Range Nuclear Forces) 185, 188, 201

Initiative Frieden und Menschenrechte 323, 325

Interventionismus 349, 410

Irakkrieg 408, 412, 418–421, 426, 440

ISAF (International Security Assistance Force) 409, 447

Islamismus/Islamisten 391, 414, 418

ISP (Initiative Sozialistische Politik) 78

IWF (Internationaler Währungsfond) 259 bis 262, 289, 321, 344

IWF-Weltbank-Kampagne 289, 321, 344

»Jamaika«-Koalition (CDU/FDP/Grüne) 445, 450, 455

Jungdemokraten 30, 210, 312, 346

KABD (Kommunistischer Arbeiterbund Deutschlands) 34, 76, 79

Kalkar (Schneller Brüter) 47, 51, 245

Kalter Krieg 86, 133, 201, 203, 383, 388, 391, 447

Kapitalismus 32, 38, 49, 77, 166, 234, 236–239, 285, 295, 459

Kasinokapitalismus 261 ff., 344, 459

KB (Kommunistischer Bund) 35, 77 f., 80, 94, 96 ff., 116, 158–162, 164, 168 f., 172–176, 185, 187, 195, 199 f., 208, 224, 236, 263, 265, 270 f., 282, 287, 292

KBW (Kommunistischer Bund Westdeutschland) 33, 36, 79 ff., 161, 167, 174, 196, 270, 287

Keynesianismus 370 f.

K-Gruppen 29–32, 36, 38, 40, 48, 57, 62, 65, 68 ff., 76 ff., 87, 92, 94, 96 f., 99, 113, 135, 138, 153, 173, 176, 207, 219, 225, 270, 307

»Kieler Erklärung« 307 f.

Kinderladen-Bewegung 26

Klassengesellschaft 47, 77, 442

Klassenverrat 126, 128

Klimaschutz 50, 263, 337, 367, 378

Koalition
– Große 354, 398, 451
– liberalkonservative 114
– rot-grüne 11, 135, 138, 165, 262, 268, 289, 297, 320, 351 bis 354, 363, 368, 370, 421, 442, 450
– rot-rot-grüne 450
– rot-rote 368
– sozialliberale 83

KOFAZ (Komitee für Frieden, Abrüstung und Zusammenarbeit) 66, 112

Komitee für Grundrechte und Demokratie 213

»Kommune« (Zeitschrift) 79, 175

Kommunebewegung 25

Kommunistische Internationale 59, 86

Kommunitarismus 454

Konflikt, asymmetrischer 419

Konservative Revolution 59

Kosovokrieg 368, 382, 386–402, 426

KP (Kommunistische Partei/en) 66, 86 f.

KPD (Kommunistische Partei Deutschlands) 32, 34, 65, 86, 156, 179, 225

KPD/AO (Kommunistische Partei Deutschlands/ Aufbauorganisation) 33 f., 36, 79 f., 154 ff., 187, 199

KPD/ML (Kommunistische Partei Deutschlands/ Marxisten-Leninisten) 34, 76

KPdSU (Kommunistische Partei der Sowjetunion) 38, 86

»Krefelder Appell« 112 f.

Kreislaufwirtschaft 233, 458

Kriegsdienstverweigerung 20, 25, 35, 186, 195, 401

KSZE (Konferenz für Sicherheit und Zusammenarbeit in Europa) 199

Kulturindustrie 73

Kulturrevolution 20, 23, 27, 38

Kyoto-Protokoll 378

LDU (Liste für Demokratie und Umweltschutz) 172

Lebensreformer 235, 241, 266

Leninismus 76 f., 161, 208, 272

Liberalismus 30, 59, 70, 208, 217, 452, 458

»LiFo« (Linkes Forum bei den Grünen) 286–292, 294 f., 297, 307, 311

Liga gegen den Imperialismus 33

Linke, radikale 288, 293, 296, 307 f.

Linke, undogmatische 34, 36, 38, 62, 65, 83, 87, 96, 99, 116, 123, 156 f., 164, 166 f., 174, 187, 192, 200, 206, 208, 225, 245, 248, 321, 343, 351, 355, 367, 396, 441

Linksalternative 29, 35, 44, 57, 64, 91, 93–96, 98, 103, 167 f., 172 bis 175, 221, 455

Linksliberalismus/ Linksliberale 36, 134, 209, 448

Linkspopulismus 160

Linksradikalismus 270, 292

»Lotta continua« 68

Maastricht-Vertrag 334

Mandat, imperatives 137, 140, 143, 284

Maoismus/Maoisten 34,

36, 38, 67, 76, 80, 157, 174, 187, 196, 199, 202, 271
Marktwirtschaft, ökologische 239
Marxismus 49, 159
Marxistische Gruppe (MG) 159
Massenvernichtungswaffer 412, 414, 416 f.
Materialismus, Historischer 119
Mauerfall 62, 206, 292, 294
Menschenrechte 42, 70, 102, 187, 197, 209, 252, 257, 273, 320, 323, 326, 380, 384, 391, 409 f., 418
Menschenrechtsaktivisten 345, 347, 384, 396, 409
militärisch-industrieller Komplex 110, 128
Misstrauensvotum, konstruktives 114
MLPD (Marxistisch-Leninistische Partei Deutschlands) 77
Modernisierung, ökologische 234, 238, 364, 459 f.,
Morsleben (Atommülllager) 449
»MoZ« (»Moderne Zeiten«, Zeitschrift) 78 f.
MSB (Marxistischer Studentenbund Spartakus) 32, 36
Mudschaheddin (Afghanistan) 200, 258
Multikulti 210, 346, 376, 445
Multilateralismus 192, 419
Münchener Sicherheitskonferenz 411, 417
»Müttermanifest« 227 ff.

Nachhaltigkeit 233, 239
Nachrüstung/NATO-Nachrüstungs-beschluss/-Doppel-beschluss 47, 51, 81, 85, 112–115, 134, 169, 190, 195, 220
Nationalrevolutionäre 155 f.
Nationalsozialismus/Nazis 23, 60 f., 74, 105, 155, 214, 316, 348, 376
NATO-Osterweiterung 358
Neocons 411, 416 ff., 449
Neoliberale 341 ff., 371
Neue Linke 28, 32, 35, 65, 76, 84, 86
Neue Mitte 357 f., 364, 423, 441
Neue soziale Bewegungen 14, 19, 42, 47 f., 65, 68, 117 f., 175, 213
»Neues Forum« 304, 323, 325
»Neumünster, Erklärung von« 308
Neutralismus/Neutralisten 60, 62, 193, 198
New Deal, ökologischer/grüner 248 f., 291, 364, 447, 449, 459
New Economy 141, 343, 357, 423, 441
NGO (Non Governmental Organisation) 263, 383, 448
Nichtangriffsfähigkeit, strukturelle 112, 195
Nischenökonomie 378, 454
NPD (National-demokratische Partei Deutschlands) 59, 61
NUKEM (Brenn-elementefabrik) 245, 275

Nuklearstrategie 46 f., 112, 181, 192, 194, 200, 401
Null-Lösung 188, 190 f., 200
Nullwachstum 239

ÖDP (Ökologisch-Demokratische Partei) 59, 105, 171, 328
OECD (Organisation for Economic Cooperation and Development) 33
Ökodiktatur 58
Ökofeminismus 228
Ökofonds 143–147, 304, 310
Ökofundis 235 f., 244, 355
Ökoliberale 117, 165, 167, 208, 217, 229, 238, 241, 272, 274, 283, 287, 341, 344
Ökolibertäre 167, 267
Ökolinx 310
Ökologie 57 f., 67, 69, 71, 77, 87, 96, 99, 110, 112, 116, 131, 145, 206, 233 f., 236 f., 239, 241, 243, 246, 261, 263, 292, 297 f., 303 ff., 308, 380, 446, 452, 457, 459
– politische 43, 78, 158, 233, 341, 459
Ökologiebewegung/Ökobewegung 42 f., 77, 91 f., 95 f., 219, 232
Öko-Pax 40, 48 f., 191, 197, 209, 217
Ökoreformisten 237
Ökosozialisten 116 f., 163, 173, 175, 185, 199, 206, 208, 236 ff., 241, 248, 263, 266, 268, 272, 274, 286, 442
Ökosteuer 238, 243 f., 344 f., 364, 372, 433
Operation Enduring

477

Freedom (OEF) 404, 406
Ostermärsche 20, 51, 394
OSZE (Organisation für Sicherheit und Zusammenarbeit in Europa) 365, 382 f., 388, 390
»Other Economic Summit, The« (TOES, alternativer Weltwirtschaftsgipfel) 260
ÖTV (Gewerkschaft Öffentliche Dienste, Transport und Verkehr) 84, 124, 128

Palästinenser 283, 403
Paragraf 218 100, 221 f., 225 f., 285
Parteienfinanzierung 146, 213, 319
Parteienlandschaft/ Parteienspektrum 34, 85, 99, 104, 135, 147, 196, 268, 368, 453
Parteigründung (der Grünen) 12 f., 15, 19, 36 f., 59, 61 ff., 65, 69, 88, 91, 95, 98, 109, 113 f., 122, 130, 142, 221, 236, 250, 278, 303, 325, 445, 447
Patriarchat/patriarchale Strukturen 148, 220, 223, 237
Pazifismus 81, 185, 207, 309, 320, 332 f., 347 bis 350, 380, 392 f., 398, 402, 419 f., 447
»Peace-now«-Bewegung 258
»Pershing II« (US-Raketen) 48, 66, 188 ff.
»Pflasterstrand« (Zeitschrift) 68
»Plakatgruppe«

(gewerkschaftliche Opposition) 65, 242
Plutonium/ Plutoniumwirtschaft 47, 245
Politikverdrossenheit 453
Postmoderne 220, 402, 455
Prager Frühling 85, 122
Prekariat 364
»Pro Asyl« 316
Proletariat 68
Proletkult 38, 144
Protestbewegungen 40, 69, 93, 114, 158, 262, 379

Quotierung 122, 137, 147 ff., 219 ff.

Radikalenerlass 42
Radikalökologen 67, 122, 163, 206 f., 235, 265 f., 268, 274, 295, 307
Radikalpazifisten 195, 333, 350, 398, 400, 426
RAF (Rote Armee Fraktion) 29 f., 99, 121, 205 ff., 283
»Randgruppenstrategie« 25, 40
Rassismus 209, 315, 319, 339, 346
Rasterfahndung 30, 150, 207
Rätedemokratie 137
Rationalismus 266, 270 f., 311
Realos 155, 164 ff., 168 f., 173, 175 f., 195, 198 ff., 202, 206, 231, 238, 241–245, 248, 262 f., 265–277, 279, 282 bis 292, 295 ff., 305–309, 311 f., 322, 333 ff., 342, 344, 350 f., 355, 357 f., 366 f., 382, 441, 445
Rechtsradikalismus/ Rechtsradikale 176,

214, 317, 320, 338, 343, 429
Reformismus 119, 248, 269
Reformstau 356, 364, 387, 455
Remilitarisierung (der Außenpolitik) 349, 406
Repression/Repressivität 29 f., 35, 49, 58, 80, 99, 205 ff., 213 f., 250, 324
Reproduktionstechniken 222
Ressourcenverschwendung/ Ressourcenverbrauch 50, 72, 77
Revolution 31, 34, 37, 67, 76 f., 127, 271
– feministische 219, 223
– gewaltfreie 324
– kubanische 252
– sandinistische (Nicaragua) 89, 251
– sexuelle 26
»Revolutionäre Zellen« 29
»Revolutionärer Kampf« 68, 79, 163
Rhein-Main-Donau-Kanal 171
Risikogesellschaft 454 f.
Rotation/ Rotationsmodell/ -prinzip 126, 142 f., 146, 197, 268, 273, 281, 291, 298, 306
»Rote Hilfe« 33
Runde Tische 323 f., 326, 337
Rüstungssteuerboykott 186, 401

Saarbrücker Programm (der Grünen) 98, 101, 104 f., 172
SALT (Strategic Arms Limitation Treaty) 188
Schneller Brüter (Kalkar) 47, 51, 245

Schuldenkrise 259 f., 262, 337, 343
SDI (Strategic Defense Initiative) 169
SDS (Sozialistischer Deutscher Studentenbund) 20, 22 f., 27, 202
SED 21, 32, 293 f., 311 f., 323, 326, 331 f., 340, 435, 442, 447
Selbstbestimmung, informationelle 213 ff., 375
»Semifundis« 311, 426, 445
Seveso 232
SEW (Sozialistische Einheitspartei Westberlins) 32
Sexismus 218, 222
Sitzblockaden 169, 184, 186, 229
Soldatengelöbnisse 358
Solidarność 89, 182
»Sozialimperialismus« 33, 251
Sozialismus/Sozialisten 35, 66, 69, 85 f., 89, 105, 114, 119, 236, 238, 247, 293, 303, 452, 459
Sozialistischer Hochschulbund 32, 36, 125
»Sozialistisches Büro« 38, 65, 69, 91, 123, 162
Sozialstaatlichkeit 208, 342, 372
SPÖ (Sozialdemokratische Partei Österreichs) 87
Spontis 29, 67 f., 163 f., 266, 271
SPV (Sonstige Politische Vereinigung »Die Grünen«) 91–95, 97 f., 109, 155, 174
SS 20 (sowjet. Raketen) 48, 66, 190

SSW (Südschleswigscher Wählerverband) 426
Stadtguerilla 205
Stalinismus 85, 293 f.
START (Strategic Arms Reduction Treaty) 188
Startbahn West 51, 68, 111, 162 f.
Stasi (Staatssicherheit der DDR) 14, 21, 66, 186, 317, 340, 376
Stiftung Entwicklung und Frieden 260
Stiftung Wissenschaft und Politik 383
Strömungen (innerhalb der Grünen) 94, 125, 139 f., 150, 165, 167, 175 f., 195 f., 198, 229, 249, 258, 267, 269, 271, 273, 287 f., 292, 314, 322, 333, 346
Studentenbewegung 19, 22
Subjekt, revolutionäres 27, 87
Subsidiaritätsgedanke 343
Taliban 89, 404, 408 f., 418
»taz« 121, 129 f., 187, 206, 284, 390
Tempolimit 240, 244
Terror/Terrorismus/ Terroristen 21, 29, 31, 99, 204–207, 258, 385, 403–409, 411, 415–418, 426, 433 f., 440, 447
Tobin-Steuer 343, 450
Tolerierung (einer SPD-Regierung durch die Grünen) 160, 163 ff., 197, 265–268, 275 f., 279, 334, 426
Totalitarismuskritik 105, 185
Transformation 286, 342, 344, 357, 367, 401, 441

Trotzkismus/Trotzkisten 36, 157, 286
Tschernobyl 49, 52, 228, 241, 252, 279, 440
Überwachungsstaat 213
UÇK (Nationale Befreiungsarmee des Kosovo) 388 ff., 397
Umweltbewegung 77, 310
»Umweltbibliothek« (DDR) 303
Unabhängiger Frauenverband (DDR) 304 f., 323, 328
UN-Blauhelme 390, 395
UN-Charta 352, 392, 395, 404
Ungehorsam, ziviler 48, 186, 214
Unilateralismus 192, 202
VCD (Verkehrsclub Deutschland) 244
VDS (Verband Deutscher Studentenschaften) 32, 38, 66
Verantwortungsethik 399, 407
Verdi (Vereinigte Dienstleistungs-gewerkschaft) 314
Vereinigte Linke (DDR) 304
Vereinigung Deutsche Nationalversammlung 59
Verfassungsschutz 87
Verstrahlung, radioaktive 45
Verzichtsethik 70, 144, 235
Visaaffäre 427, 430 f.
Visauntersuchungs-ausschuss 432
Völkermord 391 ff., 396 f.
Völkerrecht 319, 395 f., 404

Volksbefragungen/
Volksentscheide/
Plebiszite 103, 211
Volkszählung 214 f.
»Volmer-Erlass« 428
»Volmer-Fischer-Erlass«
432

Wachstumsideologie 234
Wackersdorf 51 f., 171,
240, 245
Währungsunion 324, 337
Waldsterben 43, 50, 239 f.,
246, 267
WASG (Wahlalternative
Soziale Gerechtig-
keit) 423, 426, 435,
442 f.
Weltbund für den Schutz
des Lebens 60

Weltfinanzgipfel 360, 262
»Weltwirtschaft, Ökologie
und Entwicklung«
(Koordinierungsstelle)
263, 448
Weltwirtschaftsgipfel
259 f., 318
»Wende«
– in der DDR 326, 459
– geistig-moralische
114, 118 f., 213
Wertkonservatismus/
-konservative 58, 69,
165, 168, 208, 217
Westintegration 61, 81,
187
Wiedervereinigung 20,
59 f., 155, 157, 293,
298, 441
Wittstock 304

Wohngemeinschaften/
Kommunen/WG 25, 45,
49 f., 72 ff., 130, 151,
165, 205, 214, 225,
310, 458
Wyhl 44, 47, 51, 166

»Z«, Gruppe (Zentristen
des KB) 116, 120, 158
Zentralismus,
demokratischer 135,
139, 153
Zentralrat der Juden 315
Zentrum für internatio-
nale Friedenseinsätze
383
Zweistaatenlösung (Israel/
Palästina) 258
Zweistaatlichkeit (BRD/
DDR) 155, 161, 292 f.